哲学社会科学明毅文库

·科技创新文丛·

南京经验：技术创新的驱动机制与支撑体系

——服务于技术创新的科技公共服务体系研究

Experience of Nanjing:
Driving Mechanism and Supporting System of Technical Innovation
—A Study on Public Service System of
Science and Technology for Technical Innovation

主编：朱跃钊

副主编：王冀宁　陈红喜

经济管理出版社
ECONOMY & MANAGEMENT PUBLISHING HOUSE

图书在版编目（CIP）数据

南京经验：技术创新的驱动机制与支撑体系/朱跃钊主编. —北京：经济管理出版社，2013.6
ISBN 978-7-5096-2536-1

Ⅰ. ①南…　Ⅱ. ①朱…　Ⅲ. ①南京市—经验—技术创新　Ⅳ. ①F124.3

中国版本图书馆 CIP 数据核字（2013）第 137191 号

组稿编辑：申桂萍
责任编辑：申桂萍　侯春霞
责任印制：杨国强
责任校对：超　凡

出版发行：经济管理出版社
（北京市海淀区北蜂窝 8 号中雅大厦 11 层　100038）
网　　址：www. E-mp. com. cn
电　　话：（010）51915602
印　　刷：北京银祥印刷厂
经　　销：新华书店
开　　本：720mm × 1000mm/16
印　　张：19
字　　数：353 千字
版　　次：2013 年 11 月第 1 版　2013 年 11 月第 1 次印刷
书　　号：ISBN 978-7-5096-2536-1
定　　价：58.00 元

本书编委会

主　　编：朱跃钊

副 主 编：王冀宁　陈红喜

编　　委：黄　榕　曾　绚　傅　健　刘继青　邵晓亮
季松磊　张振海　石岿然　韩连生　刘同义
黄　和　汪自成　陆珂珂　郭百涛　钱执强
刘　广　佘文博　朱煜寒　潘　敏　陈　伟
韩　啸　徐金龙　戴书春　刘翠婧　王俊勇
李　方　赵成国　潘志颖　蒋海玲　孔　锦
范凌霞　缪秋莲　朱雅薇　陈庭强　陈　燕
袁　瑜　周　洁

序

改革开放三十多年来，我国经济在经历了以资源投入为主要驱动力的高速增长之后，开始步入以科技创新为主旋律的增长方式有机转变和产业结构优化升级阶段，科技创新正在成为推进我国大国崛起及国际竞争力提升的新引擎！

南京历史上素以人文荟萃、科技发达而著称，有着悠久的科技创新传统。早在1000多年前的六朝时期，南京地区的数学、医药、化学、航海等方面的技术就处于世界领先水平。东吴所造舰船历史上第一次访问台湾，排水量超过千吨；祖冲之在数学和天文历法方面取得杰出成就，他推算出来的圆周率的精确度领先欧洲1000多年；明朝时期南京的多项技术，特别是丝绸纺织、雕版印刷技术、郑和七次下西洋使用的造船与航海技术等，更是达到古代中国科技发展的高峰。历经近代以来百余年的科技发展滞后期，南京再次迎来了科技创新、竞争制胜的新时代。目前，南京已经成为全国重要的科技创新中心，科教资源主要体现在“5678”的优势上：南京拥有54所普通高等院校，600多家省部级以上科研机构，70多万名普通在校大学生和80多名两院院士。雄厚的科技资源禀赋，使南京在创新驱动、转型发展中厚积薄发。近年来，通过制定实施“321”人才政策、“科技九条”、“创业七策”等一系列政策和举措，南京已经成为一片创业创新的热土，正在向着中国人才和科技创业创新名城昂首迈进。

习近平同志多次强调：科技是国家强盛之基！科技兴则民族兴，科技强则国家强。科技创新是科学发展、转型提升的关键所在，而推进科技创新的核心，就是要充分发挥和调动科技创新的全要素活力、全过程动力，就是要从“政产学研金介贸媒”全方位发动，竭力发挥各方的比较优势，以需求为导向，以开放为取向，以共赢为方向，加强协同创新，全面提升创业创新主体的功能优势。政府要发挥“政能量”，高校和科研院所要构建技术“策源地”，金融机构要释放“催化剂”，中介机构要充当“助推器”，同时媒体要成为营造协同创业创新氛围的“显示屏”，努力探索具有南京特色的科技创新模式。

《南京经验：技术创新的驱动机制与支撑体系》一书，是南京工业大学副校长朱跃钊教授及其研究团队承担的国家软科学研究重大项目“提升南京企业技术创新能力的机理、路径与对策研究——基于‘政产学研金介’协同创新的视角”（编号：2013GXS2D024）等多项国家、省部、南京市科技创新专项研究课题的成果。朱跃钊教授不仅是低碳技术方面卓有建树的专家，也是科技创新管理体制改革的践行者。他及其研究团队充分吸纳了国内外技术创新管理体制改革的经验教训，在南京工业大学的科技创新管理中成功地探索出多种行之有效的模式，并推广到南京及江苏的技术创新实践中。课题的很多成果都是来自于南京工业大学这所敢于创新、勇于突破的知名高等学府的实践与探索。比如“创新在高校、创业在园区”的“三创”和“双创”人才载体模式，南京“科技九条”中的多条政策，都源自南京工业大学的先行先试。可以说，南京工业大学的创新实践为南京市乃至江苏省提供了源源不断的科技体制机制创新经验。

该书是朱跃钊教授及其研究团队长期理论研究与实践探索的结晶，书中的诸多观点很精辟，诸多模式很新颖，诸多创新做法颇具示范作用，诸多对策建议具有可操作性，是一部比较完整的展示南京及江苏技术创新体系建设成果的力作。

我期望南京的科技工作者，特别是科技工作管理者以该书为参考，激荡思想、拓展视野、不断探索，为南京、江苏乃至中国的科技创新事业再创辉煌贡献更多正能量。

是为序。

杨卫泽

中共江苏省委常委、南京市委书记

2013 年 11 月

前言

我国的科技事业在进入“十二五”规划的阶段，更多地呈现出“创新驱动、结构调整、配套完善、综合服务”的特色，技术创新作为科技发展的重要阶段，已不仅仅是单项技术、单个人才的比拼，而更多地体现出一个国家和地区科技公共服务体系的全面较量，科技公共服务体系建设将成为技术创新的驱动机制及其支撑体系。

技术创新可定义为：“一种以知识创新为基础，以制度创新为背景，以新技术、新产品以及新经营模式等为对象的发明与创造活动，通过技术集聚、人才集聚、金融集聚和公共服务集聚等资源集聚，实现产业结构的优化调整以及产品结构的升级换代，最终提升一国或地区的产业竞争能力。”

一般意义上的技术创新型企业是指拥有自己独创的知识产权、专有技术和发明创造的产品或服务，并能够把这些产品或服务转化为现实生产力，从而极大地推动科技进步，引领社会发展，创造巨大经济社会效益的企业，其特点表现为技术密集和资本密集。科技公共服务体系是国家或地区的一种创新支持系统，其中涵盖了技术创新支撑体系、公共管理服务体系和科技金融服务体系，涉及政府、大学、科研院所、金融机构、科技中介机构等相关成员，彼此之间相互依存、相互支持、协同作战，为提升该国或该地区的科技创新效率做出各自应尽的职能。

构建一个成熟的“技术创新的驱动机制和支撑体系——科技公共服务体系”究竟需要做哪些工作？需要克服哪些制度障碍和现实“瓶颈”？需要建立健全哪些体系机制？这些问题一直是萦绕在广大科技创新理论工作者和实践探索者脑海中的难解之结，为此，许多有识之士也进行了一些有益的探索，但是，技术创新事业的发展迫切需要提出一个系统性的理论架构和实现路径，以解决技术创新体制建设中的关键问题。

笔者长期从事技术创新的理论探索和实际管理工作，深切体会到技术创新所面临的最大难题并非是一个个难以逾越的技术屏障，而是横亘在科技工作者面前的一道道“软沟壑”，正是由于我国科技公共服务体系建设的某些缺失，大大制约了我国技术创新的软实力，进而影响了技术创新的效率。为此，本人及研究团队承担了2009年科技部专项研究课题："南京深化科技体制改革综合研究"（国科发财［2009］647号）子课题"服务于南京技术创新的科技公共服务体系建设研究"和2013年度国家软科学研究重大合作项目"提升南京企业技术创新能力的机理、路径与对策研究——基于'政产学研金介'协同创新的视角"（编号：2013GXS2D024）。通过对国内外科技公共服务体系建设的理论研究、国际比较和案例分析，并将本团队的研究成果应用于南京科技广场和南京工业大学国家大学科技园的实践中，初步建立了一个比较完善的"技术创新的驱动机制和支撑体系——科技公共服务体系"，本团队在研究中发表了一系列相关研究成果，在此基础上经过进一步地凝练形成了本专著，这也是上述国家软科学研究重大合作项目的主要阶段性成果。

本书着重介绍了美国、德国、英国、以色列、日本以及中国台湾、北京、上海、深圳的科技公共服务体系的经验教训，提出了建立服务于南京技术创新的科技公共服务体系构建总体思路，提出了系统打造技术创新的支撑体系——产学研合作的组织模式，介绍了人才引进与培育体系——"三创"载体模式，研究了如何构建各类产学研合作战略联盟体系，系统设计了一个应用于南京科技广场和南京工业大学国家大学科技园的科技管理综合服务体系和科技金融服务体系，在上述研究基础上，本书提出了服务于南京技术创新的科技公共服务体系建设的若干对策建议。本书力图通过理论与实践的有机融合，全面展示本研究团队对于技术创新的驱动机制和支撑体系研究的理论思考和实践成果，以期对读者有所借鉴，并对本团队未来的探索有所帮助。

科技创新的综合服务体系建设是一项浩繁的系统工程，未来还有很多基础性的工作需要总结、凝练和升华，本书只是本团队科技创新系列研究工作的起步，书中的观点和做法只是一家之言，由于笔者的学识和眼界所囿，难免有不当之处，恳请各位读者不吝赐教，并期待能携手各位有志于中国科技创新事业的同仁前行，取长补短、分享成果！

朱跃钊
2012年5月于南京科技广场

目 录

第一章 引言

第一节 技术创新的含义

创新（Innovation）这一概念，源于美籍奥地利经济学家约瑟夫·熊彼特（J. A.Schumpeter）于1912年出版的德文著作《经济发展理论》。熊彼特在该书中把创新界定为“执行新的组合”，即建立一种新的生产函数，把一种从来没有过的关于生产要素和生产条件的新组合引入生产体系。这个概念包括下列五种情况：采用一种新产品；采用一种新的生产方法；开辟一个新的市场；控制原材料或半制成品的一种新的供应来源；实现任何一种工业的新的组织。

人类创新行为所涉及的对象是多方面的，但这些不同的创新行为在广义上总是可以通过不同的方式纳入到知识创新、技术创新和制度创新的范畴。上述创新行为之间存在着复杂的交互关系：知识创新是技术创新的基础，技术创新又可以改善知识创新的条件，并拓展知识创新的问题域；知识创新和技术创新两者构成了制度创新的必要条件，而制度创新又为知识创新和技术创新提供激励保障。

因此，技术创新可定义为：“一种以知识创新为基础，以制度创新为背景，以新技术、新产品以及新经营模式等为对象的发明与创造活动，通过技术集聚、人才集聚、金融集聚和公共服务集聚等资源集聚，实现产业结构的优化调整以及产品结构的升级换代，最终提升一国或地区的产业竞争能力。”

所谓技术创新型企业，是指拥有自己独创的知识产权、专有技术和发明创造的产品或服务，并能够把这些产品或服务转化为现实生产力，从而极大地推动科技进步，引领社会发展，创造巨大经济社会效益的企业，其特点表现为技术密集和资本密集。

第二节 科技公共服务体系的含义

为了确保科技活动能够获得足够的资源支持，需要构建完善的科技公共服务体系为其服务，从而形成国家或地区的创新支持系统。

1996 年，世界经济合作与发展组织（OECD）在对国家创新系统的研究中提出："从本质上看，创新系统是由存在于企业、政府和学术界的有关科技发展方面的相互关系与交流所构成的。在这个系统中，相互间的互动作用对企业的创新成效和整个经济体系产生直接影响。"英国学者克里斯托弗·弗里曼在 1997 年研究日本的技术政策和经济绩效时也认为："国家创新系统是存在于公共和私人部门中的机构网络，它的活动和相互作用激发、引入、改变和扩散着新技术。"见图 1–1。

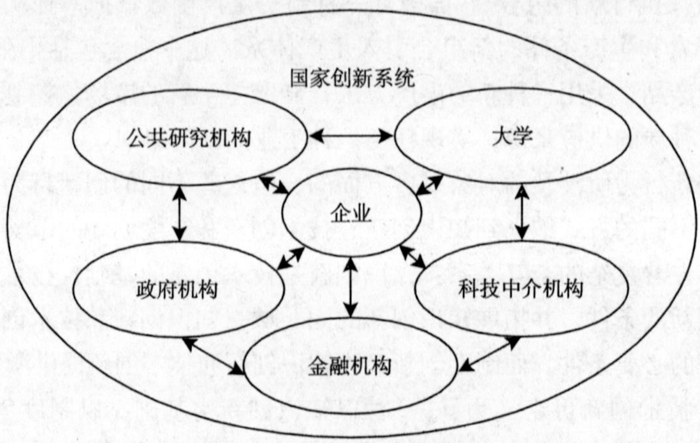

图 1–1 国家创新系统核心要素

所以，科技公共服务体系是国家或地区的一种创新支持系统，其中涵盖了技术创新支撑体系、公共管理服务体系和科技金融服务体系，涉及政府机构、大学、公共研究机构、金融机构、科技中介机构等相关成员，其彼此之间相互依存、相互支持、协同作战，为提高该国或该地区的科技创新效率发挥各自应尽的职能。

第三节 服务于南京技术创新的科技公共服务体系建设的意义

2010 年 6 月 7 日，胡锦涛主席指出："建设创新型国家，加快转变经济发展方式，赢得发展先机和主动权，最根本的是要靠科技的力量，最关键的是要大幅提高自主创新能力。在加快转变经济发展方式的进程中，我国科技界肩负着重大使命。必须把握机遇，审时度势，科学谋划，顺势而为，全力建设创新型国家，为加快转变经济发展方式提供强大科技支撑。"[①] 作为一座科教文卫资源富集的城市，南京具有"五六七八"的创新优势，即 50 多所高等院校、600 多家科研机构、70 多万在校大学生以及 80 多位院士，在国内的大中城市里，仅次于北京、上海，位居第三。[②]

"他山之石，可以攻玉"，通过汲取先进国家和地区的成果和经验，摈弃其失败之教训，努力探索、孜孜追求，找到适合南京自主创新发展和和谐社会建设所需要的公共服务体系，从而举全市之力，集全市之智，为南京经济结构的合理调整和产业结构的成功转型出谋划策。

---

① 新华社报道：2010 年 6 月 7 日，中国科学院第十五次院士大会、中国工程院第十次院士大会在北京人民大会堂隆重开幕。时任中共中央总书记、国家主席、中央军委主席胡锦涛出席会议并发表重要讲话。

② 南京市市长季建业在 2010 年 8 月 17 日《金陵晚报》市长在线专版的讲话。

第二章　国外科技公共服务体系发展综述

世界发达国家政府非常重视科技公共服务体系的建设，将其列为国家创新战略的重要组成部分，并在政府服务体系、金融财税政策、科技计划项目资金支持、风险投资、人力资源服务、法律法规制定、知识产权保护、大学科研机构管理，以及社会创新文化环境构建等诸多方面给予全方位扶持，拥有许多值得借鉴的成功经验。

第一节　美国的案例与启示

一、扶持技术创新的政府服务体制

（一）促进小企业技术创新的动力机制（SBA、SBIA、SBIC）①

《纽约时报》评论员弗雷德曼认为，美国之所以强大，“不在于华尔街，也不在于硅谷；不在于空军，也不在于海军；不在于言论自由，也不在于自由市场；秘密在于长盛不衰的法治及其背后的制度，正是这些让每个人可以充分发展而不论是谁在掌权。”这种社会运作机制有着“由天才设计的，而蠢材也能运作”的比喻。

1953 年，美国政府正式通过并颁布了《小企业法》，② 经过 10 多年的探索之后，美国建立了以 《小企业法》、《小企业投资法》以及小企业管理局（Small

① 秦艳. 国外科技公共服务体系发展综述［J］. 江苏科技信息，2011（5）：15-17.

②《小企业法》（Small Business Act）和“小企业管理局”，其目的在于为小企业创造一个公平竞争的基础，鼓励小企业的创办与发展。1958 年，美国政府又出台了《小企业投资法》（Small Business Investment Act，SBIA），依据该法规定，可以设立“小企业投资公司”（Small Business Investment Corporation，SBIC），目的在于通过政府的引导，鼓励社会资金对小企业进行投资。

Business Administration，SBA）为核心的、服务于风险投资与小企业创业的法律框架。SBA 作为美国五大联邦信贷机构之一，通过贷款和风险投资两种方式向创业企业提供资金，融资渠道、技术援助（教育、信息和培训）、政府项目承包（联邦政府采购）以及宣传和维权是 SBA 的四项基本职责。

如今，总局设在华盛顿，在全美国拥有 90 个区域、地区及分支办公室，在全美各地还设有融资合作机构与资源伙伴的 SBA，其四项职责为有效促进小企业创业发展提供了一个有效的动力体系：[①] 第一是建立政策推动系统，在以《小企业法》为核心的基础上，向创业者提供合法资格和相关政策支持，也就是"用政策法规的途径积极地去推动创业者创业"；第二是出台政府采购政策，在以项目承包为核心的基础上，化解创业型小企业切入市场和启动其收入现金流利益的难题，也就是"用市场的途径努力地去拉动创业者创业"；第三是推出各类贷款项目，通过政府主导，为小企业创业提供启动资金和流动资金的支持，也就是"用货币市场的途径踊跃地去促进创业者创业"；第四是重点扶持小企业投资公司，政府部门通过对创业型企业的长期投资，以此促进小企业快速成长，也就是"用资本市场的途径长期性地去推动创业者创业"；第五是提供培训、信息和教育等服务，以提高创业者的水平和素质，也就是"用现代化服务的途径高质量地去促进创业者创业"；第六是聘用法律和经济等方面的专家，当小企业在市场中遇到不公平、不公正对待的情况时，政府专门聘请的专家可以直接游说国会，督促国会监督司法系统进行全面调查，以此来维护小企业的权益，也就是"用国家管理体系的途径敦促性地去保障创业者创业"[②]（见图 2-1）。

（二）促进小企业技术创新的政府与市场对接机制（SBA、SBIC）

风险投资公司 SBIC 是中小企业自主创新的投融资机构，资金来源是个人捐赠的资本和政府贷款，其中政府贷款数量少于个人捐赠资本。一般情况下，SBIC 每投资 1 美元就能从 SBA 获得相当于自有资金 3 倍的低息贷款。在 1976 年，此政策修定为当风险企业投资额来自 SBIC 的大于其总资本的 65%时，风险企业可获得原来 4 倍的融资倍数。

SBIC 在得到 SBA 许可、监控和帮助的条件下，可由私人拥有和管理，SBA 可以提供融资担保服务。SBIC 只能用于对小企业的投资，并且投资的主体不是机构投资者而是个人投资者。还有如下的其他规定：SBIC 拥有的股本至少应达

① 吴进红，杨蓉. 美国政府支持创业与风险投资模式及其借鉴［J］. 世界经济与政治论坛，2007（1）：64–69.

② 张陆洋. 美国政府支持风险投资业发展的模式研究［J］. 世界经济情况，2005（3）：1–5.

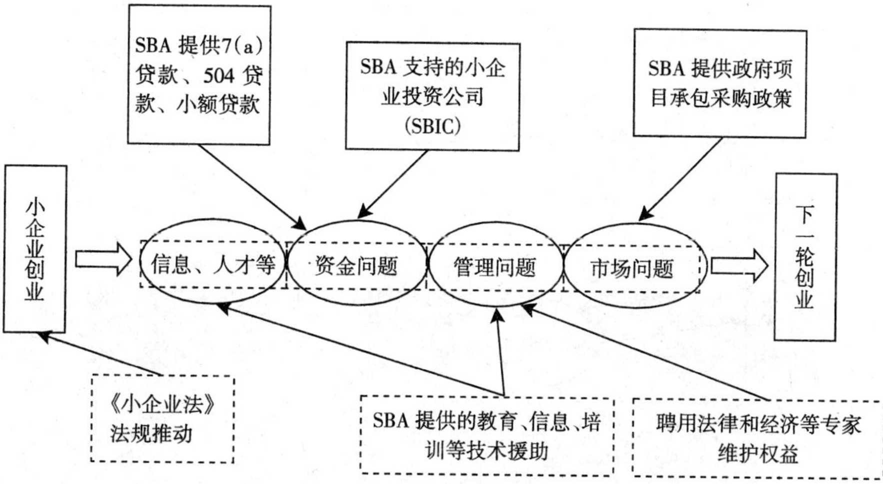

图 2-1　美国 SBA 促进小企业技术创新动力机制

到 100 万美元；有 600 万美元以下的净收益；并且前两年有低于 200 万美元的税后利润。相对来说，信贷部门和雇员 500 人以上的公司不能获得 SBIC 的投资，SBIC 投向单个项目的资金不可以大于总资本的 20%，并且投资额不允许超过项目总投资额的 49%。根据该政策，有近 600 家 SBIC 获批了许可证。SBIC 在发展过程中尽管历经了一些曲折，但是成为美国在 20 世纪 60 年代和 70 年代最受欢迎的风险投资组织，同时这种机制的运用，极大地推动了初创期创新企业的蓬勃发展[①]（见图 2-2）。

通过图 2-2 可以看出，对于中小企业自主创新的扶持，政府行为和市场行为之间具有严格的“防火墙”，从而保证了政府行为不过多干预企业的运转。

（三）1993 年 2 月在商务部技术行政局下成立创业投资规划处

该创业投资规划处的成立能够为开发高技术的创新企业提供长期资金援助。此项目主旨是通过政府的支持，保障专业技术投资公司在许可证领取、政策管理、项目选择、技术服务和资金帮助等方面的有效运行。

二、保障技术创新的政府科研经费激励：小企业创新研究计划（SBIR）

美国国会于 1982 年通过了《小企业发展法》，此法中明确提出了激励政策，

① 龚晓峰. 美国政府资金介入风险投资的模式及其启示［J］. 中共济南市委党校济南市行政学院济南市社会主义学院学报，2000（4）：33-37.

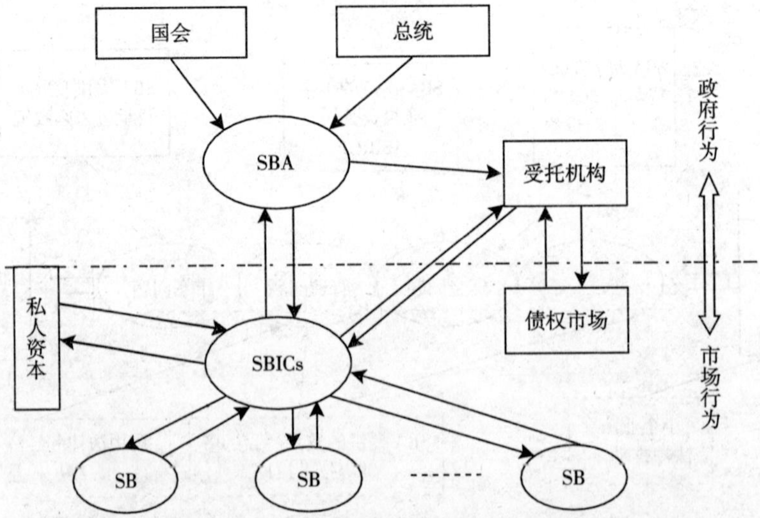

图 2-2　美国 SBA、SBIC 促进中小企业自主创新动力机制

注：图中 SBA 为小企业管理局，SBICs 为小企业投资公司，SB 为小企业。

即为了支持风险企业的创新活动，只要国防部、国家科学基金等部门实施小企业创新研究计划（SBIR）的研究与开发（R&D）年度经费超过 1 亿美元，其每年就能够获得相应比例的研发经费。正是源于该项计划从 1983 年到 1995 年，小型的高科技企业获得了 60 亿美元的资金支持。但是，想获得该项计划的扶持却很不容易，因为政府部门严格的项目审查是风险企业务必要首先通过的，而且不能一次性获得全部资金，而是分阶段按比例支付，以求在一定程度上避免无效率或低效率资金的使用。

其具体程序如下：第一阶段，从自身的优势出发，风险企业在政府部门公布的研究课题中做出选择，递交申请报告，政府部门会对其技术能力等方面进行严格的评估与审查，获批的资助项目必须在通过之日起 6 个月内递交其技术可行性报告。第二阶段，技术可行性报告如期完成并获得通过后，风险企业需要递交其他企业将参与投资开发的承诺、样品试制建议书和产品的市场分析报告，并且三者必须都具备方可。在通过此三种分析报告并在 1~2 年内按照报告合约切实完成样品试制工作后，政府会给风险企业提供一定比例的资助。第三阶段，风险企业使用原承诺的资金来启动产品的开发和商品的生产。①

美国的技术创新与高新技术产业化的进程得到了 SBIR 计划强有力的支持。据调查显示，每利用一美元的研发经费，美国的风险企业比大企业开发的高新技

① 解德强. 政府在风险投资中的角色定位研究［D］. 重庆大学硕士学位论文，2005：23.

术产品的 6 倍还多。同时，风险投资基金在美国个别州也得到应用，如 1963 年纽约设立了纽约州科技基金（NYSS&TF），用于推动企业及科研院所的开发与研究项目。1978 年 10 月马萨诸塞州创建了科技发展公司（MTDC），主要是通过资金支持来对处于种子期的科技公司给予鼓励，从而推动该州研究机构和公司成果商业化的进程。

三、推动技术创新的政府采购计划

除了确保政府采购的诚实、公平和经济有效外，美国联邦政府采购立法的目标还包括通过鼓励美国制造产品的使用和推动小型创新型企业的成长，来缓解本国就业压力和提升美国经济的竞争力。小企业自身具有局限性，为了使无力承接政府大型采购项目的小企业可以加入其中，小企业管理局与其他政府机构合作开发了一个预留项目（A Set Aside Program），SBA 通过这些设置在大型民事或军事采购机构中的采购代表，推荐额外的预留项目也就是预留整个合同或者部分合同给小企业投标，并建议将不适宜的限制性技术规范予以放松，积极为小企业提供竞争平台。

美国国会于 1988 年对《购买美国产品法》进行了较大范围的修订，新添的规定如，对于在政府采购中对美国企业歧视的国家执行“关于外国歧视的年度报告”审查，并对这些国家实施“采购禁令”；通过确认送达的关于这些国家的年度报告，总统应当充分考虑这些违反或歧视行为所带来的对于美国商业的影响，并据此做出是否对其采取禁令的判断。出于对高新技术产品周期短暂的考虑，产品的市场问题是投资者和生产者最终担心的，但是只要能够较好地解决产品的市场问题，就会大大减少风险投资的风险，从而增强创新的动力。政府通过调节价格、标准、交货期和数量可以改善产品的市场问题，即政府采购能够使创新企业进入市场的风险得以有效地降低，从而影响创新的速度和方向。

通过采取政府采购计划，美国政府在相当大的程度上成功引导了消费者的需求，确保销售了风险企业的产品，一定程度上解决了风险企业创业的后顾之忧，也很大程度地减弱了风险投资公司的投资风险。例如，1960 年 50%的半导体产品由美国联邦政府购买，1962 年“硅谷”生产的集成电路全部由美国军方购买。对于半导体器件，国防部购买的部分占当时美国该器件生产总值的 40%左右，以至于极大地推动了“硅谷”高新技术产业化的发展进程。克林顿总统上台后，为扶持创新产品的初期市场，推出了《全面经济计划》，其中仅用于计算机及其相关产品的政府采购就超过了 90 亿美元。

四、确保技术创新的政府财政优惠政策

（1）减税政策。为了鼓励投资，1978 年美国通过了《报酬法》以减少投资所得税，在 1978~1981 年期间，自主创新中小企业的资本所得税由 49%降到 20%。美国通过法案减税的方法积极地推动了美国创业投资的发展。

（2）资本利得减税。1978 年，美国国会将最大资本利得税从 49.5%降低到 28%；1981 年该税率甚至降低到了 20%；1993 年，在 5 年消减赤字法案中，将长期资本利得收益税率下降到 28%，对于持有高科技小企业股份 5 年或 5 年以上的，仅按 14%的税率征收其资本利得收益；这些政策均有效地促进了创业投资基金的发展。

（3）通过了《1980 小型企业投资激励法案》。① 重新界定了私人合伙企业，并使其享受一定的补偿。1980 年美国颁布《REISA“安全港”干预法》（Safe Harbor），该法案的通过，确定了用于私人权益合伙企业养老金投资的待遇将与用于常规运营公司中的投资待遇相同。理论上，从养老金资产投资信托者的范围内划分出创业资本基金管理者，可以使“管理权力”被赋予投资企业中的创业资本家，同时可以有效地避免由于把养老基金作为责任有限合伙者而引起的不必要的风险。②

（4）通过了《经济复兴税法》。1981 年通过的该法规将研究开发投资税收从 49%减至 25%。

五、支持技术创新的多层次金融市场体系

（1）贷款担保计划。此计划从出口融资到流动资本，包括多种短期和长期贷款产品。截至目前，全美大概有 7000 家商业银行在 SBA 地区办公室的协调下获得了贷款。该计划规定当借贷在 100 万美元以内时，科技企业从商业借贷机构贷款的 75%的金额由 SBA 提供担保，而且其贷款利率最多不得比商业银行主导利率多 2.75 个百分点。

（2）504（CDC）贷款计划。SBA 通过非营利的注册开发公司（Certified Development Companies，CDC），在土地、厂房等固定资产投资方面给予科技型企业长期融资的扶持，该计划的宗旨是支持小企业在 CDC 所在社区创造和保持就

---

①《1980 小型企业投资激励法案》（the Small Business Investmen Incentive Act of 1980）重新将私人权益合伙企业界定为“商业发展企业”(Business Development Companies)，使其不受《投资顾问法案》的限制，可以享受基于绩效基础的补偿。

② 胡海峰，黎江帆. 美国、德国创业资本市场比较研究［J］. 证券市场导报，2002（9）：33-40.

业。CDC 与 SBA 及私营贷款机构为小企业提供融资服务，目前全美约有 270 家 CDC，它们都拥有各自管辖的地理区域。2002 年，SBA 通过 CDC 为小企业放贷 5480 笔，总额达 24.7 亿美元。

（3）小额贷款计划。该计划是指为小企业向社区的民间非营利性借贷中介机构申请每笔不超过 3.5 万美元的小额贷款。首先小额贷款中介机构从 SBA 获得资金，然后科技小企业向这些中介机构申请贷款。贷款中介给小企业提供与其业务相关的培训和技术支持等，借贷方提供已符合培训或培训计划要求的证明，才可获得此笔贷款，从而保证有效使用该笔借贷资金。目前全美国有 170 家中介负责发放 SBA 小额贷款。

（4）鼓励养老基金进行创业投资。1978 年，美国劳工部重新解释了 ERISA（Employee Retirement Income Security Act）法案中"关于信托投资的审慎管理人原则"(Prudent Man）的条款，进一步拓宽了养老基金的投资范围，使其能够进行创业投资，这项政策立竿见影地增加了创业投资的数量。美国又于 1979 年对《雇员退休收入保障法》进行了修改，包括创业投资在内的初创期、高风险行业允许养老基金管理者对其投资。不久，美国创业投资的最大资金来源变成了养老基金。

（5）股票期权激励。美国国会还于 1981 年通过了《激励股票期权法》(Incentive Stock Option Law)，该项法律恢复了作为一种激励手段的股票期权的使用，同时将其执行课税的时机从行权之时改成了在股票出售之时；并且，在 1990 年为了鼓励投资技术创新，美国证监会采用了 144A 条例。

（6）天使投资蓬勃发展。美国政府政策扶持机制之一的小企业创新研究计划也可当作一种天使投资。同时，天使资金还来源于一些投资机构和风险投资家，例如百度从 IDG 投资基金获得了 120 万美元的投资额，从而不久便在纳斯达克（NASDAQ）成功登陆，此举给 IDG 带来的回报将近 1 亿美元。在旧金山东部 Menlo Park 市，有 400 多家创业投资机构林立于 San Hill 路上，因而总能找到天使投资对有完善可行的技术创新计划进行投资。

（7）创投、风投日趋成熟。1946 年，美国波士顿联邦储备银行的行长 Ralph. E.Flanders 和哈佛商学院的教授 Georges.Dorirt 联手创办了"美国研究与发展公司"(ARD)，他们的目标是为波士顿周围众多的科学家完成把来自实验室的科技成果向商品的尽快转换筹措资金，同时标志着美国风险投资的序幕由此拉开。美国风险投资的发展经历了以下三个阶段：

第一阶段是 20 世纪 50~60 年代，这是风险投资的起步发展阶段。为了给小企业提供一个公平竞争的环境，美国政府于 1953 年正式出台了《小企业法》，以为小企业创办和发展提供法律支持，并在此法的基础上进一步设立了 SBA。1958 年，美国政府又通过了《小企业投资法》，该法旨在引导社会资金向小企业流动。历经 10 多年的不断探索，美国鼓励小企业创业的法律框架逐渐清晰，该法律框架以 SBA 为核心，以《小企业法》和《小企业投资法》为基础，为风险投资与小企业创业提供了切实的法律服务。

第二阶段是 20 世纪 70~80 年代，这是风险投资法律与经济环境的调整阶段。该阶段，风险投资的资本市场环境得到了改善，这源于四个重要的事件。事件一是于 1971 年创建了纳斯达克创业板资本市场。正是该市场的建立，使私人投资者从事风险投资的积极性得到了提高。该市场有效地给小企业上市直接融资创造了便利条件，同时也给风险投资者提供了较为安全稳妥的退出路径，缩短了投资回报周期，也降低了投资风险。事件二是于 1985 年修改了《统一有限合伙法》，对有限合伙人的责任范围提供了更加清晰的界定，从而提高了富人从事私募资本投资的积极性。如今这一组织形式在美国从事风险投资、杠杆收购、对冲基金业务的私募资本投资企业中得到了广泛的运用。事件三是降低了资本利得税，从越战时期的 49%降到了 25%。事件四是保留了 SBA 机构，使得高科技创业与风险投资的环境得到了较为全面的改善，同时，高科技创业的技术经济规律与风险投资的金融经济规律的客观需要完全得到了满足。

第三阶段是 20 世纪 90 年代至今，这是风险投资与高科技创业的成熟阶段。美国经济在此阶段高速增长长达 10 多年之久。大量调研表明，正是高科技创业为此经济增长提供了强大动力，而风险投资加速了这一增长的速度。在此阶段，资助高科技创业的主角是民营部门的风险投资家，像网景、雅虎、eBay、亚马逊、太阳、谷歌等众多耳熟能详的高科技创业企业有大量资助都来自于他们，“互联网神话”正是源于他们的造就。例如政府间接指导下的“美国模式”创业投资 SBIC 计划，该创业投资实质是美国政府实施国家支持与民间进行运作，同时可以看成是一种美国政府设立的引导基金。作为五大联邦信贷机构之一的 SBA，其拥有的贷款担保、商业贷款和风险资金总额达到 450 亿美元，并且赈灾贷款总额高达 50 亿美元，为美国小企业的发展起到了中流砥柱的作用。美国创业投资的发展基础正是 SBIC 予以奠定的，也是 SBIC 缔造了英特尔、美国在线、苹果电脑等一大批高科技公司的传说。①

（8）技术创新资本的退出途径通畅。技术创新资本必须是有进有退、进退自

① 李平．“中小企业科技金融创新专题”之五——自主创新型企业成熟阶段投融资环境的国际比较研究［J］．江苏科技信息，2008（10）：15–17.

如的。多层次资本市场的构建保障了退出渠道的通畅，促进了美国风险投资业的发展，从选项、融资、投资到退出，连同NASDAQ市场以及活跃的非公开资本市场，都搭建了高效的平台；不同层次场外交易市场的建立，使不同需求、不同规模的企业获得了各异的融资方式和风险投资退出渠道，从而积极推动了高科技和中小企业的发展进程。例如于1971年设立的美国NASDAQ市场，该新兴股票市场伴随着有“高科技企业成长摇篮”之称的硅谷的成长。在硅谷，属于高科技类的企业占到80%~90%。一些著名的高科技企业在NASDAQ从小到大的成长经历，使NASDAQ成为价格表现最佳、市值增长最快、交易最活跃和筹资能力最强的美国证券市场，并推动了美国近些年来的经济发展。截至2000年12月底，在NASDAQ上市的公司共有6000多家，发行股票金额8000多亿美元。如今，NASDAQ成为世界上最大的股票市场，它的股票交易额已经超过曾经位居榜首的纽约交易所。[①]

六、扶持技术创新的宽松法律

美国于1985年修改了《统一有限合伙法》，[②] 使有限合伙人的责任范围获得了更为清晰的界定。它不仅不失传统合伙企业所受监管较为宽松的优势，更获得了安全保障，这种投资人从股份公司获得的安全保障，增强了个人从事私募资本投资的积极性。如今这一组织形式在美国从事风险投资、杠杆收购、对冲基金等业务活动的私募资本投资企业中获得了普遍的应用。

第二节　以色列的案例与启示

一、推动中小企业技术创新的法律规制

以色列自身生存发展环境险恶，从四次中东战争到恐怖主义活动，从阿拉伯国家的贸易抵制到海湾战争，在如此错综复杂的国际局势下，以色列政府却仍然

---

① 李时椿. 美国的创业投资：历程、机制与启示［J］. 经济与管理研究，2007（8）：63-66.

② 美国关于有限合伙的立法，采取的是单独立法的模式，美国统一州法委员会于1916年通过了《美国统一有限合伙法》（Uniform Limited Partnership Act，简称1916年法），并于1976年（简称1976年法）和1985年（简称1985年法）做出了修正，1985年法至少反映出两个特点：一是降低了有限合伙人参加有限合伙管理的风险；二是通过修正使有限合伙向公司模式迈进。

坚持积极发展自主创新产业，不断增强国家实力。也正是这种忧患意识和生存威胁的逼迫，使得政府通过制定法律、政策支持、直接干预等途径竭尽全力地为大量自主创新企业的发展壮大做出努力，为高技术企业发展创造良好的氛围，为风险投资的成长培育肥沃的土壤。

1984 年以色列颁布了《鼓励工业研究与开发法》，该法律的实施由工业与贸易部首席科学家办公室直接负责执行，目的就是通过科技基础设施的建立，来推动以色列科技密集型产业的发展，加大本地技术产品的出口量以争取政府收支平衡；同时该法律的实施使技术人才的就业难题得到了解决。

二、支持技术创新的科研资助：首席科学家办公室（OCS）①

仅在 1996 年，首席科学家办公室的预算金额就超过了 3.7 亿美元，并有 1000 余家公司从中获得资助，资助途径包括：①有偿支持，是当研究开发产业化获得成功后，企业每年提取销售收入中一定比例的金额来支付从政府获得的原始投资；②无偿支持，即可不偿还；③直接支持，直接支持研究开发项目；④间接支持，采取能够为研究开发创造条件的支持办法。优惠措施具体如下：

（1）资助审定 R&D（研究开发）经费总额的 50%给对现有产品和工艺进行重大改进或新产品开发的企业，这个资助比例在优先发展的地区可最多提高至60%。

（2）当创业企业缺乏外部的融资渠道，并且所需投资额不超过 15 万美元时，为其提供投资额 66%的资助。在 15 万~25 万美元的投资额部分，为其提供 50%的补助。

（3）对于刚成立的属于计算机软件领域的企业，第一年资助其 R&D 经费总额的 50%，第二年起提供下调至 30%的投资额。

（4）当企业销售额超过 500 万美元，而且该企业有产品创新时，为其提供的资助可以达到 R&D 经费总额的 66%（在两年内的资助额每年最高可达到 30 万美元）。

（5）给在 R&D 向生产、销售转型阶段的企业提供 R&D 经费 50%的资助（资助最高可达 60 万美元）。

（6）资助所需经费 50%的补助给符合市场可行性研究标准的企业。

---

① OCS 是 1968 年根据卡察尔斯基教授领导的一个政府委员会的建议在工贸部设立的，其目的是为商业性的研究与开发提供帮助，促进高新技术的发展。首席科学家办公室的主要职能部门有：国际合作处、政府种子基金“HEZNEK 计划”处、技术孵化器计划处、以色列生物技术战略计划处。

三、构建技术创新的园区平台：技术孵化器[①]

以色列政府同时为处于研究开发阶段的项目提供如创造孵化条件等方面的间接支持，从而给科学家型的创业者提供足够施展发挥的空间。1985 年以色列政府颁布的《鼓励工业研究与开发法》中，为了引入民间投资，促进与完善技术孵化器，该法规定当资助的研究开发项目成功转化为市场产品以后，企业每年偿还的资助金额只有销售额的 2%。这笔由政府投资与民间投资共同组成的对技术孵化器的资金资助，发挥了乘数级的功效。[②]

首席科学家办公室代表政府审核批准投资项目，技术孵化器管理中心的资本运营并没有政府的直接干预，这样不仅可以确保按市场化要求运作管理中心经理的激励约束机制，还可以满足政府支持和鼓励早期投资的意图。其流程是：资金从政府直接流向孵化器，再流向被孵化的企业，其中途经孵化器管理中心的把关。同时，规定了政府资金的明确用途：

（1）负责管理中心每年约 20 万美元的房租、工资、办公费等全部费用，每年提供给每个被孵化企业的资金占其全部费用的 85%（总额上限为 18 万美元）。

（2）孵化器的项目来源主要是从应用科学研究机构到苏联移民，从大公司到离开以色列国防部的技术官员等的创业者和发明者。来源于政府的资金是用销售收入以限制性贷款的形式来偿还，而不是直接在企业中持股。

（3）首先新技术发明者根据每个项目创建一个新的企业，然后孵化器管理中心董事会对其申请进行审核，最后由首席科学家办公室发布批准结果。处于早期阶段的 10~15 个企业可以组成一个孵化器，每个企业中能进行新产品开发的工程技术人员要达到 2~5 名。新设立受孵化企业的原始股权结构是这样构成的：50%的股权属于发明者及创业家，10%的股权属于未来关键性雇员，20%的股权属于有关基金的投资者，20%的股权属于孵化器。[③]

（4）技术孵化器管理中心的工作范围包括：第一，寻找和筛选项目；第二，考察评估所要投资的项目；第三，提供相关材料给首席科学家办公室作为参考；第四，发动组织创建新企业；第五，在作为“孵化器”的两年时间里，有权决定受孵化企业的重大事项，并为受孵化企业在业务开发、经营管理、监督控制以及

① 以色列技术孵化器内容介绍主要借鉴北京市科学技术委员会研究项目“以色列、巴西孵化器跟踪研究”，网址：http：//www.bjkw.gov.cn/n1143/n1240/n1465/n2216/n3710709/3714573.html。

②③ 李潇逸. 风险投资种子期项目源培育途径探索［J］. 合作经济与科技，2008（2）：84-85.

市场营销等方面提供服务。①

对于以色列的高技术企业，技术孵化器扶持其早期发展阶段，风险投资支持其成长阶段。② 完善的高新技术支持机制使得从产生到壮大各个环节连贯有序，成功而快速地帮助企业从初创走向成长再走向成熟，最终实现上市的目标。

四、保障技术创新的财政税收优惠

以色列政府主要通过减让与免除特定地区和企业的税收来鼓励和扶持技术创新。其中，富有特色的是“认定企业计划”，该计划由以色列投资中心负责实施。在以色列投资法中，与认定为非创新企业而需缴纳36%的公司税相比，只要被认定为创新企业就只需缴纳25%的公司税，其中15%的税款从公司利润支付的红利中扣缴，并界定如果“被认定企业”25%以上的股权或债务为国外投资拥有，该公司即获得外资公司资格，可根据出资份额中国外投资人的部分获得10%~25%的优惠税率。大量的高新技术企业，特别是合资高新技术企业在“认定企业计划”和外资公司待遇政策的实施过程中，减轻了负担，获得了更为宽松的创业环境。

五、扶持技术创新的风险投资

20世纪60年代是以色列风险投资业的萌芽阶段，以色列贴现银行最早涉足了风险投资领域，其第一笔风险投资是对电子行业8万美元的投资，这拉开了以色列风险投资行业的帷幕：这是一位名叫爱德尔的律师，他于1970年初开始在以色列探寻投资机会，并最终投资了一家电子公司，该公司第二年便成功在美国NASDAQ上市，最初的投资者也相应地获得了丰厚的报酬。纵观以色列，通常采取如下风险投资形式：

（1）种子资本：根据2000年对种子资本的统计，欧洲占风险投资总额的19%，美国占41%，而以色列早期阶段达到了47%，远远超过了欧洲与美国。通常情况下，高新技术创业公司最缺乏资金支持的是早期阶段，解决了早期阶段的投入难题便能较大力度地推动高新技术产业的发展。由于种子资本满足这样的要求，以色列较高的早期风险投资水平对以色列高新技术产业的发展壮大起到了重大支撑作用。

（2）引导基金：第一家引导基金Athena于1985年在以色列成立，这标志着以色列风险投资业正式启动，可是令人失望的是，这个阶段以色列本土的公司并

① 刘剑波，范建年. 以色列风险投资的成功经验［J］. 科技情报开发与经济，2000（1）：10-11.
② 陈刚. 以色列风险投资的发展分析及对我国的启示［J］. 株洲工学院学报，2002（9）：75-78.

未获得外国投资者的直接投资。20 世纪 80 年代后期以色列政府对经济的管制进一步放松，从而，90 年代风险投资的发展在历经经济稳定、基础设施改善、地区紧张局势缓和的形势下迎来了新的篇章。

（3）创业基金：1993 年 1 月创立的 YOZMA 创业投资基金，是以色列政府推动创业投资发展的典型成功案例。在美国、欧洲及以色列国内，YOZMA 取得了巨大的成功，之后 YOZMA Ⅱ 基金又从该委员会诞生，其商业化运作于 1998 年紧锣密鼓地展开。华登集团、Advent 国际有限公司、戴姆勒—克莱斯勒公司等许多耳熟能详的风险投资公司都是 YOZMA 的合作伙伴。[①] 现在，YOZMA 已转变其发展战略，从参与建立新的投资基金转变成与国外的战略合作伙伴对初创企业的共同投资。政府通过如下做法将资金成功退出：15 家由 YOZMA 投资组成的成员公司有 8 家采取上市退出或者并购退出；10 个 YOZMA 拥有的成熟基金中，有 8 家政府持有股份的公司由外资或者私人资本置换；政府退出直接融资之后，不断构建并优化管制框架，继而转为间接参与；另外，由 YOZMA Ⅱ 基金发起成立 CEO 俱乐部，帮助企业与国际一流创业投资者加强交流。此外技术创新还有获得大量公募和私募创投基金同步扶持的机会。

第三节　德国的案例与启示

一、支持技术创新的国家融资补贴政策

德国政府成功开展了旨在扶持技术创新的高技术中小企业风险投资（BTU）计划，该计划由两部分组成：

（1）在经批准的经验丰富的创业投资基金和德国国有银行的分支机构 TBG（即德国国有银行下属的机构技术投资公司）之间进行强强合作，向企业提供具有优惠利率的无担保共同贷款，使中小创业企业技术创新项目 10 年之内可以获得 250 万欧元之内、10 年年利率 7%的贷款支持；并且头 5 年创业投资家的股权投资损失 50%的担保来源于 BTU，这个比例在东部地区更是达到了 70%。但 TBG 前 5 年的利息收入可以 30%的保险费被其创业投资者合法买断。TBG 不仅获取利息，还参与项目盈利的分红。作为隐形合伙人的 TBG，并不享有投票权，但当投资发生

① 徐双烨，王红梅. 以色列风险投资业发展分析［J］. 研究与发展管理，2000（4）：36-40.

损失时，其投资享有等同于普通股股东的权利。

（2）雇员少于50名并且创办年限在5年以下的创新小企业的新技术项目也可向联邦银行申请融资，联邦银行提供的贷款融资利率在中等水平，并同意创业投资人在每次股权投资后及时重获70%的资金，国家承担全部贷款100%的拖欠风险。被投资公司每次可获得最高140万欧元的融资，且其利率是变动的，具体根据创业投资公司的最终回报值来确定，如2000年底包括2.2%的年担保率保持在8.44%的利率水平。

二、保障技术创新的风险投资法律规制

因为德国不够畅通的中小企业技术创新资本市场的退出渠道，许多中小科技企业[①]并没有积极参与风险投资和资本市场，从而阻碍了德国技术创新的发展。近年来为了发展风险投资，德国政府出台了一系列优惠政策。《德国金融市场促进法》在投融资政策方面做出规定：同意采取不同形式的风险投资公司，也就是可以注册经营股份公司、股份有限公司、两合公司以及股份两合公司；公司征税条例的适用范围囊括了风险投资机构；强制性持股的最短期限由6年减少至1年；为了扶持私人风险投资，德国重建银行以及德国均衡银行两家国有银行出台了一系列风险投资项目；有组织地交易非上市公司股权，同时股权转让手续进一步简化。[②]

该促进法中还有其他的政策来帮助上市企业运作，通过将原先30年的证券咨询责任期限和上市企业广告宣传责任期限调整至3年，推荐非标准证券和次要证券给投资者的做法也在证券投资顾问中得到鼓励。对于税收方面的政策，该法在《企业投资理论》的基础上，提出将风险投资公司工商税予以免除等一系列条款。在吸引投资方面，该法为了扩大养老保险对证券市场的参与度，也制定了例如推荐人寿保险公司推广有证券背景的保险业务和推荐投资公司建立特殊养老金等的优惠政策。另外，已转让股份在股票基金中随时可以回购的强制义务在《投资公司法》中也得到了确定。

三、制约德国技术创新的资本市场的教训

德国长期以来不够畅通的风险资本退出体制，使得技术创新受到了严重的制

① 德国与其他工业发达国家一样，对中小企业并无统一的概念和标准。根据“波恩中小企业研究所”（Institut für Mittelstand-forschung Bonn，IfM）提出的企业规模划分实用标准，雇员最高到9人、年营业额最高到100万马克的企业归入小型企业，雇员10~499人、年营业额最高到1亿马克的为中型企业，雇员500人以上、年营业额1亿马克以上的为大型企业。

② 谭湛．“中小企业科技金融创新”专题之七——中小企业自主创新成熟阶段投融资环境的国际比较[J]．江苏科技信息，2009（6）：15-17，26.

约，其具体原因主要有：

(1) 德国正式的证券交易所对于上市条件的要求均较高。中小企业不像成熟的大型企业那样，它们通常很难达到上市标准。而且做市商、银行和其他金融机构是德国场外证券交易市场即柜台市场（OTC）的主要参与者，虽然有较多的债券在该市场上交易，却有很少的中小企业在股票市场上市交易。

(2) 德国的中小企业业主并不热衷证券上市。企业主出于对失去企业控制权及额外增加的企业管理成本的担忧，尤其是上市费用的畸高，使得中小企业上市并不是现实可行的选择。

(3) 风险投资具有德国特色，投资人并不急于通过上市退出投资。银行及保险公司成立了大部分风险投资公司，比起重新培养一个小企业公开上市，他们更愿意长期持有那些增长潜力较大的风险企业的股票。因股份增值而变卖股票比长期获取报酬的方式显得麻烦，而且能获得的收益并不如后者稳定。

(4) 许多德国投资者由于多元化投资观念的缺失，风险规避的意识，以及对证券投资了解的不足，并不轻易投资小企业的股权。小投资者投资的积极性，被过高的证券代管费和基本交易手续费逐渐打消。德国从 20 世纪 90 年代中期至今，一直在为更加便利的出口通道的建立提供风险资本而做努力。1997 年 3 月，一个名为“新市场”（New Market）的股票交易市场在法兰克福证券交易所成立，它模仿美国 NASDAQ 的模式，积极地为创新型高新技术企业提供上市机会。更多的为中小企业上市提供机会的举措，例如建立“中型企业市场”、“成就市场”以及“启动市场”等各种区域性股票交易市场，同样在不莱梅、慕尼黑、汉堡等地出现。[①]

第四节 日本的案例与启示

一、制约技术创新的风险投资教训：创业板市场发展迟缓

创业板股票市场的缓慢发展成为日本风险投资发展滞缓的重要原因之一，风险企业过高的上市基准，不能及时退出的风险资本导致难以实现增值。场外交易

① 龚克，魏建国.德国风险投资的发展模式研究［J］.武汉理工大学学报，2002（7）：103-106.

市场[①]成为日本一直以来风险资本退出的第二股票市场，但资产额、近期利润、股东数、销售额在 OTC 中仍有较高的要求，OTC 的上市基准对高科技企业而言仍难以企及。依据日本高科技企业发展的经验，一个企业要达到 OTC 上市的要求需要经过大约超过 10 年的努力。换句话说，发起人要经过从成立到上市大约 10 年之久的漫长时间，才能获得风险投资企业股票上市对风险投资利润的兑现。这极大制约了民间风险投资的热情，这样的教训值得我们吸取。[②]

二、激励技术创新的财政政策

从 1997 年起日本财政执行天使投资税制，如果创业家处于创业期的投资发生了转让损失，该税制规定这笔损失可以在 3 年间进行结转。因为只有亏损企业才能受到该项优惠政策的支持，其政策的激励作用被弱化了。为了避免这样的缺陷，日本政府于 2000 年 4 月 1 日对该条款进行了修正。不仅只针对亏损企业，盈利企业也被包括到该项激励政策中，另外在保留了原优惠的同时，只征收天使投资人 1/4 的交易资本利得税。

三、保障技术创新的政府法律规制

从 1983 年起，日本政府制定了许多针对技术创新的重要法规，例如规定未在交易所上市的中小型企业也可以集资。日本经济在 1990 年以后发展日趋缓慢，因而日本政府陆续出台多项鼓励风险投资业的政策，例如不断加强与风险投资公司的交流与合作，持续鼓励银行开展以知识产权为担保的融资，设立 100 亿日元的专用债务保证制度等，以积极促进高新技术企业的发展，不断调整产业结构。

天使投资税制于 1997 年在日本予以实施，这无疑缓解了个人投资者的投资风险。如今日本高度关注中小型高新技术企业的发展，除了在中小型企业之间建设信息网络与不断加强信息共享机制外，中小型企业配套政策的建设也得到了政府极大的重视。例如在中小型企业中构建“创造性技术研究开发补助金制度”；减免中小型企业税负；提供低息贷款；鼓励中小型企业从事技术开发；加强中小型企业和各大学、政府系统与研究机构之间的研究支持以及技术交流；为了帮助

① 日本 OTC 市场（Japanese Over The Counter Market/Japan Association of Securities Dealers Automated Quotation，JASDAQ）是日本股市的二板市场，也称为店头市场、柜台交易市场。它是日本唯一的店头市场，也是风险性企业（Venture Business）筹资的最大市场。

② 姜玲燕，刘欣宜.日本风险投资业发展经验对我国的启示［J］. 华商，2007（10）：36-37.

引进中小型企业的专利技术、促进其专利技术流通以及获得各种融资服务支持等，设立了知识产权中心。

第五节 英国的案例与启示

一、极具特色的服务于技术创新的风险投资中介模式

英国的风险投资一般需借助一系列中介机构的协助，因此风险投资规模比较大。这些中介机构包括：创业投资公司；给创业投资公司做出选择提供财务等方面顾问的会计师事务所；为创业投资公司在投资之前进行必要评估，给其提供投资意见的资产评估机构；借助杠杆融资方式完成创投资金需求的商业银行；为风险投资过程提供一系列法律服务的律师事务所。

二、保障技术创新的财政金融法律规制①

英国《1998 年金融法案》对资本利得税等方面做出了调整：从 1998 年 4 月 5 日起资本持有的时间越长，享受越多的资本利得税减免；资本利得税税率在持有营业资产 4 年后逐渐下调，从 40%下降至 10%；非营业资产部分逐步从 40%下降到 24%。英国政府还规定了资本利得税缩减的政策，允许公司工作的雇员在非贸易公司的利益少于 10%的情况下出售其股份，此政策积极推动着创业投资和财产投资公司的发展。

英国私人股权创业投资市场从海外吸收的资金数量可观，每年提供的创业投资资金约占 38%，是如今欧洲最大、最发达的市场。英国在 1994 年通过的《公司投资法》（CLIS）、1999 年通过的《创业投资信托法》（CVCT）以及 2000 年通过的《公司创业投资法》三项法规对创业投资税收激励给予了法律支持。②

---

① 英国金融法律制度和非公开权益资本的投资经验是当今世界除美国以外最有参考价值的，继《1998 年金融法案》，2000 年英国颁布的 《金融服务和市场法案》（Financial Services and Marketing Act）将英国对银行、投资机构、保险公司等各类金融机构的监管集中于英国金融服务监管局（FSA），并将此前所有涉及对微观市场主体监管的法律规定进行了修订并集中于该法案。

② 王冀宁."中小企业科技金融创新专题" 之四——中小企业自主创新初创阶段投融资国际比较及对中国的借鉴［J］. 江苏科技信息，2008（9）：14-16.

三、扶持技术创新的独具特色的并购风险投资①

英国的风险投资从始至终都十分关注的企业主要具有这样的特征：一是它们虽已建立，但在财务与管理等方面却面临着经营问题；二是需要重新创业。它们期望再次创建成能够适应市场创新、产品创新以及管理创新要求的全新企业，这对股权资本和管理等方面服务的需求不言而喻，而英国的风险投资愿意为此提供这类支持，使其重获新生。这种对重整期需要再次创业的企业进行的投资便被称为重整期投资。具体有以下几种方式：

（1）管理层并购投资（MBO）：通过股权资本的提供，支持原有管理层将相当比例的股权收购，从而获得所管理企业的控制权，以此来重新构建企业的股权结构和内部治理结构。

（2）外来管理层并购投资：通过股权资本的提供，支持陷入困境的企业被其他外来的管理团队所收购，从而实现该企业的再次创业。

（3）外来管理层支持的管理层并购投资（BIMBO）：将管理层并购与外来管理层并购相结合，通过股权资本的提供，支持在外来管理人员的帮助下，企业原有管理层与他们共同收购原企业，以实现企业的再创业。

（4）由公众持股公司转为非公众持股公司（PTP）：通过债券和非上市股权等多种方式提供资金，构建一个特殊的目标载体（SPV），将某家公众持股公司在外发行的所有股票予以收购，使其公司的性质转变为非公众持股。

（5）债转股：为了使企业的负债率有所降低，通过提供股权资本支持，将该企业的债务资产转为股权资产，从而实现创业。

（6）股权置换：通过提供股权投资支持，使企业现有股东所持有的股权能够被买回、置换或赎回。

（7）挽救投资：给正面临收购的企业或正陷入困境中的企业提供股权投资。

（8）次级收购：创业投资公司对其他创业投资公司所持企业股权进行收购。一些创业投资公司的经营年限已经快达到存续期，往往会向相对年轻的创业投资公司转让其持有的股权来实现清盘。

---

① Batjargal，刘健钧.英国的创业投资与企业再创业［J］. 中国创业投资与高科技，2002（9）：36-37.

第六节　其他国家的案例与启示

一、韩国的案例

在20世纪90年代早期，韩国的创业投资额还是微乎其微。1998年以来韩国政府为了使其创业投资业能得到迅速发展，推出了一系列税收激励政策。截至2001年，韩国创业投资额以几乎3倍的速度上升。如今韩国的创业投资市场是亚洲国家中首屈一指的，在经济合作与发展组织（OECD）成员国中其GDP的创业投资比例也处于领先地位。韩国对起步阶段公司的投资，成为继美国、加拿大之后OECD成员国中的第三位。

韩国的创业投资途径有两个：创业投资基金（VCFs）以及有限合伙基金（LPFs）。[①] 创业投资基金的投资重点是处于起步阶段的企业，这类企业必须在韩国中小企业管理局（SMBA）登记。有限合伙基金中每个投资者依据其投资额获得利润报酬，属于一种共同基金，并且依据法律规定，必须有创业投资基金的股份介入每个有限合伙基金中。韩国政府还通过抵扣及免除包括证券交易税和资本利得税等的税收，在税收政府方面也给予支持。

"高斯达克"（KOSDAQ）[②] 市场是韩国的二板市场，该资本市场主要服务于科技创新型中小企业。1999年为了进一步铺平二板市场的发展道路，韩国政府陆续通过了《搞活"高斯达克"市场的综合方案》与《健全"高斯达克"市场的政策》。"二板市场专用证券"是韩国政府于2000年专门为了投资于二板市场的上市企业所发行的，当时估计这种证券至2002年将达到1万亿韩元的发行量。[③] 为了避免二板市场发展"过热"的危机，韩国政府不仅引导在二板市场上进行风险企业融资，同时在2000年2月推出了第二阶段管理方案，以此来弥补二板市场

① 根据1986年的《中小企业成立协助法》，韩国的创业投资有两个渠道——创业投资基金（VCFs）和有限合伙基金（LPFs）。

② 韩国高斯达克市场（Korea Securities Dealers Automated Quotation，KOSDAQ）是由韩国证券商协会（Korea Securities Dealers' Association）仿照美国的纳斯达克市场（The National Association of Securities Dealers Automated Quotation，NASDAQ），并参考欧洲和日本同类市场的模式，于1996年7月1日设立并正式开场交易的。这是一个在已有的场外交易市场（OTC市场）的基础上发展起来的市场，旨在"给风险企业提供稳定的资金来源，给投资者高风险高收益的投资机会"。

③ 张玉柯，张学英，王媛媛. 韩国风险投资浅析 [J]. 世界经济与政治，2000（8）：16-19.

存在的缺陷，加强对不公正交易的监管，提高信用评价的可信度以及努力建立健全企业上市与退出的登记制度等。韩国健康良好发展的二板市场保证了其风险投资业的昌盛。①

上市的自主创新企业还可获得韩国中小企业局提供的税收优惠，除了在KOSDAQ上市后进入的外资企业仍征收10%的资本利得税，在外国投资后再在KOSDAQ上市的公司，将免征新发行股份所获得的资本利得税。

二、法国的案例

1998年法国的《财政法》规定，创业企业主要雇员可在创业7年内认购资本股，适用16%的税率，7年以后的企业，适用30%的税率，同时持有10%以上资本的自然人将所获得的非上市公司股票或股份的收益重新转让进行投资的课税可以延缓征收；当支付人寿保险产品的投资合同超过50%，而且投资风险产品的股本为5%时，则可享受税额免征的优惠。

法国的法兰西股票交易所是世界上最著名的股票交易所之一，同时还强调培育小型企业市场，满足高新技术企业进入公开资本市场的需要。法国建立了多层次的资本市场，为风险投资提供了多元化的退出渠道。"法国第二市场"于1983年2月1日在法兰西证交所推出，截至1989年其上市企业的数量达到300家，虽然1993年该市场因为小额的交易量被迫关闭，但在20世纪80年代初期为促进法国风险投资产业的起步与发展起到了至关重要的作用。随后，1996年2月14日"法国新市场"又在法国证券交易所成立，至2000年4月13日已将包括7家外国公司在内的123家公司成功上市，融资额累计达22.65亿欧元。

与此同时，另一条关键的投资推出渠道是发达的企业购并市场，它同样保障着法国的风险投资业。因为法国企业通常在购并和回购期引入风险投资基金，所以风险基金不但能够出售基金份额给其他企业，而且能够出售股权给别的基金。法国在2001年退出总投资额54%的风险投资是采取购并方式退出的，这笔原始投资额达到9.32亿欧元，这一数据在1997年仅为6.66亿欧元，同比有了40%的增幅。退出的风险投资在2001年中的分布为：占17%的2.9亿欧元的IPO方式，占9%的1.62亿欧元的破产清算，以及占19%的3.3亿欧元的其他退出方式。②

① 张一鸣. 韩国风险投资的特征及对我国的启示［J］. 科技智囊，2000（11）：33-35.

② 张新立，杨德礼. 法国风险投资业的发展、成因和启示［J］. 科研管理，2006（3）：153-160.

三、澳大利亚的案例

澳大利亚不断降低来自发达国家的创业投资养老基金的资本利得税税率，直至免收，以便吸收更多的来自英国、日本、德国、法国和加拿大等尤其是美国的专门从事创业投资的养老基金。另外，注册于澳大利亚并且拥有不少于10年的股权年限的公司，免交来自创业投资基金的红利和其他利润分配预提所得税。[①]

四、荷兰的案例

荷兰的“富叔叔计划”（Aunt Agatha）提出了免缴所得税的情况：只要在8年内投资于创立期公司即可获得此项优惠；同时可以用发生在这8年的投资损失来抵扣高达50000荷兰盾的所得税。另外，初创型企业如果70%以上的资金来源于创业投资基金，并且参与价值低于其原始成本时，允许扣减部分税收。如果个人投资参与这类基金，获得的免税额比例将更高。[②]

PPM计划于1981年被荷兰政府提出，该计划更有力地支持了创业企业的发展。对早期阶段私人创业投资基金中所造成的损失，政府提供担保，担保金额最高达400万荷兰盾，占其50%的比例。之后只需提供250万荷兰盾的担保，且担保费用、利润共享要求一律免除。早期阶段约有40%的合格创业投资政府提供担保，1995年担保比例只有10%。截至1995年底该项计划终结，共有900家公司在这14年中获得了支持。

五、葡萄牙的案例

葡萄牙也颁布了一系列措施：放宽新创办创业投资企业的相关税收，减免创业投资公司在新建3年内的所得税和其他税收，同时不分配此后3年内的利润，以及放宽再投资的创业投资公司的税收征收比例。

2000年，“贴现和辛迪加基金”在葡萄牙经济部的中小企业协助局（IAPMEI）建立，并符合第三期欧盟支持计划的2001~2006年框架部分，其规模为5000万欧元的基金与小规模投资的创业投资公司一起承担风险。为了服务于创业投资家，基金为高风险中小企业的投资再融资提供50%~75%的担保，担保值随着规

① 胡志峰．“中小企业科技金融创新”专题之九——基于扩张阶段国内外扶持自主创新企业的政策比较［J］．江苏科技信息，2009（7）：23-25.

② 苏启林．发达国家创业投资税收与金融激励政策分析［J］．外国经济与管理，2002（6）：18-22，3.

模变化，同时，允许豁免在时限范围内偿还的贷款利息，并且担保费率仅用于基金管理费的支付。一旦投资者发生损失，此笔贷款则无须偿还。此计划已于2001年底正式运行。[①]

六、瑞士的案例

联邦法案于2001年1月1日在瑞士正式实施，该法案规定个人投资者可以获得创新企业附属付款的借款，允许申请扣减借款数额50%的税收比例（如果借款得到偿还或最高扣减额大于50万瑞士法郎则不符合此法规条件），同时满足法案条例规定的投资于瑞士公司的合资创业公司资本的印花税、资本利得税和股份分红可获得税收豁免的优惠。

七、加拿大的案例

加拿大依据不同地域范围颁布了一系列鼓励政策，如联邦一级提供15%，高达5000加元的联邦所得税扣除给投资于劳工创业投资公司（LSVCC）者以扶持其发展；如安大略省的省一级为投资本省初创知识企业的投资者扣减投资额75%的税收，同样不列颠哥伦比亚省为投资小企业的本省居民投资者扣减投资额30%、6万加元以下的税收，以鼓励其发展。[②]

① 余正. 政府支持风险投资的金融模式及“风险杠杆”效应研究［D］. 复旦大学硕士学位论文，2008：26.

② 国内学者李学勇在《外国政府促进企业自主创新产学研相结合的政策研究/国外科技创新与发展系列丛书》（科技文献出版社，2006）中对各国政府的激励政策进行了研究，并对相应案例做了分析。

第三章　国内科技公共服务体系发展综述

第一节　我国服务于技术创新的科技公共服务体系建设经验介绍

一、对于初创期技术创新企业的扶持做法和经验[①]

我国重视对中小自主创新企业创意期和初创期发展的支持，但缺乏相应的国家财政预算以及专门人大立法或国务院法规条例、制度体系建设等相关配套措施。科技与经济在制度上人为割裂，缺乏行政统揽的制度化安排，导致整个政府和社会的资源能力弱化。虽然不同部门都制定了相关政策，但是专项性的政策明显不够，资金支持力度不足，同时对商业银行的引导效果不明显，特别是缺乏对民间资本的引导性措施。从与世界接轨的角度来看，应该按照政府选择机制和市场选择机制并举的思路，通过政府与市场的双重作用，介入企业创业期提供支持，为企业的成长培育良好的环境，具体举措有：政府设立“技术创新资助基金”和“创业投资引导基金”。

(1) 技术创新资助基金。该基金设立的宗旨：一是考虑到一些技术创新项目具有社会效应，却还没有体现商业前景，由于无法得到商业性资金支持，所以需要财政资金支持；二是从支持对象看，政府直接把具有技术创新优势的创业企业作为支持对象；三是政府技术创新资助基金的支持方式主要是无偿拨款；四是从设立、管理和监管主体看，各个行业主管部门都可分别设立直接支持技术创新的资助基金。

① 王冀宁. 中小企业自主创新初创阶段投融资国际比较及对中国的借鉴[J]. 江苏科技信息，2008 (9)：14-16.

（2）创业投资引导基金。2005 年 11 月，由国家发改委、科技部、财政部等十部委联合颁发的《创业投资企业管理暂行办法》第二十二条指出：国家与地方政府可以设立创业投资引导基金，通过参股和提供融资担保等方式扶持创业投资企业的设立与发展。之后，按照《国家中长期科技发展规划纲要》（以下简称《规划纲要》）及其配套政策要求，国家财政部、科技部于 2007 年 7 月出台了《科技型中小企业创业风险投资引导基金管理办法》，同时规模为 1 亿元的首个国家级创业风险投资引导基金开始操作运行。早在 1999 年前后上海、江苏即设立了引导基金，目前，天津、北京、山西、吉林、苏州、武汉等 10 余个省、市正在加紧以各种形式设立本地区引导基金，预计总投入将超过 60 亿元。关于技术创新资助基金和创业投资引导基金的比较（见表 3–1）。

表 3–1 技术创新资助基金和创业投资引导基金的比较

	技术创新资助基金	创业投资引导基金
设立宗旨	一些技术创新项目拥有社会效应，但未能体现商业前景，故需要财政资金支持	大量创业企业虽已初步体现商业前景，但因风险较大，需通过相应机制引导更多的商业性资金介入
支持对象	具有技术创新优势的创业企业	引导民间资金进入创业投资领域
支持方式	无偿拨款	参股、提供融资担保支持等
支持性质	无偿性	有偿性
监管主体	各行业主管部门可分别设立	创业投资管理部门独家设立

二、对于扩张期技术创新企业的扶持做法和经验①

（一）政策性金融政策

作为重要手段，政策性金融政策长期以来一直在国家支持科技产业方面发挥重要作用。目前，配合《规划纲要》及其配套政策的进一步细化，出现了政策性金融支持国家重大科技项目融资、中国进出口银行特别融资账户以及高新技术领域软贷款三类政策性工具。

（1）中国银监会于 2006 年 12 月 28 日发布的《支持国家重大科技项目政策性金融政策实施细则》，主旨十分明确，就是服务于《规划纲要》中提出的重大专项以及其他国家重大科技产业化项目规模化融资和科技成果转化项目。

（2）中国进出口银行特别融资账户规定了三种运行机制：一是风险投资业务；二是投资咨询业务；三是为被投资企业提供管理服务业务。特别融资账户的

① 胡志峰. 基于扩张阶段国内外扶持自主创新企业的政策比较［J］. 江苏科技信息，2009（6）：23–25.

设立，使中国进出口银行成为中国银行业目前唯一能直接为科技产业化而开设风险投资业务的（政策性）银行。

（3）国家开发银行高新技术软贷款是利用开发银行的核心资本，由科技企业或科技投融资平台承贷，然后再利用这些贷款从事对外股权投资的一种工具，目前国内商业银行无法开展此项业务。这一贷款可直接推动科技企业（科技投融资平台）的资本运作实力，从而促使其快速成长；也可使国家863计划、科技支撑计划、国家科技基础条件平台建设专项在获得支持资金的同时，间接地建立合理的治理和信用结构，特别是满足科技企业、科技创业投资机构、科技产业化项目、转制科研院所的融资需求。

（二）商业银行服务政策

相比较而言，我国银行的经营组织模式比较单一，并且始终处在严密的监管体制下，从而只能为企业提供高度同构的服务品种，无法达到高新技术企业的融资要求。针对这一问题，中国银监会按照《规划纲要》及其配套政策的要求，颁布了《关于商业银行改善和加强对高新技术企业金融服务的指导意见》（银监发〔2006〕94号）。银监会要求，对经科技部门认定的高新技术企业，为其提供的金融服务可完全比照2005年7月发布的《银行开展小企业贷款业务指导意见》办理；各商业银行要为高新技术企业提供贷款融资、授信、结售汇、结算、现金管理、财务顾问及银行卡等各项服务，并将其设计到他们的金融产品和业务流程中。

（三）担保政策

针对目前中小企业担保机构抗风险能力弱、资信等级低、主营业务不突出以及银行等社会体系认可度低等问题，国家发改委、财政部、人民银行、税务总局及银监会于2006年11月联合出台了《关于加强中小企业信用担保体系建设的意见》。出台该意见的目的是以间接补助的方式，鼓励和调动市场担保机构从事中小企业担保，提高处于成长或扩张时期的风险企业获取银行贷款的概率。这就打破了原有的经营模式，将政府定位转变为引导和建设外部环境，以减少政府直接从事担保的情况。

（四）保险政策

2006年，中国保监会和科技部开展了保险业和科技的首次合作，共同发布了《关于加强和改善对高新技术企业保险服务有关问题的通知》。该政策的目的是建立一种新模式，使得保险中介机构在高新技术企业保险产品开发、承保理赔及风险管理等方面的作用得到充分发挥，通过国家财政科技投入引导高新技术企业利用保险来减少技术和经营风险。该政策的实施，有利于为处于成长或扩张阶段的风险企业降低技术和经营风险，为他们吸引资金投入拓宽渠道。

科技部和中国出口信用保险公司在 2007 年 5 月联合发布了《关于进一步发挥信用保险作用支持高新技术企业发展有关问题的通知》，其内容主要有如下三点：一是为高新技术企业利用信用保险获得融资提供便利；二是向投保的高新技术企业提供承保与理赔绿色通道；三是向投保信用保险的高新技术企业提供优惠保险费率与保险条件，并且按最低成本价计收资信调查费。该政策的目的是为我国风险投资企业开拓国际市场，为其提供保障和动力，这与商务部实施的出口退税、免税等鼓励性出口政策的目标是相同的。

（五）科技创业风险投资政策

2007 年 2 月，财政部和国家税务总局联合发布了《关于促进创业投资企业发展有关税收政策的通知》，该政策最大的作用是解决了按公司形式注册的创业投资企业的双重征税问题。通知指出，创业投资企业采取股权投资方式投资于未上市中小高新技术企业 2 年以上（含 2 年），其对中小高新技术企业投资额的 70%抵扣该创业投资企业的应纳税所得额，符合抵扣条件并在当年不足抵扣的，可在以后的纳税年度逐年延续抵扣。中国创投市场企业不同发展阶段投资案例数量比较如图 3-1 所示。

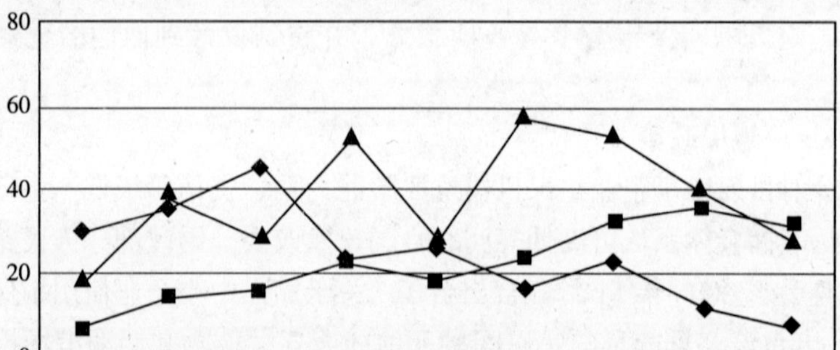

	06Q1	06Q2	06Q3	06Q4	07Q1	07Q2	07Q3	07Q4	08Q1
早期	30	35	46	23	26	16	23	12	8
发展期	18	39	29	52	28	58	53	40	31
扩张期	7	14	16	23	18	24	33	36	32

图 3-1 2006 年第一季度至 2008 年第一季度中国创投市场企业不同发展阶段投资案例数量比较

注：ChinaVenture 2008 年第三季度中国创业投资市场研究报告. http：//report.chinaventure.com.cn/r/f/67.aspx。

资料来源：China Venture 投资数据库，2008 年 4 月，www.ChinaVenture.com.cn.

三、对于成熟期技术创新企业的扶持做法和经验

目前，我国已经建立了比较完善的多层次资本市场，成熟企业的风险投资退出方式主要通过上海主板市场、深圳中小板市场、深圳创业板市场、中关村以及天津的柜台交易市场实现。还有许多优秀的企业通过美国、英国、新加坡、中国香港以及日本的创业板市场上市，如新浪、腾讯、搜狐、百度、阿里巴巴以及分众传媒等一大批优秀 IT 公司，新能源公司，环保公司等。

随着我国证券市场和产权交易市场的逐步完善，国内已经有步骤地构建起以主板、二板、场外交易为主要内容的、多层次的资本退出机制，收购兼并手段也得到了广泛采用。但是我国目前尚没有制定关于风险投资的具体的法律法规和管理条例，且有关知识产权的法规尤其薄弱。有关部门一直致力于尽快完善相关法律法规，使得风险投资的发展能得到法律保证，走上规范化之路。

四、我国对于技术创新的风险投资发展经验

20 世纪 80 年代，来自美国等西方国家的风险投资概念开始逐渐传入中国。经过近 30 年的发展，我国的风险投资经历了以下三个重要的阶段：①

第一个阶段：1985~1991 年。1985 年，国务院批准成立了我国第一家风险投资公司——中国新技术创业投资公司。中共中央发布了《关于科学技术体制改革的决定》，决定指出“对于变化迅速、风险较大的高新技术开发工作，可以设立创业投资给予支持”。随后，相应的投资公司在北京、广州、江苏等地成立，业务主要涉及投资、担保、贷款、租赁以及咨询等，总资金规模合计约达 30 亿元。

第二个阶段：1991~1998 年。国务院发布《国家高新技术产业开发区若干政策的暂行规定》，该规定提出“条件成熟的高新技术开发区可创办风险投资公司”。中国高科技项目的风险投资开始受到国际风险投资机构的青睐。1994 年底，我国 22 个省、市已经拥有 35 亿元的投资能力，创立了 80 多家科技风险投资公司、科技信托投资公司以及信用社等。

第三个阶段：1998 年至今。中国风险投资对经济建设的重要性逐渐成为社会共识。1998 年 3 月，民建中央在“两会”期间提交了《尽快发展我国风险投资事业》的政协一号提案。以此为契机，国务院于 1999 年发布了《关于建立风险投资机制的若干意见》，促使中国的风险投资事业以前所未有的速度迅猛发展。同

① 张启人. 综合就是创新——评文先明的新著《风险投资：理论与运行机制研究》[J]. 系统工程，2004，22（10）：109-110.

年，国务院办公厅转发科技部、国家计委、国家经贸委、财政部、人民银行、财务总局、证监会《关于建立风险投资机制若干意见的通知》，明确解释和规定了我国建立风险投资机制的基本原则、制度意义、风险投资撤出机制的建立、相应政策和法规体系的建立、中介服务机构体系的完善等。2000 年 9 月，深圳证券交易所公布了“中国创业板市场规则咨询文件”，深圳中小板股票市场已经在 2004 年正式推出，创业板市场已于 2009 年 9 月正式推出。

第二节 深圳、北京、上海的案例与启示

深圳是国内最早加大对风险投资环境建设的城市。当北京、上海两大城市正加紧利用在人才、科研等方面的优势，致力于优化创业环境，组建风险投资市场体系之时，深圳早在 1990 年就成立了全国第一家风险投资机构——南山创业投资基金；到 1993 年，深圳又开始进行对风险投资体系理论建设的探索；1997 年已经开始了风险投资体系的创建；经过十几年的探索，深圳的风险投资市场体系基本形成，大大地推动了本地高新技术产业的发展。深圳、北京和上海三地的风险投资环境各有特点，具体如下：①

一、建设宽松的政策法规环境

近几年来，三地均出台了一些规范风险投资业的地方法规和激励高新技术和风险投资发展的优惠补偿政策。具体如下：

（一）税收优惠和补偿政策

按深圳市政策规定：①创业投资机构可以提取风险补偿金来补偿以往年度和当年的投资性亏损，提取比例为当年总收益的 3%~5%；②对于在深圳市注册且对高新技术产业领域的投资额占其投资总额的比重不低于 70%的企业，比照执行高新技术企业税收以及其他优惠政策（“两免八减半”）。

按北京市政策规定：创业投资机构与高新技术企业可享受相同的待遇。

按上海市政策规定：在上海注册成立的创业投资机构，投资于认定的高新技术企业、高新技术成果转化项目或者政府支持的科技计划及产业化项目的资金，

① 曹龙骐、张艳在《深圳、上海、北京三地风险投资环境比较研究》[深圳大学学报（人文社会科学版），2001 年第 5 期] 中对三地的风险投资环境进行了深入研究和探索。

若累计超过其对外投资总额的 70%，可以比照享受高新技术企业的地方优惠政策（营业税、企业所得税以及增值税的地方收入部分“三免两减半”，拥有自主知识产权的“五免三减半”）。

（二）风险投资法规

20 世纪 90 年代以来，深圳在全国率先推出了许多关于知识产权的条例，并先后颁布了 300 余个关于高新技术发展的地方性法规和条例。具体来说，1998 年，深圳颁布了《关于进一步扶持高新技术产业发展的若干规定》（1999 年修订为“新 22 条”）；2000 年 10 月，深圳又颁布了《深圳创业资本投资高新技术产业暂行规定》；而直到 2001 年 1 月 1 日，北京才开始实施《中关村科技园区条例》，该条例是一部有关风险投资的法规；上海于 1998 年颁布，并在 2000 年修订了《促进高新技术成果转化的若干规定》（“新 18 条”）。

（三）政府的资金和政策扶持

深圳市欢迎和鼓励国内外创业投资人才前往设立创业投资机构，对于外资的进入，深圳市鼓励金融机构、企业、个人以及外商等各类投资者参与创投事业，并且为扶持自主创新设立种子基金和国有大型创投公司（深圳创新投资）。

北京市鼓励境内外的民间资本在中关村科技园区建立创业投资机构，同时鼓励境内外的投资机构在中关村开展创业投资业务，部分政府职能部门提供周到服务，在中关村开展现场办公。

上海市政府为鼓励境内外各类资本建立创投机构，划拨种子资金 6 亿元，专门从事创业投资。

通过比较可以发现，深圳的法规建设比较完善，在全国处于领先地位。北京、上海两地的特点是起步晚但发展快，以中关村为例，将政府的角色明确定位在扶持与服务上，充分保障了中小高科技企业能够高效运转于一个公平、公开的市场环境中。此外，尽管三地政府的目的均是鼓励风险投资发展，在制定的政策内容上有许多相似之处，但考虑到他们的起点与环境不同，又呈现如下特点：深圳强调公平的、有利于风险投资长远发展的市场环境建设，重视的是政府的保障职能；北京致力于政府服务职能的提升；上海通过提供启动资金以及各种政策优惠，强调政府的扶持职能。

二、完善风险投资体系

三地均采取措施来完善自身的风险投资市场体系建设，扩大风险资本的规模以及增设风险投资中介机构。具体可由以下几方面看出：

（一）投资机构的数量

到2006年，深圳拥有112家专业性创业投资公司及有关机构，北京拥有30家专业创业投资公司，上海拥有40多家创业投资公司及管理公司。在创新风险投资机构的组织形式方面，深圳的大部分风险投资公司实行公司制；北京的可采取有限合伙形式；上海与深圳类似，其国内的创投机构主要也是公司制。

（二）中介机构

深圳市依托成熟运作的、与国际接轨的监督中介等配套措施建设，拥有23家专业中介交易机构、8家创业孵化中心、2家专营担保机构以及1家自律组织；北京拥有信用担保机构、各类科技发展基金、代偿损失制度和财政有限补偿担保等；上海拥有国内外知名的会计、审计、法律事务所，还有部分科技投资企业、证券公司、中小企业担保基金以及其他中外金融机构。

（三）创新管理运作模式

深圳的创投机构目前致力于基金管理型的发展，但在初期大多采取的是直接控股型；上海的风险投资机构采取的是委托基金管理形式，也就是招标选择专业投资公司的做法，即创业投资公司掌握投资决策权和股权管理，同时委托数家投资公司进行选项和项目管理；北京在风险投资活动上起步较晚，经历了从直接控股模式向基金管理模式的转变。

（四）退出机制的完善程度

深圳、北京、上海都在积极寻求境外市场上市，积极完善其他的退出渠道，这些措施引发了巨大的带动效应。如深圳拥有深圳产权交易所、高新技术产权交易所等；北京建有中关村技术交易中心和境内外资本市场等；上海建立了境内外资本市场、产权交易所以及技术产权交易所。

三、科技原创能力的比较

由于深圳、北京、上海存在自然、政策以及人文环境等方面的差异，因此必须根据自身的不同特点，采取不同措施增强科技原创能力和科技成果转化能力。深圳是一个新兴的工业城市，它最大的劣势在于，缺乏与中关村和上海附近的一流大学园相类似的大学，而这就导致深圳的人才和科研机构的引进与发展不能同北京和上海相提并论，也导致了以知识密集为主要特征、以基础研究为有力支撑的高智力区未能在深圳有效形成。鉴于上述情况，深圳采取的措施是利用虚拟大学园和深圳大学城引进人才，同时不放松对现有两所高校层次的提升以及原有中专院校的改造力度；深圳在“避短”的同时，还特别学会了“扬长”，即利用优良的民间创业环境和高品质的生活环境吸引外来人才，聚集高科技人才前往深圳落户。由于有了大量的引进人才和科技院区，加上风险投资的扶持，深圳科技企业的原创能力大大增强，涌现出华为、中兴、中集等大型上市公司，也出现大族激光、腾讯科技、怡亚通、远望谷等一批中小上市公司，带动了深圳科技与经济的持续繁荣发展。

北京、上海在基础学科、学术氛围和国际交流上具有得天独厚的优势，因为它们拥有众多的一流院校和顶尖人才。但从科技创新效率来看，北京、上海和深圳尚有差距，也缺乏大量充满活力的中小科技企业作为支撑。

第三节　台湾地区的案例与启示

20 世纪 80 年代初，台湾地区开始发展创投事业，至今经历了三大阶段：[①] 第一阶段：1983~1996 年的起步期。80 年代上半期，以 1983 年 11 月《创业投资事业推动法案》以及随后《创业投资事业管理规则》的通过为标志，台湾地区的创投业开始起步。第二阶段：1997~2000 年的快速发展期。此前的若干政策措施开始发挥效应，台湾的科技产业在 1996 年后兴起，科技类股票市场红火。此外，因为之前的创业投资开始产生明显的收益，创业投资业开始进入迅速成长阶段。第三阶段：2000 年以后的成熟期。台湾地区的创业投资逐步趋于成熟，创业投资事业日益稳定。

台湾地区创业资本在 1984~2002 年间，用于初创阶段的投资占 7%，用于成长扩张阶段的占 62%，而用于成熟退出阶段的占 31%（见图 3–2）。[②]

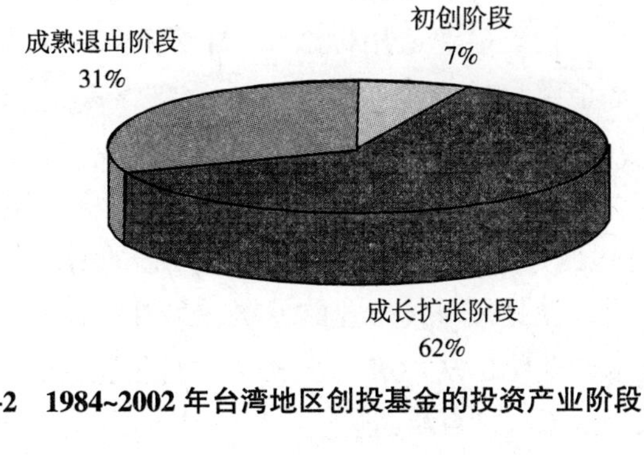

图 3–2　1984~2002 年台湾地区创投基金的投资产业阶段比较

① 吕斌. 台湾创业投资政策与绩效［J］. 现代经济探讨，2005（3）：57–60.
② 李修辞. 台湾发展创业投资的成功经验及启示［C］. 中国证监会研究中心，2005.

2001年之前，《创业投资事业管理规则》、《促进产业升级条例》等法规是台湾地区创投业依据的主要政策。台湾地区通过借鉴创业投资模式和机制，结合岛内的实际情况，探索出一条带有自己独特风格的发展模式。①

一、组织管理模式方面

台湾地区承认的是部分有限合伙制，故采取股份有限公司形式，以享受产业升级后所带来的税收优惠政策，并巧妙地用这种优惠政策消除了双重纳税问题。台湾地区的风险投资组织有三种具体管理模式，分别是基金委托管理（85%）、风险投资公司自行管理（2002年占风险资本总额的13%）以及委托其他风险投资公司管理（2%）。其中，基金委托管理所占份额最大，是最主要的管理模式。其在治理结构上具备科学性和有效性，主要体现在：通过吸取和借鉴有限合伙人的激励约束机制，有效降低了代理成本并避免了道德风险，提高了委托—代理双方的积极性；通过为各参与人专门制定法规，明确规定了委托人和代理人的权利和义务。

二、政府支持方面

为鼓励风险投资业发展，台湾地区政府运用了资金融通和租税减免两大主要政策工具。第一是资金融通，政府为风险投资企业提供专项贷款和补助金服务。在1984年、1986年、1990年及2001年，台湾地区相关机构曾共同筹设分别为8亿、16亿、20亿、300亿元新台币的政策性风险投资引导基金，并明确规定引导基金不控股，即参与设立风险投资公司的实收资本总额不得超过49%。此外，财政部还通过允许保险公司的资金参与风险投资事业等措施，拓宽风险投资事业的资金来源渠道，同时还特别规定，若政府引导基金参股风险投资公司，则其资金必须主要投资于政府鼓励的科技项目。第二是租税减免，每年依据台湾产业发展情况出台一项《创业投资事业适用标准》，给予将70%以上的资产投资于该适用标准的风险投资基金税收减免。

三、创业投资和高科技园区互助发展

1979年，台湾地区建立新竹高科技工业园，通过制定各种优惠政策，鼓励和扶植建立新兴产业，尤其是科技产业的发展。另外，高科技园区又可以发挥产学研特长，促进技术产业化，从而进一步满足对创业投资的需求，使高科技产业与创业投资两者互为因果、相互促进。

---

① 张丰，金智. 台湾地区风险投资运作的经验借鉴及其启示［J］. 价值工程，2006（1）：20-23.

四、退出机制

台湾地区二类股市场是以新兴科技产业为市场定位，以中小型高科技企业为服务对象的发行市场，进入门槛相对较低。这些特点大大调动了风险资本投入高科技企业的积极性，从而培养了许多高科技、成长型企业。这个市场的低门槛、低成本的融资渠道极大地促进了高科技产业的发展。

当然，台湾地区的创业投资除了以上的可鉴经验，也存在不足：创业投资主要仍然偏好于发展期或成熟期的投入，种子期的投入仅占4.26%。

第四节　我国服务于技术创新的科技公共服务体系建设个案剖析

一、创投航母模式——深圳市创新投资集团有限公司

深圳市创新投资集团是以资本为主要联结纽带的母子公司为主体的大型投资企业集团，于2002年10月正式成立。集团核心企业——深圳市创新投资集团有限公司的前身为深圳市政府于1999年8月26日发起设立的深圳市创新科技投资有限公司。1999年至2008年5月，集团在IT技术/芯片、光机电/先进制造、消费品/物流/连锁服务、生物医药、能源/环保、新材料/化工、互联网/新媒体等领域投资了172个项目，总投资额逾29亿元人民币。

截至2007年11月底，创新投资共有10家项目企业在国内外市场挂牌上市，其中国内5家，境外5家。国内市场上市的投资项目包括怡亚通（002183）、远望谷（002161）、西部材料（002149）、科陆电子（002121）和潍柴动力（000338，吸收合并湘火炬）等。在境外市场上市的有网龙游戏（中国香港）、易居中国（纽约证券交易所）、三诺电子（韩国KOSDAQ）、丰泉环保（法兰克福）和橡果国际（纽约证券交易所）。其中，丰泉环保是第一家在德意志交易所下属之法兰克福市场高级主板上市的中国企业；三诺电子是第一家在韩国KOSDAQ上市的中国企业和外国企业，不仅改写了韩国资本市场的历史，还创造了挂牌后连续11个交易日涨停板（KOSDAQ规则为15%）的世界证券市场奇迹。

2007年创新投资集团实际设立各类基金16个，处于发起设立过程之中的各类基金数量14个；基金规模分别为13.04亿元人民币和19.8亿元人民币。

2007年，深圳创新投资集团发起设立并投入实际运作的基金包括以下几类：

（一）政府引导基金[①]

创新投资相继在苏州、淄博、重庆、郑州、湘潭、南通和萍乡设立了政府创业投资引导基金。其中，苏州基金运作半年即增资扩股至3.5亿元人民币。

此外，在2007年第九届高交会期间，创新投资成功举办了历史上最大规模的基金与项目投资签约仪式，成功地与北京市海淀区、上海市浦东新区、天津市高新技术工业园、青海省科技厅、襄樊市政府、深圳市福田区、深圳市龙岗区以及成都市科技局，签订设立政府创业投资引导基金框架协议，协议规模高达12亿元人民币。连同其他类型的签约基金，签约总规模达到了24亿元人民币，此举被媒体誉为第九届高交会期间的“创投最大单”。

（二）商业化基金

截止到2007年，创新投资共设立了康沃基金、中山基金、祥荣基金、深国投创新1号信托基金、荣丰行基金、南京基金、文泰基金、江韬基金、春裕基金、晨阳基金等10个商业化基金，基金总规模约7.5亿元人民币。此外，已经完成签约或正在发起设立之中的基金还包括与美国红杉资本合作的红杉创新基金、融智创新基金、中国信息产业投资基金、华安创新资产管理基金，一期协议规模已超过6亿元人民币。

深圳创新通过基金拓展战略的顺利实施，已成长为国内规模最大、影响广泛的创业投资企业。其自身的资产规模已突破70亿元人民币，并具备人民币和外币投资条件与能力。该企业在北京、上海、武汉、重庆、成都、西安、苏州等12个区域设有公司，管理26个包括政府引导基金、商业化基金和中外合资基金在内的各类创投基金，管理外部基金规模近40亿元人民币。创新投资基金已初步完成在沿海中心地区的重点布局建设，并开始向中西部地区扩张，一个全国性的创业投资与基金管理网络正在加速形成。

二、深圳南山的经验——为科技企业注入“孵化资金”[②]

2000年5月，深圳市南山区科技创业服务中心率先设立了科技孵化专项资金，目的是扶持中小型科技企业的发展，培育新的经济增长点，建立科技创新体制。该孵化资金又称“种子资金”，投资于每个科技创业企业或项目，限额在

① 政府引导基金也称基金的基金（Fund of Funds，FOF），即专门投资VC或PE基金的投资基金。FOF由于本身具有专业基金操作能力，可以充当LP和GP的中间桥梁，使资本和管理更为有效地结合，并且其具备分散投资、降低非系统风险的作用，使得机构投资人更容易实现总体收益的稳定增长。

② 为企业注入“孵化资金”——深圳市南山区科技创业服务中心［J］. 科技创业，2006（4）：95.

100 万元以内。作为一种股权投资行为，通过“种子”的作用可实现多方面目标，包括股权介入、融资贷款、股东结构调整、咨询服务、团队建设、市场开拓及完善管理，为科技创业企业的孵化培育创造有利条件。南山区孵化资金投资呈现逐年快速增长趋势，2004 年底，共投资 17 个科技创业企业，已累计完成投资 1660 万元。2005 年底，该地区 17 家投资企业累计纳税达 4883 万元；与直接投入 1560 万元的孵化资金相比，已经初步实现了涵养税源和培育创业企业的目标。到 2006 年，科技孵化资金总额和风险资金分别达到 3000 万元和 2000 万元。政府对于孵化资金的投入期望，已达到“重在扶持，不求利润，保持平衡”的营运目标。

南山创业中心对孵化资金管理办法中“孵化资金投入三年后退出”的规定进行了修改，即灵活掌握退出时机，特殊对待分红情况很好或前景特别看好的企业。可修改孵化资金及风险投资管理办法，使资金管理具备更大的灵活性，同时建立了孵化和风险资金的联动机制，具体来说，为弥补孵化资金可能面临的政策性亏损，允许通过风险资金的追加投资等一系列商业化运作获得最大收益；在维持现有资金的管理方式以及资金运用宗旨不变的前提下，将孵化资金和风险资金合并为“创新投资资金”。通过一系列的运作，提高孵化资金的投入效率。

三、北京中关村的经验

（一）政府财政资金的担保扶持①

1999 年以来，北京中关村管委会年担保额度达 25 亿元，每年 2000 家次，对科技型中小企业担保贷款累计达 80 亿元。运营至今，已经拥有自有风险准备金 1 亿元。其贷偿率大大低于银行平均水平，常年保持在 1%以下。

具体的担保政策有：①简化反担保措施，实行基准担保利率 1.5%，经过贷款平台审核的项目，担保公司免初审。②政府承诺若银行方与担保公司出现代偿问题，分担比例为由政府负担 50%，担保公司负担 50%。③政府给予担保公司一定的担保补贴，并承诺承担损失比例（实际没有出资），吸引担保公司；而由于政府承诺以及担保公司的担保，银行基本不面临风险，故愿意合作。④反担保措施要求宽松，科技型中小企业的专利权、著作权等可以作为抵押物，即任何形式的有形或无形资产均可，因为重点考察的是企业的还款能力。⑤鼓励企业做信用评估，即若企业做信用评价报告，管委会给予 50%的费用补贴。⑥管委会对贷款

① 邵龙江. 从中关村看政府财政资金的引导作用——解决科技型中小企业融资难题的关键［J］. 天津科技，2007（4）：12-13.

企业按照 20%~40%的比例给予贴息，同时为担保公司提供一定比例的担保补贴。⑦协作银行简化审批程序，执行贷款基准利率不上浮。

以上的贷款担保政策，是中关村管委会进行的一次大胆的探索性尝试。通过政府部门给予的信用承诺，管委会为科技型中小企业关键的贷款难问题找到了出路，使得许多企业在资金困难解决后得到了快速发展。从 9 年的实践来看，虽然 60%的中关村贷款企业没有足额担保抵押和反担保措施，也出现过延期，但没有发生过一笔代偿。

（二）政府对初创企业的引导体系①

对初创期企业出现的投资空白，中关村管委会创新了财政资金的使用方式，建立了投资引导放大机制，促进了园区内创业投资的业务聚集和物理聚集。2001 年 12 月，“中关村科技园区创业投资引导资金”设立，② 对于经认定的投资于园区企业的创业投资机构给予一定比例的跟进投资资金支持。政府虽以股权方式出资，但不介入投资管理，而是委托给专业投资管理机构进行管理，并采用市场化的运作机制。这样既实现了政府的公共政策目标，大大提升了公共财政资金的使用效果，同时又能提升企业的市场化融资能力。中关村科技园区根据《创业投资企业管理暂行办法》开展了相关优惠政策试点。中关村引导资金采用种子资金和跟进投资方式，与经认定的合作伙伴共同投资了 26 家园区高科技企业。

经过公开征集、专家评审等程序，创业投资引导资金出资 1.65 亿元，以参股方式分别与中国光大控股有限公司、联想控股有限公司、联华控股有限公司、启迪控股股份有限公司及中海创业投资有限公司合作，发起成立四家创业投资企业，资金总规模为 5.5 亿元。通过发挥公共财政资金的引导作用，引导四家创业投资企业投向园区电子信息、集成电路、通信和网络等重点产业领域中处于初创期和成长期的企业。此举有助于帮助更多创新型企业度过“死亡谷”，加快科技成果的产业化进程。同时，采用国际通行的创业投资运作机制，委托给境内外著名创业投资管理机构进行管理，提升了公共财政资金的使用效果。

中关村管委会于 2007 年与北极光投资顾问（北京）有限公司、深圳市创新投资集团有限公司以及北京青云创业投资管理有限公司成立三家创投企业，主要向园区数字新媒体（TMT）、清洁技术以及新材料等领域进行投资。在创投中心

① 王冀宁. 中小企业自主创新初创阶段投融资国际比较及对中国的借鉴［J］. 江苏科技信息，2008（9）：14–16.

② 2005 年，根据国务院《关于支持做强中关村科技园区若干政策措施的会议纪要》，同意管委会进一步调整和完善创业投资引导资金工作方案，加大扶持力度，将创业投资引导资金规模分 5 年逐步扩大至 5 亿元，并进一步拓宽资金使用方式。

新合作的三家创投机构中，北极光与另外两家美国顶级创投机构是战略合作伙伴关系；青云创投是国内首家专业清洁技术投资公司，目前管理着三期中国环境基金；深圳市创新投资在国内拥有广泛的资源，是国内最为成功的本土创投之一。

中关村创投引导资金参股创投企业，不仅为所投资企业带来了资本、资源和资讯，而且正逐步成为促进中关村科技园区重点细分产业领域发展的专业化平台。此外，创投中心通过与其合作的创投机构，带来了更多的境内外各类优质创投资源，改善并活跃了园区的创业投资环境。

（三）对初创科技企业进行补贴[①]

为引导社会资本投资于园区高新技术企业，中关村管委会于 2005 年底出台了《中关村创业投资企业风险补贴办法》，[②] 即对经认定的创业投资企业，当其投资园区中处于初创期的高新技术企业时，按其实际投资额的一定比例给予创业投资企业风险补贴，[③] 引导和促进国内外创业投资机构投资园区初创企业。该办法自 2006 年 1 月 1 日实施后，已受理 IDG、盈富泰克、清华创投等 10 多家创投机构的风险补贴项目 50 多个，给予风险补贴 4000 万元，引导社会投资总额约 6 亿元人民币，该项政策大大提高了创投机构投资园区企业的积极性。

四、技术创新案例：技术领先+模式独创的百度[④]

一个优秀的自主创新企业，不仅需要有一流的技术，还要有独到的商业模式、优秀的管理团队以及风险投资的扶持等多种因素，百度的成功就是一例。

（一）技术领先、独树一帜

李彦宏，最大的中文搜索引擎——百度的创始人。1991 年，李彦宏完成了北大信息管理系的学业，之后便决定“走出去看世界”，留学美国，在布法罗纽约州立大学攻读计算机科学硕士并顺利获得学位。在美国的 8 年人生历程里，李彦宏亲眼目睹了硅谷的崛起，且他的人生观深深受到了西方文明的影响。他先是担任了道·琼斯公司高级顾问，为其设计的实时金融系统，迄今仍被广泛地应用于华尔街各大公司的网站；随后他又成为《华尔街日报》网络版实时金融信息系统的设计者，并担任国际知名互联网企业——Infoseek 的资深工程师，首创 ESP 技

① 王冀宁. 中小企业自主创新初创阶段投融资国际比较及对中国的借鉴［J］. 江苏科技信息，2008（9）：14–16.

② 2005 年 11 月，《中关村科技园区创业投资企业风险补贴暂行办法》对补贴对象及标准、受理及审核都作了明确规定。

③ 中关村科技园区创业投资企业风险补贴是指对经认定的创业投资企业，根据其投资于园区初创企业的实际投资额，按一定比例给予的专项补贴。初创企业指设立 3 年以内的园区高新技术企业。

④ http：//baike.baidu.com/view/2375.html?fromtaglist 网站整理。

术，并将其成功应用于 Infoseek/GO.COM 的搜索引擎中。

随后，李彦宏回到中国，同时带回的有 120 万美元的风险投资资金。在回国后的短短 6 个月时间里，李彦宏与好友徐勇先生合作，共同创建百度网络技术有限公司，同时研发出了目前最大的中文搜索引擎。之后的三年时间里，www.baidu.com 这一域名被 7000 万网民知晓并广泛使用，而百度也成为了全球最大的中文搜索引擎公司。

（二）商业模式的创新

李彦宏不仅技术背景过硬，还对商战具备敏锐的直觉和出色的判断力。尽管以前基本是与技术工作打交道，但由于李彦宏在硅谷丰富的经历，加上在美国经常关注股市走向和公司战略间的关系，培养了他独到的商业思维和市场眼光，使得他能够准确把握搜索产业的发展方向和商业市场的竞争规律。

在硅谷期间，李彦宏最常阅读的是《华尔街日报》，这会让他感受到浓烈的商战气氛。例如，微软如何与 IBM、SUN、网景等公司进行对抗。从现实的故事中，李彦宏意识到技术本身并不是决定成败的唯一因素，商战策略才是制胜的法宝。

李彦宏总结发现，世界上所有使用人气质量定律的搜索引擎公司，由于没有可靠的营利模式，要么遭人收购，要么推迟上市，百度要生存必须创造出一种独到的商业模式。最终，李彦宏为搜索引擎探索出了新的出路，开创了真正属于互联网的收费模式，即自信心定律推出竞价排名。这种模式的规则是实行竞价拍卖，谁的网站需要在搜索页的结果中排在前面，谁就要为这个排名付钱。这样，百度的目标群体就锁定在了数十万的中小企业网站。

同时，在瞬息万变的市场面前，经验丰富的李彦宏也必须在变化中求发展。现在的百度以国内数量巨大的中小企业为主要客户，其业务主要增长点定位在搜索网站和竞价排名上。

（三）目标明确、坚定执着，有一个优秀的团队

百度的成功是许多人梦寐以求的，总结其发展经历，会发现成功的秘诀在于：目标明确，市场定位准确、独树一帜。百度始终明白自己所要得到的东西，知道自己所专注的，而别人做不到同样的程度，并且在搜索领域一直对 ASP 商业模式抱有坚定的信心；在互联网发展高潮时期，能看透国内公司和国外投资人不可持续的经营方式和投资模式，在互联网进入低谷时，能告诫员工要关注长远利益，不要过于注重短期得失。

此外，百度云集了一群精英，既有技术高手，也有经济管理、资本运作的人才，所以，这一切帮助百度成功筹集到创投资金，成功实现了在 NASDAQ 的上市，并成为在美国资本市场估值最高的中国公司。

第四章　服务于南京技术创新的科技公共服务体系构建研究

南京有巨大的科技资源可以转化为现实生产力，其产业结构转型和产品升级换代应该更多地依赖于技术创新。胡锦涛主席曾提出“推动八大科技领域发展”：一是大力发展能源资源开发利用科学技术；二是大力发展新材料和先进制造科学技术；三是大力发展信息网络科学技术，以信息化带动工业化；四是大力发展现代农业科学技术；五是大力发展健康科学技术；六是大力发展生态环境保护科学技术；七是大力发展空间和海洋科学技术；八是大力发展国家安全和公共安全科学技术。

相对于南京技术创新现状，在国家新一轮技术创新战略布局下，南京既面临重大机遇又面临现实的挑战；某些领域是南京的传统优势领域，某些领域南京正依靠后发优势迎头赶上，某些领域南京还需要努力。因此，营造和谐、高效、良好的技术创新公共服务体系，着力提升南京的技术创新效率，大幅提高科技成果转化为现实生产力的水平，对于南京未来的发展至关重要。

第一节　南京技术创新的现状、主要形式和发展趋势

一、南京技术创新的现状

（一）南京技术创新概况

在技术创新方面，中小企业是南京技术创新的主力军，南京 90%以上的创新是由中小企业来完成的。南京是我国经济较为发达的城市之一，其经济发展所取得的成就是有目共睹的。改革开放以来，南京市抓住了发展乡镇企业、外向型经济等重要发展机遇。2008 年末，规模以上工业企业中开展科技活动的企业有 398 个，占 11.7%；开展研究与试验发展活动的企业有 278 个，占 8.2%。在大中型企

业中，开展科技活动的企业所占比例为 48.4%；开展研究与试验发展活动的企业所占比例为 34.2%。2008 年末，规模以上的工业企业有科技活动人员 4.68 万人，比 2004 年末增长 14.7%；企业投入的科技活动经费支出约为 106.35 亿元，比 2004 年末增长 86.2%。2007~2009 年，南京市技术类合同成交金额从 55.59 亿元增长到 63.79 亿元，增长率为 14.73%。

2009 年，南京市企业专利申请总量为 14221 件，其中发明专利申请 6461 件；发明专利申请所占比重为 45.43%，比 2008 年增加 2.5 个百分点，如图 4–1 所示。

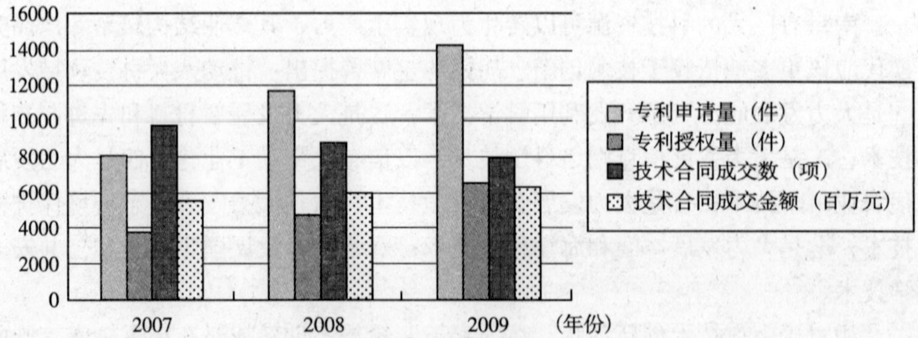

图 4–1　南京市技术创新专利申请情况

同时，南京地区专利申请量、专利授权量、技术合同成交数在 2006~2009 年基本都有了稳步的上升，同时技术合同成交金额更是显著上升，从实质上反映了南京地区技术创新水平的提高，见图 4–2、图 4–3。

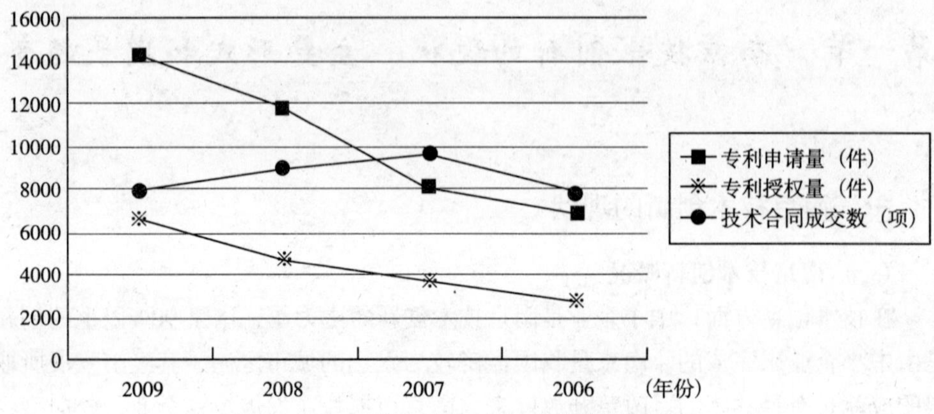

图 4–2　南京地区 2006~2009 年科技指标成果

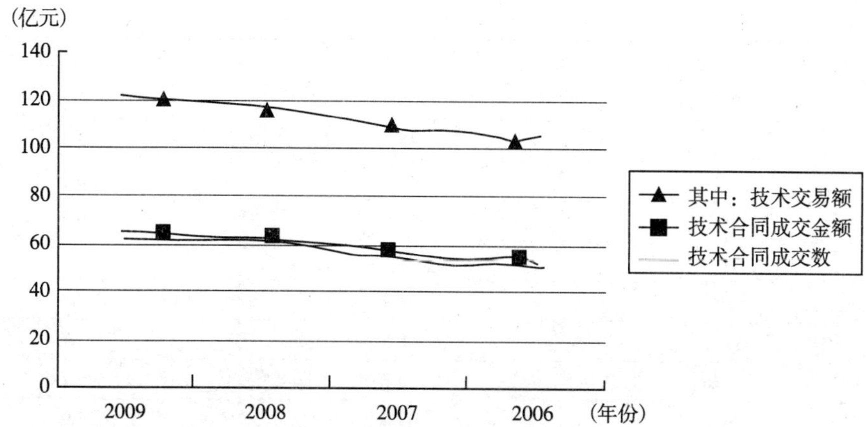

图 4-3　南京地区 2006~2009 年技术合同成交情况

资料来源：南京市统计年鉴（2009）. 南京市统计局网站数据整理.

（二）南京研究与发展（R&D）经费投入的国内比较

2006 年，南京市工业企业创新费用用于研发的比重为 41.3%，比全省平均低 2.5%；南京市工业企业创新费用用于购买机器设备和软件的比重为 47.3%，比全省平均高 0.6%；南京市工业企业创新费用用于购买企业外部相关技术的比重为 11.4%，比全省平均高 1.9%。

从地域分布看，工业企业创新费用用于研发的比重，从高到低分别为苏南、苏中、苏北；工业企业创新费用用于购买机器设备和软件的比重，从高到低分别为苏中、苏北、苏南；工业企业创新费用用于购买企业外部相关技术的比重，从高到低分别为苏南、苏北、苏中。工业企业创新费用使用方向的各类比例，全省、苏南、苏中、苏北及各市具体数据如表 4-1 所示。

表 4-1　2008 年创新费用支出各类比例

单位：%

	用于设备和软件购买	用于从企业外部购买相关技术
苏南	43.0	10.1
苏中	55.4	7.4
苏北	55.0	9.3
南京	47.3	11.4
无锡	38.6	7.6
徐州	46.3	4.6
常州	47.1	11.5

续表

	用于设备和软件购买	用于从企业外部购买相关技术
苏州	36.6	11.3
南通	45.2	3.8
连云港	44.2	10.1
淮安	70.8	10.5
盐城	52.7	8.0
扬州	59.4	7.8
镇江	58.5	7.7
泰州	59.7	9.7
宿迁	63.8	28.9

资料来源：南京市工业企业 R&D 投入绩效研究报告（2008），南京市统计局网站。

（三）南京市 R&D 活动经费投入水平同国外的差距

2005 年，南京市全社会 R&D 活动经费支出占国内生产总值的比例为 2.12%，似乎达到法国的投入水平，但是，一个国家大中型城市 R&D 活动经费支出占国内生产总值的比例一般是该国家总体水平的 2 倍以上。因此，同世界发达国家大中型城市相比，南京市 R&D 经费占 GDP 的比重只相当于发达国家大中型城市的一半左右，如图 4-4 所示。具体地说，相当于美国大中型城市的 39.6%，日本的 33.7%，韩国的 40.3%，德国的 42.6%。同经济发达国家企业相比，南京市大中型企业 R&D 经费投入差距更大。在经济发达国家，大中型企业 R&D 经费投入占销售额的比例一般保持在 5%以上，国际知名企业一般都在 10%以上，然而南京市大中型企业 R&D 经费投入的比例仅为 0.8%，大约是发达国家同类企业的 1/6，是国际知名企业的 1/12，且增长率不高。

2009 年，南京市 R&D 活动经费支出占全市生产总值的比重约为 2.8%，约为 126.9 亿元人民币，人均研发经费约为 1658 元，折合 251.3 美元，相比 2005 年有大幅度提高，基本维持在全国研发费用投入的中上水平。

（四）南京市规模以上工业企业 R&D 经费投入及活动水平分析

如表 4-2 所示，2008 年南京市大中型企业 R&D 经费支出达 25.23 亿元，比 2007 年增加 72.8%，占南京市 R&D 总支出的 42.4%。但是从 R&D 经费支出占销售额的比例来看，南京市大中型企业 R&D 经费投入明显偏低，低于常州和无锡。科技活动人员的稳定是企业开展科技活动的前提和保障，2008 年，南京市大中型工业企业参加科技活动的人员有 39889 人，比 2007 年增长 1.9%。其中，研发（R&D）人员 23021 人，比 2007 年增长 0.4%，科学家和工程师

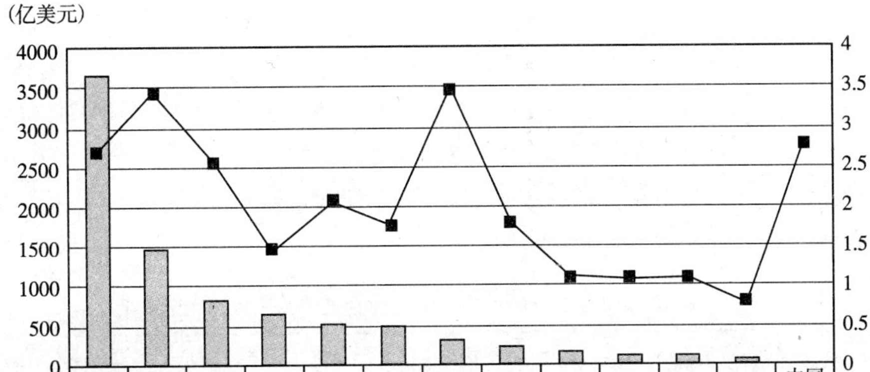

	美国	日本	德国	中国	法国	英国	韩国	加拿大	意大利	俄罗斯	巴西	印度	中国南京
	2007年	2007年	2007年	2008年	2007年	2007年	2007年	2008年	2006年	2007年	2008年	2007年	2009年
R&D	3688	1508	842	665	539	503	337	272	211	145	163	94	18.58
■ CRED/GDP	2.68	3.44	2.54	1.47	2.08	1.79	3.47	1.82	1.13	1.12	1.13	0.8	2.8

图 4-4 部分国家或地区 R&D 经费支出

资料来源：OECD，Main Science and Technology Indicators，2009.

表 4-2 南京市规模以上及大中型工业企业 R&D 经费投入比较

	规模以上企业 R&D 经费 (亿元)	R&D 经费投入强度 (%)	占销售额比例 (%)	占 GDP 比重 (%)
南京	25.23	0.65	0.80	0.97
北京	59.90	1.05	1.01	0.96
上海	92.80	0.63	0.81	1.10
杭州	27.91	0.64	0.96	0.94
广州	20.06	0.39	0.50	0.28
西安	11.82	1.50	1.80	1.02
深圳	82.82	1.04	1.30	2.30
武汉	10.26	0.55	—	—
常州	15.20	0.74	1.05	0.79
苏州	36.02	0.43	—	—
无锡	32.17	0.68	0.96	1.11
成都	7.08	1.40	0.50	0.24
厦门	13.04	0.75	—	—
宁波	13.70	0.37	0.48	0.43
大连	11.05	0.56	0.71	0.44

资料来源：南京市统计年鉴（2009）. 南京市统计局网站数据整理.

（高中级技术职称人员和无高中级技术职称大学本科以上学历人员）26700 人，比 2007 年增长 4.8%。

工业企业 R&D 活动产出水平是指按从业人员计算的企业 R&D 活动成果。考察南京市工业企业 R&D 活动产出水平，我们使用每万从业人员专利申请量、每万从业人员发明专利申请量、企业新产品产值比重三个指标，其中从业人员是指规模以上工业企业从业人员。

表 4–3　南京市规模以上工业企业 R&D 活动产出水平

	占工业产值（%）	全年专利申请量（件）	每万从业人员专利申请量（件）	每万从业人员发明专利申请量（件）
南京	22.40	758	9.72	3.22
北京	18.40	2330	14.5	5.79
上海	19.80	5414	15.41	5.79
杭州	49.30	1771	12.47	4.68
广州	13.60	1040	6.06	1.48
西安	18.70	289	4.94	1.32
深圳	17.40	4440	17.17	10.30
武汉	14.70	596	9.32	4.28
常州	9.70	601	6.51	1.72
成都	8.10	1562	17.74	2.56
厦门	12.96	451	7.35	1.60
宁波	14.30	2787	70.03	15.48
大连	11.40	645	6.69	2.12

资料来源：根据《南京市科技统计年鉴》（2008）数据整理。

表 4–4　南京市规模以上工业企业 R&D 活动效率

	R&D 经费（亿元）	新产品（亿元）	万元科技经费获发明专利（件）	万元 R&D 经费获新产品产值（万元）	万元 R&D 经费获发明专利（件）
南京	20.23	707.20	0.04	34.96	0.12
北京	59.90	1105.20	0.11	18.45	0.16
上海	92.80	2768.20	0.09	29.83	0.22
杭州	27.91	428.95	0.14	15.37	0.24
广州	20.06	703.80	0.07	35.08	0.13
西安	11.82	155.00	0.02	13.11	0.07
深圳	82.82	1063.40	0.24	12.84	0.32
武汉	10.26	275.80	0.07	26.88	0.27
常州	15.20	205.50	0.04	13.52	0.10

续表

	R&D 经费（亿元）	新产品（亿元）	万元科技经费获发明专利（件）	万元 R&D 经费获新产品产值（万元）	万元 R&D 经费获发明专利（件）
成都	7.08	131.5	0.08	18.57	0.32
厦门	13.04	232.6	0.04	17.84	0.08
宁波	13.70	545.1	0.20	39.79	0.45
沈阳	11.10	242.3	0.00	21.83	0.00
大连	11.05	230.4	0.09	20.85	0.18

资料来源：根据《南京市科技统计年鉴》（2008）数据整理。

如表 4-3 和表 4-4 所示，南京市规模以上工业企业新产品产值比重为 22.40%，高于北京和上海；每万从业人员专利申请量和发明专利申请量分别为 9.72 件和 3.22 件，说明在新产品产值中引进式创新的比重大于自主创新的比重，自主创新的产出水平在全国主要城市中处于中等水平。

不同类型的企业，其 R&D 活动产出水平有较大的差距。内资企业每万从业人员专利申请量和发明专利申请量分别为 14.8 件和 5.6 件；港、澳、台商投资企业分别为 10.2 件和 1.7 件；外商投资企业分别为 10.9 件和 1.2 件；外资企业分别为 20.2 件和 0.93 件。无论从专利申请量还是从发明专利申请量来看，内资企业 R&D 活动的产出都处于较高水平。

在内资企业中，股份有限公司和有限责任公司 R&D 活动的产出水平最高。股份有限公司每万从业人员的专利申请量和发明专利申请量分别为 34.6 件和 13.4 件；有限责任公司分别为 17.5 件和 8.1 件；国有企业、私营企业次之，分别为 9.1 件和 3.8 件、10.9 件和 2.1 件。

在港、澳、台商投资企业中，港、澳、台商投资股份有限公司 R&D 活动的产出水平最高。股份有限公司每万从业人员的专利申请量和发明专利申请量分别为 48.1 件和 3.7 件；港、澳、台商独资企业次之，分别为 17.6 件和 3.1 件；集体企业、联营企业、私营合伙企业和合作经营企业（港、澳、台资）的专利申请量和发明专利申请量为 0。

上述情况说明，企业制度形式是影响企业 R&D 活动产出水平的重要因素，股份有限公司、有限责任公司以及外商独资企业 R&D 活动的产出水平要高于其他类型的企业，是企业开展 R&D 活动较好的组织形式。

（五）南京技术创新的主要障碍和问题[①]

1. 南京市规模以上工业企业 R&D 自主创新活动效率较低

工业企业 R&D 活动效率是指按科技活动经费内部支出计算的企业 R&D 活动成果。考察南京市规模以上工业企业 R&D 活动效率，我们采用每百万科技活动经费内部支出获发明专利申请量、每万科技活动经费内部支出获新产品产值、每百万 R&D 活动经费内部支出获发明专利申请量、每万 R&D 活动经费内部支出获新产品产值 4 项指标。

南京市科技活动产出发明专利和新产品的效率分别为 0.04 件/ 百万元和 11.92 万元/ 万元。每百万科技活动经费内部支出获发明专利申请量在有数据可查的 12 个副省级城市中列第 8 位，低于江苏省和全国的平均水平，是上海的 1/2，北京的 1/4，深圳的 1/6。每万科技活动经费内部支出获新产品产值同北京和上海的水平相当。

南京市 R&D 活动产出发明专利和新产品的效率分别为 0.12 件/ 百万元和 34.96 万元 / 万元。每百万 R&D 活动经费内部支出获发明专利申请量低于江苏省和全国的平均水平，是上海和杭州的 1/2，深圳的 1/3。每万 R&D 活动经费内部支出获新产品产值是北京的 2 倍，上海的 1.17 倍，深圳的 2.7 倍，与宁波和广州水平相当。

以上数据表明，南京市工业企业 R&D 活动以引进式创新和模仿式创新为特征，自主创新能力在副省级城市中处于较低水平，在引进式创新和模仿式创新方面具有较高的活动效率，在自主创新方面活动效率较低。

2. 南京市企业知识产权保护薄弱

在当前对外经济飞速发展的时代，伴随着信息社会和知识经济的到来，知识产权成为一个企业提高核心竞争力的战略资源，并凸显出前所未有的重要地位。知识产权作为知识经济的一个重要特征，与货物贸易、服务贸易一起，构成世界贸易组织（WTO）的三大支柱。可见，产权化的知识在知识经济中，已经构成了非常重要的生产要素。但是我国科技型中小企业普遍存在着专利人才缺乏、知识产权保护意识淡薄、专利申请量偏低、知识产权战略研究严重滞后等诸多问题。

据调查，58.75%的南京市科技型中小企业通过申请专利、商标来保护自身知识产权，33.75%的科技型中小企业采取了企业内部秘密保护的安全举措，15%的科技型中小企业尚未采取措施保护企业自身的知识产权。知识产权保护力度不够是民企发展的主要障碍，将会导致企业参与技术创新的积极性受挫。对科技型中小企业最大的支持，除了解决融资难问题，帮助其增强保护知识产权的能力也是

① 王冀宁，周静等. 南京市百家科技型中小企业金融及自主创新现状调查报告 [R]. 南京市工商业联合会，中国社会科学院经济研究所，南京工业大学经济管理学院和南京鑫信投资担保集团有限公司，2009.

目前发展形势下的当务之急（见图 4–5）。

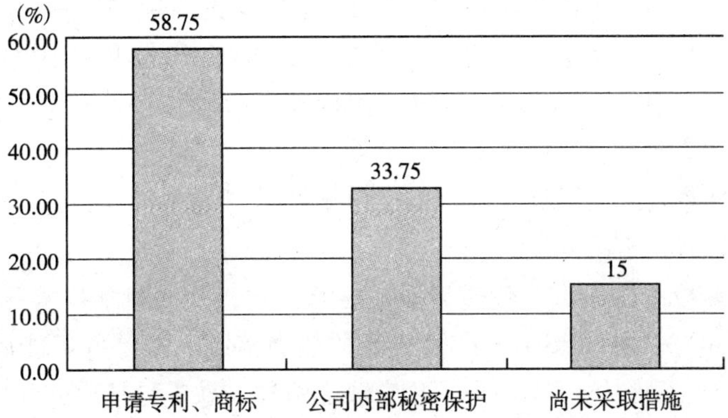

图 4–5 南京市科技型中小企业知识产权保护情况

3. 成本增加和资金“瓶颈”构成了科技型中小企业自主创新的主要困难

原材料成本过高给企业技术创新带来了很大的阻碍，39.05%的南京市科技型中小企业面临着原材料价格上涨的困局。资金筹集困难引发的资金短缺成为影响企业开展技术创新活动的现实障碍，据统计有 34.29%的南京市科技型中小企业存在着资金筹集困难的问题，24.76%的科技型中小企业缺乏足够的流动资金。此外，也有 27.62%的企业普遍认为各种税费过高也是影响自主创新活动进行的主要问题，见图 4–6。

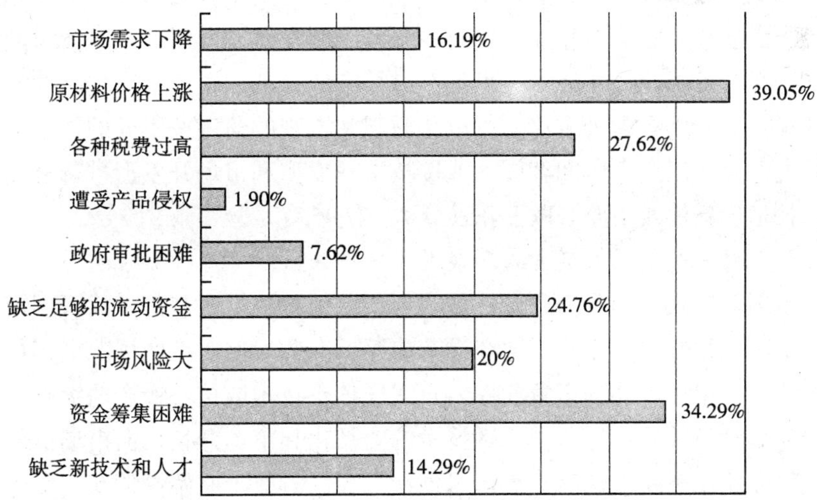

图 4–6 南京市科技型中小企业自主创新的困难

在 2007 年成都高新区发展策划局进行的“成都市科技型企业融资情况调查”，即针对制约科技型中小企业发展的主要障碍的专项调查中，68.20%的科技型中小企业面临融资渠道单一的主要障碍，52.30%的科技型中小企业面临资金短缺的主要障碍。由此可见，资金短缺已然构成科技型中小企业发展的主要障碍。

4. 南京技术创新支撑体系的问题

南京虽然集聚了科教文卫资源，但由于产学研各方自身利益存在矛盾，技术创新支撑体系有一定的问题。

首先，高校中的研究一般过于强调前沿探索，片面追求技术开发的高、精、尖，其开发生产的技术超出生产者接受的能力范围，或是并不能满足市场的需求。同时由于合作的体制不健全、政府缺乏引导、缺乏科技中介和金融支持，导致这样的产学研合作模式层次相对比较低，并且没有足够的动力进行合作，因此达不到融合的效果。

另外，技术创新是一项高投资、高风险的活动，这是企业进行技术创新的巨大阻力所在，因而有些企业仍不愿意大幅度进行技术创新。对此，政府并没有完全摆脱短期投资的思想，在技术创新活动中也没有考虑长远效益，舍不得在技术创新上的长期投资，以致陷入了从学习到落后的恶性循环。①

二、南京技术创新的主要形式

（一）技术创新的主要形式

在知识经济条件下，企业技术创新被赋予了更加丰富的内容。技术创新系统中，各个因素相互影响、相互作用，只有各个因素协调发展，从整体角度上对各个因素进行统筹协调，才能对技术创新进行有效管理。根据已有文献的研究，技术创新模式的分类有多种方法，可以从微观和宏观的角度按不同的技术创新方法进行分类，也可以按主体和客体，或按技术开发型和市场开发型进行分类。具体地说，技术创新模式主要有以下几种分类方法：②

1. 按照技术创新的实现方式和实现途径划分

技术创新模式可划分为原始性技术创新、引进、模仿基础上的再创新、技术集成创新。原始性技术创新，即在没有参照标准和参照对象的情况下，技术原创单位完全依靠单位内部的努力和探索，实现核心技术或核心概念的突破，并在此基础上完成创新的后续环节，实现技术的商品化和市场开拓，向市场推出全新的产品或率先使用全新工艺的一项技术创新行为。对应于原始性创新，引进、模仿

① 王研. 南京技术创新发展现状及障碍分析［J］. 江苏科技信息，2011（6）：1–4.

② 杨晓玲. 科技型企业技术创新模式研究［D］. 南京财经大学硕士学位论文，2008：12–17.

基础上的再创新，指在有参照源的情况下，通过模仿技术首创者的实质性技术，引进、破译首创者的核心技术，吸收、改进并在此基础上更深入地开发、完善，从而获得更具竞争力的核心技术，也就是在参照源已有创新成果的基础上实现的再创新。技术集成创新，是将不同单项技术的要素、结构、功能等通过它们之间非线性相互作用后被整合而生成的不同于原单项技术的新技术；集成创新所需要的各项技术来源可能都不具备原创性，但在各项技术的组合模式或整合方法上具备原创性，并通过集成实现了技术方面的新突破和新发展。

2. 按照引发技术创新活动的诱因划分

按该标准，可将技术创新分为技术推动模式、需求拉动模式和双拉推动模式。技术推动模式是指由于创新主体拥有新的技术发明或发现，并利用这种发明或发现开展技术创新活动的模式。技术创新理论的奠基者熊彼特是这种模式的倡导者。这种模式的创新轨迹如图 4–7 所示。在现实中有很多技术创新成果，如尼龙、人造纤维、核电站、电视机、半导体、计算机、激光等划时代的技术创新，都属于这种模式。

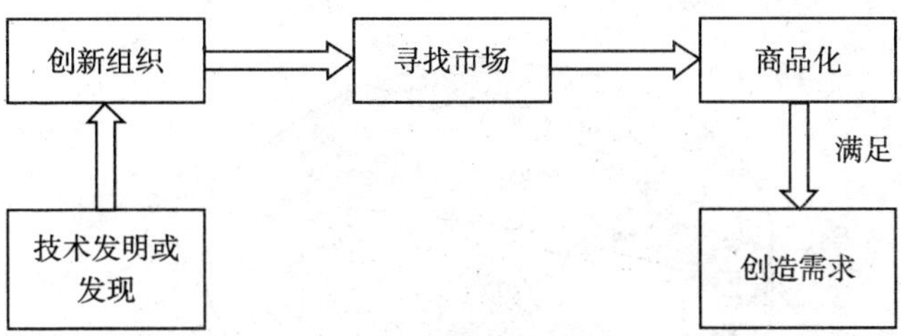

图 4–7　技术推动模式的创新轨迹

需求拉动模式认为，社会需求和生产需求推动了技术创新活动的开展，即由于市场存在客观的和潜在的需求，创新主体才着手进行研究开发，通过创新活动的开展最终来满足市场的需求。施穆克勒是这一创新模式的主要倡导者，其在《发明与技术增长》一书中，提出发明创造受外部市场需求的引导和限制。在实际中这种创新的例证也有很多，特别是一般积累性的或改进性的创新，大多数是由需求拉动而引起的，如晶体管的发明就属于这种模式。该模式的创新轨迹如图4–8 所示。

双拉推动模式是指创新主体在具备技术发明或发现的条件下，同时受到市场需求的诱发动力，并由此开展技术创新活动的模式，是学术界通过现实中技术推动和需求拉动两种模式的结合创新而产生的技术创新模式新观点。双拉推动模式中技术推动和需求接动两种模式的结合创新而产生的技术创新模式新观点。双拉推动模式中认为创新主体具备的技术的拉动和客观的生产、社会需求推动而引起

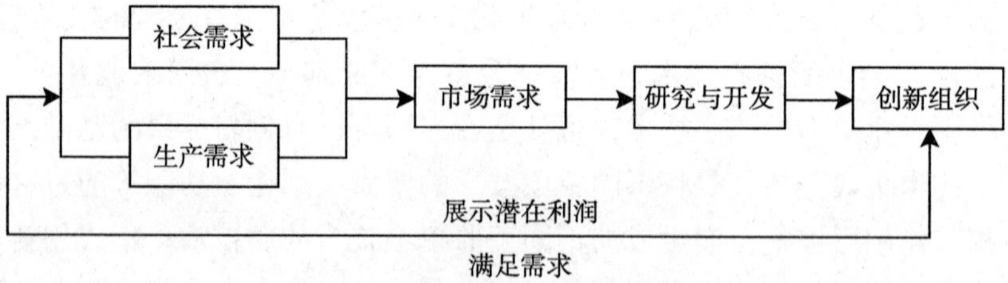

图 4–8 需求拉动模式的创新轨迹

技术创新活动的开展，包括创新主体本身技术和客观市场需求两方面的因素。

（二）南京技术创新的主要形式

随着工业企业自主创新意识的不断提高，越来越多的工业企业能主动结合本企业产品的特点积极开展科技创新活动，提高核心技术。从南京市科技型中小企业的核心技术来源来看，52.9%的科技型中小企业的核心技术是来源于内部的自主研发，22.35%的科技型中小企业是与高校、研究所及其他机构合作开发的核心技术，同时还有 14.12%的企业选择了外购技术，剩下约为 11%的企业选择了其他技术创新方式。见图 4–9。

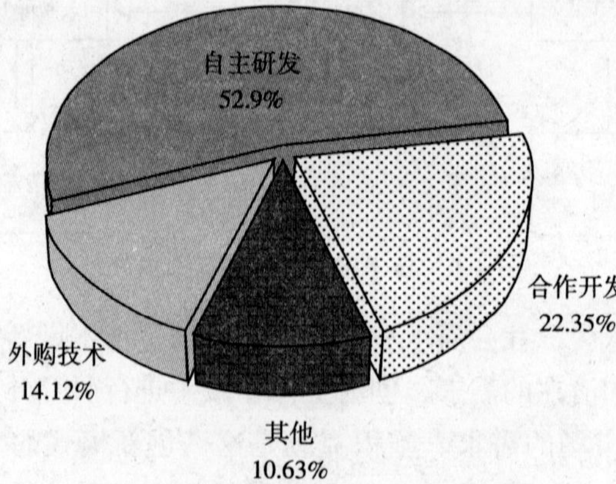

图 4–9 南京市企业技术创新的主要方式

在对南京市企业主要竞争优势的调查中，47.42%的科技型中小企业认为其竞争优势体现在低廉的产品价格，同时另有 45.26%的企业认为是技术领先，只有 31.58%的企业认为是产品新颖而受到客户的欢迎。

由上述内容可见，产品创新和新技术的不断开发是企业尤其是科技型企业的主要竞争优势来源，而且科技型企业的创新在某一区域的短期存在是有可能的，但长期存在却难以有效维持。对于其他企业来说，可以利用创新成果的外部经济效应进行相应的模仿或进一步的创新，致使企业因创新带来的收益期缩短，收益量减少，比较优势丧失。同时，新技术不断涌现，技术生命周期不断缩短，这在客观上要求南京市科技型企业必须不断进行创新，使自己的产品具有竞争力，形成企业自身产品的优势。

三、南京技术创新的发展趋势

（一）虚拟 R&D 中心模式

虚拟 R&D 中心模式是指企业寻找与自己技术发展及市场定位一致的大专院校、科研院所、重点实验室合作成立技术研发中心，进行阶段性的合作。虚拟 R&D 中心模式促进创新的关键在于通过使科技成果产业化、产品化而获得创新的推动力。作为科技成果来源的大学、科研院所和共性技术中心，其实在一定意义上就是虚拟 R&D 中心。由于拥有了虚拟 R&D 中心和企业的联合，科研成果能够被很快地转化为现实生产力，从而形成了从科技链通向产业链的一条龙运行模式。这种模式不仅提高了科技型企业的存活率，而且能够通过这些企业的存活快速推进知识扩散和科技成果产业化。

（二）兼并收购海外拥有核心技术的企业

兼并收购是指拥有足够实力的大型企业可能在某些方面处于该行业的领先地位，但可能在其他方面比较弱，于是可以通过对处于该领域技术领先地位的企业进行收购兼并，使其成为母公司下属的一个控股子公司，从而在该领域处于领先地位。在经济全球化背景下，跨国大企业得到了快速发展，跨国公司的兼并和收购，特别是兼并收购那些具有先进技术的企业，无疑是一种直接获取关键技术和现实生产力的有效途径。兼并收购那些拥有一定核心技术的海外企业，是自主创新模式中的一种新兴模式。跨国收购兼并具有三个方面的意义：一是通过兼并他国具有先进技术水平的同类型产品企业来提高本企业产品的档次；二是获取相关产业技术，进入相关领域，以新产品带动企业产品质量、技术水平的提高；三是通过技术储备使企业占据垄断优势地位。

（三）集群创新模式

集群创新模式，是利用集群的优势来进行技术创新的一种模式。波特对集群的理解为“特定领域里相互联系的公司和机构在地理上的集中”。按照 OECD 的理解，集群是指为了获取新的和互补的技术，降低交易成本，加快学习过程，克服（或创造）市场中的进入壁垒，分散创新带来的风险，从互补资产和经济利益中获得收益，取得协同经济效益，由关联性很强的企业（包括专业供应商）、知识生产机构（大学、研究机构、工程公司）、中介机构和顾客等构成一个直接附加值生产链，从而形成相互联系的网络。采用集群创新模式成功的杰出典范是硅谷。以硅谷在当今世界技术领域的领先地位，毋庸置疑地证明了集群创新模式是一种重要的而且可以激励技术创新的成功模式。①

（四）在海外科技资源密集地区建立研发中心

随着经济的全球化，企业运用海外研究开发资源，以实现研究与开发活动的最佳效应。在海外科技资源密集地区建立研发中心，成为跨国公司的一个显著特点。在海外设立研发中心，使技术活动国际化，充分利用了不同地区的特有资源，并与当地企业进行交流，有效配置了企业能力，促进了创新活动的产生和扩散。在海外设立研发机构的模式在发达国家发展历史已久，1986 年，荷兰和瑞士公司在海外建立的实验室数量超过在国内的实验室数量；1983~1993 年期间，美国公司在海外的 R&D 投资增长率是在国内的 R&D 投资增长率的 3 倍；1991 年，欧洲公司在海外的 R&D 活动量达到其国内 R&D 活动量的 1/3。②

第二节 南京科技公共服务体系的成果、问题和建设框架

一、南京科技公共服务体系的成果

南京率先提出建设科技公共服务体系，通过政府、大学、科研院所、金融机构、科技中介机构等相关成员彼此之间的相互依存、相互支持、协同作战，为南京地区的科技创新效率做出各自应尽的责任。南京科技公共服务体系在近几年取得了可喜的成果。

南京在政府政策的引导下，加大了企业与大学、科研院所的积极运作和实施，通过专家咨询、技术转让、共建技术中心、共同研发、共办大学科技实体等多种形式的产学研联合，有力地推动了经济、科学与教育体制的改革，促进了科技与经济的紧密结合。

南京作为一座科教文卫资源富集的城市，具有“五六七八”的创新优势：50 多所高等院校、600 多家科研机构、70 多万名在校大学生、80 多位院士，如表

① 郭兴芳. 论我国高新技术企业创新的模式提升：集群创新［J］. 中州学刊，2005，149（5）：66-68.
② 王艳. 企业国际化成长中研发组织模式的研究［D］. 中南大学硕士学位论文，2005：2.

4-5 所示。在国内大中城市中，南京仅次于北京、上海，位居第三。①

表 4-5 南京地区 2006~2009 年产学研机构成果

指标	2006 年	2007 年	2008 年	2009 年
中国科学院院士（人）	45	47	46	48
中国工程院院士（人）	31	32	32	33
产品质量检验机构（所）	200	218	229	242
国家检测中心（所）	8	8	8	12
产品质量体系认证机构（所）	3	3	2	2
依法设立的计量技术机构（所）	1	1	1	2
依法授权的计量技术机构（所）	3	3	2	2
普通高等院校（所）	41	41	41	53
高新技术企业（家）	366	412	—	—
高新技术产业实现工业产值（亿元）	1940.40	2393.54	—	—

2009 年，南京建立科技公共服务体系更是取得了一定的成果："南京科技广场科技公共服务平台"列入江苏省科技计划项目，"南京模范路创新街区研发与设计高端服务业产学研联合创新服务平台"项目被列入"江苏省产学研联合重大创新载体项目"，2 个项目被列入省科技成果转化专项资金项目，19 家企业通过"高新技术企业"认定，2 家企业被国家科技部、国务院国资委和中华全国总工会联合确定为国家创新型试点企业，4 家企业获得由省科技厅、国资委、总工会、工商联联合授予的首批"江苏省创新型企业"称号，4 家企业被认定为江苏省技术先进型服务企业。南京财经大学科技园、南京中医药大学科技园分别以现代服务业、中医药健康产业为特色，先后被省科技厅、省教育厅认定为省级大学科技园。南京工业大学科技园以产学研为特色，被国家科技部、教育部认定为国家级大学科技园。江苏省建筑科学研究院有限公司获批组建首批"江苏省企业院士工作站"。

南京政府为了提高企业创新活动的能力，给予资金支持或减免税的政策支持。在对 516 家企业调查中发现，几乎所有企业的创新活动都得到了政府的支持，其中主要集中在 20%以下的支持上。另外，金融机构的介入对创新活动也给予了帮助。在 2006 年，按照四项创新费用来源构成来分，政府资金占 5.30%，

① 南京市市长季建业在 2010 年 8 月 17 日《金陵晚报》市长在线专版的讲话。

减免税占 7.20%，企业资金占 83.39%，金融机构贷款占 3.20%，吸收风险投资占 0.01%，国外资金占 0.20%，其他来源占 0.70%（见图 4–10）。[①]

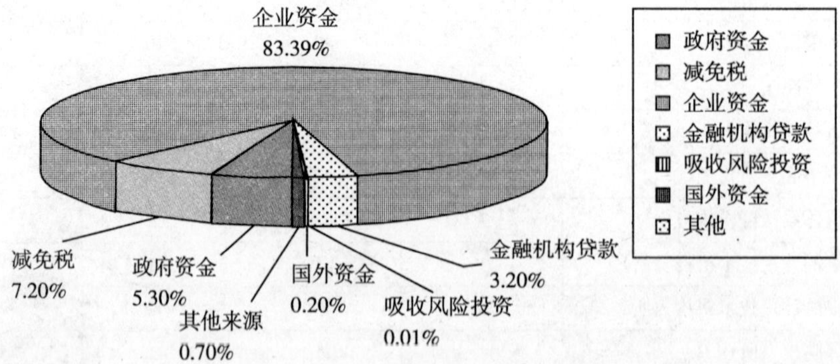

图 4–10　2006 年南京创新费用来源构成

二、南京科技公共服务体系的问题

虽然南京科技公共服务体系曾取得过一定的成果，但是还存在着很大的障碍和问题。目前，南京科技公共服务体系的问题体现在政府的支持不足，缺乏完善健全的法律、管理制度；另外，作为主力军的中小企业存在融资困难，得不到一定的资金支持等。下面笔者试图从科技管理综合服务体系和科技金融服务体系分别进行分析。

科技中介机构对政府依附性强，独立性和公正性差。一些从政府部门分离出去或是直接隶属于某些政府部门的科技中介机构，与政府有着千丝万缕的关系，但是由于利益的分配问题，有些政府部门并没有完全放权，这些政府职能的错位和越位往往一定程度上制约了这些科技中介机构的发展，也破坏了整个市场的秩序，阻碍了市场的发展。

南京的科技中介服务体系不健全，专业化服务程度较低。目前，南京地区公共信息资源由各部门、各单位不同程度地独占，难以形成有效的共享，导致科技中介机构获取信息、处理信息的能力不高，信息来源更多的是出自社会关系和非正规渠道。参照西方发达国家如美、德、英、日等的经验，成功的科技中介机构必须依赖于完善的技术转移网络体系，该体系涵盖了从实验室到工厂再到市场的

① 王冀宁，陈庭强. 如何打造南京技术创新的科技公共服务体系［J］. 江苏科技信息，2011（01）：4–7.

全部环节和要素。与西方发达国家相比，南京甚至我国的科技中介机构体系还不够健全，专业化服务程度较低。

制定的有关科技中介服务的政策法规尚不够完善。据科技部政策法规司分析，科技中介服务机构的法律地位、经济地位、管理体制、运行机制都还未明确。在行业管理上，科技中介服务领域缺乏像咨询、评估、技术市场等领域的行业管理措施；在机构制度建设方面，欠缺以民间非营利机构为主的科技中介制度建设模式。

科技中介机构力量较分散，信息平台不健全。我国现有科技中介机构由于其背后依靠的机构不同，所以常常各自为政，彼此很少协调，更没有紧密联系、相互协同。目前，南京地区的科技中介分为由高等院校、国家部委等。国外科技中介服务机构建设的经验表明，科技中介涉及政府许多部门，各部门必须协调一致，并由一个部门牵头抓总，充分发挥科技中介力量的作用，如美国联邦政府涉及科技中介的部门就分别隶属于政府。①

目前，南京地区的科技中介机构有科技工商所、知识产权培训中心、会计事务所、律师事务所等，但总体上科技中介服务单一。同时，信息服务平台受制于一些机构的行政职能，缺乏有效的总体设计和宏观调控，不利于科技信息的调查和使用。另外，这些机构的信息框架不够健全，利用率低下，还达不到真正的效果。

南京政府的政策扶持尚不明显。在美国等大多数工业发达国家，技术创新中介服务体系的建设是科技管理综合服务体系建设不可或缺的重要组成部分，在政策制定中占有非常重要的地位。由于一些国家认识到了中小企业在国民经济中占有的重要地位，近年来创新政策的重心也倾向于中小企业的技术创新，而创新中介服务体系的发展被认为是对中小企业技术创新的有力支持，所以许多国家的政府都有明显的扶持技术创新中介服务发展的政策和措施。我们国家也不例外，但这些政策在执行过程中的效果并不是很理想。

政府的政策引导作用仍然不够。在对企业家的调查中，多数企业认为相应的、正确的政策对企业的创新活动有很大影响。其中政策分别包括技术开发费用计入成本的政策、技术开发费加大抵扣所得税的政策、开发区内高新技术企业所得税减免的政策、企业相关科研设备加快折旧的政策、免征技术转让与开发营业税的政策、金融支持政策、政府采购政策、知识产权保护政策、产业政策、对外经贸政策、鼓励企业培养和吸引人才的相关政策以及由企业承担政府部门科技项

① 王志俊. 科技中介机构发展存在的问题与对策初探［J］. 上海党史与党建，2004（7）：33-36.

目的政策等（见表 4–6）。

表 4–6 政策对 2004~2006 年间南京企业开展创新活动的影响程度

单位：%

政 策	影响高	影响低
技术开发费用计入成本的政策	70.10	29.90
技术开发费加大抵扣所得税的政策	63.50	36.50
开发区内高新技术企业所得税减免的政策	52.10	47.90
企业相关科研设备加快折旧的政策	42.60	57.40
免征技术转让与开发营业税的政策	38.80	61.20
金融支持政策	42.90	57.10
政府采购政策	28.00	72.00
知识产权保护政策	54.20	45.80
产业政策	51.90	48.10
对外经贸政策	36.50	63.50
鼓励企业培养和吸引人才的相关政策	57.70	42.30
由企业承担政府部门科技项目的政策	38.40	61.60

其中，在对认为上述有关政策对企业开展创新活动影响不大的原因分析中，或者是不知道这类政策，或者觉得部分政策执行力度不够强，或者出于政策办理困难等一系列的原因，并未建立一个公开的信息网络平台，中介服务体系还存在一定的问题。

科技中介机构商誉和从业人员素质有待提高。就南京科技中介机构的从业人员的各项素质来看，大部分人还有待提高。南京中介服务市场上不可否认地存在一些机构出于行业进入成本低、以推销技术成果等为目的，缺乏良好的机构商誉，给企业造成一定的损失。与此同时，科技中介机构是一项专业性很强的工作，往往需要由具有技术、营销、法律等多项专长和有良好产业联系的人所构成的群体来承担。

三、科技金融服务体系的问题

技术创新的中小企业需要投入大量的资金，然而风险相对较高的中小企业由于缺乏担保，很难获得资金，因此融资难已成为中小企业技术创新的“瓶颈”。中小企业作为全国国民经济的主要贡献者，却面临着严重的融资困难，这在很大程度上制约了中小企业的发展。目前，我国缺乏对技术创新中小企业的评估、投资的良好解决方案，迫切需要建立为科技型中小企业提供融资等金融服务的中介机构。①

长久以来，南京乃至我国实行的科技管理模式主要是投资于技术的研究开发领域，即向科研院所、高校、大型企业的技术创新活动投入运转经费、项目经费、技改经费等，而疏于向技术的传播领域投资。近几年，虽然南京市政府开始重视对中小企业技术创新的支持并鼓励科技中介机构的发展，但从国家的资金支持力度来看，仍显严重不足。

四、南京科技公共服务体系的建设框架

世界发达国家政府对建设科技公共服务体系非常重视，并将其列为国家创新战略的重要组成部分，从政府服务体系、金融财税政策、风险投资、科技计划项目资金支持、人力资源、法律规制、知识产权保护、大学科研机构管理直至社会创新文化环境构建等诸多方面给予全方位的扶持，并有很多成功的经验值得借鉴。同时，国内深圳、北京等地的案例对南京的科技公共服务体系构建也有很多帮助。

南京市拥有得天独厚的资源优势，应充分利用其高校学科众多的优势，通过技术转让、委托研发、联合研究、学科性公司、共建科研基地、产学研战略联盟、组建研发实体等多种模式，保证各方利益的合理分配，加强产学研全方位的合作。同时还需要国家的政策支持，建立健全合作利益制度，引导高校、研究机构、创新性企业建立长期、有效、快速的产学研合作，从而利用经济带动科技，通过科技来提高经济，形成良性循环，以促进南京地区的经济发展。②

鉴于本章分析的南京科技公共服务体系目前所存在的问题，在借鉴国内外经验、教训的基础上，试提出符合南京科技公共服务体系发展的基本构架，见图 4-11。

① 顾建光. 发挥科技中介在我国创新体系中的作用［J］. 西安交通大学学报（社会科学版），2006，26（6）：34-39.

② 杨友文，叶敏. 高校在产学研合作中的地位与作用［J］. 研究与发展管理，2002，14（4）：81-84.

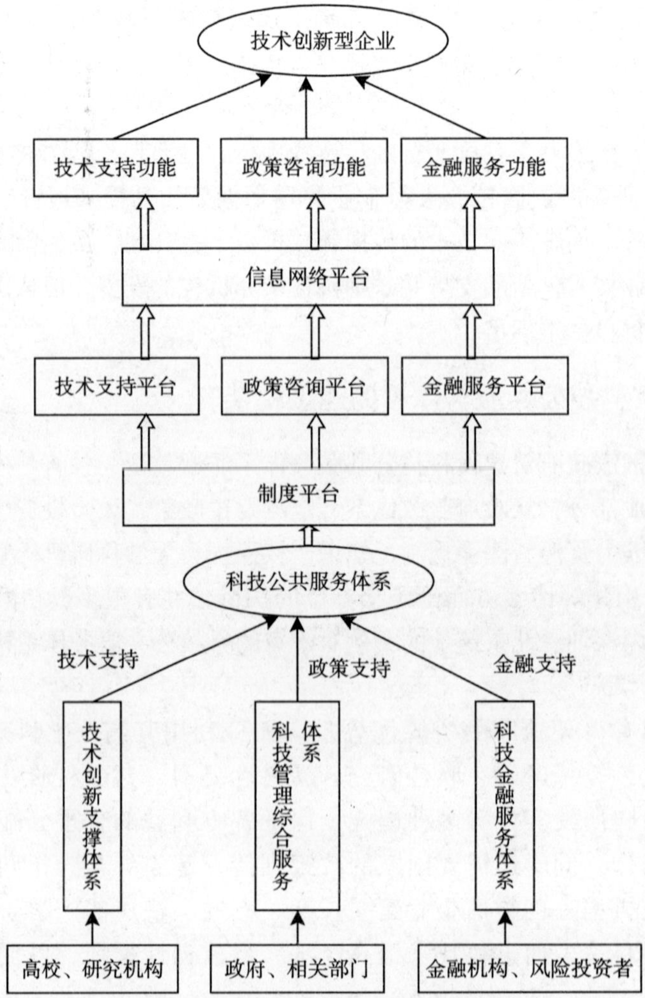

图 4-11　南京科技公共服务体系的基本构架

第三节　南京技术创新支撑体系建设的总体思路

借鉴国际实践经验，南京市迫切需要构建新型的“产业技术创新战略联盟”。从要素组成上来看，产业技术创新战略联盟应具备以下几点要素：一是有明确的技术开发方向和技术产出目标，并符合国家战略目标或区域重点产业发展的需要；二是签订联盟契约，对参加联盟的具有独立法人地位的产学研各方主体进行法律约束；三是盟员单位要有共同投入，利益共享，风险共担。从组织形态上看，产业技术创新战略联盟是以企业生存发展的内在需求为基础，充分运用市场机制，以影响产业或企业长远发展的共性技术创新需求和重要标准等为纽带，通过各种技术创新要素的优化组合所建立的一种长期、稳定、制度化的产学研利益共同体。从运行机制上看，产业技术创新战略联盟是一种契约关系，联盟本身一般不具有独立的法人地位，但是现有法律完全可以规范其行为；通过契约明晰盟员单位的责权利益关系，确立投入、利益的分配和知识产权归属等机制，保障联盟正常运作。

一、探索产学研合作技术的创新模式

在面对产业部门技术多样性时，创新决策容易面临两种对立的风险：一种是只以一个产业的经历为基础概括创新的性质、来源、方向和战略内涵；另一种是认为所有的产业都是不同的，因而不能进行归纳。为了避免这两种风险，Pavitt等人区分出五种主要的技术轨迹，每一种技术轨迹不仅有着独特的创新本质和创新来源，还具有独特的技术战略和创新管理方法。这项结论是 Pavitt 等人在对英国超过 2000 项的重大创新系统信息、历史材料和案例材料进行阅读和分析的基础上得出来的。在表 4-7 中列举出了每种技术轨迹的典型核心产业、技术积累的主要来源及其战略管理的主要任务。[①]

表 4-7 五种主要的技术轨迹

	五种主要的技术轨迹				
	以供应商为主	规模密集型	以科学为基础	信息密集型	专业供应商
典型产业	农业	批量材料	电子	金融	机械
	服务业	耐用消费品	化学	零售	仪器
	传统制造业	汽车		出版	软件
		市政工程		旅游	
技术主要来源	供应商	生产工程	研发	软件和系统	设计
	生产学习	生产学习	基础研究	部门	高级用户
		供应商		供应商	
		设计部门			

① Joseph Tidd, J. R. Bessant, Keith Pavitt.Managing Innovation Integrating Technological, Market and Organizational Change [M]. SNP, 2005.

续表

创新战略的主要任务					
定位	以非技术优势为基础	有成本效益、安全而复杂的产品成本和工艺	开发与技术相关的产品	新产品和新服务	监控用户需求并对其做出反应
路径	在财务和分销部门中使用信息技术	逐渐整合新知识（例如虚拟原型、新材料和B2B）	应用基础科学	设计和操作复杂的信息处理系统	将变化的技术与用户需求相匹配
流程	灵活地对用户做出反馈	宣传设计、生产和分销的最优方法	获得互补性资本。重新划定部门边界	将以信息技术为基础的机会与用户需求匹配	与用户领导建立紧密的联系

二、构建基于产业共性的产业技术创新平台模式

根据上节对创新技术路径的分析，结合南京市产业发展的现状以及产业政策的规划要求，我们可以构建一个产业技术创新平台的战略模型。产业技术创新平台是在我国产业发展战略的指导下，通过政产学研大联合，集成全球产业技术创新资源，从而建立南京市产业创新和可持续发展的战略平台。产业技术创新平台的战略模式如图4–12所示。

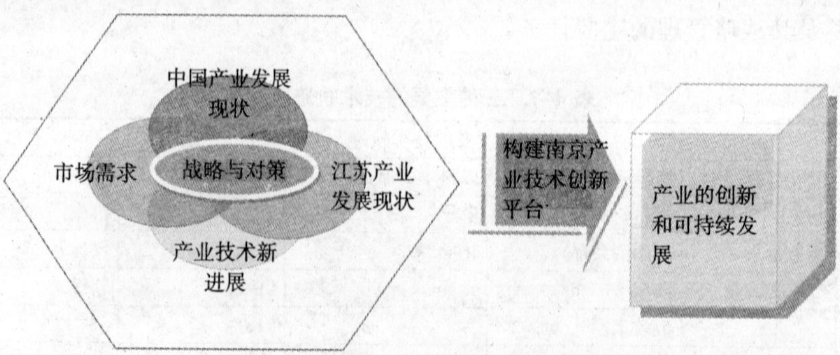

图4–12　产业技术创新平台的战略模式

该模型是在我国现有的产业结构及产业发展状况下，结合创新方法论、产业技术路径理论以及平台构建思想而建立的具有南京市特色的产业技术创新平台构建战略。

三、产业技术创新平台的运行流程模块

不同产业的技术来源不同，技术创新在不同产业中对取得竞争优势做出贡献的方法不同，创新战略的主要任务也不同。但是产业技术创新平台的运行流程是

相同的，不同产业的技术创新平台的运行都要遵循一个程序，每个环节都由各个模块负责。我们可以将产业技术创新平台的运行流程模块归纳如图 4-13 所示。

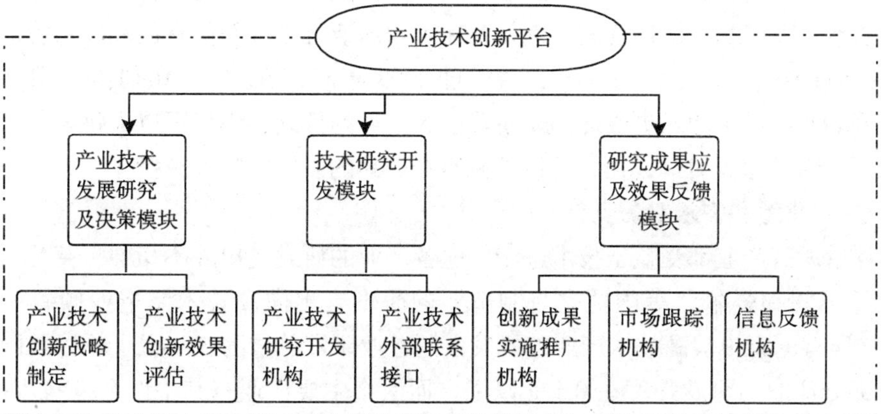

图 4-13　产业技术创新平台的运行流程模块

产业技术发展研究及决策模块负责研究国际及国内产业发展状况，分析产业所处的国际国内环境，根据国家的产业政策及相关的法律法规制定产业创新技术的发展方向，统筹规划创新资源的配置，并根据行业自身的技术轨迹特点规划下一个模块——技术研究开发模块。成果应用及效果反馈模块的任务有：小范围实验或将可以广泛应用的工艺创新在产业范围内推广，将产品技术创新应用于企业中，并观察应用效果，跟踪市场反馈。如果市场反应较可，则将技术环节的问题反馈给研发模块，使其及时修正更新；若市场普遍不能接受，则反馈给决策模块，重新评估该项目的研究价值，选择强制推广（比如政策法规的强制规定）或者继续研发改进（如果市场不接受是由于创新技术不够成熟）或者终止研发。

最后，有效解决“政府失效”、“市场失效”、“研发失效”三个失效的问题。三个失效问题已成为困扰产学研合作组织模式发展的一组矛盾体，如何设计有效的组织、机制，在矛盾中寻得平衡点，是组织模式创新的基础。应该以完善的知识产权管理制度为基础，妥善解决产学研合作中的动力机制、信任机制、激励机制、利益分配、风险分担等问题。实践经验表明，知识产权是产学研合作的关键，只要解决了知识产权归属问题，许多问题就将迎刃而解。

四、借鉴发达国家高技术产业技术创新经验

纵观发达国家高技术产业技术创新的发展历程，政府战略决策和宏观调控在

此过程中日益强化，以下两个经验值得借鉴。

（一）放宽经济性管制，强化竞争格局

随着技术进步、经济全球化和需求变化等诸多因素的影响，各国政府已逐步放松管制，尤其是经济性管制。例如，在生物产业方面，美国食品和药物管理局（Food and Drug Administration，FDA）自 2003 年起，在 Mark McClellan 的领导下，开始实施更主动、更快捷的使新药进入市场的计划，不仅可以为每个药品审批缩短 25%的审查时间，而且可以缩减整个药品的研发时间和花费。

（二）供给和需求双侧支持

尽管所有产业都受益于技术进步，但各产业的研发支出并不相同，芬兰、加拿大、美国和爱尔兰等国更是将制造业的研发支出向高技术制造业倾斜。在 OECD 所有国家中，高技术产业的研发占制造业研发总量的 53%以上。以美国为例，部分产业的研发强度在 0.50k 以下，而六个主要产业（其中四个是制造业，两个是服务业）占了公司资助商业研发的 75%和联邦资助商业研发的 95%，其中两个制造业（计算机和电子产品、航空航天和国防制造）和两个服务业（计算机相关服务、研发服务）都属于高技术产业。

发达国家政府在加大对产业界研发资助（供应方面支持）的同时，还通过实施有效的政府采购政策，从需求方面进行支持，激励企业的创新活动，以保持其高技术产业技术的领先地位。然而，即使是参加了 WTO《政府采购协议》的国家，对政府采购做出国民待遇的承诺，但在政府采购中采购外国产品的数量却极其有限。在直接提供资金支持的同时，发达国家促进高技术产业发展的政策组合也在发生变化，从政府采购（直接补贴）方式逐渐向税收减免转变，即从直接支持转向间接支持。从上述经验总结中可得出启示，中国是一个后发的发展中国家，而江苏省是国内一个高技术产业起步较早的区域，在这种双重格局下，作为跨国高技术企业云集的江苏省南京市必须在国外技术垄断领域获得实质性突破。

第四节　南京科技管理综合服务体系建设的总体思路

一般认为，科技管理综合服务体系是创新体系的有机组成部分，同时还为创新活动及其战略管理提供重要的支撑性服务。其主要目标任务：一是建立一个高层次、多层次的专家决策咨询系统，为科技资源配置中的市场失灵提供“有限科技管理”；二是建立一个快捷、畅通、准确、及时的共享信息传递网络；三是在有效公共管理部门体系的基础上，形成一支工作扎实、管理高效的人力资源队伍。

一、加强科技管理综合服务体系的绩效评估

从科技管理综合服务体系的需求和科技管理综合服务体系的含义来看，科技管理综合服务体系不仅包括科技战略、科技政策、科技计划、创造与组织科技环境条件及科技资源、提供公共产品及公共服务等基本内容，还包括社会公众对公共部门进行科技活动的效率及其效果进行评估，并对政府科技政策进行评价，如科技政策评估、科技战略评估、管理体系的投入—产出评估等。其中，科技计划绩效评估是对公共管理体系活动进行绩效评估最为重要的一个环节。决策的科学基础要力求较客观严谨的分析，以尽量降低决策的经济、政治成本。不过，科技计划绩效评估是手段，不是目的，其用意在于反映公共研发单位或计划的运作绩效，并据此产生类似市场机制的制约力量。

二、强化财政支持手段

作为公共科技活动经济基础的公共财政，主要采取两种形式予以支持：一是政府进行直接的科技投入，作为一种战略投资，这种直接的科技投入是与科技活动直接相关的经费投入，包括研发费用、研发成果应用费用和科技服务费用等，其结果表现为知识技术产品的输出；二是政府进行间接的科技投入，同样作为一种战略投资，这种间接的科技投入是与科技基础设施相关的各种投入。此外，还包括政府对私人企业的科技活动进行的各种激励性投入（如补贴、奖励等）。科技管理综合服务体系借助公共财政手段，可以引导市场中的科技资源进行合理有效的配置，并通过金融杠杆和金融创新，使社会资本参与到整个科技创新行动中来。

第五节　南京科技金融服务体系建设的总体思路

南京进行国家科技体制综合改革试点城市建设，应当进一步解放思想，一方面借鉴先进地区的成功经验，另一方面应勇于探索，努力创新，改革南京现有的金融格局，建立多层次、多元化的融资体系，探索一套金融创新与科技创新活动

相适应的服务于科技型中小企业融资的科技金融服务体系。

建立南京科技金融服务体系的总体思路，主要包括以下几个方面：

（1）法律制度：应该针对科技金融本身的特点，制定科技金融管理办法；把目前分散的科技金融行为及有关制度安排纳入到统一的科技金融框架下予以考虑和规范。

（2）管理制度的顶层设计：南京市政府联合金融监管部门，要认真研究分析草根金融、创业投资、科技银行、科技小额担保公司、科技保险等科技金融活动，并设立相应的管理、规范和创新部门以推动其发展。

（3）市场制度设计：科技金融包括客户市场和公开市场两大部分；客户市场的投资主体主要是天使投资者、创业投资机构、政府风险基金等，筹资主体为科技企业，融通主体为科技银行、科技金融中介机构等；公开市场主要是指创业板市场、柜台交易市场及其相应的服务机构。

（4）可能的科技金融主体：早期的科技金融体系主要由三类主体构成，即政府性科技金融机构、商业性科技金融机构和服务性科技金融机构。

（5）政府性科技金融机构：至少应该包括科技银行、科技担保公司基金、科技扶持基金、中小企业发展基金、科技保险基金、政策性创业基金等。

（6）商业性科技金融机构：至少应该包括科技小额贷款公司、民间科技担保公司、创业投资公司或创业投资基金、天使基金等。

（7）服务性科技金融机构：至少应该包括创业企业价值评估评价机构、科技企业价值交易服务机构、科技企业信用增值机构、科技中介服务机构等。

通过建立南京科技金融服务体系，可以整合银行、担保、风险投资、政府等各方面力量，培养科技企业生存发展的金融环境，形成支持科技型中小企业信贷的综合金融体系和金融链，促进技术创新活动和科技型企业成长，从而推动南京进行国家科技体制综合改革试点城市建设。

第五章　技术创新支撑体系建设

第一节　技术创新支撑体系的内涵

技术创新支撑体系是产业层面上技术创新资源共享的、系统化的、集成的支撑体系，它包括物质与信息保障系统，以共享机制为核心的制度体系和服务于体系建设与运行的专业化人才队伍，该体系能够为某一产业以及相关的产业群或区域化的特色产业的技术创新活动提供有效、高质、公平的服务。技术创新支撑体系涵盖的范围并不拘泥于产业二字，它还可以为某些需要同时集中几个产业资源的重大科研项目提供服务。

随着知识经济的不断深化发展及市场节奏的加快，科技创新活动也已面临比以往任何时候更多的要素投入和更大的技术和市场风险。这种发展趋势越来越超出了单个企业或大学的承受能力，无论是企业还是大学都很难独立承担起科技创新内化的风险。正是在这一背景下，科研组织与经济组织的合作成为了一条必然的可行之路，产学研合作便应运而生并迅速发展起来。另外，以信息技术、生物技术为代表的新技术革命进一步确立了科学在新产业中的突出地位，进而加强了高等院校、科研院所在新技术产业中的带头作用。美国硅谷、世界各地的大学工业园、高新技术开发区等所展现的欣欣向荣的景象，预示着 21 世纪将是一个科学与技术联姻决定产业发展的世纪，产学研合作将成为科技创新、高新技术领域创新的主流模式，成为当今世界各国发展经济、发展现代高等教育、增强综合国力和提高国际竞争力的一般规律，也将成为当今社会发展和经济发展的必然趋势。本章主要从产学研合作的角度对技术创新支撑体系进行分析，具体研究框架见图 5-1。

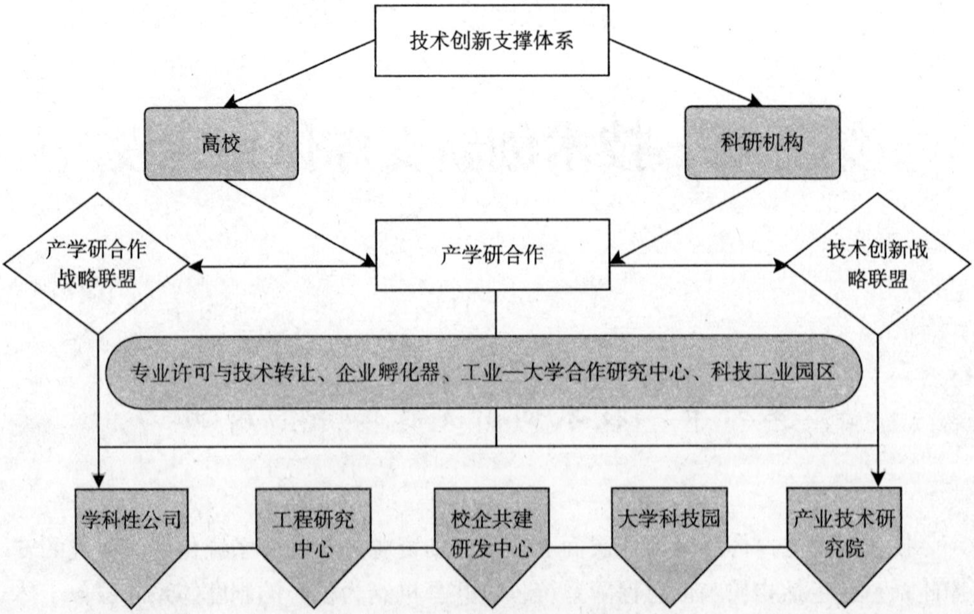

图 5-1　技术创新支撑体系结构

第二节　技术创新支撑体系之一：产学研合作

一、产学研合作的案例与经验

（一）研究背景

当前，人类社会的发展，正在从工业经济社会向知识经济社会过渡。在知识经济时代，知识将取代自然资源、资本和人力而成为生产函数中的核心要素。知识经济在于以现代科技创新带动经济发展产生质的飞跃，其实质是科技创新。因此，创新将是知识经济时代最重要的特征，是知识经济发展的动力，是增强国家综合实力的基础。伴随着知识经济发展和经济科技全球化时代的到来，国家的创新能力对实现社会经济发展目标将起到关键性的作用，创新已成为衡量一个国家竞争力的关键因素。

在我国，随着“科学技术是第一生产力”这一伟大战略思想的提出，科技成果转化、科技与经济一体化、加快以知识创新和技术创新为基础的国家创新体系的建立已经逐步引起政府、企业和学术界的高度重视。能否卓有成效地进行知识创新、科技创新，尽快缩小与发达国家在创新能力方面的差距，关系到国家民族的命运和社会主义的前途。江泽民同志曾多次强调："创新是一个民族进步的灵魂，是国家兴旺发达的不竭动力。一个没有创新能力的民族，难以屹立于世界先进民族之林。"迈入21世纪，以胡锦涛同志为总书记的党中央提出"建设创新型国家"的重大战略决策，以增强自主创新能力为核心，推动科学技术跨越式发展。建设创新型国家首先必须加快建设国家的创新体系，而国家创新体系的基本形式是产学研合作，因而产学研合作的有效运行是国家创新体系运行的基础，是实现国家自主创新战略的基本途径。

目前，我国企业在自主创新过程中的地位不断提高，已经成为推动国家科技进步的重要力量之一。但是从整体上看，我国企业的自主创新能力还比较薄弱，主要表现为不重视基础性研究和消化吸收再创新，创新投入资金不足，投入结构不够合理，3/4以上的大中型工业企业甚至没有自己的技术研发机构，大多数行业的关键核心技术与装备基本依赖国外的状况没有得到根本性的转变，企业掌握和运用专利制度的能力不强等。因此，寻求和企业外部的研究机构进行合作，是解决目前我国企业自身创新能力薄弱的有效途径。然而长期以来，我国的大学以基础研究为主，许多科研成果与市场需求脱节，科研成果转化率一直处于较低水平。根据2000年教育部一份调查研究报告的统计，[①] 高等学校具有实用价值的科研成果，约有2/3能不同程度地得到应用，约有10%取得了较大经济社会效益，即真正的科研成果转化率只有10%左右。因此，高校也迫切需要与企业加强交流合作以提高成果应用转化率，高校与企业在科研及成果转化领域存在较好的互补互利性。另外，从研发投入角度来看，2006年高等学校支出276.8亿元，比2005年增长14.2%。企业、高校经费支出占全国总支出的比重分别为71.1%和9.2%，其中企业所占比重比2005年提高了2.8%。20世纪90年代以来，高校R&D经费的来源结构发生了明显的变化：来源于政府的R&D资金所占比重逐步下降，例如，1990年占66.6%，2006年占54.7%，16年里下降了11.9%；而在同一时期，来源于企业的R&D资金所占比重则从20.8%升至36.6%，上升了15.8%。[②] 可见产学研合作已然成为我国自主创新的主要表现形式和发展趋势。

（二）产学研合作的现状及问题

1. 产学研合作的成就

我国对产学研合作的发展十分重视。自1992年国家经贸委、教委、中国科

① 教育部科学技术司. 中国高校科技成果产业化实践与探索综述 [J]. 中国高校科技市场，2000（2）：25-28.

② 陈劲. 新形势下产学研战略联盟创新与发展研究 [M]. 北京：中国人民大学出版社，2009：5.

学院共同发起“产学研联合开发工程”以来，经过20余年的发展，我国的产学研合作已经逐步形成了优势互补、风险共担、利益共享、共同发展的模式。在政府一系列国家重大科技工程、科技计划、产业规划等方针政策的引导下，企业与大学、科研院所积极通过专家咨询、技术转让、共建技术中心、共同研发、共办大学科技实体等多种形式的产学研联合，有力地推动了经济、科学和教育体制的改革，促进了科技与经济的紧密结合。近些年来，高等院校的科研经费快速增长，其中50%以上来自企业，高校技术转让合同数目及收入、知识产权授权数、专利出售数量以及实现金额等都呈现了快速增长的势头（见表5-1），而且科研成果的转化和产业化有95%是通过产学研合作的方式完成的。这些数字充分说明了产学研合作在促进产业结构调整和高新技术产业发展过程中发挥着越来越重要的作用，产学研合作已经成为推动企业自主创新的引擎，成为增强企业自主创新能力的关键。

表5-1 我国高校自然科学与技术类科研成果产业化情况（1998~2004年）

年份	技术转让		知识产权授权数（个）	专利出售	
	合同数（个）	收入（千元）		项数（个）	实现金额（千元）
1998	4248	386398	1022	362	36532
1999	4225	544556	1061	371	55369
2000	4946	1185374	1952	299	125369
2001	5540	1339596	1850	410	258608
2002	5683	1098166	2251	532	219999
2003	7809	1579611	3954	611	359536
2004	9188	1355338	6399	731	277585

资料来源：教育部发展规划司. 中国教育统计年鉴. 北京：人民教育出版社，1999~2005.

近些年来，在我国产学研合作蓬勃发展的过程中还呈现出了新的发展趋势，主要表现在以下几个方面：一是产学研合作越来越成为各方的内在需求和动力；二是市场机制在产学研合作中越来越多地发挥着主导作用；三是产学研合作已经从仅注重单元技术的突破开始向着眼于产业链的技术创新转移；四是产学研合作组织形式越来越多样化，从以往单一的技术转让、联合攻关，发展出共建研发机构、共建科研（经济）实体、技术创新联盟等多元化的组织形式；五是促进产学研合作的政策环境正在逐步得到改善。

2. 产学研合作存在的问题

虽然我国产学研合作发展较快，取得了一定成绩，并促进了我国企业自主创新能力的提高。但是不能否认的是，产学研问题是一个全球范围内的难题，各国都存在着不同的困惑，我国也存在一些不容忽视的问题。从研究活动本身来看，大学科研以基础研究为主，大学参与合作项目更看重的是科研成果的前沿性以及发表论文对职称评审的作用；企业则是以面向应用的开发研究为主，在参与合作项目时更多地考虑如何解决工程或技术问题，把焦点集中在项目的创新能否带来良好的市场利益上。因此，各方在价值取向、组织文化和组织行为方式等方面存在很大的差异，若再加上信息不对称、沟通不畅，必将导致合作沟通的障碍。结合相关文献、资料及实地调研，笔者认为目前我国产学研合作过程中主要存在以下问题：

（1）产学研合作模式层次低，不能适应自主创新的需求。如图 5-2 显示，2001~2006 年间，高校科学研究与研发经费投入呈现持续增长状态，但在此期间高校与企业进行的合作中，高校向企业出售的专利金额数增长相对缓慢，且与企业签订合同成交金额在 2005~2006 年间甚至还出现了比较明显的下降。由此可见，近年来我国高校的科研投入与产出未能出现同步增长，传统的产学研合作模式有待改革和创新。

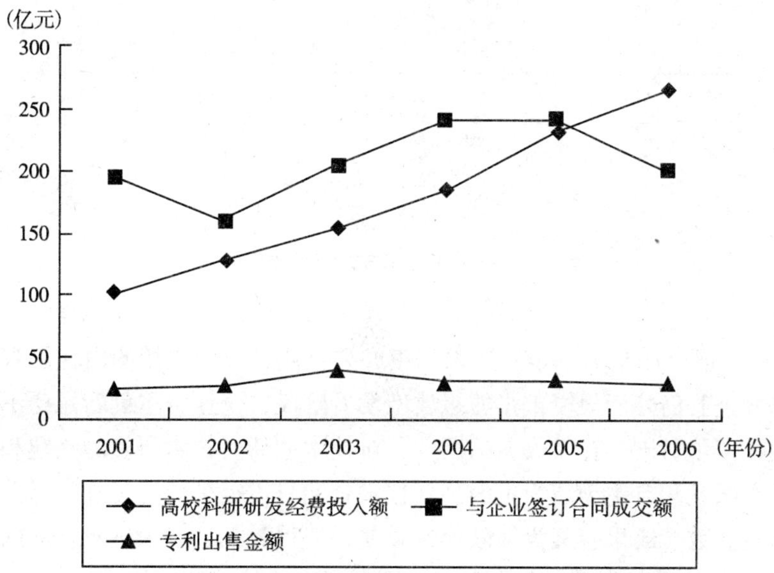

图 5-2　2001~2006 年高校科研经费投入与产学研合作情况

资料来源：科技统计简明资料专题数据（2006）. 国家统计局网站.

此外，根据浙江大学陈劲①等学者 2008 年分别对 310 份高校参与产学研合作情况及 166 份企业参与产学研合作情况的问卷调查结果，产学研合作方式仍以“委托开发”、“技术转让”、“委托咨询”等为主，高校在合作中仍表现得比较被动，多以被委托者的身份参与其中，如图 5-3 和图 5-4 所示。可见，产学研合作定位仍以获取资源为主，多停留在“小作坊模式”，合作组织松散、临时，行为短期化、形式化。而以项目为载体的合作形式必然无法适应产业技术创新历时长、风险大的特点，导致了产业技术缺少积累、技术资源难以支撑产业发展需求的局面。

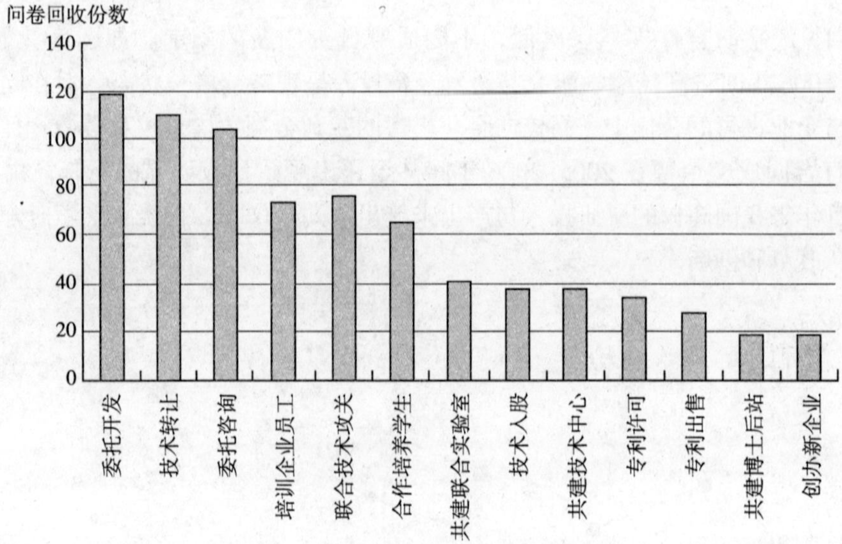

图 5-3　产学研合作方式（高校问卷）

（2）产学研合作动力不足，还未真正成为企业、大学迫切的内在需求。当前我国大部分企业仍处于规模扩张的粗放型发展阶段，企业自主创新愿望不足，对技术仍存在“重引进、轻吸收”的惯性，对技术创新、技术研发的兴趣和需求不大，以自主研发和自主创新为主的高新技术企业只占极少数。另外，目前高校以发表学术论文数、成果获奖为绩效评价导向，使得教授、专家们对技术的市场应用性考虑甚少，与产业界的合作意愿也不强烈。此外，产学研合作信息不对称，政府牵线搭桥不充分，成果价值或应用性不易确定等也影响了产学研合作的主动性，如表 5-2~表 5-4 所示。

① 陈劲. 新形势下产学研战略联盟创新与发展研究［M］. 北京：中国人民大学出版社，2009：180-182.

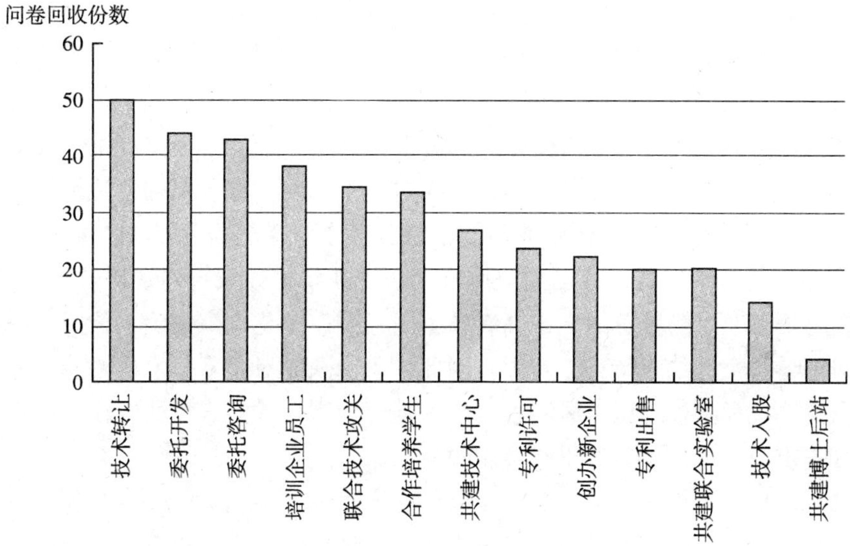

图 5–4　产学研合作方式（企业问卷）

表 5–2　我国大中型工业企业中设科技机构的企业占全部企业的比重（1991~2005 年）

年份	1991	1993	1996	1998	2000	2001	2002	2003	2004	2005
比重（%）	52.9	50.9	34.0	30.6	28.5	26.2	25.3	28.8	23.4	23.7

资料来源：国家统计局. 中国统计年鉴（1991~2005）. 北京：中国统计出版社，1991~2005.

表 5–3　我国大中型工业企业研发投入占销售收入的比重（1995~2005 年）

年份	1995	1997	2000	2001	2002	2003	2004	2005
比重（%）	0.46	0.52	0.71	0.76	0.83	0.75	0.71	0.76

资料来源：国家统计局专题数据. 2005 年大中型工业企业自主创新统计资料.

表 5–4　我国发明专利授权数（1990~2005 年）

年份	1990	1995	2000	2001	2002	2003	2004	2005
国内（项）	1149	1530	6177	5395	5868	11404	18241	20705
国内所占比重（%）	29.94	45.09	48.70	33.11	27.33	30.69	36.96	38.84
国外（项）	2689	1863	6506	10901	15605	25750	31119	32600
国外所占比重（%）	70.06	54.91	51.30	66.89	72.67	69.31	63.04	61.16

资料来源：国家统计局. 中国统计年鉴（2006）. 北京：中国统计出版社，2006.

（3）产学研合作利益机制不健全，缺乏持续稳定合作的保障。产学研合作涉及多个主体，则利益分配和协调必定复杂，以知识产权为代表的利益分配机制是产学研合作的关键。然而多数产学研合作未按照市场规则操作，共同投入、成果分享、风险分担机制不健全，合作协议对权、责、利界定不清，缺乏法律约束，合作协议的履行监管存在漏洞，各方对技术创新的价值存在分歧，导致各方为了自身利益最大化出现矛盾。因此，若无健全的机制做保障，将最终导致产学研合作的失败和难以持续。

（4）科技中介及金融支持体系尚未健全，无法向产学研合作提供有效的信息和充足的资金。在发达国家的产学研合作过程中，中介服务机构发挥着非常重要的作用。反观我国，目前有技术和能力来服务于产学研合作的中介机构寥寥可数，并且功能尚不完善，甚至连协调合同纠纷的技术仲裁机构也很缺乏。同时，传统金融贷款、风险投资等由于高新技术研发及产业化的高风险、低成功率等原因而对产学研合作的支持十分有限。因此，国内缺乏对高新技术研发及产业化的金融支持系统和融资环境，风险投资或其他资金嵌入式的产学研合作的金融制度还未真正出台，形成了对产学研合作的又一障碍。

（5）政府引导作用不足，产学研合作的法律法规、政策环境不完善。政府作为经济建设和社会管理的最主要责任主体，在推动、组织、协调和引导产学研合作深入、有效地开展中具有重要的职能和不可代替的作用。虽然我国政府先后出台了一些科技立法、政策等激励和促进产学研合作，但还是缺乏配套的实施细则、协调监督机制、中介服务和资金支持，政府的主导作用依然不明显，缺乏持续性和稳定性。

2006 年，国务院颁布的《国家中长期科学和技术发展规划纲要（2006~2020 年）》明确提出：要推进中国特色国家创新体系建设，并且把建设以企业为主体、市场为导向，产学研结合的技术创新体系，作为全面推进国家创新体系建设的突破口，从而把产学研合作提升到国家战略高度。翌年，胡锦涛同志在党的十七大报告中强调：为了把我国建设成创新型国家，要“加快建立以企业为主体、市场为导向、产学研相结合的技术创新体系，引导和支持创新要素向企业集聚”，这进一步指明了产学研合作的方向，丰富了中国特色产学研合作体系的内涵。2009 年 3 月，国务院在《关于发挥科技支撑作用促进经济平稳较快发展的意见》中再次提出，要促进产学研用相结合，支持建立产学研用结合的产业技术创新战略联盟。温家宝同志强调，“要加大改革力度，以企业为主体，促进产学研用紧密结合”。同年 11 月，温家宝同志在视察南京工业大学时又做出了“产学研合作要面向国际化”的重要指示。这一系列的论断和决策，都深刻揭示了产学研合作在创新过程中的重要地位，为中国特色产学研合作体系的蓬勃发展带来了历史契机。

（三）产学研合作的意义

产学研合作在科技和经济发展过程中的重要意义与地位，已成为世界主要发达国家的广泛共识，美、英、日、德等国根据本国的实际情况形成了有各自特色的产学研发展模式，同时联合国教科文组织也把加强产学研合作作为一项重点工作来推动。我国真正意义上的产学研合作始于1992年国家经贸委、教委和中国科学院联合实施的产学研联合工程，并一直深受国家重视。到目前为止，我国政府制定和颁布的一系列涉及产学研合作创新的政策、法规，都促进了产学研合作的快速发展，有效提高了我国企业的自主创新能力。然而，产学研合作在我国实行得还不够有效，多年来一直都是政府、学术界和产业界共同关注的一个重点和疑难问题。目前，我国产学研合作已经不能适应新形势的发展需要，存在着合作模式单一、合作层次低、动力不足、利益机制不健全、政府职能发挥不充分等若干突出问题，对其改革和创新已是刻不容缓。随着理论研究和实践的深入，国内外产学研合作机制和模式也都出现了一些新的进展和趋势，在新形势下产学研合作的模式和机制创新已成为产学研合作发展的关键，而且探索建立新的、更高层次的产学研合作体系显得尤为重要。在这样的背景下，通过对国内外产学研合作模式的经验总结及最新产学研合作理论的引入，进而试图分析研究产学研合作的模式及其机制创新，这对推进产学研一体化进程，促进我国自主创新能力的不断提高具有十分重要的意义。具体来讲：

1. 将推动我国产学研合作理论研究及创新的深入

产学研合作的发展必须以先进的理论为支撑。长期以来，我国产学研合作的理论研究滞后，阻碍了产学研合作的深入。随着三重螺旋等理论的引入，触及了产学研合作的实质，能重塑产学研合作的内涵和特征，有助于正确认识和把握产学研合作过程中的要素关系，并使之与产学研合作的模式和机制创新联系起来，从而对产学研合作模式与机制创新的研究与实践产生重要指导意义。

2. 探索创新产学研合作的模式及其机制，为解决产学研合作中的诸多问题提供新的方法和途径

积极探索创新产学研合作的模式及其机制是解决产学研合作中诸多问题的关键，是国家科技创新工作的战略重点，并被新成立的中国产学研合作促进会列为核心工作之一。创新产学研合作模式与机制，有助于产学研各主体合理定位、优化创新资源配置和制度安排、充分发挥产学研的优势互补效能，切实提高科技成果的市场转化率以及促进科技经济价值的实现，并确立企业在创新活动中的主体地位和作用，从而真正有效提高企业的自主创新能力。

3. 创新产学研合作模式与机制，将为政府科学决策提供参考和依据

产学研合作必须要有政府的积极参与和有效引导。在一些研究和实践中已经提出了政产学研、官产学等概念，这无一不强调了政府在产学研合作中的地位和作用。借鉴国外发达国家政府在产学研合作中的立法、政策、科技计划等成功经

验，进行产学研合作模式与机制的创新，将为我国政府在产学研合作上的决策提供参考，为政府制定产学研合作政策提供科学依据，从而发挥政府对产学研合作发展的引导扶持作用。

（四）产学研合作组织模式的研究思路

产学研合作组织模式研究的最终目的是提出一种适应新形势下产学研合作需求的组织模式与机制，研究框架如图 5-5 所示。

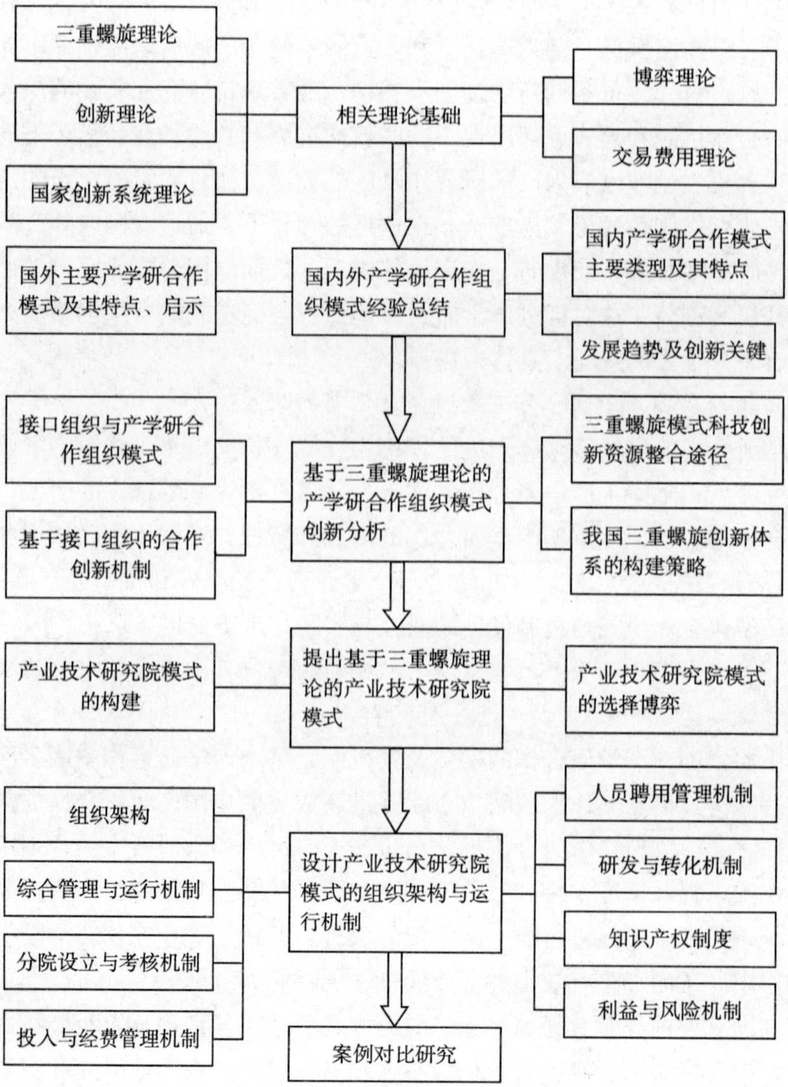

图 5-5 产学研合作组织模式的研究框架

二、国内外主要产学研合作组织模式

（一）美国产学研合作的主要模式

美国作为产学研合作的发祥地，在其产学研合作发展过程中出现过不同的模式，这些模式的出现，使得学术界与产业界建立了多种形式的联系和合作关系，从而推动了科研成果产业化的进程。其中，最具典型意义并产生广泛影响的主要有专利许可与技术转让模式、科技工业园区模式、企业孵化器模式、工业企业—大学合作研究中心以及工程研究中心模式。

1. 专利许可与技术转让模式

专利，是美国政府用来保障科技成果发明人权利的一种制度，也是鼓励企业科研投资的一种手段。大学和研究机构作为技术的拥有者，可以通过向企业发放专利许可和进行技术转让，从而实现产学研合作。因此，专利许可在产学研合作中具有特殊作用。

对产学研合作的有效开展颇具助益的是美国 1980 年公布的《专利商标法修订案》，该法案对政府资助的科研项目的专利权问题做了一系列新的规定：一是大学和小企业受到政府资助的科研项目所产生的一切发明创造，归合同承包企业或津贴接受人所有；二是大学、非营利机构和小企业，在进行政府资助研究项目的过程中所产生的发明创造，有选择和保留发明的权利；三是在处理专利权的问题上，对合同项目和津贴项目一视同仁。① 例如，一向重视专利、积极支持产学研合作的麻省理工学院（MIT）是美国注册专利最多的大学，并一直保持领先。据一项最新研究结论，近年来 MIT 的发明每年能为美国经济增加 200 多亿美元的产值和 15 万个就业机会。②

除专利许可外，技术转让是产学研合作知识流动的另一个重要渠道。美国联邦政府为了提高科研成果的转让比例，加快大学、国家实验室和私人研究机构的科研成果向企业界的转移，建立了全国性的技术转让网络，将联邦政府所属科研机构开发的有工业应用前景的技术成果录入这个网络，并通过这个服务网络将研究成果迅速地向企业界转让。这个网络由“国家技术转让中心”和六个区域技术转让中心组成，主要服务方式包括技术转让“入门服务”、“商业黄金”网络信息服务、专题培训服务和发行技术转让出版物服务等。另外，政府也进一步加强了政府机构向民间企业转让技术的力度，陆续出台了一系列重大举措来促进双方交

① ［美］戴尔·尼夫等. 知识对经济的影响力［M］. 邸乐辉译.北京：新华出版社，1999：93-111.

② 祖廷勋. 美国的产学研合作发展模式及经验借鉴［M］. 兰州：甘肃人民出版社，2007：33.

流与转让合作，主要转让方式有包括合作研究与开发协议、使用联邦实验室的设备、人员交流与协作、研究与开发联合体等。

从发展趋势来看，通过专利许可和技术转让的模式来进行产学研合作，已经成为美国促进科研成果产业化的主要手段之一。为此，大学纷纷成立各种类型的服务机构帮助教师、科研人员推销科研成果，提供各种专利服务。因而，美国专利许可和技术转让现象将越来越普遍。[①]

2. 科技工业园区模式

20世纪50年代，随着高新技术的兴起和发展，美国工商界和政府部门为了利用大学的研究力量，开始把从事高新技术研究与开发的实验室设在研究性大学周围。因此，在一些大学周围便形成了高新技术密集区，被称为“研究园区”或“工业园区”，统称“科技工业园区”。美国大学科技园区协会——AURP（Association for University Research Parks）将“科技工业园区”界定为：①具备私立或公立的研究开发设施、高技术或科学技术导向型企业、以支持性服务为目的而开辟的土地或建筑物；②拥有大学及其他高等教育、研究机构，或是在大学及其他高等教育、研究机构的正式协作下运营；③为了支持新型风险企业的成长和促进经济发展，必须具有促进产业界与大学间共同研究开发的作用；④具有支持大学与入驻企业间技术和经营诀窍转移的作用。[②]

美国科技工业园区的兴建方式，主要可以分为三种类型：第一，由大学组建，如斯坦福研究园的兴建及随之而起的“硅谷”；第二，由企业组建，以“波士顿128号公路高技术园区”为代表；第三，由州政府主持组建，如北卡罗来纳州政府牵头的“北卡三角研究园”。以下简单介绍斯坦福研究园及“硅谷”。[③]

位于加州旧金山南部的“硅谷”，地处圣克拉拉县境内，如今已成为世界最大的微电子工业中心。“硅谷”的崛起与斯坦福研究园的兴建是密不可分的。斯坦福大学于1951年创建的“斯坦福研究园”，是美国最早的科技工业园区。它的建立得益于特曼教授的倡议，他说服校方将校园中尚未开发的土地租给一些工业公司，以便在为大学增加经费收入的同时，具体实践他过去所提出的“技术专家社区”的设想，即将科研力量雄厚的大学和高新技术企业联合起来，发挥各自的优势，促使最新科技成果产业化。

斯坦福研究园由斯坦福大学负责管理，一般的管理和经营政策由大学托管委

①③ 朱斌.当代美国科技［M］.北京：社会科学文献出版社，2001：189-199，264-270.

② 马洪，王永生.技术进步及其组织——日本的经验与中国的实践［M］.北京：中国发展出版社，1999：101.

员会制定。园内企业与大学有着密切的联系，如共同举办研讨会，大学在若干研究领域可以使用研究园的设备等。研究园的建立不仅增加了斯坦福大学的经费收入，而且由于它的成功发展，促进了整个地区经济的繁荣，助推了美国西海岸高新技术的发展速度，并为全球最大的电子工业基地"硅谷"奇迹般的崛起奠定了良好的基础。值得一提的是，以斯坦福研究园为依托而发展起来的"硅谷"，作为第一个科技工业园区，为美国乃至整个世界科技工业园区的发展树立了典范。

3. 企业孵化器模式

孵化器原是指一种人工孵卵和培养雏禽的设施设备，能创造适宜的人工环境以提高雏禽的生产率和成活率。企业孵化器（Business Incubator）则是指一种为新产品和小企业诞生与成长提供帮助的产学研合作的组织模式。美国企业孵化器协会（National Business Incubation Association）对"企业孵化器"的定义是：在向新企业提供便宜而富有灵活性的场地的同时，通过提供各种支持性服务，为管理、技术、融资援助牵线搭桥，提供与其他专家和企业家的交流机会等，从而达到促进企业成长和发展的目的。根据美国企业孵化器协会统计，凡未经孵化器孵化的小企业，50%会在创办的头 5 年内倒闭，而经过孵化的小企业 80%都在激烈的竞争中生存下来并得到了很好的发展，成功率大大提高。①

美国企业孵化器可以大致分为四种类型：第一类由地方政府或非营利组织主办，主要目的是创造就业机会，推动地区经济的多样化发展，扩大税收来源，该类型约占孵化器总数的 51%；第二类由大学和研究机构主办，是大学和研究机构为增强在开发高新技术产品中的竞争力，迅速推广科研成果和活跃该地区的研发活动而创建，该类型约占孵化器总数的 18%；第三类由私营企业主办，目的是通过给加入孵化器的企业投资而获得利益，同时通过开发商业性与工业性房地产使其产生增值作用，该类型约占孵化器总数的 22%；第四类由公私合营，这类孵化器既能得到政府的支持，也能得到私营部门的专业知识，该类型约占孵化器总数的 9%。②

显然，"企业孵化器"模式的出现，是产学研合作发展过程中的又一个创举。它专门为小企业服务，培养扶植创新型小企业，并鼓励科研人员创办企业等，弥补了科技工业园区的功能缺陷。企业孵化器通过提供整套服务设施设备和管理咨询服务，使小企业失败率降到最低限度，并通过经营小企业的实践锻炼和企业孵化器的辅导，造就一批科技型企业家。总之，企业孵化器是加强产学研合作、扶

① 邸祖林. 新经济开发区与科技企业孵化器［M］. 北京：科学出版社，1991：114.
② 刘力. 产学研合作的历史比较与现状研究［D］. 浙江大学博士学位论文，2001：20.

植中小企业成长的一种有效模式。

4. 工业企业—大学合作研究中心及工程研究中心模式

大学是美国从事科学研究的主要基地，而工业企业—大学合作研究中心及政府在大学内设立的工程研究中心在产学研合作方面起到了很大作用。美国国家科学基金会（NSF）为加强大学和工业公司的合作，从1972年开始出台一系列决策方案：①鼓励工业公司进行实验性的R&D活动；②促进大学在工业公司建立一个分支机构；③倡导工业企业—大学合作研究中心。1990年，工业企业—大学合作研究中心（IUCRC）正式成立，NSF、企业界及大学都为其提供了直接或间接的财政支持，创造条件让企业和大学之间达成一种协议，共同推进合作研究中心的工作。IUCRC的组织形式并不是单一的，它有三种主要形式：一是单一的有限的伙伴关系，即一个大学与几个企业联合形成的中心，这种形式占55%~60%；二是多个学校与多个企业进行合作的形式，占20%~30%；三是分布式的计划书式的形式，即IUCRC广泛与企业和大学以签订合同的方式进行合作，约占10%。当前第二种形式的比例正在不断扩大，其旨在增强大学与工业企业的交互作用，强化它们之间的密切联系。[①]

在高等学校建立工程研究中心，也是由美国开创的一种产学研合作模式，始于1984年美国国家科学基金会提出的建立25个“工程研究中心”（ERC）的计划。ERC的主要任务是针对工业生产的需要开展跨学科研究，同时大力培养工业生产所需的工程技术人员。它以工业界面临的主要任务为动力，所研究的课题都是大学与工业双方共同感兴趣的。ERC的组织模式一般是以一所新大学的一个或几个有优势的系、专业为核心，吸收若干实力雄厚的企业参与。ERC的经费一开始主要由国家资助，随着运作的正常化，国家资助逐年减少，企业资助则逐年增加，最终通过合作研究及成果受益共享形成良性循环解决资金问题。ERC的管理模式灵活多样，其构成及与工业界的关系也因学校而异。[②] 工程研究中心创办以来的成功经验，有力地推进了政府、企业与大学的合作。

5. 美国产学研合作模式的主要特点与启示

美国的产学研合作中，大学处在十分重要而关键的地位。一方面，大学与政府密切合作，依托政府的引导和支持来参与科学研究与开发，并服务社会；另一方面，大学与企业积极合作，合作形式多样，校企共同提出研究课题，企业直接应用成果并使之产业化。各方都给予大学强有力的资金支持，如联邦政府、州政

① 张志英等. 国外产学研透视模式［J］. 管理科学文摘，2008（Z1）：319.

② 匡兴华等. 生产工程研究中心（ERC）的研究报告［J］. 中外高教研究，1992，7（1）.

府设有专门资助产学研联合项目的基金、企业捐赠与投入、地方政府和社区经费支持等，这是美国产学研合作非常突出的特点。

当前，美国的产学研合作已出现新的动向。以科技中心计划（STC）为代表的新一轮政府引导计划中政府的作用进一步增强，作用范围进一步扩大，研究、教育和知识转移活动的集成成为新的关注重点，已初步实现了"集成创新"的目标。同时，在经济全球一体化的背景下，政府、大学、企业以及社会民间组织也正积极参与全球范围内的产学研合作，产学研全球化特点日益突出。

（二）英国产学研合作的主要模式

1. 沃里克（Warwick）模式

沃里克大学是一所典型的欧洲创业型大学。沃里克模式是知识经济时代背景下所孕育、诞生和发展出的一种新模式、新格局。沃里克大学利用自己的知识创新成果，吸引资金创办高技术公司，加速原创性科技成果的转化，孵化、催生、兴办新的产业，它承担了经济发展和提升国家竞争力的重任。该大学及其内部系科、科研中心、学部和学院都表现出了"创业"的特征：①具有强有力的驾驭能力，可以按自己的主张改革；②拓宽了发展的外围，与校外的组织和群体联结起来，从事知识转化、工业联系、知识产权开发、继续教育、资金筹措等事务，同时在校外兴办研究中心；③有多元化的资金来源渠道；④树立了与新的管理观点相互融合的价值观和信念体系；⑤形成一个一体化的创业型大学文化。①

沃里克大学积极发展学术，注重加强与工业界和当地社区的联系，致力于建立有企业精神的研究型大学，把追求学术卓越与"创收"活动有机结合起来，先后建立起为企业和社区进行有偿服务的商学院（1967）、艺术中心（1974）、沃里克制造业集团（1980）以及合资的沃里克大学科学园有限公司（1994）等实体机构，密切了与商业界的合作关系，不断拓展了自己的服务范围，使得办学经费来源多元化。另外，通过各种加强与工业联系合作的努力，沃里克大学的办学水平一跃进入英国前十位，成为"英国最受欢迎的大学"之一、世界知名的创业型大学，同时，其将企业家思想融入办学思想的"沃里克模式"，也引起世界广泛的关注和学习。②

2. 教学公司（Teaching Company）模式

为了重点加强高等教育与产业界的联系，增强高等教育界面向生产实际开展科学研究和教学的积极性，促进产业界的技术创新和管理水平的提高，自 1975

① 陈远超. 英国 Warwick 大学的成功之道［J］. 高等教育研究，2000（6）：105-110.
② 洪成文. 企业家精神与沃里克大学的兴起［J］. 比较教育研究，2001（2）：54-56.

年起，英国政府相关部门联合组建了全国性的教学公司，管理分布在全国各地的几百个教学公司项目。教学公司的主要任务是出面组织由高校和企业共同参加的科技协作项目，使得高校和企业界之间建立起比较稳固的合作渠道。每个教学公司项目通常由高校、企业和项目经理三方组成。项目经理由负责该项目的高校选聘，在项目工作期间，他们的人事关系既不隶属高校也不隶属企业，工资由教学公司支付。教学公司项目的立项必须由高校和企业联合申请，必须来源于生产实际中的切实需要。一般教学公司基金的资助额度为项目所需经费的50%~70%。

教学公司通过项目成功地使高校和企业结合在一起，并通过项目协调员和工作例会制度有力地保证了合作项目的顺利进行。与此同时，教学公司还积极鼓励高校和企业联合培养研究生。高教界和企业界在教学公司模式下通力合作，使英国高等教育为国民经济做出了巨大贡献，高校产值超过 100 亿英镑，如包括计算对相关经济活动的影响在内，最终产值已达 400 亿英镑。教学公司模式给英国企业增添了新的活力，并为产学研合作模式的探索做出了有益的尝试。

3. 中介转让组织模式

在技术转移过程中，在大学—产业—政府的边界缝隙中催生出了一些科研成果中介转让组织，它们为高校和产业界间的技术转移提供各种各样的咨询服务，促进了科技成果有效地推向市场，提高了转化的成功率。比如为向企业公司介绍大学研发情况并推销其科研成果，许多大学和多科性技术学院成立了“联络办事处”，还有些高校成立“咨询公司”将教师的发明创造转让给感兴趣的企业。随着互联网的普及，1987 年英国建立了“全国科技专用数据库”，容纳了各部门、单位共 13000 多名科技人员的简历、成果、正在研究的课题以及其潜在的应用范围等大量信息，以期协调产学研合作关系。各种中介转让组织推动了英国的技术转移进程及产学研合作发展，成为一种较为简便易行的合作模式。

4. 英国产学研合作模式的主要特点与启示

英国产学研合作模式的共同特点是使成果在产生的源头上就有明确的市场需求，从而确保研发出来的科技成果能够顺利地得到应用，最终使参与计划的合作各方共同受益。在英国产学研合作模式中，政府的作用是关键的，主要表现为制定专门的产学研合作计划，通过政府的研发基金来调节科研机构和企业的研发行为。同时，强调对产学研合作绩效的评价，并强调在一个项目中同时完成开发和转移两个步骤，以此提高合作成功率和科技成果转化率。此外，政府还在税收方面做出了有利于创新企业发展的各种规定。

（三）德国产学研合作的主要模式

1. 弗朗霍夫（Fraunhofer）联合体模式

德国在世界科技发展及经济增长过程中所取得的领先地位，与其产学研合作的有效推行不无关系，而弗朗霍夫联合体在其中发挥了独特的、富有生命力的作用。弗朗霍夫联合体于 1949 年在德国慕尼黑成立，目的是加强产学研合作，加速推进应用研究，重振德国经济。联合体在政府支持下建立，但并不隶属于联邦政府的任何部门。在法律上是以协会身份注册的非营利性质的独立社团法人，通过与政府签订合约来确定双方之间的权利和义务。[①] 目前，它已经从一个国家经营、官方资助的研究机构变成了一个以企业和市场为导向的科研企业。

弗朗霍夫联合体下属 59 个研究机构，约有 10000 名员工工作在 8 个研究领域。所属研究所都设立于全国各地的大学之中，实行所长负责制，院长通常从所在大学的知名教授中选聘，科研人员则主要由教授和学生组成。弗朗霍夫既与大学有着密切的联系，又依靠合同服务于政府和工业界的用户，因而发挥着桥梁的作用。它努力在政府、企业、高校和研究机构间建立基于共同利益而又凭借合约进行联系的牢固纽带，并通过长期规划创造发展的机会。弗朗霍夫与德国公司保持着密切的合作伙伴关系，协会通过合同式科研，直接为德国各生产领域众多的中小型企业承担技术改造项目和技术创新任务，解决它们在生产、开发、设计、工艺改造、质量控制等方面碰到的自己难以解决的问题。其最大的优点是花费低、见效快。一些中小公司也把协会当作其进行 R&D 所需要的应用研究实验室。而学生从入学起即在研究所参与实际研究，经过几年的学习与研究既获得了学位又培养了研究能力，能成为企业急需的高素质人才。[②]

弗朗霍夫模式成功的背后是其独特的运行机制。例如，研究所实行固定岗和流动岗相结合的人事管理，只有在研究所连续工作 10 年以上的骨干科研人员才能获得固定岗职位，其余人员按照 3~5 年的合同聘用。弗朗霍夫的经费来源分为“非竞争性资金”和“竞争性资金”两大类型，“非竞争性资金”主要包括政府专项资助，“竞争性资金”主要包括外部研发合同收入和补贴。弗朗霍夫将政府下拨的事业基金与联合体上年的收入水平挂钩，以此作为对各个研究所分配经费的依据，此即著名的“弗朗霍夫财务模式”。[③] 该模式既保证了科研机构基本公益目

---

① 樊立宏，周晓旭. 德国非营利科研机构模式及其对中国的启示［J］. 中国科技论坛，2008（11）：134-139.

② 安维复. 弗朗霍夫模式：一种可以借鉴的知识创新机制［J］. 自然辩证法研究，2000，12（16）：39-45.

③ 刘强.德国弗朗霍夫协会企业化运作模式［J］. 德国研究，2002，1（17）：62-65.

标和基本运行秩序的实现，又有效地提高了“非竞争性资金”的使用效率，也提高了各研究所开拓客户资源和自主发展的能力。

弗朗霍夫联合体模式是深刻地植根于德国特有的社会市场经济和历史文化的背景中的，具有很强的独特性，正如弗朗霍夫主席瓦耐克在其中国代表处的网站上所说的“我们明白，德国的例子仅仅是个例子，不能被其他不同制度、不同历史、文化的地区简单照搬。每一个地区必须找到自己的方法”。但其追求的非营利性社会效益最大化与管理运作效率最大化的最佳结合又是具有普遍性的，非常值得借鉴。

2. 斯坦贝艾斯（Steinbeis）经济促进基金会模式

总部设在斯图加特的斯坦贝艾斯经济促进基金会成立于1971年，是学术界、企业界和政府之间精诚合作的联系机构。其宗旨在于尽可能发挥高新技术的潜力，架起产学研合作的桥梁，为企业的技术创新提供服务，使企业（特别是中小企业）从斯坦贝艾斯广泛的技术转让网络中受益。斯坦贝艾斯技术转让网络以高等专业学院等分类高校的科研力量为依托，涵盖了260多个按专业设立的转让中心，拥有4000名科学家、工程师、经济学家和企业管理专家等。中心分散在客户附近，根据客户的委托从事技术和产品的研发工作。仅在1995年，在斯坦贝艾斯基金会的框架内就完成了23937个项目。

扶持中小企业在高技术领域内进行革新，是斯坦贝艾斯的又一重要内容。有个典型的例子，计算机集成制造（CIM）技术是一项具开创性的先进制造工艺技术，但因为费用高昂、专业人员缺乏而始终未被中小企业大范围采用。斯坦贝艾斯应用型计算机集成制造工艺中心通过众多项目，成功地帮助许多中小企业以不高的费用掌握并运用这一技术。巴以克斯系统公司是一家成立不久的小企业，主要生产自行车零部件。该公司接受了研制新型自行车前灯的委托，在中心的帮助下，通过运用计算机集成制造技术，在短短几周内顺利完成了样品快速成型工艺的关键步骤，并在极短的时间内拿出了新产品。与常规工艺相比，实际研发费用明显减少。①

3. 德国产学研合作模式的主要特点与启示

相对于美、英等国，德国的产学研合作虽然起步较晚，但以其独特灵活的模式取得了跨越式的发展。首先，德国形成了比较完善的促进产学研合作的利益相关者机制，能够将其需求反映在具体的合作模式和政策中。其次，德国注重产学

① 朱绍中. 培养应用型人才的摇篮——德国高等专业学院综述和借鉴［J］. 外国教育资料，2000（3）：55-60.

研合作教育，理论与实践紧密结合是其高专教育的指导方针，借助理论科学方法解决实际问题、实施新项目、采纳和优化技术性生产中的新工艺是其培养目标。最后，德国的主体研发计划、促进创新网络计划等引导和支持研究联合体模式，并以促进中小企业发展为主要任务，使得研究联合体模式在德国科研体系中具备重要的地位和影响，如弗朗霍夫联合体和马克思·普纳克联合体等。此外，德国也向美国硅谷学习，建立了一批科技工业园区，同时，还创办了具有德国特色的集科技园区与企业孵化器模式于一体的科技中心或创业中心，为引导大学与企业合作、扶持创新型企业、培养科技人员和吸引国际投资做出了重要贡献。

（四）日本产学研合作的主要模式

1. 委托研究模式与委托研究员模式

委托研究模式是指高校接受来自政府部门或企业委托的课题项目，同时按委托者的要求，双方就研究的范围、期限、经费、专利和版权所有、保密责任等签订合同，通过合同的形式实施委托研究，面向产业需要提供研究成果，以此协助并推动民间企业等部门的研创开发，同时根据研究成果由委托者支付报酬。委托研究所取得的专利是属于国家专利的，但委托者在一定期限内可优先使用。1995年，日本文部省等相关政府部门推出“促进特殊法人等部门有效利用政府资金开展基础研究的制度”，鼓励大学接受委托研究，为学术研究创造了更加良好的环境。近几年来，日本高校接受的企业委托研究课题和委托费都有所增加。

委托研究员模式则是指企业聘请高校的研究人员对企业的技术和研究人员进行研究指导，以帮助企业提高其研究和开发能力以及企业技术人员的研究素质和研究能力。这种模式相当于一种在职的研究生教育，提高了产业界的研究水平。①

2. 共同研究模式与共同研究中心模式

共同研究模式创立于1983年，其主要方式是国立大学接受企业的研究经费，并把企业的研究人员请到高校的研究所、理工科教研室和专门设置的研究开发中心等地，与高校的研究人员一起平等地进行同一课题的共同研究，以获得高水平的研究成果。共同研究所产生的发明专利权等研究成果归研究各方工友，而产方在一定期限内可以优先实施。该制度的建立将国立大学的研究能力和企业的技术能力结合起来，创造出很多优秀的研究成果，同时在一定程度上为产业部门进入大学从事研究提供了条件，也激发了产业部门参与实施专利的积极性。这种模式实施以来，各方的关心参与程度与日俱增，合作项目逐年增加，日本政府正不断完善相关规章制度，以鼓励更多的国立大学和企业参与共同研究。

① 张利华. 对日本产学研合作的科研体制考察［J］. 科技政策与发展战略，2000（6）：13-16.

共同研究中心模式是为促进高校（科研院所）与企业开展共同研究而设立的。日本文部省自 1987 年起对一些重要的大学研究机构、国立大学附设研究所等，配备大型的研究设备和大量的研究资料，整建成更适宜进行大型化、综合化研究的面向国内及国际开放的共同研究中心。共同研究中心作为国立大学与产业界联系合作的窗口，既是共同研究的场所，又是企业技术人员接受高级技术培训的课堂。迄今日本全国 43 个都道府县，已有 52 所国立大学设立了“共同研究中心”。此外，还有 27 所国立大学设立了“研究协力课”，以更好地协调处理有关产学研合作的行政事务。①

3. 尖端科学技术孵化中心模式

1998 年 8 月，东京大学“尖端科学技术孵化中心”（CASTI）成立，这是日本第一家专门从事大学技术转让业务的有限股份公司，也开创了一种新的产学研合作模式。CASTI 由东京大学教师担任股东，由经验丰富的企业经理人负责经营，确保了大学机构的公益性，又便于同产业界进行合作。经营方式采取会员制，吸收那些对东京大学科研成果抱有兴趣的企业参加，年会费 500 万日元，最多吸纳 20 家公司。工作内容主要涉及搜集发明、申请专利和转让协议。同时，CASTI 将上述经营所得按一定比例返还给发明者，大部分收入则捐赠给校方、系、研究室等，以支持大学开展科研。CASTI 开了日本在技术领域产学研合作的先河，为日本的技术发展做出了贡献。目前，以 CASTI 为代表的从事大学技术转让的组织机构已经在很多大学中出现，这些机构的成功运作，促进了日本产学研合作的发展和大学服务能力的提高。

4. 日本产学研合作模式的主要特点和启示

日本的产学研合作属于典型的政府主导型模式。日本政府对产学研政策的推行非常认真和全面，在日本产学研合作中起到了至关重要的作用。日本政府积极引导，把产学研合作上升到基本国策的高度，并通过立法和经济援助等方式引导企业与大学开展合作。日本政府为了消除产学研合作过程中出现的种种障碍，不断酝酿和推出一系列改革措施。同时，日本科技振兴机构在推进产学研合作方面也发挥了非常重要的作用，它通过委托开发、创新技术开发研究、专利化支援等方式，推进日本的产学研合作发展。此外，日本在产学研合作中还十分注重利用高校和企业的双重环境联合培养高级科研技术人才。

近些年来，日本在产学研合作方面大力开展了国际合作，不仅吸引了国家实体来参与课题，如欧美共同参加了日本的“四维”计算机（第六代计算机）的开

① 驻日使馆教育处.日本大学的产学研合作[J].教育参考资料，2000（3）：20-23.

发计划，并且还与西方重要大学和科研机构开展合作，实现了全球科研力量的整合，从而使日本产学研的国际化趋势进一步明显。

（五）国内主要产学研合作组织模式

我国的产学研合作在新中国成立后经历了几个时期的发展，产学研合作的模式也在不断地发展和创新。笔者根据前人研究及实践经验，主要将产学研合作模式分为技术转让、委托研发、联合研究、学科性公司、共建科研基地、产学研战略联盟、组建研发实体等七种模式。以下重点总结这七种产学研合作模式，分析其机制、优势和局限性等。

1. 技术转让模式

技术转让模式是指产学研合作各方以买卖交易的方式对专利、技术秘密、许可权等无形资产进行所有权或使用权转让的一种经济法律行为。实际中，最为常见的技术转让形式是高校或科研院所出让技术，企业受让技术。技术转让是目前我国产学研结合最主要的一种形式，也是企业、高校最容易接受、实施的模式之一。技术转让属于典型的市场经济行为，注重短期效益，忽视持续创新，主要适用于较为简单较易应用的科技成果的转让。政府的作用仅仅是给交易双方搭建信息平台，且所能了解和传递的信息十分有限。转让合同则是技术转让成败的关键。

技术转让模式的优势在于：①转让的技术成果一般是现有的、权利化的和特定的，往往比较完整成熟，因此，既能快速实现出让方的成果转化目标，也利于受让方快速吸收消化成果并开发市场产品以获得经济收益。②技术转让一般以契约为依托，权责分明，较少存在争议等，即使产生纠纷，也有专门的技术合同法规可以参照。

技术转让模式的局限性在于：①一般为一次性转让行为，不利于持续的技术创新。②转让的技术多为相对成熟的技术，属于典型的高校主导型技术创新，并不能完全满足企业深层次的技术发展需求，更难满足优秀企业对前瞻性产业关键技术的战略性需要。③产学研合作关系短暂，往往随着转让交易的完成而告终结，并且容易存在信息不对称及诚信问题。

案例一：南京工业大学向如皋市恒祥化工有限公司转让甲醇蒸汽重整制氢工程技术

南京工业大学与如皋市恒祥化工有限公司双方就甲醇蒸汽重整制氢工程项

目的技术进行转让。南京工业大学为如皋市恒祥化工有限公司提供甲醇蒸汽重整制氢工程装置的技术及工程设计服务，服务内容包括：提供全套工程设计施工图文件，现场指导安装，现场开车、调试，人员培训及相关技术服务。设计建成的甲醇制氢装置所达到的技术指标：氢气产量350NM^3/hr，纯度≥99.99%（其中一氧化碳小于1ppm），氢回收率不小于88%，每立方氢气的甲醇消耗0.5kg~0.6kg，氢气输出压力1.0MPa~1.5MPa。在正常使用条件下，催化剂的使用寿命为3年，吸附剂的使用寿命不小于8年。如皋市恒祥化工有限公司按照南京工业大学提出的工艺及材料要求准确地把握了设备及原材料的质量，产品的主要技术指标超过同类进口产品水平，技术转让合作获得成功。

2. 委托研发模式

委托研发模式是指委托方将其研发任务委托给受托方代为研发。通常是由研发实力不足的企业提出需求、提供资金，委托高校、科研院所负责对新技术、新工艺、新产品等进行研发。委托研发模式也是典型的市场经济行为，适用于企业研发资金充裕、技术需求相对明确，高校和科研院所研究基础较好、研究实力较强的产学研合作。政府的作用也主要集中于搭建信息平台。另外，委托研发模式也容易存在信息不对称，应建立诚信机制及明确细致的合同保障。

委托研发模式的优势在于：①委托方虽然提供资金、承担风险，但同时有可能利用受托方获得其所需要的技术成果，而受托方也获得研究项目和科研经费，有利于教学和研究活动的顺利开展；②委托研发以契约的形式约束合作各方，权责利清晰明确，利益纠纷会比较少。

委托研发模式的局限性在于：①研发会受制于课题任务和资金，使研究目标单一，不能深入和拓展；②合作周期短，合作关系一般会随着合作期满而终止，技术创新很难长期持续；③研发的成功与否十分依赖合作伙伴的实力，委托方的资金实力和受托方的科研实力决定着合作是否会成功；④无法较好地整合该研究领域的多方科研资源。

案例二：中建工业设备安装有限公司与南京工业大学土木工程及机械学院的合作

中建工业设备安装有限公司具有化工石油工程施工总承包、机电安装工程施工总承包国家一级施工资质，医药化工设计一级资质。安装公司每年设立

100万元左右的科研基金用于与南京工业大学之间的合作科研和技术攻关，科研资助课题及科研方向由安装公司技术专家和南京工业大学技术专家组成的专家委员会制定，旨在解决安装公司实际工程技术或管理问题，或为公司技术发展做储备；安装公司同时每年出资6万元在南京工业大学设立“中建安装杯”奖学金；此外，安装公司还提供每年3万元的项目组织管理、咨询、调研、评审及相关业务活动的经费。通过与南京工业大学的技术合作，中建工业设备安装有限公司提高了企业技术含量，增强了企业的市场竞争能力，开发出既能站在科技前沿又能满足市场需求的新技术、新工艺、新设备以及新材料，获得了显著的经济效益。

3. 联合研究模式

联合研究（公共）模式是指产学研各方以科研课题为载体，以课题组为依托，集中相关人力、财力、物力共同努力对某一课题或产品进行研究开发的行为。过去的联合研究主要是政府组织引导进行的国家重大科技研究计划和项目，体现国家意志，政府的作用是关键。现在也有很多企业、高校等自发形成基于市场需求的联合研究活动，这种情形下合作各方的诚信是基础，契约合同是关键。

联合研究模式的优势在于：①可以联合产学研各方的资源，集中力量对一个科技项目进行公共研究，提高成功率；②研究团队在合作过程中使产学研各方人员得到了交流学习的机会，不同的知识、经验、观念的集聚融合为研发人员的锻炼和成长创造了良好的平台，更能推动我国企业尤其是中小型企业自身研发能力的提高；③有利于建立企业与大学、科研机构的合作网络关系，使企业能更主动有效地利用大学的研究资源，也使大学、科研机构的研究更具经济价值。

联合研究模式的局限性在于：①合作研究目标明确、单一，很难形成持续的创新动力；②联合课题组一般也是随着科研课题的完成而解散，难以形成相对稳定的研究团队，不利于知识的积累，更不利于产学研合作的深入。

案例三：南京工业大学—无锡宏盛换热器研发中心、南京圣诺热管有限公司—南京工业大学联合研发中心

无锡宏盛换热器、南京圣诺热管有限公司把研发机构搬进大学，除了可以便利地使用学校的实验室和高尖端研发设备之外，更深的意义在于企业把创新

之根深深地扎进了大学的沃土。以前南京工业大学的老师是在学校查文献做学术，现在都走进大楼与老总谈研发。目前，校企已共建50余家研发中心，孵化及成型的科技型企业近140家，2009年销售收入高达11亿元。从2008年6月起，校企联合培养的研究生已有100多人。

4. 学科性公司模式

学科性公司模式是指科研院所或者高校通过自办企业的方式，实现科技成果的转化和产业化生产。学科性公司具有得天独厚的技术优势和人才优势，经营管理人员和技术人员较多地来自高校或科研院所内部，具有技术和管理的综合背景，经营管理上比较趋于技术导向型。学科性公司的股权相对集中，母体门户较明确，使其优势与局限交织，形成鲜明的特色。学科性公司自20世纪90年代以来如雨后春笋般蓬勃发展，至今已出现如清华同方、北大方正、交大昂立等一批知名上市公司。但是，如何将学科性公司打造成真正的市场主体是关键所在，也是难点所在。目前，我国政府对学科性公司模式已经从早期的鼓励支持逐步转变为整顿监管，因此，这一模式的发展已受到很大制约。

学科性公司模式的优势在于：①为高校和科研院所的科技成果转化提供了一种快速直接的途径；②使高校、科研院所实现创收，以自筹科研经费；③能增强高校和科研院所的市场经济观念，提高科研人员的创业意识和动力，密切科研与现实经济的联系。

学科性公司模式的局限性在于：①产权结构、经营管理、发展规划等观念有待突破或改进；②在企业制度上，股权结构单一，易出现高校主管机构职能不清，法人治理机构不完善，产权关系不顺，母体退出机制不健全等体制性问题；③高校、科研院所的技术、人才优势难以真正转化为企业现实的产品优势和经营优势，普遍缺乏具有产业实践经验的职业经理人才；④市场的运作能力不强，企业受母体行政干预过多，影响了市场竞争力。

案例四：南京工业大学组建南京九思高科技有限公司

南京九思高科技有限公司是2002年由南京工业大学和膜科学技术研究所的科研骨干共同出资组建的高科技公司，主要从事无机陶瓷滤膜研制、膜应用及膜集成技术开发、膜催化反应以及无机多孔材料开发等工程。公司产品是国家“973”、“863”、“十五”公共、国家自然科学基金、杰出青年基金、重点基金等重要课题的成果转化。南京九思高科技有限公司由我国膜领域“973”项目首席科学家领导，十几名教授、80 多名博士、硕士研究生参与科研开发，是南京工业大学膜科学技术研究所数十名硕士、博士研究生的培养基地。

南京九思高科技有限公司注册资金 3344.3 万元，拥有现代化的生产用房，主要进行陶瓷滤膜和成套膜工程应用装置的生产，建有 5000 平方米陶瓷超滤膜生产线，渗透汽化分子筛膜中试线；拥有 3000 平方米的实验和办公用房，建有 1 条膜法纳米催化剂中试生产线和膜法植物提取中试线；公司建有完善的膜表征和应用评价系统，拥有 XRD、BET、孔径分布测定仪、ICP、TOC 仪、IR、HLPC 等系列检测和分析手段。

南京九思高科技有限公司在膜制备、表征、污染与清洗及膜组件和应用设备研制等各个方面取得了多项重要成果，已有 3 项成果通过了江苏省科技厅组织的专家鉴定，技术达到国际先进水平。其中两项于 2002 年和 2005 年分别获得“国家科技进步二等奖”和“国家技术发明二等奖”。南京九思高科技有限公司拥有 20 多项膜应用技术的专利使用权，在生物发酵、医药、纳米粉体生产、石油化工、化工等领域拥有成套应用技术和领先优势。南京九思高科技有限公司于 2007 年 10 月被南京市经济委员会评为“百强成长型科技工业企业”。

5. 共建科研基地模式

共建科研基地模式是指企业与高校、科研机构分别投入一定比例的资金、人力或仪器设备建立联合研发中心、联合实验室或工程技术中心等科研基地。共建科研基地的运作可以是共建各方共同选择研发课题，由企业提供经费（和技术人员），高校、科研院所负责组织研发；也可以是共建中试基地，高校等负责实验室研究和小试，企业在高校指导配合下进行中试。在国外，与知名高校、科研院所共建科研基地是大型企业集团的通行做法，在我国也正逐步成为一种长期、持续的产学研合作新模式。共建科研基地模式比较适用于大型企业集团与高校、科研院所的合作，而资金实力不足的中小企业则较难参与实施。因此，政府的协调与引导作用非常重要，除了财税政策优惠外，直接的资金投入也很有必要。

共建科研基地的优势在于：①可以同时发挥高校、科研院所基础理论扎实、实验设备先进、研发能力强和企业产品开发能力强、生产装备技术先进的两方面优势；②科研基地作为一个长效合作平台，能促进产学研合作技术创新的持续进行，也能拉近高校和科研院所科研与市场需求的距离，有利于缩短成果转化、产业化的周期；③共建科研基地能为企业积累技术和培养技术人才，促进企业研发能力的持续提高，同时也为高校学生提供了稳定的科研实践场所。

共建科研基地的局限性在于：①对共建各方要求较高。合作各方必须有强烈的合作意向，有共同的研究方向，而且要在合作组织与合作制度等各方面达成合意；②需要合作企业有较强的资金实力以维持基地工作的开展，这使共建科研基地模式不具有一般可推广性。

案例五：南工大—中石化研发中心、南工大—中丹研发中心

2005年9月27日，中国石油化工集团公司与南京工业大学在宁签署合作协议，双方在南京工业大学组建中石化南京工业生物技术联合研究开发中心，校企合作开发为我国国民经济提供所急需的生物燃料和生物材料。

6. 产学研战略联盟模式

产学研战略联盟模式是指产学研合作各方订立长期、稳定、互惠、共生的合作协议，以产业技术进步为目标，联合致力于技术创新、产业化开发活动的一种组织形式。它是产学研合作的一种高级形态，也是今后产学研合作深化发展的一种趋势。产学研战略联盟包括纯企业联盟，但更多的是指由企业、高校、科研机构和中介组织等共同缔结的联盟。产学研战略联盟体现的是合作行为的战略性、合作关系的长期性、整体利益的互利性。产学研战略联盟本身一般不具有独立的法人地位，但是通过有关法律、协议规范其行为，明晰各方权责利关系，确立投入、决策、风险承担、利益分配、知识产权归属等机制，保障联盟正常运作。产学研战略联盟能在一定程度上协助政府解决产业发展规划、产业结构调整等难题，国家应通过科技计划、重大科技产业化项目、重大科技专项等对产学研战略联盟给予重点支持。

产学研战略联盟模式的优势在于：①集聚优势资源，集聚产业科技创新创业人才，使得产业共性关键技术的研发创新成为可能，促进形成共性技术的快速发展，降低了单个企业进行技术开发的高成本、高风险，这有助于提高区域产业整体竞争力；②企业、高校、科研院校甚至政府之间还可以进行资源共享和优化创新要素组合，从而更加充分地利用各种资源以达到资源的最佳配置；③产业技术战略联盟针对国家战略性产业的关键共性技术进行协同创新，而关键共性技术对整个国民经济具有重大影响，涉及面广，经济效益和社会效益都十分明显。

产学研战略联盟模式的局限性在于：①产学研战略联盟涉及多方利益，形成过程复杂，维系成本较高；②产学研战略联盟中的企业往往是行业内技术、资金实力较强的企业，一般企业难以进入，因此可能形成技术垄断，制约联盟外企业的技术发展；③产学研战略联盟所针对的产业关键共性技术创新具有周期长、资金需求高、风险高等特点，对政府的支持和投入有较高的依赖性，而政府的支持和投入却又对联盟外的企业、高校、科研院所等造成了一定的不公平。

案例六：南京工业大学—江苏省盐业集团公司产学研战略联盟

为加快推动产品升级、技术革新，更好地适应转型创新发展要求，江苏省盐业集团公司与南京工业大学建立了产学研战略联盟。以建立博士后工作站为目标，着力搭建集聚高层次人才团队和促进科研成果转化的载体，经过前期的广泛调研和扎实工作，经国家人事部批准，江苏省人事厅于2010年2月4日签发设站批准文件。在此基础上，江苏省盐业集团公司经过多轮甄别和商洽，与以工科为主的省重点建设高校——南京工业大学达成合作意愿，双方商定充分利用博士后科研工作站和工程技术研究中心的平台，联手攻克技术难题，共同孵化科研成果，走出一条新形势下的产学研合作之路。

7. 组建研发实体模式

组建研发实体模式是指产学研各方通过出资或技术入股的形式组建具有独立法人地位的实体机构，进行研究开发或技术经营，是产学研合作的另一种高级模式。最初的研发实体模式是高校或科研院所将科技成果折算成股份向企业投资入股、合作开发与生产，其特点是采取股份制合作形式，分享利益、共担风险。随后又出现了高校、科研院所和企业以出资、技术、房屋、土地、设备等方式共同建立新联合体，共同研发、中试、生产，组成研、产、销一条龙的高科技研发实体企业，其特点是结合高校、科研院所的研发优势和企业生产经营能力的优势，采取有限责任公司的运转模式而组建起的紧密型产学研联合体，最终成立一种新型的科技企业。组建研发实体模式不仅要求合作各方要有强烈的合作意向和诚意，而且对研发实体的股权、组织、经营、管理、财务等各方面要形成共识，建立完善的企业制度。

组建研发实体的优势在于：①企业降低了技术开发成本的同时拥有了自己的核心技术或专利，而高校、科研院所则既有了新的科研基地又有了长期经济收益，弥补了经费不足的问题；②产学研各方资金和技术的有效整合、企业化的运作模式、丰富的行业经验和资源等，使产业关键共性技术的创新和产业化成为可能，有力地推动了科研及成果的产业化进程；③通过股权分配的方式解决了产学研合作最为关键的知识产权归属及其衍生的利益分配、风险分担等问题。

组建研发实体的局限性在于：①要求合作各方必须形成自负盈亏的公司组织形式，因此其成本支出与必要费用往往比共建科研基地模式等要高；②企业是追求利润最大化的组织，经济利益一般被放在第一位，当出现研究人员的技术发展观念与经营管理者的经营观念发生冲突时，则科研需求和技术发展观念通常都要屈服于经济利益，不利于科研发展，即“研发失效”；③企业的风险意识强，当在产业关键、共性技术重大创新项目决策时偏于保守，投入有限，则不利于产业核心竞争力的提升，即常说的“市场失效”；④虽然产学研合作的研发实体具备产业关键共性技术创新的条件，但往往会受制于巨大的资金、风险压力，因此，政府的政策和资金投入有时对创新的实现具有决定性作用。

案例七：南通市如东化肥有限公司—南京工业大学共建南通市天时化工有限公司

江苏省南通市天时化工有限公司是2002年由原南通市如东化肥有限公司（现江苏海通化工有限责任公司）与南京工业大学乔旭教授合作创建的，是南通市市属民营企业。该公司采用南京工业大学自身具有知识产权的先进氯化技术，应用于苯甲醛的生产，有效地控制了苯甲醛的产品质量，提高了产品的产量，现生产量达到10000吨/年。公司除苯甲醛外，还生产苯甲酸、盐酸、氯代环己烷、7-ADCA、海因系列、三氯吡啶醇钠等，生产规模和产品质量达到了国内领先水平。近三年来，公司产品的总销售额达到4.92亿元，利税9200多万元。

三、产学研合作组织模式发展趋势

总体上我国产学研合作的水平不高，其中，合作模式和机制落后是关键问题之一。因此，亟须从基于三重螺旋的大学—产业—政府关系出发，发展适应企业和产业发展需求的合作模式与机制，提高产学研合作的紧密程度、有效性和持续性等。从国外发达国家的产学研合作最新发展动向以及国内产学研合作的潜在需求特点中可以得出，发展创新产学研合作组织模式应从以下若干个方面出发。

(1) 加快发展“组建研发实体”等高级模式。共建研发实体模式能整合各方的资源优势，明晰产权利益，建立持续合作的关系，并通过市场化运作保持发展的动力，使高校（科研机构）的研究内容和方向更接近市场，有利于成果经济价值的实现，同时也有利于企业持续获得研发所需的技术和知识供给，促进企业持续性技术创新，而且更有利于打破产学研间相对封闭的状态，推动人员流动。所以应积极探索构建研发实体等模式，创新各项机制，推动产学研合作的深化。

(2) 适应产业技术重大创新的需求。产业技术重大创新对提升国家产业整体竞争力具有重大意义，它具有系统性、复杂性、投入高、风险大等特点，而以项目为载体的临时性、协议性合作关系难以适应其需求，因此必须建立新型有效的合作组织机制。

(3) 建立产业技术层面的战略合作。着力解决合作目标短期化，仅针对单元技术、完整产品及成套技术开发所需的集成创新合作等问题，需要建立面向产业关键技术创新所需的产学研合作平台。

(4) 有效解决“政府失效”、“市场失效”、“研发失效”这三个问题。三个失效问题已经成为困扰产学研合作组织模式发展的一组矛盾体，如何设计出有效的组织和机制，在矛盾中寻找平衡点，是产学研合作组织模式创新、发展的基础。

(5) 以完善的知识产权管理制度为基础，合理解决产学研合作中的动力机制、信任机制、激励机制、利益分配、风险分担等问题。实践表明，知识产权是产学研合作的关键，只要解决了知识产权归属问题，许多问题就能迎刃而解。

(6) 要有政府有效的参与、引导、协同和投入。发达国家经验表明，政府在产学研合作创新中除了法律保障、政策引导、财税优惠等之外，直接的资金投入也是非常必须的。重大产业技术创新的高难度、高投入、高风险等特点也决定了政府参与和投入的必要性。

(7) 适应国际化的产学研合作需求。在全球经济一体化的背景下，美国、日本等经济科技强国都已开始积极寻求参与全球范围内的产学研合作，温家宝总理在 2009 年底视察南京工业大学时也明确提出了产学研合作要面向国际化的指示。国际化的产学研合作能整合全球科研力量，尤其对提高诸如我国这样的发展中国家的科研水平以紧随世界科技步伐作用巨大。因此，产学研合作组织模式的创新应适应国际化合作的需求。

四、国际产学研合作体系

（一）国际产学研合作案例介绍

案例一：美国伍斯特工学院金属研究所（MPI）①

伍斯特工学院是美国历史上第3所私立工科院校，以重视与企业合作进行工程教育而闻名。该校的金属工艺研究所是国际产学研结合的一个成功范例。MPI是产业与大学的联合体，是一个以大学为基地的研究和教育机构，致力于发展先进的金属加工技术和培训各种层次的人才。参加MPI联合体的有131家大大小小的私营企业，其中既有世界著名的大型企业，也有一些仅数十人的小公司、小工厂；此外，北美压铸协会也是联合体成员。参加联合体的企业通过交纳会费的方式资助MPI的活动。MPI的活动包括：针对企业存在的技术问题进行基础与应用研究，开发和示范最先进的金属加工技术，为工业合伙人培训雇员等。

1. 机构组成

MPI是在WPI的铝合金铸造研究室（ACRL）的基础上发展起来的，目前已经有5个研究室：①铝合金铸造研究室；②粉末冶金研究中心（PMRC）；③半固态材料加工研究室（SSMP）；④无损检测研究室（NDEL）；⑤经济模型与预测研究室（EMFL）。每个研究室都有若干工业合伙人加入，有自己的财政预算、科研人员及科研项目，并由研究室主任负责。企业合伙人每年交纳1.5万~2.0万美元的会费来支持联合体，联合体也得到联邦机构和基金会的支持。联合体的成员按轮流的原则选出指导委员会，使其具有代表性。指导委员会每年至少开2次会，对科研活动进行评价及指导，监督正常的业务活动，如行政、预算、政策的改变和战略规划。联合体的成员还要选出一位顾问主任，他是指导委员会和研究人员的顾问，并作为其他组织及联邦机构的联系人。MPI的科研项目与传统的科研项目不同，MPI的项目有一个由联合体成员组成的中心小组，中心小组提供给科研小组关于科研项目的工业前景并提供必要的设备和物资以支持项目。因此，在大学开展的基础研究和企业的工作是相关联

① 杨燕，黄卫东.一个国际产、学、研结合的范例——美国伍斯特工学院金属研究所［J］.锻造技术，2004，25（5）：397-404.

的。联合体的研究人员和指导委员会共同工作，识别和解决他们这一行业普遍存在的关键技术问题。MPI 由一个执行委员会（该委员会由各研究室主任组成）和一个顾问委员会(由指导委员会主任、顾问委员会主任和执行主任组成）管理。

2. 活动内容

MPI 注重与各成员公司之间的合作活动，这些活动具有学科交叉、创新和注重实际的特点。MPI 的主要活动包括：

（1）研究项目——MPI 的各研究室研究由指导委员会选择的研究项目及各个成员公司资助的项目，此外，也进行由联邦政府和基金会资助的基础研究和重要新兴技术的研究。

（2）专题讨论会——成员单位组织技术研讨会，讨论工业界所面临的关键问题。

（3）通讯——MPI 每年出版两次通讯，通报近期情况及科研项目进展状况，概述本行业其他近期出版物及评论新的技术发展。

（4）技术教育——为感兴趣的成员单位安排各种计划。可为企业上门服务，按企业的需要提供继续教育课程及技术教育计划。

（5）工业实习计划——这一计划是为工业界想获得高级学位（硕士及博士）的人士所设立的。参加学习的人必须满足 WPI 的最低要求，修完所有课程后，学生返回公司，在公司进行与论文有关的科研工作。所选论文科研项目要满足本行业的需要及大学的学术要求。

MPI 的上述活动使学校、企业和学生都受益匪浅。

3. 主要成效

企业通过 MPI 的研究与教育工作增强了生产力和竞争力，建立起了丰厚的产业人力资源库。所有的企业合伙人都是在完全自愿的基础上参加联合体的，因而 MPI 的合作单位的数目是动态发展的。

MPI 的大学研究人员不仅通过联合体获得了稳定充足的研究经费，还通过联合体的活动准确地掌握了美国和世界金属工业发展前沿的现状和问题，因而能够提出高水平的基础研究项目，并获得政府和基金会的重点资助。

每年春秋两季的 MPI 年会是 MPI 研究人员与企业合伙人的盛会，也是学生们找工作的大好时机。由于研究项目大多来自企业，且许多研究工作又是利用企业的设施进行，这使学生不仅获得了在工业界工作的经验，也增进了学生和企业之间的相互了解，因而学生的就业成功率很高。

案例二：西门子公司与全球大学产学研合作①

1. 合作概况

目前，西门子公司已经与70个国家600多所大学或研究机构开展研发项目合作，其合作伙伴遍布五大洲。公司每年开展约1000个新合作项目，每年投给研究合作伙伴的研究经费逾6000万欧元，超过2006全年研发总支出（57亿欧元）的1%。通过这些合作研究，西门子可以获得更大的创新优势，并强化与国际上相关学科领域重要学者的联系；而大学则有更多机会深入学科专业知识，了解电气工程和电子产业的研发焦点及产业发展趋势，学生也会有更多机会了解公司，促进职业生涯发展。

2. 与中国大学合作

近十年来，西门子积极寻求与中国一流大学进行合作，并成立了多家公司。早在1998年6月，西门子技术部就与清华大学启动了一个合作项目，共同开发面向移动应用的高级动画多媒体用户界面。该项合作硕果累累且持续至今。现在，西门子已经同中国16所著名高校合作，推进研发活动、知识普及和教育事业。2005年11月，公司与上海交通大学签订合作协议，联手进行基于射频识别（RFID）的无线信息服务测试台的研发。该测试台为2010年上海世博会的设施、展览和参观人流提供了有效的实时管理系统。2005年和2006年，西门子公司的自动化与驱动集团向中国十所重点大学捐赠了总价值超过1000万元人民币的自动化系统，以支持中国高校建立ASEA（中国自动化系统工程师认证）技能测试中心。

3. 主要研究模式

目前，西门子仍在采取措施拓展与大学的全球合作网络，主要采用三类合作研究模式：知识互动中心（Centers for Knowledge Interchange）、大学大使系统（Ambassador University System）以及大学的西门子讲师体系（Siemens Lectures at Universities and Colleges）。

“知识互换中心”是公司与大学合作最紧密的模式。为了能在广阔领域进行深度研究，西门子在德国及世界其他几所科技大学成立了知识互换运作中

① 陈劲，金珺. 知识与资本的互动：国际产学研战略联盟新模式［J］. 高等工程教育研究，2008，(1)：29-33.

心，目前已经有三个知识互换中心在运作，它们分别是与慕尼黑工业大学建立的有关医药技术和信息通信技术的知识互换中心；与亚琛工业大学建立的有关工业技术和专业人才开发的知识互换中心；与丹麦技术大学（Technical University of Denmark）就可持续工程、环境技术、生物技术、医药技术建立的知识互换中心。另外还有两个特殊的知识互换中心，即在德国格拉夫瓦尔德大学（University of Greifswald）建立的有关医药技术的知识互换中心以及在弗雷堡科技大学（Freiberg Technical University）建立的有关污水处理、矿业技术的知识互换中心。西门子将在全球建立更多的中心，尤其是在中国、美国和印度。

“大学大使系统”是西门子的合作运作人员或公司执行委员会成员在选定的合作大学中扮演“大使”角色，他们通过发挥自身魅力和能力，加强和深化与大学的合作，旨在建立长期的合作关系。现在，公司已经与35所德国大学建立了这一系统，并将在其他国家选择30所大学推广此模式。

与以上中心和系统相辅相成的是基于项目的广泛合作，其中有公共基金资助的合作项目，也有双边合作课题，还有非正式的知识共享。

为了扩大西门子在大学的影响，在德国约有100名、全球约有200名西门子雇员在大学授课。这些讲师有深厚的自然科学背景和丰富的产业实践经验。设立西门子讲师不仅能吸引优秀的大学生加入公司，而且能促进产业知识与学科知识的交融，提升西门子在学界的形象。

案例三：清华大学对俄科技合作案例①

清华大学对俄罗斯的科技合作有着悠久的历史和良好的基础。以国际技术转移为重点的科技合作起始于1998年，由清华大学科技开发部尝试对俄技术引进和转化工作；2001年6月经第20次校务会议讨论，正式成立清华大学国际技术转移中心（以下简称“中心”）。中心为跨院系机构，是清华大学三位一体的科技服务社会体系的重要组成部分，主要职能定位于技术转移实务和理论研究。合作以来，中心充分发挥清华大学在科研、人才、渠道及品牌等方面的优势，高层次地发掘国际技术资源，通过技术转移加强国际科技合作，促进产学研相结合，支持国家技术创新战略。

① 刘伟，曹建国，吴荫芳. 搭建国际技术转移平台，实践科技服务社会宗旨——清华大学对俄科技合作十年回顾与思考［J］. 研究与发展管理，2010，22（2）：107-110.

1. 合作概况

中心对俄科技合作期间经历了模式探索、经验积累和开拓创新三个阶段。双方以技术转移为重点的合作领域从医疗设备扩展到公共安全、节能减排与环境保护等；合作范围从对俄合作为重点扩展到俄罗斯、乌克兰、白俄罗斯等独联体国家；合作单位从科技协会扩展到科研院所、高等学校、高新企业、中介机构等。通过多年的不懈努力，中心已搭建起高效运作的、有诚信力的对俄国际技术转移网络，积累了丰富的技术和产学研合作经验，完成了数十项关键技术的引进和产业化工作，形成了项目论证策划、技术转移、二次开发及组织管理的完整服务体系，打造了一支高素质、专业化、复合型的技术经纪人队伍，成为对俄科技合作的重要窗口和平台。

2. 优势

中心与独联体国家开展技术转移有得天独厚的优势：从长远看，引进、消化吸收、再创新已经成为我国科技发展战略的一条捷径；俄罗斯科研自成体系，学术思想独特，是举世公认的原创技术发祥地，有着丰富的科研成果和应用技术储备；中、俄两国在研发能力和产业化环境方面有很强的互补性；与西方国家比较而言，其技术成本低廉且技术壁垒相对较少；两个民族的历史友谊对今天的合作仍有深远影响。目前对俄科技合作的外部环境处于最佳时期，可谓天时、地利、人和。

中心还拥有独特的内部优势：①核心团队均有工科背景和俄罗斯留学经历，能很好地把握技术环节、考虑两国文化和习惯的差异，保证沟通的顺畅；②依托清华大学强大的科研实力和智力资源，中心的技术论证、消化吸收和二次开发能力强，不是简单的重复，而是在引进的同时强化自主创新；③充分利用清华大学全方位的资源支撑，项目的市场推广和产业化能力强，中心不只是信息媒介，而是全程深度参与，提供高附加值的专业服务与组织策划；④中心下设“有限公司”，机制灵活、效率高，便于理顺商务流程和实行市场化运作。

3. 意义

国际技术转移的本质是高层次地发掘和整合境内外资源，通过组织运作，促进技术与资本间的有机互动。对中国企业，中心的宗旨是帮助企业获得有竞争力的关键技术，解决企业面临的实际问题，为企业的可持续发展提供可能；对清华大学而言，开展技术转移工作能有效补充学校科研成果的不足，促进国际科技合作与交流，带动学科建设与人才培养，加快产学研步伐，提升学校的科研水平和海外知名度。

（二）国际产学研合作体系的经验与启示

1. 国际产学研合作体系的经验

在上述案例中，MPI、西门子及清华大学在国际产学研合作道路上的成功经验值得我们重视。首先，高校的国际化交流是推进产学研国际化的成功关键。这里，高校的国际化交流既指与其他国外高校的学术交流探讨，也包含与国外企业的技术交流合作，如WPI与世界大型企业的合作，清华大学对俄科技合作等。作为承担培养人才和科研工作任务的高校，在产学研合作中，高新产业和高校之间的有效互动能把高校拥有的人才和知识资源运用到企业中，从而使企业更利于加快技术创新，提升企业和产业的竞争力，同时具有整合知识创造、加工、传播和应用的作用。从这个角度出发，高校是高新企业创业者产生的“沃土”。世界上较为成功的高新技术园区的发展历程都有力地证明了这点。通过对美国“硅谷”、台湾地区新竹以及北京中关村等国内外高新技术园区发展模式的探讨和分析，可以发现其共同的特征就是与高新技术直接相关的大学开始进入经济运行过程之中；在工业经济时代，大学处于经济社会的边缘，而现在大学正逐步走向知识经济时代经济社会的中心。①

通过案例的分析可以发现，在国际产学研合作中，高校国际化交流的作用主要从三个方面体现。首先，高校通过与国际先进高新技术企业的合作，能保持在相关领域的研究内容处于世界领先水平，为国内高新技术企业的发展提供有利的知识条件。高新技术园区的发展，离不开新知识、新技术、新思想、新创意、新的管理方式等，而大学在科学研究方面有学科、人才、信息、学术环境等资源环境优势。据统计，在过去的20年里，在世界基础学科领域中，接近70%的重大发现都是由大学取得的。在杰出成就方面，“二战”后70%的诺贝尔奖获得者来自大学。其次，国内高校通过加强与国际一流大学的学科交流，提高了教学水平，为国内高新技术产业的发展提供了“人才库”。国内外的经验证明，不管是高新技术开发区的创办或是传统行业的升级改造，都需要能发挥人才作用和促进人才培养的软硬件条件。科技人才一方面作为高新技术知识的载体，另一方面也是高新技术知识的创造者。最后，企业的积极参与也是国际产学研合作成功的一大关键因素。企业的积极参与使大学、研究所得到充分的研究项目以及经费来从事新技术研究，同时通过这种研究工作准确地了解工业界的需求，把握正确的研究方向，培养了解决企业所面临问题的优秀人才，也解决了学生的就业问题，这使大学的教学和研究充满生气和活力。案例二中，西门子公司就意识到，持续发

① 陈长喜. 构建产学研一体化模式，带动高校文化产业发展［J］. 边疆经济与文化，2007，40（4）：157-159.

展提升自身的创新能力是成功的保障，这需要对研发进行不断投入。作为全球最大的电气工程和电子公司之一，西门子一直寻求广泛的合作研究以期提高创新能力，并降低研发风险。[①]

在MPI案例中，企业之所以积极投身于产学研结合事业，首先是因为在市场经济环境下，创新是企业提高生产力和竞争力的重要途径；其次，美国企业投向大学的费用可以享受免税的优惠政策，这也是企业乐于与大学合作的重要因素之一。可见，政府合理的政策导向对推动产学研结合事业有着积极的作用。无数实例证明，合理的政策往往比政府直接投入经费产生更好的效果。

企业对大学研究机构的正确认识并在此基础上进行合理的研究项目，是产学研合作能够持续运行的重要条件。高校研究所的研究优势往往体现在基础研究和应用基础研究两方面，表现在创新意识和对技术发展前沿的把握，从而在研究的过程中也培养了专业人才。同时，高校研究所的劣势也是明显的，具体表现在科研人员数量不足，不擅长解决实际生产过程中的细节问题等。但是，如果希望联合体的全部问题都由MPI直接解决，这不仅是不现实也几乎是不可能的。MPI通过指导委员会讨论确定研究项目，并交由各研究室去实施研究工作。这一方面减少了研究工作量，使大学研究人员可以承受，另一方面，这些项目已经不是各个企业最初直接提出的十分具体的技术问题，而是工业界普遍关心的带有共性和基础性的问题，适合于发挥大学研究人员的特长。联合体内的企业可以不通过指导委员会而与各个研究室直接协商解决自己的技术问题，这类项目的研究费用由企业另行提供，研究室在研究能力有所剩余的情况下可以接受这些项目。

我国的高新企业和高校之间也有着良好的产学研合作愿望，但成功的例子寥寥无几。事实上据此形成的研究项目不仅具有长远的商业价值，还有利于从根本上提高企业的生产力和竞争力。参加联合体的企业能够做到这点是需要具有一定远见的，因为每年所交的1.5万~2.0万美元的会费也并不是一个太小的数目，他们并没有期望这笔钱能完全解决自己企业的技术问题。[②]一个重要的原因是高校难以适应企业过于具体的研究要求，而企业也看不到高校研究成果对产业的重大意义。

2. 国际产学研合作案例的启示[③]

总结以上案例，在产学研合作日益国际化的当前，我国应该从企业、高校和研究机构、政府等多个方面着手，推进产学研合作健康有序发展。

① 褚超孚，葛周芳，赵爱军. 以市场需求为导向，探索市校产学合作新途径［J］. 科技管理研究，2001（2）：21-23.

② 张俊，李忠云. 产学研结合国际化问题的几点思考［J］. 华中农业大学学报（社会科学版），2002，46（4）：81-83.

③ 张俊，李忠云. 我国产学研结合的发展趋势研究［J］. 湖北社会科学，2006（2）：167-169.

（1）提高对产学研结合国际化的认识。产学研合作是高新技术行业发展的必然，其国际化趋势也是不可逆的。首先，我们要看到的是机遇，争取在产学研结合国际化的进程中发展高新科技产业；同时培养高素质专业人才，完善人才培养机制。其次，需要加强紧迫感和责任感，完善自身发展，以适应产学研结合国际化的发展，把对产学研结合国际化的认识提升到一定的高度。最后，有意识、有组织、有计划地推动产学研结合国际化的进程，努力发挥中华民族的智慧，在世界产学研结合国际化进程中做出应有的贡献。

（2）鼓励创新，勇于试验，建设和完善产学研结合国际化的法律与环境。产学研结合国际化正处于发展的初级阶段，尚没有太多的经验、规律可以遵循。我们应给其优惠政策，鼓励产学研结合各主体在技术、组织管理等方面勇于试验和创新，努力摸索出一套适应中国国情的经验和做法。在法律与环境建设方面，我国产学研结合国际化还缺乏相应的配套法律，环境建设也与国际化有一定差距。提高法律意识、依法推进产学研国际化进程，是建立社会主义法治国家的必然要求。美国在第二次世界大战后，先后制定了《美国新闻与教育交流法》（1948）和《国际教育法》（1966），并在国内营造良好的国际化环境，这一系列的做法使得美国一直是世界最大的接纳外国留学生的国家，美国的高等教育也因此成为外向型国际化产业。美国的这些经验值得我们借鉴。

（3）扩大高等院校的外事权限，充分调动其参与产学研结合国际化的积极性。产学研结合国际化进程，高等院校始终扮演着重要的角色，起着其他合作主体不可替代的作用。我们应该充分调动高等院校在此方面的积极性，在落实其办学自主权的同时，增强高校在进行产学研结合国际化中的主动性和灵活性。

（4）完善相关配套措施，切实推进我国教育运行机制改革。应以更加法制化的相关配套措施保证产学研结合国际化发展的可持续性，进一步对我国教育机制进行有效改革，在更深层次的内部机理实现规范、科学、高效的发展。必须意识到，只有通过改革才能保证我国高等教育的可持续发展，也才能更好地发展产学研结合。在实践探索中，高校发展模式和管理体制应与国际化趋势统一，以符合产学研结合国际化的发展趋势，为开展国际合作打下基础。

（5）完善新技术条件下产学研结合国际化的运行机制研究。产学研结合国际化是一项涉及面很广的工程，它与国内产学研结合有明显的不同。尤其是在新技术条件下，产学研结合国际化呈现出自身独有的发展规律。我们要加强对产学研结合国际化过程中的形式、特点、组织制度、管理体系、运行机制和发展趋势等方面的分析和研究，掌握其规律，为我所用，为促进产学研结合国际化提供较完备的理论依据。

（6）把国际合作作为产学研结合国际化的中心内容。国际合作本身也是产学研合作国际化的核心内容，我们必须全面认真地对待。联合国教科文组织已经把国际合作确定为21世纪高等教育发展的中心任务之一。在注重产学研结合民族性、主权性特点的同时，全面地推进产学研结合的国际合作，为产学研结合提供更为广阔的舞台。

第三节 技术创新支撑体系之二：产学研合作的联盟、深化与创新

一、“学科性公司”的案例与经验

今天的大学已不再是单纯“传道、授业、解惑”的书斋，人才培养、科学研究、社会服务已成为任何真正的大学缺一不可的基本功能。最大限度地发挥自身优势服务社会、最大限度地利用社会资源发展学校的开发式办学模式，既有利于学校为社会作贡献，又有利于学校自身的发展。“学科性公司制”[①] 的倡导使“知识资本”、“创新创业”成为学校师生耳熟能详的概念，为“教育与科技、经济相结合”的开放式办学提供了良好的思想基础。“学科性公司制”的实施在科研选题和经费支持方面为学校人才的培养、尤其是研究生的培养提供了更丰富的内容和更有力的支持，极大地加强了所培养人才对社会的适应性。

“学科性公司制”通过强化对科研人员利益的保护和拓宽成果转化途径，极大地激发了学校教师从事科技工作的积极性；“学科性公司制”通过与社会资本的合作和公司自身的积累，大大地增强了学校从事科技工作的能力，使学校科技人员在选题、寻找合作伙伴、开展项目预研、自筹资金开发技术和产品等各方面的能力都得到很大提高。

（一）“学科性公司”的案例

学科性公司案例1：由南京工业大学及其膜科学技术研究所的科研骨干共同出资组建的江苏久吾高科技股份有限公司和江苏九思高科技有限公司现已成为国内

① 学科性公司是指依托学校的优势学科和学院资源，与学院教学和科研紧密相关，以科技成果作价入股，并与社会资本结合，运用现代企业制度，在市场经济环境下有效地实现产学研结合、服务社会、开展成果转化和高新技术产业化，并推动学校学科建设和发展的公司。

最大的陶瓷膜生产基地，率先形成了我国陶瓷膜新产业，其资产增值了数十倍。转化“陶瓷膜”技术的南京九思公司，短短几年就掌控了国内陶瓷膜产量的95%以上，产量跻身全球前5名。南京工业大学特色的学科产业体系如图5-6所示。

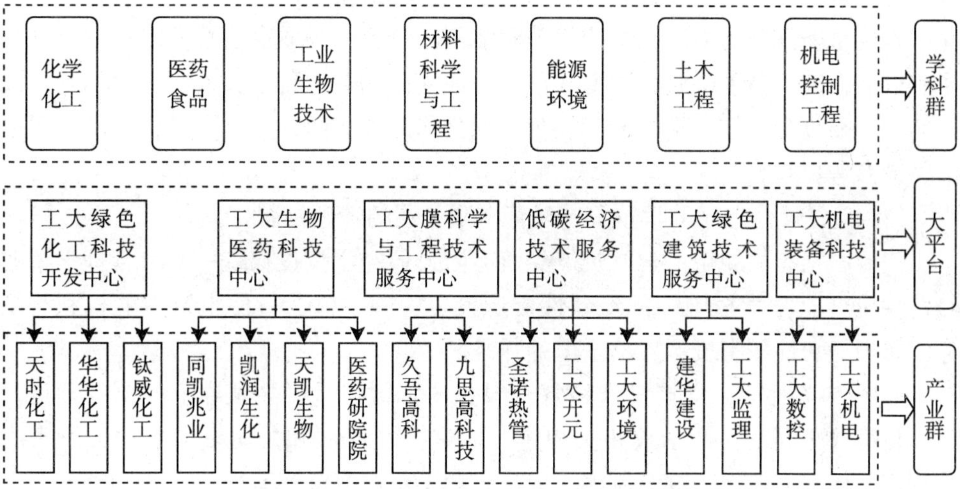

图5-6　南京工业大学特色的学科产业体系

学科性公司案例2：南京工业大学应汉杰教授于2005年创建了南京同凯兆业生物技术有限责任公司，其所生产的FDP、NMP等产品质量达到了瑞士罗氏公司的质量要求，其中a-淀粉酶抑制剂是国内唯一的生产单位，其产品质量达到了国外同类产品的要求。

（二）“学科性公司”的现状

（1）产权结构、经营管理、发展规划等观念有待突破或改进。

（2）在企业制度上，股权结构单一，易出现高校主管机构职能不清、法人治理机构不完善、产权关系不顺、母体退出机制不健全等体制性问题。

（3）高校、科研院所的技术、人才优势难以真正转化为企业现实的产品优势和经营优势，普遍缺乏具有产业实践经验的职业经理人才。

（4）市场运作能力不强，企业受母体的行政干预也过多，影响了其市场竞争力。

（三）“学科性公司”的发展对策——南京工业大学的经验

1. 构建“产权明晰、治理规范”的科技产业管理体制

（1）设立“学校资产经营管理委员会”。

设立学校资产经营管理委员会，行使对全校经营性科技资产统一管理的最高决策权。学校资产经营管理委员会应以学校党政一把手为主任，以分管科技产业

的校领导为副主任，以主要职能部门负责人为成员。

（2）建立符合现代企业制度的学校资产经营有限公司治理体制。

成立以校分管领导为法人代表、董事长，学校相关职能部门负责人为董事的校资产经营有限公司董事会，行使对全校经营性科技资产投资管理的决策权；成立以学校纪委领导为主席、学校相关职能部门负责人为成员的校资产经营有限公司监事会，监督董事会履行职责的情况；成立以相关学科带头人、专家学者为成员的专家委员会，作为学校资产经营有限公司的智囊团，为资产经营有限公司提供决策参考。

（3）建立规范有序的学校资产经营有限公司的管理机制。

按照国家有关规定：学校资产经营有限公司经学校授权统一归口管理学校的经营性资产，是学校唯一的经营性资产投资管理主体，行使出资人的权利与义务，承担经营性国有资产保值增值的任务。

如图 5–7 所示，学校资产经营有限公司实行在董事会领导下的总经理负责制，依据《公司法》和学校相关规定，制定公司章程和公司重大事项的议事决策程序，建立完善企业规章制度，保证各项工作规范有序运行。

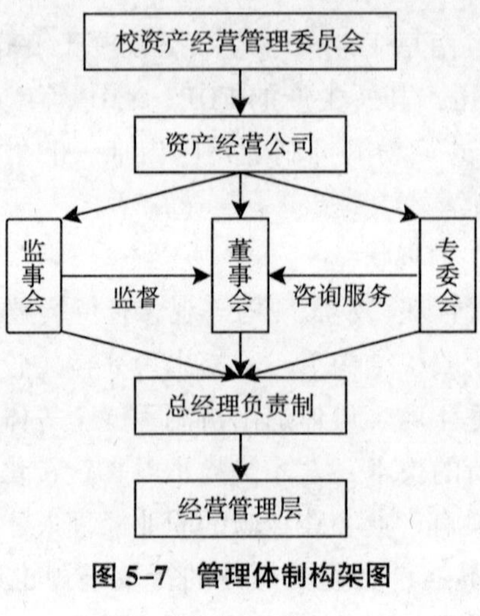

图 5–7　管理体制构架图

2. 建立以货币资本与科技资本为纽带，产权清晰、权责分明、校企分开、校方控股、委托管理、管理制度规范的新型高校企业管理体制和运行机制，以及建立高校国有经营性资产有效监管的体制和退出机制

（1）在学校与企业之间设立一道“防火墙”，有效地避免因企业经营问题而冲击和影响高校正常的教学和科研秩序，充分做好科技产业发展服务于学校基础

研究与应用研究的工作，建好人才培养与训练、科技创新与转化实践基地。

（2）重塑校企关系。高校可以授权成立科技产业集团母公司，负责学校国有资产的完整和保值增值，学校企业可以控股、参股、联营、合作、合资等形式成为产业集团母公司的子公司。建立母子公司制的管理体制，学校以其实际出资额为限承担有限责任，学校企业以其全部资产为限承担有限责任。这样，学校与企业的关系由原来的行政隶属关系转化为市场经济条件下的资产委托经营、指导性管理和自主经营的关系。

（3）理顺产权关系。通过界定产权和对高校科技企业进行公司制改造，明晰、理顺学校企业产权关系，实现投资主体多元化，建立履行出资人职责的国有资产管理机构，形成产权清晰、权责分明的现代公司制度。

（4）建立资不抵债、低效落后企业的平稳退出机制。对于长期发展缓慢、技术落后、管理低效、市场萎缩、资不抵债的企业，建立规范科学的平稳退出机制，维护学校和企业员工正当权益，防范更大的经营漏洞和资产风险。

3. 学校大力调整科技产业政策，鼓励教师创新、创业、创优（即“三创”）相结合，建立以企业为主体的技术创新体制①

（1）引导教师树立以企业为主体的理念，解决科研工作的选题问题。

（2）鼓励教师以科技成果入股企业，建立稳定的战略合作关系。

（3）激励教师领衔创办科技型企业（学科型公司），实现科学研究与科技产业的互动。

（4）加大对校办企业的改制力度，支持区域经济的发展。

4. 培养大批“懂技术、善管理、通经济”的现代高校企业家队伍

力争通过专业培训，造就一批适应市场经济需要、有敬业精神、相对稳定的高级管理人才和企业家队伍，培养一批具有懂技术、善管理、通经济的现代企业家，为地方经济发展和高校科技产业发展服务。

5. 确立学科与产业相互支撑、互动共赢的科技产业发展定位

（1）提供科研选题，转化更多成果，提供产业化源泉。应该为学校的学科发展提供更多的前沿动态、市场信息、产业结构和产品结构优化建议，提供学科成果可转化的平台，以最终实现高校科研成果批量转化、成为现实的产品投向市场。这需要出台相关科研和产业互动共赢的细则，以形成科研和产业无缝对接的

① 南京工业大学实施相关激励措施具体包括：科技成果作价所占的股份中，对创办科技型企业的成果完成人，学校将股权的70%奖励给成果完成人直接持股，30%由学校持有；横向科研课题在项目完成后的结余经费，可用于该项科技成果转化而兴办的科技型企业的注册资金或向科技型企业增资扩股，成果完成人享有该注册资本金对应股权的80%，学校享有20%。

匹配机制。

（2）增强产业化意识，鼓励成果转化和反哺学科。出台科研成果产业化转化的激励细则，鼓励科研人员和校资产经营有限公司形成稳定的长效合作机制，同时也应出台产业成果反哺学科的相关激励措施，从而最终形成科研不断创新和产业快速批量转化，两者交相辉映的格局。

（3）建立科学研究与科技产业的生态产业链。建立科研和科技产业的生态产业链，以学校的科研为产业链上游，以学科群科研转化专家为产业链中游，以校资产经营有限公司为生态产业链下游，尽快将产品推向市场，产生良好的经济社会效益，同时采用科学的投融资机制，扶持学科型公司做大做强。因此，必须出台学科带头人、产业转化专家、产业服务人员、产业经营管理人员的定点专项联系和分工合作制度以及相关激励政策。

6. 创新大学科技园的运作模式

推进"孵化器"实体化运作，引入投融资机制，增强科技园的整体实力。在高校大学科技园蓬勃发展的态势下，加速推进科技"孵化器"的实体化运作，尤其需要引入投融资创新模式，鼓励其投资、并购、重组、合作校内外的科技成果，增强科技园实力，使之真正成为具有自我造血、自我发展能力的产业投融资主体。

7. 构建"流转顺畅、运作高效"的校科技产业投融资管理体制

（1）设立学校科技产业投资基金，扶持科技产业发展壮大。以校资产经营有限公司为主体，吸纳校内外各方资金，按照国家产业投资基金管理的政策规章，建立校科技产业投资基金，用于投资高校具有原创性、产业化发展前景和广阔市场空间的自主创新科技成果，寻机通过上市、转让、兼并、重组、退出等方式，壮大高校的科技产业，实现国有资产的保值增值。扶持学科做大做强，还应对申请到国家重点实验室、国家工程中心、博士后工作者的学科给予重奖。

（2）进一步完善科技产业的"投入退出"良性循环机制。依靠校科技产业基金的投融资平台，对高校科技产业所属众多企业实行"稳健经营、保值增效"的投入退出良性循环机制，扶持优势公司和产品做大做强，帮扶有潜力的公司和产品脱颖而出，协助落后低效的公司安全退出、保全资产。

（3）扶持龙头科技企业上市融资，反哺优势学科群建设。积极为学校的龙头科技企业创造条件，扶持其上市融资。通过上市可以获得企业进一步发展的资金、技术、管理、人才和先进文化，进而反哺优势学科群发展，同时，对上市企业股权进行市值管理。在其处于市值高估期，通过资本市场减持股份，实现投资增值，用投资收益支持学校建设；在其处于市场低估期，实行回购、用于股权激

励等，从而维护企业良好的市场形象，提高企业可持续发展的活力。

（4）帮扶有潜质的科技企业和学科群做大做强。对于有潜质的、规模尚小的朝阳企业，可以借助校科技产业投资基金，为其增资扩股，注入新鲜血液，或引入风险投资，不断优化其技术水平、治理结构、管理质量、人力素质、企业文化，加速其成长壮大，从而带动新兴学科群的培育。

（5）帮助暂时陷入困境的企业兼并重组、焕发活力。对于一些技术先进但由于种种原因而暂时陷入经营困境的企业，可以借助校科技产业投资基金，推进兼并重组、引凤筑巢，使其重新焕发活力，从而提高学校科技产业的整体质量。

8. 构建目标明确、奖惩分明的长效激励制度

学校科技产业的腾飞需要充分调动广大科技产业精英的潜能，需要建立一套目标明确、奖惩分明的激励制度，并使之成为长效机制。因此，根据现代企业治理的特点和高校科技企业的实际，提出以下建议：

（1）完善股权激励和分红激励机制，适当提高产业员工待遇。在维护学校利益的前提下，在维持原有学校相关股权激励制度基础上，根据企业经营管理新形势的要求，完善股权激励和分红激励的细则。在企业超额完成目标任务的情况下，拿出利润的10%由校科技产业集团董事会决定分配，拿出新增利润的50%作为科技产业集团的发展基金。这样可以有效激励科技产业员工的积极性和创造性，而对于经营业绩不佳的企业，可以给予适度的股权和现金处罚。

（2）给予校科技产业人员优先的晋职晋级机会。要做大做强学校的科技产业，吸引更多有识之士投身科技产业中，应该在晋职晋级上给予优先待遇。应该允许将科技产业的产值效益等经营性成果作为评判的标准，在晋职晋级过程中给予公正合理的认定。对于有级别的校科技产业集团领导人选，应由组织人事部门会同校科技产业集团董事会考察任命。

（3）校科技产业集团有适当的人才引进权限。校科技产业集团每年可以有5名二级雇员指标用于引进科技产业急需的相关人才，人选由校科技产业集团董事会牵头考察任用。

（4）给予科技产业引进人才适当的科研启动经费支持。对于学校科技产业需要引进的有特长有水平的科研人才，学校应该参照学术性人才引进的标准，给予科研启动经费的支持，以利于其尽快地将科技成果产业化，提升学校科技产业的核心竞争力。

（5）给予科技产业引进人才适当的住房福利补贴。对于学校科技产业需要引进的有特长有水平的各类人才，学校应该参照学术性人才引进的标准，给予住房福利补贴支持，以使其解决生活之忧，安心从事科技产业工作，也有利于人才队

伍的稳定。

9. 尽快形成校科技产权归口管理的科学程序

为保证科技产权的资产质量，实现保值增值，应尽快完善高校科技产业的产权归口管理，尽快安排科技产权清查、产权登记、产权界定、产权评估、产权转让等相关工作，制定一套严格的归口管理工作程序和流程，确保科技产权管理工作有序操作、有章可循。

10. 完善科技产业服务平台建设，适度分权管理，提高运行效率

建议组建校科技产业集团的财务公司、营销公司、服务公司、研发中心，采用事业部制组织结构，适度分权管理。同时，允许校科技产业集团董事会有1000万元以下项目的投资决策权，提高集团运行效率。

《深化南京国家科技体制综合改革试点城市建设，打造中国人才与创业创新名城的若干政策措施》（宁委发〔2012〕9号，简称“科技九条”）本着“敢闯敢试，先行先试”的原则，决定对在宁高校、科研院所和国有事业、企业单位科技人员（包括担任行政领导职务的科技人员）到南京紫金科技创业特别社区或校地共建大学科技园创办科技创业型企业的，和对在宁高校全日制在校学生到南京市大学生创业基地创业的，试行空前的优惠政策。“科技九条”消除了科技创业者的身份之忧，提高了科技人员与科研成果的市场价值，解决了科技创业企业初创期的难题。通过实施“科技九条”，一些原先私下创业尝到甜头的企业开始光明正大地创业。例如：南京农业大学副教授黄明是省“青蓝工程”优秀青年骨干教师培养对象，1年前带领几个同事和同学一起创业，尽管已经在南京、苏州、常州开了五家连锁店，但公司一直没有以他的名义进行工商注册。如今，在“科技九条”的支持下，他与学校正式签订协议，保留身份进行创业。学校也明确表示将按照“科技九条”兑现政策。目前，黄明在南京紫金白马特别社区拿下33.8亩土地，进行肉制品加工、食品添加剂等技术的研发和生产，公司计划3年内销售额达1亿元。“科技九条”实施10个月来，全市共有144名本地高校院所的科技人员主动“辞教下海”创业。

二、“工程研究中心”的案例与经验

工程研究中心[①]作为“产学研”合作的一种模式，在许多高校得到实施。一方面，学校以市场需求为出发点创建企业性质的研发中心进行研发创新，另一方

① 国家工程研究中心是国家科技创新体系的重要组成部分，是国家发展和改革委员会根据建设创新型国家和产业结构优化升级的重大战略需求，以提高自主创新能力、增强产业核心竞争能力和发展后劲为目标，组织具有较强研究开发和综合实力的高校、科研机构和企业等建设的研究开发实体。

面，随着研发中心技术的成熟，以及市场供求关系的稳定，建立与企业良好的合作关系将为研发中心的科学研究的经费问题带来突破，同时缩短了高校研发技术转为产品的周期。下面列举几个较为典型的工程研究中心案例。

（一）案例

案例：南京工业大学国家生化工程技术研究中心

国家生化工程技术研究中心（National Engineering Research Center for Biotechnology，NERCB）是1996年4月经国家科学技术部批准、依托南京工业大学组建而成的高新技术研发实体。NERCB根据我国经济建设和社会发展的需求，以市场需求为导向，面向企业规模生产的需要，对具有发展前景的工业生物技术科研成果进行系统、工程化研发，为企业提供成熟配套的技术工艺和装备，并推动集成、配套的工程化成果向相关行业辐射、转移与扩散。

作为国家级的工程技术研究中心，NERCB在中国工程院院士欧阳平凯教授的带领下一直致力于推动中国工业生物技术（White Biotechnology）的整体发展。在中国政府的领导下，组织并完成了国家中长期规划中工业生物技术部分的规划；在科技部的领导下，组织全国的专家完成了“十一五”国家高技术研究发展计划（“863”计划）中工业生物技术的项目建议、立项和启动工作；作为技术部门，近五年来，NERCB承担了国家重点基础研究发展计划项目（“973”项目）、国家高技术研究发展计划项目（“863”项目）、国家重点科技公共项目、国家自然科学基金项目等20余项，省部级项目和企业委托项目近百项，年科研经费近2000万元；在产业化方面，完成了果糖二磷酸、核苷酸、苹果酸、丙氨酸和多肽等多个项目的产业化，取得了良好的经济效益和社会效益；面对国家能源紧张、资源破坏和环境污染等问题，作为国家创新体系的重要组成部分，国家生化工程技术研究中心与中国石油化工集团公司合作成立了南京工业生物技术联合研究开发中心和在江苏省政府的支持下成立了江苏省工业生物技术创新中心，在国内率先从事生物资源代替化石资源和生物基化学品等生物制造的研究。NERCB真正起到了国家工程研究中心应有的引导行业技术进步、推动行业发展的作用。

NERCB成立10余年来，建立了生物催化多样性的研究平台、生物催化剂的快速改造技术平台、生物催化技术研究平台、生物分离工程新技术研究平台和生物催化系统集成平台等较完整的工业生物技术研究平台以及不同规模的中试线，已建成了较完善的工业生物技术研究体系和研究团队，在生物能源、生物材料、大宗化学品和精细化学品等领域已取得了不俗的成绩。NERCB 曾获得国家科技进步一等奖、国家科技进步二等奖、国家“八五”科技公共重大科技成果奖、中国化工科技进步一等奖、何梁何利科技进步奖、美国杜邦科技进步奖等国内、国际大奖 12 项。

（二）“工程研究中心”的问题

（1）企业是追求利润最大化的组织，经济利益一般被放在第一位，当出现研究人员的技术发展观念与经营管理者的经营观念发生冲突时，则科研需求和技术发展观念通常都要屈服于经济利益，从而不利于科研发展，即“研发失效”。

（2）企业的风险意识强，如果在产业关键、共性技术重大创新项目决策时偏于保守，投入有限，则不利于产业核心竞争力的提升，即“市场失效”。

（3）虽然产学研合作的工程研究中心具备产业共性关键技术创新的条件，但往往受制于巨大的资金和风险压力，因此，政府的政策和投入有时对创新的实现具有决定性作用。

（三）“工程研究中心”的策略

1. 明确各管理机构的具体责任

省教育厅可以根据全省经济、科技、社会发展及其区域共同发展需要，统筹规划、组织实施工程技术研究中心的组建和运行管理工作。各高校具体负责归口管理的工程技术研究中心建设的组织实施和日常管理工作。

（1）教育厅可以作为工程研究中心的行政主管部门，其主要职责是：①负责制定工程研究中心建设的总体规划；②负责工程研究中心的组建申请、论证、立项；③负责制定工程研究中心的运行评价指标体系，并组织工程研究中心建设过程中的检查、监督、评估和验收；④对工程技术研究中心主任和工程技术研究中心技术委员会主任进行备案。

（2）如图 5-8 所示，高等学校是工程研究中心建设的依托单位，负责工程研究中心的建设与日常管理。其主要职责是：①负责学校拟建的工程研究中心的组织和推荐工作。②负责工程研究中心的组建实施和运行管理检查，成立由学校主要领导负责、相关部门负责人参加的工程技术研究中心建设管理委员会，协调并解决工程研究中心建设发展中的重大问题，落实资金及其他配套条件。③负责聘任和考核工程研究中心主任、副主任、技术委员会主任、副主任和委员。④负责制定有利于工程研究中心建设与发展的考评体系，负责工程研究中心日常考核和预评估，并将考核和预评估结果报送省教育厅。根据技术委员会建议，及时向省教育厅报送工程研究中心建设与发展中的重大问题。配合省教育厅做好工程研究

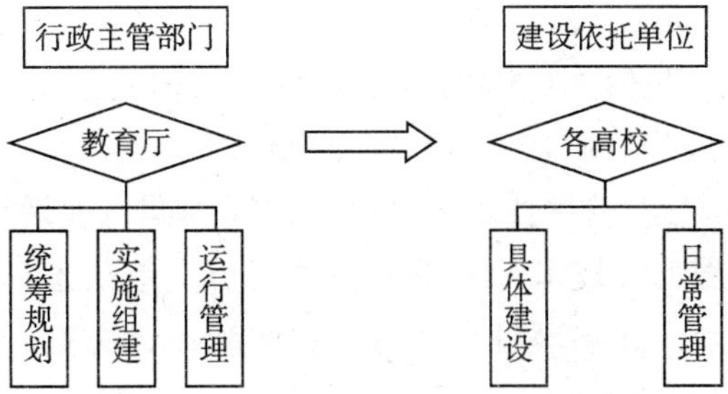

图 5-8　工程研究中心的策略

中心的验收与评估工作。⑤负责指导协调工程技术研究中心与相关单位的合作。

2. 明确进入条件机制

拟申请组建工程研究中心的单位（以下简称“组建单位”）应具备以下条件：①组建单位应是在本省注册具有独立法人资格的高等院校。②能够依托重点学科或优势学科群，整合各方面资源高起点构建；在相应技术领域中有坚实的工程技术开发与成果转化工作基础、特色和业绩；具有相关支撑学科、技术的系统集成条件，有利于推动学科交叉，可以为学校的长远发展提供有力支撑。③在相关技术领域具有较强的研发实力，具备承担国家和省重大科技项目的能力，拥有一定数量的具有自主知识产权的高技术成果、发明专利或专有技术。④基本具备工程技术试验条件、工艺设备等基础设施和相对集中的设施场所，有必要的分析、测试手段。经充实完善后，具备承担工程技术研究、开发和试验任务的能力。⑤具有拥有较强市场意识和转化经验的精干管理班子和技术带头人，能够在该领域建成一支结构合理、工程化研究开发与转化素质较高的高水平技术创新队伍。中心负责人具有较高的专业水平以及组织管理与协调能力。⑥具有较好的工程化运作管理水平和有效的人才激励机制。⑦拟申请的工程研究中心已纳入依托学校科技创新基地建设规划或相关计划，具有明确的发展目标与建设思路，所提组建方案切实可行，建设资金落实。

3. 建立健全运行和管理机制

（1）工程研究中心应采取独立的管理体制，建成独立法人或独立核算的科研实体，并制定相应的发展规划、年度计划和配套的内部管理制度。

（2）工程研究中心应加强体制创新和运行机制创新，建立开放、流动、联合、竞争的管理体制和运行机制，促进工程技术研究中心的建设和发展，取得良好的经济效益和社会效益。

（3）工程研究中心实行董事会领导下的主任负责制。中心董事会原则上由依托高校和有关成员单位的负责人领导共同组成，具体负责工程技术研究中心发展规划、计划的审定，监督、检查和审议财务预决算及其收益方案，协调工程研究中心与依托单位、工程研究中心建设各成员单位及相关合作单位之间的关系，聘用或解聘中心主任等。

（4）工程研究中心需设立技术委员会，由国内同行业及相关领域知名专家，以及组建单位的主要工程技术骨干组成。主要负责审议工程研究中心的发展规划，研究开发方向、计划和项目，评价工程实验设计方案，帮助提供技术、经济、管理咨询和市场信息等。

（5）工程研究中心实行开放、流动机制，应配备一定数量的工程研究开发、工程技术和工程管理人员及高、中级技术工人等固定人员，同时工程技术研究中心应积极创造条件，吸收和接纳国内外相关流动人员携带成果来实施成果转化、进行工程化研究开发和试验。工程研究中心应经常与本行业或领域内重点实验室、科研院所和企业等单位开展技术交流与研讨。

（6）工程研究中心视为独立的研发机构申报省教育厅各类科技计划项目时，可组织国外专家、研究人员联合从事研究和技术开发工作；工程研究中心申报的项目应统筹基地、项目和人才，紧密结合企业发展战略开展技术创新活动。

（7）工程研究中心应加强知识产权保护。对中心完成的专著、论文、软件等研究成果均应署本中心名称，同时，专利申请、技术成果转让、申报奖励应按国家有关规定办理。

（8）省教育厅对工程研究中心运行发展中购置急需的大型科研仪器设备、引进急需的创新人才和开展符合行业或依托企业发展战略的项目与创新活动应给予支持。

（9）工程研究中心原则上应实行相对独立的财务核算，按照国家相关法规进行管理，其成果转化收益主要用于所依托高等学校的学科建设和工程研究中心的可持续发展。

（10）工程研究中心应定期向各高校报告建设进展及运行情况。

三、“校企共建研发中心”的案例与经验

校企共建研发中心主要是通过学校的专业性质与对口企业的结合建立研发中心。对于学校，可以利用校企资产经营有限公司的桥梁作用，为学科发展提供更多的前沿动态、市场信息、产业结构和产品结构优化建议，并提供学科成果可转化的平台，最终实现校科研成果批量转化、成为现实产品投向市场的目标。对于企业而言，可以借助高校独特的人才资源和前沿的研发技能，降低研发的风险及成本。以下是几个典型的校企共建研发中心的案例。

（一）案例

案例一：南工大——中石化研发中心、南工大——中丹研发中心

2005年9月27日，中国石油化工集团公司与南京工业大学在宁签署合作协议，双方在南京工业大学组建中石化南京工业生物技术联合研究开发中心，校企合作共同开发我国国民经济所急需的生物燃料和生物材料。

南京工业大学自2006年实行改制以来，围绕专业办产业，突出南京工业大学专业特色，以市场需求为导向，依托专业优势兴办高科技产业。现今南京工业大学参股、控股企业达40家，仅有两家属于传统企业，高科技企业占有率达95%（如图5-9所示），科技企业真正成为南京工业大学科技产业发展的主导力量。

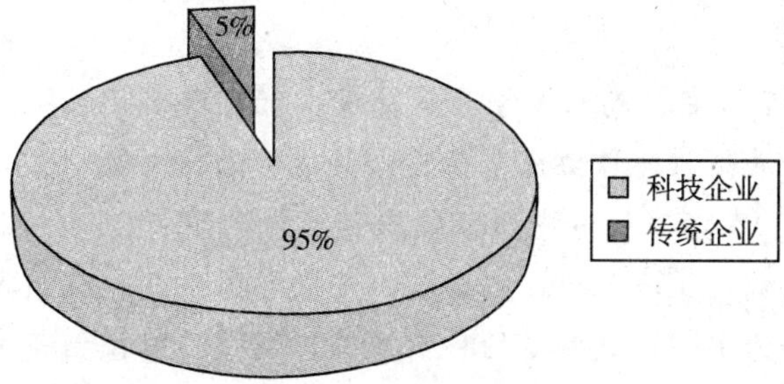

图5-9 南京工业大学产业成分比例

科研成果向现实生产力转化难、科技经济"两张皮"不仅是高校存在的普遍难题，也是企业发展的"瓶颈"，怎样才能实现双方的共赢，南京工业大学想到了"联姻"：让企业把研发中心建到高校，企业省心学校省钱，实现学校与企业的双赢。

2008年，作为国内科研教学型重点高等院校的南京工业大学和作为国内精细化工业重点骨干企业的中丹集团约定，在中丹集团建有的省级专用化学品工程技术研究中心基础上，合作创建国家级工程、企业技术研发中心，重点研发新催化技术、定向合成技术、高效分离技术、脱色纯化技术等。

截至2009年底，南京工业大学科技产业产值已超过7亿元，同比增长16.07%，创造利润12745.7万元，同比增长37.37%，上缴税费6116.84万元，同比增长44.16%，如图5-10所示。

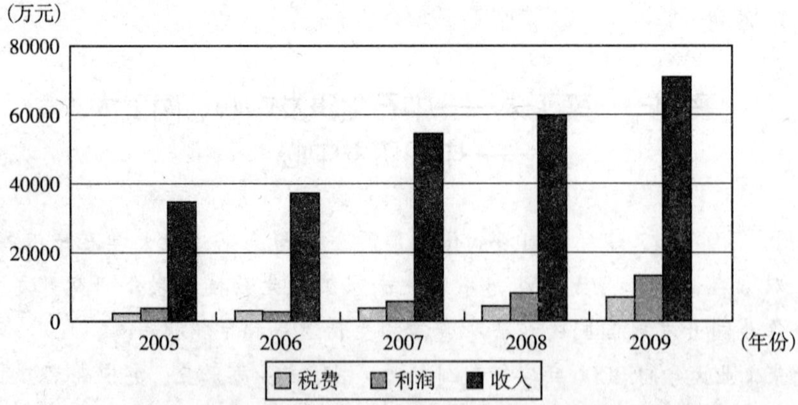

图 5-10 南京工业大学科技产业经营状况

案例二："南京大学——宜兴环保科技研发中心"

2005 年 12 月底，南京大学与宜兴市政府、中国宜兴环保科技工业园管理委员会三方正式签订合作协议，在宜兴共建"南京大学—宜兴环保科技研发中心"。两支强队在环保领域内的强强联合，为产学研合作、建设以企业为主的技术创新体系铺就了一条坦途。通过以宜兴环保企业为直接服务对象，将企业的技术需求作为中心优先安排的科研项目，增强了科技创新对区域经济社会发展的支撑力度。另外，以该中心为基础申报的"水处理与水环境修复教育部工程研究中心"成为南京大学首次获准建设的两个"教育部工程研究中心"之一。作为南大与无锡市全面合作的第一个启动项目，南京大学—宜兴环保科技研发中心是国内高校走出校门，把科技创新平台直接建在国家环保科技工业园区的第一家，也是南大探寻科技成果转化新模式的结晶。根据合作协议，中心坐落于宜兴中国环保科技工业园内，由宜兴市政府出资设立"南京大学—宜兴环保技术创新专项基金"，首期总金额 500 万元人民币，用于支持南京大学环保领域高新技术成果与宜兴市企业的合作研发、培育、孵化和转化等。同时宜兴市提供 10000 平方米办公及研发场地，用于中心开展技术研发。

案例三：华帅特 PC 板材应用工程研发中心

海盐华帅特塑料电器有限公司与同济大学桥梁工程系，根据杭州湾跨海大桥建设使用需要，共同组建"华帅特 PC 板材应用工程研发中心"，主要针对大桥复杂的跨水域气象条件，解决侧风对汽车行车的安全问题，保障汽车的行驶安全，并参照目前国际上最为先进的风障产品结构形式和技术指标要求而研究开发系列产品，保障各工程要求所需。该研发中心的产品除了具有透光率高、强度高、抗冲击、质轻、耐候、隔音、环保、阻燃等特性外，还具有安装方便、成本低、使用寿命长、美观等优点。其风障障条产品填补了国内空白，产品的技术性能达到了国际先进水平。该产品已申请了三项专利（其中发明专利一项、实用新型与外观设计各一项，实用新型已授权），并于 2008 年 12 月完成省级新产品鉴定验收。目前该产品已经应用于杭州湾跨海大桥与苏通大桥，反应良好。2008 年该项目获海盐县创新资金一等奖；2009 年获国家第一批科技型中小企业创新基金 60 万元，被认定为享有所得税优惠政策的高新技术企业；之后又荣获省科技厅“引进大院名校共建创新载体”项目 20 万元的资助。

（二）“校企共建研发中心”的问题

（1）对共建各方要求较高。合作各方必须有强烈的合作意向，有共同的研究方向，而且要在合作组织与合作制度等各方面达成合意。

（2）需要合作企业有较强的资金实力以维持基地工作的开展，这使共建科研基地模式不具有一般可推广性。

（三）“校企共建研发中心”的策略

1. 要充分发挥各类大中型企业在校企合作中的主体作用

（1）政府应鼓励企业积极参与和支持校企合作。将校企合作培养高技能人才、研发高科技产品作为建立现代职工和研发部门的重要内容进行部署和安排。

（2）建立健全校企合作研发的工作机制以及统筹安排好研发和生产、教学的关系，解决研学矛盾。

2. 建立完善的运作机制

（1）组织机构制度化。校企合作研发中心指导委员会和校企合作咨询委员会实行例会制度，定期或不定期召开会议，研究解决研发工作中遇到的新情况、新问题。

（2）合作模式深层化。既可以一校多企、一企多校，也可以多校多企；既可以将企业的资金、设备引进学校，也可以将学校的师资、技术投向企业；建立产生最佳效益的合作模式。

（3）确立学科与产业相互支撑、互动共赢的科技产业发展定位。

引导学科研究方向，转化更多成果，提供产业化源泉。需要出台相关科研和产业互动共赢的细则，以形成科研和产业无缝对接的匹配机制。

增强产业化意识，鼓励成果转化和反哺学科。出台科研成果产业化转化的激励细则，鼓励科研人员和校企资产经营有限公司形成稳定的长效合作机制，同时也应出台产业成果反哺学科的相关激励措施，从而最终形成科研不断创新和产业快速批量转化，两者交相辉映的格局。

3. 建立完善的保障措施

(1) 加强领导。高校与企业要建立统一的领导体制、工作机制和工作机构，加强与有关部门协调，充分发挥学科优势，形成省、市自上而下的管理体系，共同推进。要积极争取当地党委、政府的支持，把实施校企合作研发高科技产品提上党委政府的工作议程，并纳入政绩考核内容，建立目标责任制。

(2) 加强和改善服务。根据校企合作工作需要，加强教研力量，在教学管理、专业设置、教材开发上深化改革。在研发过程中，鼓励校企联合开发新实验，创造新工艺，并将此运用于高校教学上，努力打造高校特色教材和品牌学科。

(3) 完善政策体系建设。积极协调有关部门抓紧制定鼓励校企合作的激励性措施，构建校企合作的政府投入机制，调动院校、企业（包括小企业）参与合作的积极性。同时，对未按规定提取和使用研发经费或不遵守合作协议的企业，要制定相应的制约措施和解决办法。

四、“大学科技园”的案例与经验

大学科技园① 是一流大学的重要标志之一，建设和发展大学科技园是党中央、国务院的一项重要战略决策。10 年来，科技部和教育部联合启动的大学科技园建设工作，开创了一条中国特色的大学科技园发展之路，在服务经济社会发展和建设创新型国家中取得了显著的成绩。

（一）“大学科技园”的案例与问题

1. 案例 1：“公司化运作”的大学科技园

“公司化运作”或称“市场化”模式的大学科技园是指由政府或大学牵头建立，但其运行方式完全按照公司化管理和操作。“公司化运作”的大学科技园以东南大学、复旦大学、南京工业大学为典型。

以南京工业大学国家科技园为例，2005 年，南工大为校企共赢搭建了平台——南京工业大学科技园，目前科技园已初步形成“一园三区”格局：模范马

① 大学科技园是以具有较强科研实力的大学为依托，将大学的综合智力资源优势与其他社会资源优势相结合，为高等学校科技成果转化、高新技术企业孵化、创新创业人才培养、产学研结合提供支撑平台和服务的机构。

路校区8万平方米科技创新大楼是研发创新区，成为“种子”研发基地；在浦口经济开发区征地302亩，建设新材料、生物医药、循环经济等高科技项目孵化基地，并与南京高新区合作建设海内外领军人才“三创”载体，吸引海内外人才创新创业，实现高新技术产业化。南京圣诺热管有限公司表示，近3年来，利用南工大的先进技术，其公司在各行业回收热量折合标煤达到400万吨，产品远销韩国、俄罗斯、美国等国，市场占有率名列前茅。依托南工大先进的热管研发力量，该公司致力于能量回收利用及安全环保工程，有数十项科技成果获国家、省部级奖励。

近几年来，南京工业大学与南京、苏州、无锡、南通、连云港、宿迁等市开展了全面合作，取得了丰硕的成果。如今，该校又与常熟市签订了全面战略合作协议和共建常熟大学科技园协议。据南京工业大学党委副书记高明介绍，学校已有54位教授到常熟与企业对接，目前已签订2000万元的科技合作项目。

如今，南京工业大学国家大学科技园正成为江苏省高层次人才的重要集聚区，其中“种苗”孵化区已有140家科技型企业入驻，资产总规模7亿多元，2009年实现销售收入11亿元，利税超2亿元；“三创”载体建设两年多来，已创办具有自主知识产权的科技型企业23家，成为促进地方经济和社会发展的强力支撑。而南京工业大学也从中受益良多，该校已在国家科学技术奖这个全国最高科技奖励舞台上，斩获11个国家大奖。目前，校企已共建50余家研发中心。从2008年6月起，校企联合培养的研究生已有100多人。沈钢纲实验室、葛敏实验室、陈礼勤实验室——走进南工大科技创新大楼，这些以个人名字命名的实验室格外引人注目，如图5-11所示。

“公司化运作”的大学科技园建设模式应是发展到一定阶段的产物，需要在良好的基础上来运行。而且，以公司的形式进行市场化运作，需大量的资金支撑，同时也是一项长期的工作。

2. 案例2：“学校主导型”大学科技园

“学校主导型”的大学科技园是指以大学为主导的科技园发展模式，科技园完全以大学为主导来运行和管理，政府对此类大学科技园的支持仅起辅助作用。以“学校主导型”模式运行的国内典型大学科技园有武汉大学科技园、浙江大学科技园和厦门大学科技园等。以武汉大学科技园为例，该科技园是由武汉大学为主组建的国家级大学科技园，主要是以大学优势资源结合地方科技和经济及优惠政策而形成的高新技术园区。武汉大学科技园下设公司由武汉大学和当地政府共同出资设立，但武汉大学绝对控股，政府仅派了相关人员担任公司副总，专门协调科技园与政府的关系，该副总的工资由公司支付，但保留公职及档案工资。其

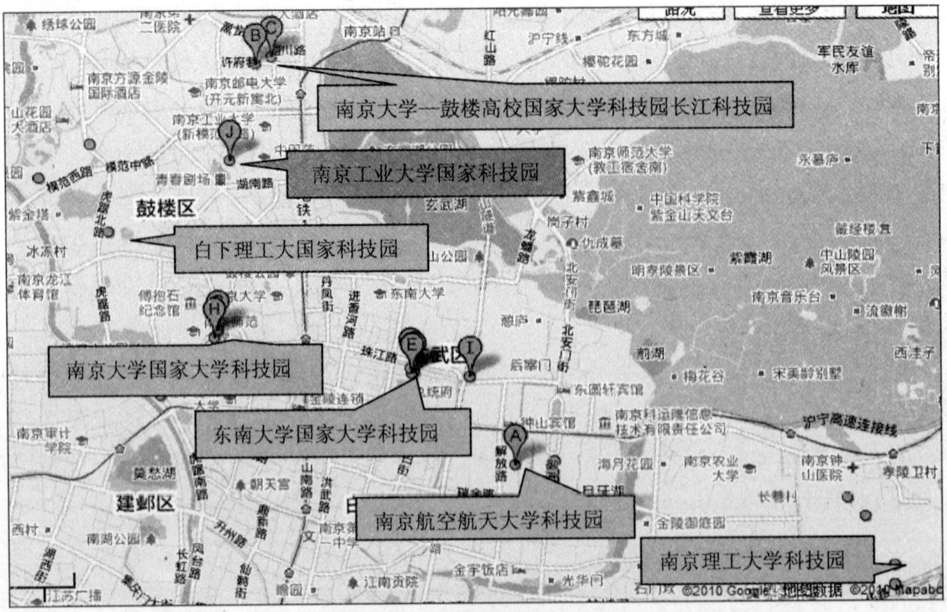

图 5–11　南京高校科技产业园

他人员实行招聘制，并实行月薪制，档案归人才交流中心托管，所有人员从公司领取报酬。

首先，大学作为高校有别于政府行政单位，在科技园的经营管理上，社会资源整合力度及协调力度相对较弱，导致后续发展乏力。其次，大学强调科技园的主要功能是进行项目的孵化以及科技成果的转化，但这是一个长期的过程，并且需要大量的资金支持，因而培育和孵化高新技术企业无疑是大学科技园的首要任务。最后，大学过于强调对科技园所有权的唯一性，在科技园的规划和管理上都以学校为主逐渐集权，然而以这一目标为导向，不利于吸纳其他共建单位及其他高校和社会资源，因此不能使其他高校的科技优势和政府资源优势在科技园得到最大发挥。

3. 案例 3：“政府主导型”的大学科技园

“政府主导型”的大学科技园模式是指由政府联合其区域内的主要大学共同建设和管理大学科技园，这种模式往往形成“一府（政府）几校”或是“一园（科技园）几校”的情况。“政府主导型”大学科技园区的典型代表有南京大学—鼓楼高校国家大学科技园和深圳虚拟大学国家大学科技园。南京大学—鼓楼高校国家大学科技园是由南京市鼓楼区人民政府和南京大学发起，联合河海大学、中国药科大学等八所驻鼓楼区高校共同创建的，集研发、孵化和科研成果转化于一体的“一府九校”共建模式。该科技园借助“官、产、学、研、金”相结合的体系，有效连接起了政府、高校、企业、市场等互补性资源，成功打造出南京高科技专利创业园、易发创业园等八个创业分园，形成了以广州路科技街等基地为主体的“两街一城一地”的科技孵化园区构架。

此种模式下，政府在建设科技园的过程中，关注的重点主要是所创税收的多少、就业机会的增加以及对地方经济的贡献，这主要与当前政府的绩效考核体系密切相关。因而，在大学科技园的运营过程中，政府看重的是如何利用科技园的牌子，重点引进和发展立竿见影的科技产业，从而忽视了大学科技园应该具有的项目孵化和科技成果转化功能，导致只重视发展比较好的大企业，忽视了那些正在创业和进行孵化的小企业。

（二）“大学科技园”的策略

1. 建立大学科技园战略规划机制

（1）建立科技园战略规划制度。政府与大学双方的中高层领导、执行层面员工需要及时地进行沟通和交流，在国内外环境发生变化的情况下，立足当地经济社会发展的现实情况，兼顾双方的利益和诉求，制定一个统一的、具有可操作性的目标和战略规划。在制定大学科技园的战略规划时，要充分关注战略的层次性和体系性，包括长期战略、中期战略与短期战略等。

（2）建立科技园投入产出循环机制。大学与政府的合作应以市场机制为基础，按照市场经济规则进行。作为公共服务部门的政府和非营利机构的大学在科技园的软环境建设方面起主导作用，建立良好的市场秩序是政府的职责，此外还应提供完善的政策服务体系。政府的公共服务不能抑制市场机制，相反，要促进市场机制的发育，弥补市场机制的不足。大学科技园的建设和发展需要很大的投入，不能单靠政府，还需要依靠市场机制吸引社会企业和风险资本的投入。政府要为科技园创造良好的软环境，培育发达的市场机制，吸引社会资源向国家大学科技园汇聚，实现其“造血”功能。

2. 大学科技园工作机制设计

（1）实施管委会工作制度。一要建立定期会议制：由大学科技园的管委会组织召开，就有关科技园发展的重大问题、科技园的长期战略规划以及科技园的年度发展目标、计划等进行研究，安排部署近期工作。二要建立定期督查工作制：由学校和政府派人轮流主持科技园工作的完成情况汇报，督促检查工作目标和任务的落实情况。

（2）实施办公室工作管理制度。建立起完善的工作管理制度，包括会议制度、文件管理制度、工作信息定期通报制度等。与科技园有关的会议等原则上应双方派人参加，如有一方不能参加，则参加方应及时向未参加方传达会议精神或相关情况；上级及有关单位颁发的文件、资料无论哪一方收到，都应及时按程序传阅；另外，科技园发展规划、企业情况、经济指标等方面的信息资源均属科技园共有。

（3）利益分配制度。科技园实际所得的政策返还资金应该按一定的比例分配给入园企业发展。工作经费和协调费用，绩效考核奖励，其他共建费用以及用于招商引资、成果转化和工作的经费等，需接受审计或上级财政的监督。

3. 推进“孵化器”实体化运作，引入投融资机制，增强科技园的整体实力

在高校大学科技园蓬勃发展的态势下，加速推进科技“孵化器”的实体化运作，尤其需要引入投融资创新模式，鼓励其投资、并购、重组、合作校内外的科技成果，增强科技园实力，使之真正成为具有自我造血、自我发展能力的产业投融资主体。

（三）“大学科技园”发展计划

《中共南京市委关于聚焦“四个第一”实施创新驱动战略打造中国人才与科技创新名城的决定》（宁委发〔2011〕36号）规划到2015年在各区（县）和高新区、开发区、产业园（工业园、文化创意园、现代农业园等）、科技园、创新园区，与高校、科研院所合作共建大学科技园20个。经南京市科委认定符合条件的大学科技园，由市相关投融资平台办理注资手续；大学科技园内建设公共技术服务平台，经认定符合条件的，由市科委根据建设进度分阶段安排建设经费补助；经市科委认定的大学科技园管理运营公司税收补助由市、区（县、开发园区）两级财政部门按照地方留成部分给予全额补贴；大学科技园内创业企业、研发机构使用依托高校科教资源产生的费用，其补贴申请由大学科技园管理公司汇总审核后报送市科委，并提供收费单据、服务合同等证明材料。

第四节　技术创新支撑体系之三：“产业技术研究院”的案例与经验

产业技术研究院是依法成立的进行产业技术研究的专门机构。其基本职能在于开发或改进产业技术，并向企业进行技术转移。产研院的其他主要任务一般包括：根据产业需求，对共性技术、产业关键技术和前瞻技术进行研究和开发，以求加速产业技术水平提升，增强产业竞争力；运用多种渠道向产业界推广研究成果；服务于中小企业技术升级，落实政府中小企业政策；培养产业内专业

技术人才。

和传统科研机构、高校和企业相比，产研院有两个显著特点：第一，产业技术研究院的研究开发重点是实用技术，而不是基础研究，其围绕科技成果商品化、产业化和市场化进行应用性研究开发，向企业提供技术转移和各项工业技术服务。第二，实现规模化研究开发，形成集聚效应。本节着重于分析产业技术研究院的管理运行及支撑体系的设计。产业技术研究院是以某领域为主要研究方向，以产业科技的研发为手段，以产业化转化为目标，按市场化的经营模式运作，以开放性的平台支撑某产业技术研发活动，引领某产业发展的一个新型政产学研合作的组织形式和研发实体。产研院的运行由四个层次组成，分别是管理层、技术平台层、项目公司层和承接企业层。在“四层次”运行模式中，管理层处于最顶层，是整个产研院的管理决策中心；第二层是技术平台，即政府投入仪器设备、公司投入项目等建立的产业技术支撑平台，技术平台以产业共性、关键技术的研究开发为目标，体现政府投资的公益性，也是政府、企业、高校等各方引进海内外产业科技领军人才的落脚点之一；项目公司处于第三层，是由企业、高校（科研院所）等以资金、技术等组建的各种形式的研发、开发中心；第四层是承接企业，即研发成果的承接转化企业。

（一）产业技术研究院管理体制

1. 组织架构设计

组织架构是指对于工作任务如何在组织内部进行分工、分组和协调合作。组织机构的模式创新和改革主要涉及其性质、定位，具体体现在组织架构的改革和重组上。科学合理的组织架构必须符合权责利的合理分担、平衡等原则，并以有效的监督、约束机制作保障，保证机构运作管理的有序、稳定、高效。组织架构建设是产业技术研究院建设的关键环节，将直接决定产业技术研究院的运行效率和功能目标的实现。产业技术研究院模式的组织架构设置基于三重螺旋的理念，务求使不同组织的创新主体在这个共建的新组织内形成自然的、理性的共融。产业技术研究院实行“总院+分院”的模式，总院是管理、决策机构，指导、协调并服务各分院。总院工作人员可以采用“事业编制为主、专兼职相结合”的机制。分院是以市场为导向，按照区域产业发展规划，依托现有产业科技基础资源，有计划、有选择地与有关单位合作共建企业化科研实体，具体承担相关研发和转化任务。分院工作人员则可以“企业编制为主，事业编制为辅”。

（1）总院组织架构。产业技术研究院总院实行理事会领导下的院长负责制。如果需要推举一位在科技界较为德高望重的专家学者以提高产业技术研究院的学术声望和号召力，那么也可以实行院长名誉制和执行院长负责制的管理体制。在此，我们以院长负责制作为分析模型。理事会是最高决策机构，负责重大问题的决策、审议等。聘请学术界和产业界知名专家，成立学术委员会，为产业技术研究院的决策、科研提供咨询和论证。院长负责日常事务的管理，对理事会负责，领导各行政职能部门、分院等开展完成各项具体工作和任务。总院的行政职能部门设置应以精简为原则，可以设立综合办公室、计划财务与资产处、产学研合作处等主要职能部门，当然也可以根据发展和实际需要进行必要的增补或整合。综合办公室主要承担行政事务处理、人力资源管理、人才培训教育等职能；计划、财务与资产处主要承担发展规划、会计、分院考核、经费与资产管理等职能；产学研合作处主要承担知识产权管理、技术转移、对外交流合作等信息服务职能。

总院的组织结构如图 5–12 所示：

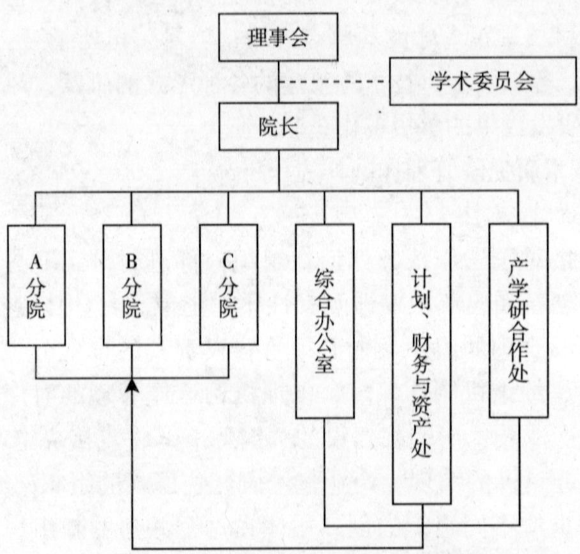

图 5–12 产业技术研究院总院组织结构

（2）分院组织架构。产业技术研究院分院实行理事会与董事会共同领导下的院长负责制（或院长名誉制，执行院长负责制）。理事会和董事会是分院最高决策机构，均由总院、企业、高校、科研院所等各方代表及独立人士组成，本着分工协作的原则共同负责分院重大问题的决策、审议等。聘请学术界和产业界知名专家，成立产业技术委员会，为分院的决策、科研提供咨询和论证。院长由理事会和董事会共同选聘任命，负责日常事务的管理，对理事会和董事会负责，领导各行政职能部门、研究所等开展完成各项具体工作和任务。

分院的部门设置与总院一样，力求精简与整合。可以参考沿袭总院，设立综合办公室、计划财务与资产部、产学研合作部等主要职能部门。综合办公室主要承担行政事务处理、人力资源管理、人才培训教育等职能；计划、财务与资产部主要承担发展规划、会计、研究所考核、经费与资产管理等职能；产学研合作部主要承担知识产权管理、技术转移、对外交流合作等信息服务职能。相关研究所的设置应紧紧围绕分院的核心产业技术领域，根据实际情况灵活设置或撤并。

分院的组织结构如图 5–13 所示：

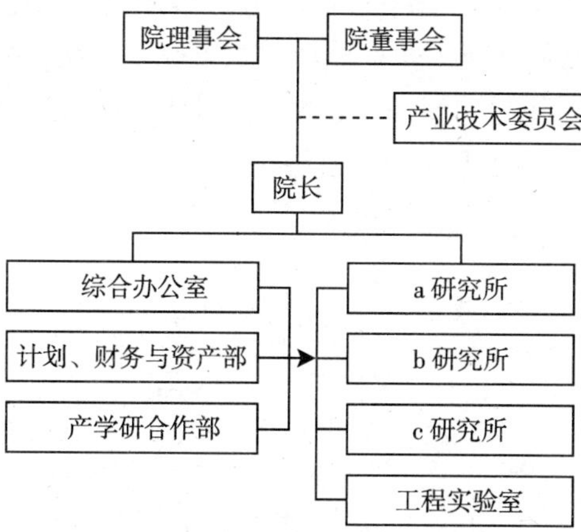

图 5–13　产业技术研究院分院组织结构

2. 运行机制设计

运行机制是引导和制约决策各项活动的基本准则和相应制度，是决定行为的内外因素及相互关系的总称。要保证机构各项工作的目标和任务实现，就必须建立起一套灵活、高效的运行机制。国外发达国家及我国台湾地区一些建立时间较早、发展较成熟的科技研发机构在长期运作过程中逐渐形成了各具特色的运行机制，非常值得学习和借鉴。但必须清楚地看到，这些运行机制都深深地植根于它特有的社会、经济、文化制度环境中，所以我们在借鉴吸收其经验时绝不能简单地照搬照抄，而是应充分考虑我国特殊的社会制度和环境，结合基于三重螺旋的产学研合作创新机制和科技创新资源途径分析的启示，创造出一套真正高效合理的运行机制。本节主要就产业技术研究院模式的综合管理与运作机制、分院的设立与考核机制、投入与经费管理机制、人员聘用与管理机制、研发与转化机制、知识产权制度、利益分配与风险应对机制等进行探讨。

(1) 综合管理与运作机制。产业技术研究院总院应该隶属地方政府，由地方政府的主要领导或分管领导主持指导。总院负责产业技术研究院日常事务的管理与决策，具体包括战略规划、“非竞争性”经费和资产管理、审查与考核、对外交流合作等，并负责制定产业科技研究远期规划等。总院对分院进行宏观调控和指导，对分院的发展建设规划进行审议、论证。分院作为总院的下属机构，接受总院的统筹管理和绩效考核。总院设立“会议制度”对分院进行管理。总院有权选择设立或撤销分院。总院建立统一的专利与技术转移信息服务平台，集中发布各分院的专利与技术转移信息，为分院的专利与技术转移、转化提供服务。

分院是企业实体法人，由理事会和董事会共同对分院重大事务进行管理、决策。实行自主管理和经营制度，自负盈亏。分院具体承担研发和转化任务，有权独立签订研发和技术服务合同，并管理其“竞争性”资金。分院的运作过程可以由四个层次组成，分别是分院管理层、技术平台层、项目公司层和承接企业层，如图 5-14 所示。

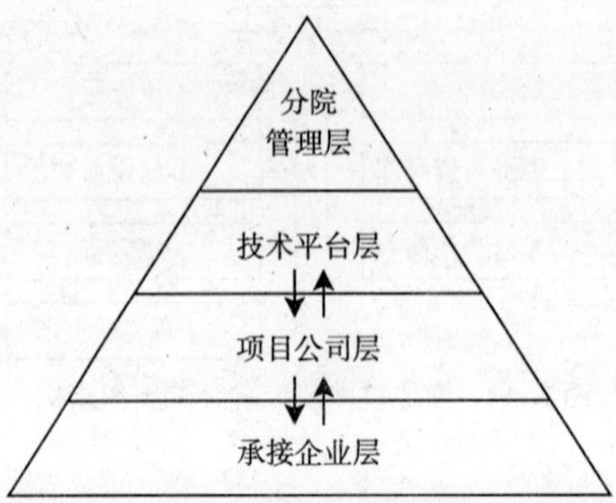

图 5-14　产业技术研究院分院的运行模式

在“四层次”运行模式中，分院管理层处于最顶层，是分院的管理决策中心，也是政府、企业、高校、科研院所等各方引进海内外产业科技领军人才的落脚点之一；第二层是技术平台，即由政府投入仪器、设备等建立的产业技术支撑平台，技术平台以产业共性、关键技术的研究开发为目标，体现政府投资的公益性；项目公司处于第三层，是由企业、高校、科研院所等以资金、技术等形式入股组建的股份制科研公司，并以股份制公司的形式建立并维持产学研合作研发的持久稳定关系，因此项目公司是产业技术研究院模式的创新特色之一；最下层的是承接企业，即研发成果的承接转化企业，既包括入股项目公司的企业，也包括未入股项目公司的其他相关企业。

分院的“四层次”模式形成了完整的“产学研耦合决策管理——产业共性关

键技术研究——技术应用研发——技术转移及产业化”的产业科技成果转化链式格局，是三重螺旋创新体系的具化，使得“三个失效”问题的解决落实到了实际操作层面。即：政府通过总院对分院科研经费的拨付、技术平台设备仪器的投入等切实有效的资助与引导，解决了企业在高投入、高风险的共性关键技术研发方面的“市场失效”问题；产学研合作的项目公司使研发紧贴市场需求，并且在经营、研发、转化过程中以企业化的机制运行，解决了纯政府属性科研机构的应用性研发项目立项不准和经营机制不活的“政府失效”问题；此外，以研发为主营业务的股份制科研项目公司也避免了一般企业研发部门经常出现的技术人员研发理念与企业经营理念发生冲突的“研发失效”问题。

(2) 分院的设立与考核机制。分院由政府、高校、科研院所及企业联合共建，分院的设立应符合一系列标准和规定。首先，应慎重确定分院的研究领域，根据具体区域的科技、产业特点和优势，特别是未来产业科技发展的重点领域，将分院是否以这些领域为核心研究领域作为批准其设立的第一道门槛。其次，应重点考察依托或共建单位的资质，包含科研实力、研究基础、财务状况、发展潜力等。最后，应有依托单位所在地下级政府的实质性支持与资助；应将分院尽量设在高新技术产业区、大学科技园等科技园区，以利于直接享受现有的各项财税优惠政策。

总院应制定合理的绩效考核评估机制，对分院的设立进行评估与批准，并对分院的研发、转化等运作过程进行考核，应以成果实现商品化为考核的基本标准，并据此决定“非竞争性”经费的投入额。此外，还应定期考核评估分院的整体运作绩效，对达不到预期目标要求的予以警告、调整，对连续两次考核结果为不合格的分院予以撤销，并按规定收回总院已投入的房屋、装备和土地等。以此形成良好的激励与竞争机制，促使分院不断提高自身管理水平和研发业务水平。

3. 投入与经费管理机制

产业技术研究院总院的建设投资应由政府全额支付，分院的建设应由总院和依托共建单位共同出资。分院的建设资金及研究经费来源可以由“非竞争性”资金、“竞争性”资金及各种形式的入股等组成。分院在财务上独立，自负盈亏。这里，有必要对“非竞争性”资金和“竞争性”资金给出具体解释。“非竞争性”资金是指政府投入的科技事业资金，主要用于前期建设、装备购置、人才引进和事业编制人头费等。其中，一部分无条件下拨分配，其余部分根据分院或研究所上年度业绩进行分配，从而充分调动分院和研究所的积极性，提高非竞争性资金的利用效率。“竞争性”资金则是指公共科技计划招标课题经费与产业界的合作研发合同收入以及相关政府补贴、财税优惠等，主要作为研发运行经费。而各种形式的入股就是指高校、科研院所、大型企业集团以资金或设施设备投入等形式进行的入股合作建设，以及风险投资的投资入股等。总院对分院的投资方式（即“非竞争性”资金）可以是资金、房屋、土地使用权、设备等。总院对分院的建设投入及研发经费资助等属于无偿投资，不转化为股份，但保留所投入房屋、设备、土地等的所有权。各共建单位各种形式的投入形成对分院的股份持有。

分院日常运行管理经费投入可按照各项目公司注册资本占所有项目公司注册资本总额之比分摊。按比分摊避免了各项目公司因规模差异而导致经费均摊之争，促使各项目公司努力提高对分院技术平台的利用水平，从而提高各自分摊经费的回报率，同时也间接提高了分院的管理水平。另外，在一定程度上也形成了一道项目公司设立或进入的无形门槛，即如果企业的技术研发及研究领域对该分院的技术平台依赖度不高，或者在此平台上将获益甚少，则其自然不会要求进入该分院或与之合作，技术平台的利用效率也因此而得到一定的提高，产业技术平台的共性关键作用将得以体现。

产业技术研究院的运行必须以形成良好的资金循环为目标。对于经费资助和研发补贴等，在产业技术研究院建设运行前期的3~5年时间内，政府应每年按一定预算额给予无条件拨款作为起步经费，以保障其度过最为关键和困难的初期运作与发展阶段而进入正常运行轨道。在若干年以后，产业技术研究院自身逐渐形成比较良好的资金循环后，政府每年可根据产业技术研究院上一年度整体研发收入水平确定具体拨款额度，以此激励产业技术研究院努力提高管理和科研水平。总院对政府拨款（“非竞争性”资金）进行集中管理和分配。经费资助的方式可以借鉴德国弗朗霍夫财务模式，即把“非竞争性”资金分为两个部分，一部分无条件分配给分院，以保证战略性、前瞻性研究；其余部分则同分院上年的总收入和来自企业合同的收入挂钩，按比例分配。弗朗霍夫协会的实践证明，这种做法既保证了科研机构基本公益目标和基本运行秩序的实现，又有效地提高了政府资助资金的使用效率，提高了研究机构开拓客户资源和自主发展的能力。

总院应考虑设立科技发展基金和科技创业基金，科技发展基金主要用于研究院内无偿项目补贴、分院技术平台设施建设等，资金来源是政府专项投入；科技创业基金主要用于对研究院实施的重大产学研合作项目、有产业化趋向的前瞻性自定项目进行有偿投入，也对项目实施过程中有团队创业趋势的项目进行投资。这两种支持方式均按照项目实际情况设定年限退出，有偿资助是原值退出，创业投资则按照市场机制退出。资金来源可由政府直接投入一部分作为引导资金，吸引社会资本（各类基金、创风投机构）组成，应以专业的技术和投资团队进行管理，初期也可考虑与现有的创投公司或担保公司合作，进行委托管理。此外，分院对已成功产业化并实现收益的项目成果提取无条件收益回报，以补充分院的发展与管理经费；收益回报可根据项目成果的销售额按5%左右的比例提取，年限一般不超过5年。通过总院的收益回报机制和分院的收益提取机制，最终将形成总院和分院的两级资金循环机制，实现产业技术研究院的自我发展。

4. 人员聘用与管理机制

总院理事长应由地方政府主要领导担任，体现总院的事业属性并能充分发挥政府在产业引领、科技促进等方面的重要作用。副理事长和理事由参与共建的政府、企业、高校、科研院所等各方代表组成。院长（或执行院长）均由理事会选聘、政府任命，应具有相当的学术造诣和影响力，职责是负责总院日常管理工作。总院管理人员应实行“以事业编制为主、专兼职相结合”的人事制度，即专职行政管理人员均为事业编制，学术委员会聘请的一批具有较高学术造诣的专家为兼职非在编人员。以国内的现状，总院的政府背景及事业属性已经在实践中被证明是较为必须的。例如，与产业技术研究院模式较为类似的广州中科院工业技术研究院，从设立之初经过短短两年的运作，即从纯企业属性改制为具有政府背景的事业属性的产学研合作应用性科研机构，这其中，政府背景对于广州工研院申报、承接课题及对外信用度等方面的作用十分关键。

分院理事长由总院派员担任，副理事长和成员由参与共建的政府、企业、高校、科研院所等各方代表组成。董事会的组成及董事长的遴选由股东会议决定。分院院长（执行院长）由理事会和董事会共同选聘，应具有产业界和学术界的双重背景及较高的学术水平。分院院长（执行院长）负责分院的日常管理工作。分院工作人员原则上由分院自主聘用，分院科研人员编制可实行“科研人员双重身份制”，即对于共建单位在职科研人员，可保持其在共建单位的原有编制和身份。分院新聘科研人员实行“竞争性”事业编制。所谓“竞争性”事业编制，是指分院聘用人员工作满若干年并取得重大科研成果的，可给予产研院事业编制，人头费由总院拨付。但属于产业科技创新创业领军人才引进计划的，经总院批准可直接给予产业技术研究院事业编制。为加强产学研合作的紧密性，分院的一个重要特色就是可以聘用大量的研究生进行研发工作，这一制度也是德国弗朗霍夫应用研究协会的成功经验之一。研究生的聘用一方面可以降低分院的科研成本，另一方面可以为共建高校提供一个稳定的科研实践场所，使研究生在校期间就可以参与企业的实际研发项目并赚取一定的生活费用。同时，这一制度可以为产业界培养真正符合需求的技术人才，从而形成独具特色的产业技术人才培养机制。

5. 研发与转化机制

研发与转化主要由各分院具体实施，总院对分院的技术研发、转化和财务等进行审核。分院的项目立项、研发、转化及产业化等必须以产学研合作为基础，总院才能给予研发资助和配套服务，以确保成果符合市场需求、具有良好的应用前景。产业技术研究院应建立开放的研发系统，项目研发可以跨分院合作，也可以与外部其他企业、高校、科研院所等交流合作，并支持和鼓励产业技术研究院的技术人员与外部的交流、学习、互访。开放性还体现在当某专利或技术转移后、企业准备进行再研究或应用开发时，可经核准进入产业技术研究院，利用开放性平台的有关研究设备、依托原技术研发人员团队共同开发，成果按协定分配。另外，产研院的实验室、基础设施等也对外开放。

分院的研发与转化机制主要基于“四层次模式”，但在实际运行过程中，四个层次并不是泾渭分明的，而是在各交互面上存在着合作与融合，构成整个分院的一体化研发与转化体系。分院管理层除统筹引进产业科技领军人才和管理技术平台外，也协调、引导各项目公司的研发活动，支持并管理项目公司与外部企业（研究机构）在技术平台上研发合作的开展。技术平台作为院核心技术中心（实验室），以产业共性关键技术研究为主，其运行主要由依托高校（科研院所）的研究人员展开。技术平台上的研发任务可以是针对产业发展趋势的前瞻性研究，或是来自项目公司的申请，也可以是来自外部企业的申请。项目公司在研发中可以基于技术平台中的共性关键技术进行二次开发，可以先期加入技术平台的共性关键技术研发，还可以在技术平台上与院内其他项目公司或外部企业展开研发合作。项目公司的研发项目主要来自政府专项计划项目、政府公开科研项目、企业委托或合作项目、自拟项目等。同样，承接企业可以直接承接项目公司的成果，也可以提前介入项目公司的研发，从而为后期成果的承接与持续创新积累知识和经验，并培养提高承接企业技术人员的研发创新能力。在成果承接阶段，分院管理层也将视项目成果的价值和前景选择介入，投入扶持资金用于成果的产业化或原始创业。在四层次模式下，产学研合作贯穿于项目立项、研发（小试）、转移（中试）、产业化的整个过程，淡化了研发、中试、产业化之间的界线，有效提高转化速度和转化成功率。

另外，在科技成果转化中，对于“产业共性技术”等竞争性项目研发成果，应遵循“非营利性”原则，可以由政府给予转移补贴，以推动成果快速推广和扩散，提高产业整体竞争力，并保证后续应用技术开发的竞争性。允许科研人员随科技成果一起转移，以提高科技成果转化率和实现成果应用的效用最大化。同时，应鼓励科研人员利用其成果创办科技型企业，经总院审核批准可给予部分启动资金投入，依托单位或产业技术研究院应保留其职位若干年，从而为创新创业人才解决后顾之忧，释放其创新创业激情。

6. 知识产权制度

知识产权制度是产业技术研究院模式成功与否的关键，应本着保障合作共建各方权益，激发合作动力，有利于知识和技术快速向产业界转移、扩散，并体现一定公共利益的原则建立产业技术研究院的知识产权制度。股份制是建立产业技术研究院知识产权制度的基础。根据分院的“四层次”管理运行模式，项目公司是由企业、高校（科研院所）等入股组建的股份制科研公司，因此，从充分激发企业、高校（科研院所）及科研人员创新积极性的角度出发，应建立“知识产权归属项目公司”的基本制度，政府委托重大产业技术攻关或合同另有约定的除外。项目公司共建各方及科研人员按持股比例和在特定研发项目中的投入（含资金、设备、智力等）比例共享相应知识产权并获得相应利益。

产业技术研究院知识产权制度可尝试作如下规定：①一般情况下，知识产权归项目公司所有；②以产业技术研究院名义委托或接受委托，及与外部合作研发所取得的知识产权的归属依具体合同而定；③鼓励各种形式的知识产权转移与转化，总院有权基于重大公共利益对部分转移、转化过程进行指导和干预，但应保障知识产权完成单位（人）的相关权益；④对利用产业技术研究院的各种资源或经验所形成的知识产权及可能产生知识产权的成果，产业技术研究院和各共建、合作单位以及个人都负有保护和保密责任；⑤未经同意，共建单位及个人不得以产业技术研究院的名义进行任何形式的合作和获取任何形式的利益；⑥对侵犯项目公司知识产权的违法行为，产业技术研究院保留采取行政或法律手段予以制止并追索相应损失的权利，以保护产业技术研究院的合法权益。

7. 利益分配与风险应对机制

利益是否能被合理分配已经成为实现产学研有效结合的关键。为了确保各方利益得到合理配置，需要以产学研股份制合作为基础，设置一套科学合理的分配机制，充分调动产业技术研究院共建各方合作意愿，尤其是调动科研人员的积极性。应当根据产业技术研究院知识产权管理制度和实际合同中的约定，规定具体的知识产权的归属和利益分享办法。一般情况下，总院不拥有知识产权。知识产权可以属于项目公司、科研人员个人或集体、分院、企业等。应明确共建单位或项目合作方的项目成果收益比例，保证共建企业在成果转移、转化阶段的优先权，提高共建积极性。同时，必须提高科研人员对成果收益的占有比例，保证不低于某一水平。总之，只有科研人员的研究热情被最大地激发，才能真正提高研究水平和创新能力。

另外，应以宽容失败和鼓励创新为原则，制定科研风险应对机制。尤其在项目前期合作风险高的时候，或者前瞻性技术等难度高的项目中，总院应承担更多的风险，在投入资金、设备的同时也要提供相关法律、财税、金融等服务，并保障科研人员的基本利益，为研发创新扫除后顾之忧。项目公司内部可以按项目立项之初的投入比例分担风险，使风险应对处在一个明确的、可控的机制之内。

（二）产业技术研究院的政府引导与支撑体系设计

产业技术研究院模式的提出虽然是基于产学研各方的内在合作需求，但是其建立发展离不开政府的支持和引导，政府的引导作用在这样一种政府引导型的三重螺旋模式中显得尤为关键和重要。政府必须建立健全相关法律法规，制定相关产业、科技政策来保障和促进产业技术研究院的设立和发展，这也是政府在国家创新体系中起到推动者、协调者、引导者作用的具体体现。政府可以从以下几个方面来引导和支撑产业技术研究院模式。

1. 加强科技立法，完善法律法规

尽管我国也在科技发展领域制定了一些国家和地方性的法律法规，如《科学技术进步法》、《促进科技成果转化法》、《技术转移法》、《专利法》等，但是与发达国家相比，还远远不够，还没有真正实现和完善科技立法。有关产学研合作的政策法规分散于上述一些法律法规中，且存在一些规定的空白，如产学研合作形成的共有知识产权应如何确定产权归属，产生的收益如何分配等。美国的《国家合作研究与生产法》、日本的《研究交流促进法》以及法国的《技术创新和科研法》等法律都为本国的科技发展和产学研合作的成功提供了良好的保障和推动作用。而台湾工业技术研究院的巨大成功，也是以当局出台的《工业技术研究院设置条例》为基石的。因此，地方政府必须以立法的形式确定产业技术研究院的法律地位、性质、定位、组织、投入和管理等，使政府对产业技术研究院的投资与管理有法可依，有章可循。应借鉴美国的《国家合作研究与生产法》，制定专门针对产学研合作研究的法律，规范合作研究中不同主体间的权利和义务关系，指导在知识产权和利益分配中所出现纠纷的处理，以引导和鼓励不同主体开展合作研究，为其提供法律保障。此外必须重视条文的可操作性，避免偏重于原则性规定和指导。

2. 制定和完善政策体系，保障产业技术研究院的设立运行

主要发达国家在法律框架下均采用了相应的政策推动产学研合作创新的开展，如投入政策、财税政策、人员流动政策、产学研联合体政策等。日本的《产学官合作促进税制》在税收上为产学官合作项目提供优惠，调动合作的积极性。根据法国的《创新与科研法》，研究人员、工程师、教师等都可以参与转化其成

果的企业的创办，可以毫无风险地进入新的企业，因为一段时间后他们还可以自由选择继续留在新企业或回到原单位。这些完善的政策创造了良好的创新创业氛围，产业技术研究院模式的设立和运行同样需要一个完善的政策体系。

我国《中长期科技发展规划纲要（2006~2020）》及其配套政策中有一些促进产学研合作的原则性规定，但还需要通过中央及地方政府结合实际制订操作性强的财税政策、金融政策和人才流动政策等实施细则以推进产学研合作，保障产业技术研究院模式的设立运行。财政和税收政策是政府支持研发活动开展的重要杠杆，具体对于产业技术研究院模式而言，政府应该鼓励把产业技术研究院设立在国家大学科技园或国家级高新区，以利于直接享受相关财税优惠政策。政府还应制定一些具体针对产业技术研究院的财政税收政策，鼓励产业技术研究院合作创新。例如：制定引进产业科技创新创业领军人才的政策，在户口、创业等方面给予照顾和支持；制定鼓励企业、高校与产业技术研究院之间人才流动的政策；不仅对技术转移免税，也对以股权形式奖励给科研人员的科技成果实现形式在股权转让时免税；企业集团捐助产业技术研究院的科研发展经费可抵税等。

3. 设立产学研合作专项计划，重点支持产业技术研究院模式

通过科技计划等形式支持产学研合作已经成为不少国家的普遍做法，如美国的先进技术计划的目的就是向企业或企业与大学（科研机构）的联合体提供启动资金，进行高新技术的应用研究与产业化开发；德国的主题研发计划通常为企业和公共研究机构组成的研究联合体提供直接的研究资助；法国的科技协作行动计划支持企业、公共研究机构、大学等组建“无墙隔离”的科研结构。此外，瑞典的能力中心计划、英国的法拉第伙伴计划、芬兰的国家技术发展中心计划等也都有类似的强调和促进产学研合作研究的规定，这对促进产学研合作技术创新起到了重要的推动作用。

我国现行的国家科技计划虽然能在一定程度上促进科研发展，但很难满足不同层次产学研合作尤其是重大合作创新研究项目的需要。政府应设立产学研合作专项计划，弥补现行国家科技计划体系在支持产学研合作方面存在的不足。产学研合作专项计划应突出市场导向，面向企业需求，以产业关键、共性技术创新为目标，并重点支持产业技术研究院模式的合作研究。当前国际竞争力的核心是产业竞争力，产业竞争力的关键在于产业关键、共性技术，对产业关键、共性技术创新十分需要政府的大力投入，然而，政府掌握的公共资源有限，不可能支持所有的研究项目，这就需要将有限的资源集中在支持产业关键、共性技术领域的产学研合作创新上，以提高产业竞争力。产业技术研究院的定位是建立开放性的产学研合作平台和技术支撑平台，以产业重大、关键、共性技术创新为主要目标。

因此，政府专项计划的制定应该重点支持产业技术研究院模式。专项计划应该对产业技术研究院的研究领域给予重点资助，比如规定该计划资金中的50%要用来资助产业技术研究院的合作创新。通过专项支持计划，一方面能保证产业技术研究院充足的经费来源，另一方面能使产业技术研究院始终在政府的宏观引导下开展研发活动，从而促进政府有关产业规划、科技计划的实现。

4. 建立科技金融支撑体系，服务产业技术研究院模式

多数的产学研合作项目尤其是产业关键、共性技术创新项目具有高投入、高风险、缺乏抵押物等特点，因而无法满足金融机构风险防范的要求，致使产学研合作项目从基础研究到中试再到产业化的各个环节都存在金融支持不足的问题。虽然近年来金融机构也尝试创新业务模式，股市创业板也已开板，试图支持科技创新与创业，但仍受制于某些约束而进展缓慢。因此，需要政府在科技金融领域有所作为，引导建立新型的科技金融支撑体系。政府部门应建立专项基金，如科技风险投资基金、科技贷款风险担保金、科技成果推广周转金、民营科技机构贷款担保基金、农村科技基金和科技成果推广转化基金等，用于一些高回报、高风险项目的科技贷款的担保和补偿。还应该充分发挥非金融机构的作用，组建城市政、金、企联合投资公司或科技银行，为高新技术企业注入资金。在产业技术研究院模式下，还应考虑实现在政府资金引导下的嵌入式金融服务，真正发挥产业技术研究院的科技金融服务平台功能。需要注意的是，要建立金融、科技和经济相结合的体系，必须有体制和政策保证的市场机制，必须形成统一有效、运转灵活的机制，从而带动科技产业化实现新的飞跃。

（三）产业技术研究院的案例对比研究

1. 南京膜材料产业技术研究院

研发产业在一些发达国家已成为新的经济增长点，最典型的是以色列，其研发成果大多通过市场交易，在国外实现产业化，研发产业已成为该国的支柱产业之一。正是看到研发产业的巨大潜力，南京充分利用本地科教资源优势，培育研发产业快速成长，其举措之一是引导产业技术研究院大力开发成熟技术产品，实现研发成果的产业化和商品化。

南京膜材料产业技术研究院是依托南京工业大学材料化学工程国家重点实验室、国家特种分离膜工程技术研究中心成立的，由南京工业大学材料化学工程国家重点实验室、南京九思高科技有限公司共同组建，是南京探索研发产业的先行者，旨在依托膜材料领域的科技、人才优势组建膜材料产业研发基地。研究院通过实行市场化运作模式，积极整合膜材料领域的国内外科技与人才资源，以快速推进膜材料产业发展为目标导向；通过机制创新促进人才和科技创新资源的流

动；通过加强公共服务，提升企业的创新能力和优化创新创业环境，进而构建南京膜材料领域发展的人才高地、技术高地和产业高地，培育具有自主知识产权和国际竞争力的膜材料产业。

研究院以推动产业发展、培育具有国际竞争力的膜材料产业为发展方向，将重点建设技术研发、成果孵化、公共服务三大平台，实现膜材料关键技术研发、技术转移、产业孵化、应用示范、人才培养等主要功能，为推动、引领南京市膜材料产业发展提供有效支撑。

研究院按照“政府引导、市场运作、高校支撑、资源共享”的模式管理和运作，注册成立了独立的企业法人实体，注册资本 1000 万元，建设周期为 3 年，规划建设总投资 3 亿元左右，建成后将形成规模约 120 亩、建筑面积 6.5 万平方米左右的研发载体群。

研究院成立一年多来，通过紧密结合市场需求，发挥了其在陶瓷膜、有机膜研发领域的优势。浦口区政府通过与南京工业大学、膜材料产业技术研究所等合作，通过高校的基础研究到科研成果的中试、工程化研究，逐步形成了从国家实验室的技术开发到工程中心的中试生产，再到产业化开发的研发产业链，同时在浦口区成立了自主知识产权和国际竞争力的膜材料产业集群和产业基地，并形成了江苏膜科技产业园，如图 5–15 所示。

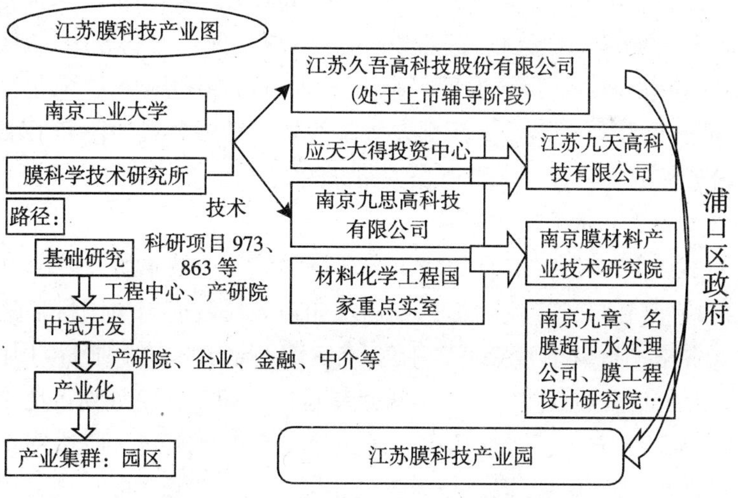

图 5–15　江苏膜科技产业园产业发展模式

2. 中科院深圳先进技术研究院

中国科学院深圳先进技术研究院（以下简称“深圳先进院”）是 2006 年 2 月由中国科学院、深圳市人民政府友好协商，根据中央建设创新型国家的总体战略目标和国家中长期科技发展规划纲要，并结合中国科学院科技布局调整的要求，围绕深圳市实施创新型城市战略等而共同建立的。深圳先进院由集成技术研究所、生物医学与健康工程研究所、先进计算与数字工程研究所、开放技术平台、工程中心、行政管理部门等组成，同时设立学术委员会、工业委员会。

深圳先进院的使命和愿景是建设一流的工业研究院，提升粤港地区及我国先进制造业和现代服务业的自主创新能力，推动我国自主知识产权新工业的建立，成为国际一流的工业研究院。

深圳先进院的目标是“一个引领、两个接轨、三个一流、四个能力”，即：

一个引领——在国家创新体系和区域源头创新活动中起骨干和引领作用，在包括核心技术、产业共性技术、人才教育、企业孵化等多方面起示范作用，成为新型国家研究机构的典范。

两个接轨——与国际学术水平接轨、与珠三角的产业接轨，这是实现“一个引领”的前提条件。

三个一流——“人才一流、科研一流、管理一流”，这是实现“两个接轨”的基础。

四个能力——发挥学科交叉特色、形成集成创新优势、建立经济预测机制、培养市场拓展能力。

事实上，经过4年多的发展，目前深圳先进院已经成立了多个研究所，研究人员达758人，2008年项目收入合同额达到1.93亿元，专利数达67项，位居广东省科研机构第二名。在科技成果产业化方面，已成功孵化出了强化、泰山、瑞格尔等共计14家高科技企业。深圳先进院的快速发展和成功得到了中科院院长路甬祥、国务委员刘延东、深圳市相关领导的充分肯定和高度赞赏。

3. 广州工业技术研究院

成立于2005年10月18日的广州中国科学院工业技术研究院（以下简称广州工研院），坐落在广州市南沙区，是由广州市人民政府与中国科学院共建的具有独立法人资格、行政上直接隶属于广州市人民政府的非营利性应用研究机构，是广州市政府创新发展模式的一个新试点单位。广州工研院规划占地158亩，总建筑面积13.5万平方米，目前拥有科研人员165人，规划一期达到435人的规模。广州工研院的任务是：以市场为导向，以工业产业技术领域中应用性、关键性、系统性的共性和核心技术的研发，以及相应的教育和技术服务为中心任务，创造知识产权与知识资产，并加强知识资产的应用和转移；通过知识资产创造能力和机制的构建，促使和持续支撑生产要素中高级专业要素创造能力的形成和不断加强，使之成为工业产业的核心生产要素，从而支撑和造就一批具有国际竞争力的企业和品牌。

广州工研院现有光电技术应用工程研究中心、城市公共安全技术研究中心、先进制造技术装备研究中心、激光技术与应用工程研究中心、CAE 软件应用与开发研究中心、环境与可靠性分析测试中心、中德物流与自动化制程技术研究中心、工业机器人与自动化工程研究中心、新材料制备加工技术联合研究中心、先进制造技术转移中心共十个研究中心。

据了解，研究院拟定在 2009~2013 年的五年内，以每年 20%的增长速度，为广州南沙区研发机构和企业培养至少 40 个博士后科研人员，相应完成至少 40 项各类科研公共项目，至少为相关单位实现年生产产值 15 亿元人民币。目前，广州工研院正在从最初的设立探索阶段迈向研发运营正轨，其发展的经验得到了广州市委市政府的充分肯定，另外以其设立运作经验为基础的广东工业技术研究院于 2010 年 3 月经广东省机构编制委员会批准组建。

4. 膜材料产业技术研究院与深圳先进院、广州工研院对比研究

（1）研究院性质对比。深圳先进院隶属中国科学院，是传统的国有科研院所，同时，深圳先进院又是站在科研机构改革前沿的新型国家科研机构，力图以全新的管理理念、全新的政策来创造崭新的研究院所发展模式。广州工研院则是非营利性应用研究机构，隶属广州市政府，是广州市政府创新科研发展模式的一个新试点单位。广州工研院在实质上是内地学习借鉴台湾工业技术研究院成功模式的代表之一。

在性质上，深圳先进院和广州工研院存在一个十分重要的共同点，即都是事业性单位。正是因为其事业单位属性，两院都获得了各级政府相当额度的科研经费拨款，例如广州工研院获得广州市政府的 3 亿元投资，深圳先进院每年获得的深圳市政府及中科院经费资助在 5000 万元左右，保证了其基本研发工作的开展。同时事业单位属性使其在政府课题申请、对外研发合作联系等方面具备了较为优越的地位，许多企业在选择合作单位的时候往往比较看重政府事业背景。这一点在广州工研院建设运行中体现得尤为显著：广州工研院设立之初定性为独立法人身份的企业，然而通过一年时间的运行，院方深刻体会到在我国目前的体制及惯例下，作为企业属性的工研院在申请政府课题时受到多种限制，在对外研发合作时缺乏背景支撑，而且也不能体现公益性，严重阻碍了其快速启动和发展。因此在一年后广州市又重新将工研院定性为事业单位，不过这种事业属性偏重于名义层面，研究院运作仍然实行企业化，但这一“变性”立刻使工研院成功赢得了多个纵向、横向课题。

反观膜材料产研院模式，实质上是深圳先进院及广州工研院模式的一种改进

和发展。首先，总院的事业属性能够保证产研院在获得政府资助和对外合作中具备优势，使其为产业界提供基础、关键技术创新服务的目标得到基本保障，这一点在深圳先进院和广州工研院的设立运行过程中已经得到充分的验证，因此具有合理性。其次，产研院分院的企业属性相对于深圳先进院和广州工研院是一种创新和优势。独立企业法人属性的分院无疑将具有更为敏锐的市场嗅觉和灵活高效的研发经营模式，在具体运作经营中，无论是深圳先进院的纯事业性科研机构模式还是广州工研院的事业属性、企业化运作模式都无法真正实现本质上的企业化运作。从两院的项目立项、成果产业化操作效果来看，也均未做到完全面向市场，深圳先进院仍保留着较浓厚的“中科院”色彩，广州工研院则遇到了“事业公益性”与“市场利润化”之间的冲突与矛盾。

因此，产研院的“总院事业属性+分院企业属性”模式既保留了深圳先进院和广州工研院的事业属性优势，又解决了“如何真正实现企业化运作”这一难题，在性质界定上具有科学性与合理性。

（2）功能定位对比。深圳先进院作为新型国家科研机构，其定位是与国际学术水平接轨、与珠三角的产业接轨，致力于提升粤港地区及我国先进制造业和现代服务业的自主创新能力，推动我国自主知识产权新工业的建立，在国家创新体系和区域源头创新活动中起骨干和引领作用，在包括核心技术、产业共性技术、人才教育、企业孵化等多方面起示范作用，成为新型国家研究机构的典范。

广州工研院则专注于工业产业的应用集成技术、高新技术产业的核心技术及社会公共事业的关键技术的集成和自主创新的应用性研发，着力研发具有自主知识产权的核心、关键、共性技术及新产品、新制造流程。其研究定位于创新链的中下游，以应用技术研发为主，瞄准市场需要的产品和技术集成，注重系统技术，注重原创，健步走出一条知识产权—知识资本—知识财富的路子。

产研院模式以产学研紧密合作为基础，整合区域科技创新资源，致力于共性技术、关键性技术和前瞻性技术的引进吸收和研究开发，并促使成果的转移和产业化，以创造经济价值、引领孵化新兴产业，与此同时引导培育相关产业科技人才。产研院主要功能是共建“四大平台”：开放性的产业科技支撑平台、产学研合作平台、人才引进平台和科技金融服务平台。

综观和对比三种研究院的功能定位，其共同点在于：①以关键、共性、核心技术研发为主要方向；②面向产业，注重成果产业化或企业孵化。这两点恰恰是当前我国技术创新过程中最为关键的短板所在，也是目前我国产学研合作研发的核心发展趋势。深圳先进院和广州工研院分别作为传统国有科研机构的改革先锋和新型应用技术研发机构的典型代表，在功能定位上不约而同地选择了以解决当前产学研合作和自主创新中凸显的重点、难点问题为目标，体现了关键共性技术创新和产业化问题的普遍性和国家政策的指向性。产研院的功能定位在这两点上与上述两院形成了一致，致力于共性技术、关键性技术和前瞻性技术的引进吸收和研究开发，并促使成果的转移和产业化，以创造经济价值并引领孵化新兴产业。从深圳先进院和广州工研院关注应用领域关键共性技术的研发及其取得的成功来看，产研院把握了我国今后很长一段时期内自主创新的发展趋势，定位准确。

相比深圳先进院和广州工研院，产研院的功能定位也有很大的区别和创新之处。首先，深圳先进院和广州工研院的设立由中科院或政府直接投资建设，并不是以产学研合作的科技创新资源整合为途径。而产研院是在政府引导下，基于区域内较为丰富的科教资源、产业界科技创新资源整合而设立，突出体现了产学研合作创新的地位和作用，是对国家中长期科技发展规划的核心“建立产学研合作的技术创新体系”的一种探索和尝试。设立基础的差异，将使得产研院较深圳先进院和广州工研院在产学研合作领域的效率更高，由此而生的产学研合作研发力量的增强也值得期待。另外，产研院模式下的内嵌式科技金融服务平台功能也是对我国科技金融服务功能的一种创新，因此，科技成果的产业化将得到更为便捷的金融服务，使得加速成果转化成为可能。

（3）组织架构对比。深圳先进院实行理事会领导下的院长负责制。由三个研究所、开放技术平台、工程中心、行政管理部门组成，同时设立学术委员会、工业委员会（见图 5-16）。

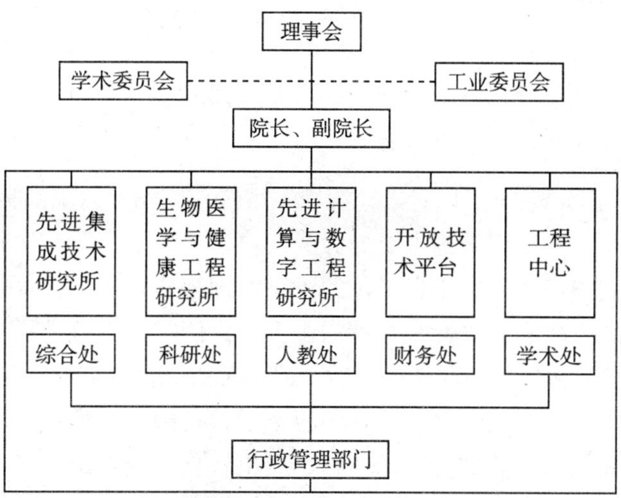

图 5-16 中科院深圳先进技术研究院组织结构

资料来源：中科院深圳先进技术研究院网站.

广州工研院实行理事会领导下的院长负责制。由相关研究中心、办公室、科技管理与对外合作处、知识产权与技术转移处、财务资产管理处以及一批公共实验室组成，同时设立专家咨询委员会，内部设立总工程师委员会（见图 5–17）。

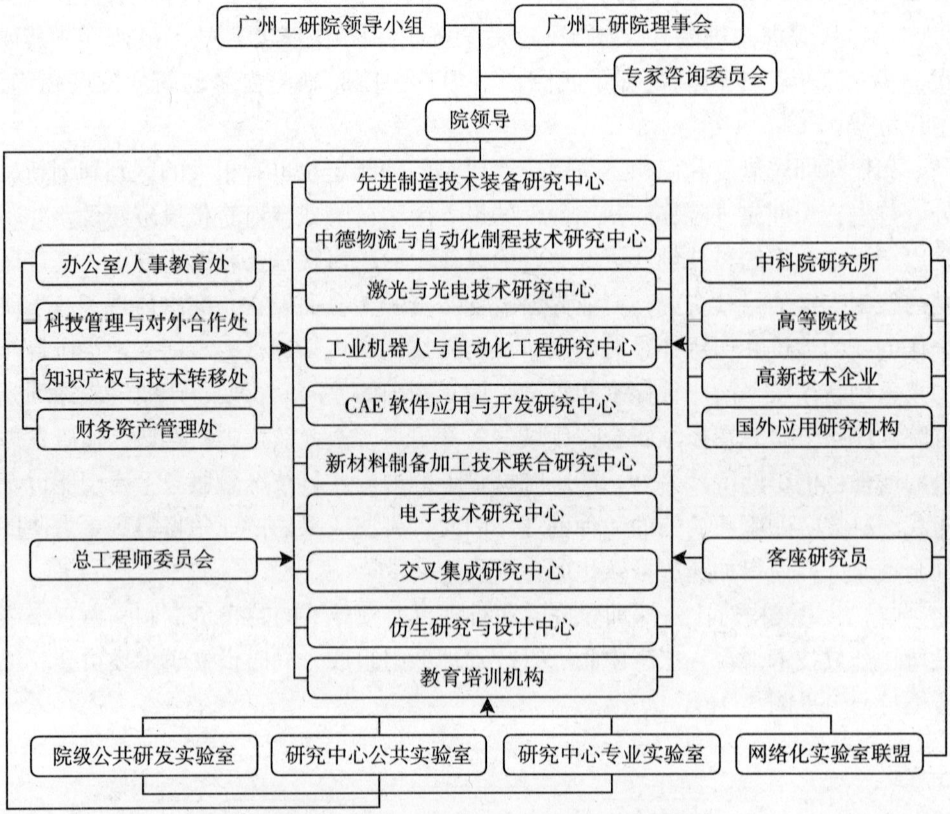

图 5–17　广州工业技术研究院组织结构图

资料来源：广州工业技术研究院网站.

从图 5–16 至图 5–17 可以看出，深圳先进院和广州工研院都实行理事会领导下的院长负责制，其组织结构主要分为两大块，一为研究所（中心），二为行政管理部门。两院的模式均属于扁平化的组织管理模式，提高了各研究所（中心）开展研发活动的效率和自主性。在部门设置上，两院都十分重视对外交流合作、技术转移以及成果转化。深圳先进院的开放平台由一批开放性实验室组成，对内对外提供技术支撑和咨询服务。工程中心则是首批国家知识产权转化示范基地，通过创业团队和支撑团队进行技术转移、成果转化和企业孵化等工作。同样地，这些工作在广州工研院则由科技管理与对外合作处、知识产权与技术转移处等部门负责。

产研院的组织结构因其总分院模式形成两个层级，分院在总院的管理架构下又具有自成一体的组织结构。总院组织结构或是分院组织结构单独来看扁平化特征十分明显，且部门设置具有“大部门、易协作”的优点，相对于先进院和工研院在具备同样功能模块的条件下更为精简和易于协调。因而产研院组织结构的关键之处在于明晰总院与分院之间的管理路径，使分院真正独立自主开展研发和转化工作，而总院相关部门则以提供综合信息和协调服务为主，从而保证职能明确，运作顺畅。

综上，产研院的总、分院组织架构决定了其具有部门精简整合、运作独立、反应快速等优点，但也易出现尾大不掉等问题，还需要从机制入手予以完善。

（1）管理、运行机制对比。在科研管理模式上，深圳先进院实施“橡皮筋”管理战略：在科研活动过多强调基础性、理论性研究，脱离工业发展要求时，则倾斜对工业发展的支持力度，使工业发展得以“拉伸”、成长；在过度强调工业实践时，则适度“拉伸”、加大科研的投入，从而通过资源的合理配置，促进科研和工业发展的相互作用和协同发展。广州工研院的研发管理强调成果的交接棒问题，即“研发→转移→产业化”的过程，延长了培育阶段，以确保交接的成功。可以发现，深圳先进院强调基础科研与应用研发的协同，广州工研院强调成果的产业化，这与其各自的背景是相符合的，同时显现出先进院产业化阶段培育不足和工研院核心技术研发力量不强的弊端。产研院的研发管理主要基于由分院管理层、技术平台层、项目公司层和承接企业层组成的“四层次”运行模式，分院以相关领域研发实力雄厚的高校、科研院所和企业为依托，在科研力量上优于广州工研院，与深圳先进院相仿；而在成果产业化过程中，产研院分院因其本身项目立项面向市场、全过程嵌入式科技金融服务体系而能快速实现成果转化或企业孵化，相较上述两院存在优势。因此，在科研管理及研发转化机制上，产研院模式优于深圳先进院及广州工研院。

（2）在经费机制方面，深圳先进院每年的科研经费来源中中科院拨款约占50%，横向课题占35%，其余占15%左右。在经费使用中，除固定拨付的经费外，先进院根据各研究所、实验室的成果数量和质量来评定经费奖励数额，对各研究所形成了激励效应。广州工研院在启动建设期间，经费80%~90%来自于广州市政府财政拨款，前三年共计1.5亿元，目前经费来源主要为自有经费、横向课题、与企业合作或提供服务三个途径，但在经费分配使用中尚未有较为明确的激励奖罚策略。产研院在经费来源上与上述两院并无差异，也是由政府财政拨款、科技专项计划、横向课题及与企业合作服务等组成，这样一种经费来源格局较为合理，既能保障产研院基本的科研经费，又能推动产研院积极对外争取各种项目、课题经费，逐渐实现良性资金循环。产研院经费机制最为关键的一点是其借鉴了德国弗朗霍夫应用研究协会的“竞争性”与“非竞争性”经费机制，总院在对各分院的经费拨付上，固定拨付一部分经费，即“非竞争性”经费；另外又考核各分院的运作绩效并据此拨付另一部分经费，即“竞争性”经费。这种模式充分激励了分院努力提高研发和转化效率的积极性，使总院拨付的经费能得到更有效的利用。因此，在经费机制上，产研院无疑具有更大的激励和效率优势。

（3）在人才机制方面，深圳先进院通过全球招聘，探索双聘教授、AF 教授机制，建立了“AF 教授+百人计划+青年团队”的科研队伍模式；构建了精细的职称晋升体系和透明的激励体系，强调提高知识产出效率；对科研人员以年为单位分级评估，实行上对下、同行和下对上结合的评价体系，实现了人员的有序流动。此外，还赋予所长等项目负责人一定的自主引才、购置设备等权利，并为科研工作开展提供最优的环境。广州工研院的研发人员全部都实行聘任制，以招聘为主，从依托单位引调为辅，调研中发现其在研发人员的组织管理上已经出现一些困难。相比较深圳先进院的中科院背景，产研院的人才招聘稍处劣势，但其以依托单位的现有人才为主，同时以海内外创新创业领军人才引进平台为突破口，创造人才高地。另外，产研院实行“科研人员双重身份制”，能以最为便捷快速的方式招揽到较为适用的高层次人才，从而解决引才难和留才难的问题，这是深圳先进院和广州工研院都无法相比的优势。

此外，不得不提的是，产研院的分院考核与进出机制也是相比深圳先进院和广州工研院的一个创新点所在，通过定期对分院进行严格的考核评估，督促分院提高管理运作绩效，否则将被淘汰出产研院系统，因此，从机制上保证了产研院高效的运作水平。这种机制是深圳先进院和广州工研院难以实行的，是由其独特的组织架构决定的。因此，产研院的分院考核与进出机制是一种创新。但是各合作主体的创新意识和目标较难达成共识，大学、企业、政府的价值观念冲突难以协调，还需要在合作动力机制上作更深入的探索。

（四）产业技术研究院的组建及运行策略

通过对比研究新型国家科研机构——中科院深圳先进技术研究院、新型应用技术研发机构——广州工业技术研究院以及膜材料产业技术研究院模式，我们可以较为直观地认识到产业技术研究院这种产学研合作组织模式的优劣势所在，在一定程度上间接地验证了产研院模式的合理性和可行性，也更为清醒地了解了产研院模式下一步的发展和改进方向，以及在组建运行过程中应该预料并提早制定应对策略的障碍和问题。具体组建及运行策略有以下几点：

（1）坚持产研院“总院事业属性+分院企业属性”的模式。总院事业属性已经间接地在深圳先进院及广州工研院的实践中得到了验证，在当前是一种合理的操作方式；分院企业属性则是产研院模式的一种创新和优势。在属性界定了以后，产研院的组建需要特别注意如何使总分院的事业和企业两种截然不同的属性得到平衡，即同时体现公益性和营利性。

（2）产研院的设立将面临资金和资源整合的双重压力，需要在广泛联系协调各资源拥有方的基础上制定合理的整合机制，尤其是应该反向思考，在充分考察各资源拥有方的参与合作意愿及意见后，重点探索调动各方积极性的动力机制。

（3）各合作主体的创新意识和目标较难达成共识，大学、企业、政府的价值观念冲突难以协调，组织关系差异大，因此，需要在合作动力机制上作更深入的探索，将产研院的合作动力建立在经济效益和学术价值的平衡之上。

（4）相较于深圳先进院的中科院背景和事业编制筹码，产研院的人才招聘稍处劣势，应该以产研院海内外创新创业领军人才引进平台为突破口，切实引进高水平的领军人才，并且在落户政策、创业优惠等方面与政府部门做好沟通，保障实施。

第五节 技术创新支撑体系之四：共建产业技术创新战略联盟

（一）产业技术创新战略联盟概念

2005 年，科技部、财政部、教育部等六部门为联合推进国家技术创新工程，首次提出了一个新的概念——产业技术创新战略联盟。2008 年 12 月，上述六部门发布了《关于推动产业技术创新战略联盟构建的指导意见》，产业技术创新战略联盟的主要特点：

在合作模式上，产业技术创新战略联盟不同于传统产学研合作，其在很大程度上改变了产学研短期、分散的合作模式。在组织形态上，联盟以企业为核心，通过与产学研联盟中的各主体间的优势互补和协同创新形成长效、稳定的合作机制，结成利益共同体，并通过共同协议和契约建立共同投入、联合开发、利益共享、风险共担的长效机制。通过产业技术创新联盟，产学研各方的合作能形成长期、紧密、稳固的合作关系。长期来看，联盟的建立有利于产业内各方融合，形成一批产业技术创新的领先集团，对行业发展有强大的推动作用。

在项目选择方面，产业技术创新联盟不是宽泛地解决各个企业独自面对的技术问题，而是聚焦于国家重点产业和支柱产业的核心创新发展需求上，以提升产业核心竞争力为最终目标，充分集聚、利用产业创新资源，通过高校、科研机构和企业在战略层面的有效协同合作，力求突破产业技术瓶颈，从而提升产业自主创新能力，提高国际竞争力。

在国家科研经费投向方面，“十二五”期间，国家科研经费可能不再向某个具体企业或科研单位投放，而是投向联盟。这样，有助于更好地带动高端产品进入国际主流市场，对提高“中国制造”产品在国际上的竞争力有重要意义。

以往企业和院校在联合申报项目时能同舟共济，拿到项目后便同床异梦，甚至同室操戈。成立创新联盟后企业和科研院所等成为一个利益共同体，有助于各方同心同德，共同发展。

（二）南京工业大学——产业技术创新体系经验

以产业科技创新为先导，通过借鉴研究型院所的科技产业创新模式，形成了南京工业大学特有的科技产业创新体系。该体系致力于进一步解放思想，创新机制体制，做大做强学科型公司。通过向14所、南瑞等重点科研院所学习，对学校生物与医药、新能源、新材料、节能减排等领域的学科型公司进行社会化改革，引入资本、管理、市场营销等优良社会资源，建立现代企业制度，实现企业在理念、用人、融资、管理、生产、营销等各方面的市场化运营，力争培育出3到5个产值在二十亿规模以上的科技研发产业集团，为江苏经济社会发展做出更大的贡献。

面对发展低碳经济的强烈需求，通过市校共建，强化政府主导，发挥大学机制与市场机制的各自优势，集成国内外优质创新资源，该体系力争用5年左右时间和1000亩土地，筹措30亿元资金，以生物与医药、新材料、节能环保领域为核心，促进科技创新与特色产业集群的有机结合；将南京国际创新园区（南工大）打造成一个集知识创新、技术创新、成果转化和产业集群以及现代服务业支撑为一体、国际一流的政产学研相结合的国际创新园区。

（三）太阳能光热产业技术创新战略联盟的案例

该联盟是国内太阳能光热利用领域建立在最高技术水平合作基础上的组织。联盟是在六部委《关于推动产业技术创新战略联盟构建的指导意见》精神的指导下，为贯彻国家“提高企业创新能力，建设创新型国家”的战略部署，落实“国家中长期科技发展规划纲要”而建立的。联盟建立至今已承担和建议了多项国家“973”、“863”项目。该创新战略联盟通过战略性合作、优势互补等方式以求达到提升企业自主创新能力、提高企业核心竞争力的目的，并最终希望推动我国太阳能光热产业的突破。该联盟的主要任务是：根据产业当前和未来发展的技术发展需求趋势，考虑现有科研条件和能力，在技术共享、创新资源共享的合作前提下，通过对产业内具有共性的关键技术进行集中式的公共创新活动，帮助企业实现技术突破，推动相关产业在核心技术、产品水平和标准上实现提升，逐步构建联盟在太阳能光热发电领域的产业链和供应链。

（四）产业技术创新战略联盟的优势

产业技术创新战略联盟的优势体现在团队作用力上。以太阳能光热产业技术创新战略联盟为例，其优势主要表现为三点：

1. 资源共享，利益相关

一旦加入联盟，该联盟的个体就成为一个完整的利益共同体，对太阳能光热产业的各方面，包括技术研究、生产工艺研究、技术推广、市场开拓等工作进行分工合作。此外，通过将联盟内成员拥有的资源进行重新整合，该联盟做到了资源共享，利益相关，同时注重充分发挥个体的优势，扬长避短。这种流水线式操作模式不仅大大缩短了研发投产的周期，提高了产品生产效率，扩大了产品覆盖面，而且加深了同行业生产与研究机构之间的沟通和联系，使产品信息和市场信息的传递更为简便、快捷。

2. 加强与政府部门的沟通

企业与政府，若是希望达到良好的沟通效果，就必须有一个中介机构，联盟就是这样一个不错的中介。

毋庸置疑，形成“联盟”更容易让企业和行业得到政府的重视。联盟不仅使政府政令的上传下达更为流畅，也更容易让政府机构了解企业的困难和需求，使企业的“声音”更清晰、迅速地传递到政府部门。

3. 对行业发展力量的“储备”作用和对行业的规范作用

在行业生产和销售市场尚未完全成熟的阶段，可以通过联盟形式培养一批未来的“储备力量”，作为将来行业内的支柱企业，以引导行业壮大。同时，可以通过对企业合作过程中出现问题的探讨，建立行业标准，规范行业发展。而这些，无论是对企业自身的发展还是行业的进步，都有长远而深刻的积极意义。

产业技术创新战略联盟将是科技体制改革的方向之一。产业技术创新战略联盟应以科技部为依托，以行业标准为准则，以竞争为手段，以项目为引领，以市场机制为基础，促进自身的发展。

第六节　技术创新支撑体系之五：共建战略性新兴产业中心

战略性新兴产业的建设以南京建设国家科技体制综合改革试点城市和国家创新型试点城市为契机，按照“专业化、高端化、市场化、国际化”的发展要求，全面推动南京市战略性新兴产业的快速健康发展。战略性新兴产业中心以产业、市场为导向，以优势学科知识技术化、核心共性技术工程化、产业前瞻技术引领化为主要任务。按照规划，到 2015 年，合作共建 60 个具有专业特色和区域特色的大学科技园和战略性新兴产业中心，形成以智能电网、现代通信、生物医药、新材料、现代交通、新型显示、软件和信息服务、传感网（物联网）、新能源与节能环保、现代农业等新兴产业为主导的发展新格局。

到 2015 年，各中心计划围绕战略性新兴产业打造 1~2 个国内一流水平的公共技术服务平台；年均申请专利 20 项以上，其中发明专利不少于 5 项；年均研发并转移转化的科技成果不少于 5 项。此外，计划通过战略性新兴产业创新中心累计集聚各类科技人才 200 名以上，促进南京市基本形成布局合理、特色鲜明、功能完善、运转高效、资源共享的战略新兴产业发展科技支撑体系。

（一）战略性新兴产业创新中心的主要任务

大学科技园和战略性新兴产业创新中心是南京市战略性新兴产业发展的重要引擎，是科技创业园区发展的重要支撑。其主要任务是通过地方行政资源有效引导南京高校的优势学科资源，面向战略性新兴产业开展关键技术与共性技术研发，提供公共服务，构建科技成果转移转化、技术集成与创新、人才引进与培养三大平台，实现应用研发、人才培养、支撑产业集聚三大功能。

（1）围绕战略性新兴产业，开展具有重大应用前景、前瞻性、交叉性、集成性的技术研究，形成引领产业发展的技术，为战略性新兴产业的持续发展提供支撑。

（2）面向战略性新兴产业领域内核心企业的需求，提供测试分析、科技咨询、创业辅导和融资服务等公共服务，为企业升级提供支撑。

（3）利用成熟的产业技术、产品，大力吸引海内外科技人才进行创业，并通过项目的研发，向企业转移高端技术人员。

（二）政策及保障措施

南京市以推进战略新兴产业发展和在宁高校优势科技资源转化为重点，进一步明确科技创新的政策导向，营造创新创业的良好氛围，加快形成科技创新推动产业转型的强大合力。

南京市重视大学科技园和战略新兴产业创新中心建设，积极与在宁高校对接，加强领导，加大投入，制定更大力度、更加优惠的政策措施，在建设用地、资金、税收等方面给予优惠扶持，以此作为培育未来经济新的增长点以及推动产业结构优化升级的重要途径。

政府有关部门要加强指导和服务，在工商注册、知识产权保护、产权交易、申报各级各类发展计划、改善生活配套条件等方面为大学科技园和战略新兴产业创新中心提供快速优质服务，积极营造支持大学科技园和战略新兴产业创新中心发展的良好环境。

对列入南京市科技创新重大平台建设规划、符合要求的大学科技园和战略新兴产业创新中心，南京市将安排 1000 万~3000 万元的建设补助，或参股跟进投资，并积极引导、鼓励风险投资参与大学科技园和战略新兴产业创新中心的建设，且对产生重大经济和社会效益的战略新兴产业创新中心，按一事一议给予补助。

对大学科技园和战略新兴产业创新中心建设的对产业有重大促进作用的世界级、国家级、省级产品认证中心、检验检测中心等公共服务平台，政府给予一次性奖励，其中国家级公共服务平台奖励 300 万元，省级公共服务平台奖励 100 万元。大学科技园和战略新兴产业创新中心以科技成果、专利技术进行科技招商，吸引投资者（企业）转化科技成果，对来宁投资 5000 万元（含 5000 万元）以上的项目，给予不低于 100 万元的奖励，但最高不超过该成果实际研发费用的 50%。南京市委市政府将以大学科技园和战略新兴产业创新中心建设与发展绩效作为对区县、开发区党委政府年度考核的重要指标之一。

（三）南京市战略新兴产业创新中心重点建设

1. 现代通信领域

以东南大学“移动通信国家重点实验室”为依托，结合中国无线谷建设工程，打造现代通信领域大学科技园和战略新兴产业创新中心。汇集产业高端人才，解决传感器件、技术集成、网络安全等领域关键技术问题，形成原始创新高地，集聚发展一大批无线通信领域的高技术企业。

2. 生物和医药领域

以南京大学“南京生物医药研究院”、南京中医药大学“江苏省中药（饮片）

现代化及产业化工程研究中心”为依托，结合南京生物和医药谷建设工程，打造生物和医药领域大学科技园和战略新兴产业创新中心。通过构建生物和医药研发与技术服务平台，促进生物和医药产业向高端化发展，推动高新区生物医药园及其产业化基地、浦口区国家火炬计划生物医药特色产业基地的建设。

3. 新型显示领域

以东南大学“显示技术研究中心”、南京理工大学“光电显示技术研发与推广中心”为依托，结合中国南京液晶谷建设工程，打造新型显示领域大学科技园和战略新兴产业创新中心。重点开展液晶面板工艺技术、关键材料技术、驱动电路技术等核心技术的研发，为南京液晶谷的快速发展提供有效的科技支撑。

4. 传感网（物联网）领域

以南京邮电大学“物联网学院”为依托，结合南京模范马路创新街区建设工程，打造传感网（物联网）领域大学科技园和战略新兴产业创新中心。重点解决信息安全和组网技术、采用TD技术介入物联网的感知网等物联网相关技术，加快现有成熟技术的产业化应用，推进南京物联网产业的跨越发展。

5. 软件和信息服务领域

以南京大学“计算机科学与技术系”、东南大学“计算机科学与工程学院”为依托，结合中兴通讯全球云计算中心、阿里巴巴云计算中心建设，打造软件和信息服务领域大学科技园和战略新兴产业创新中心，建设业务驱动需求开发模型、基于CMMI的项目管理平台工具、电信运营商支撑软件、商务智能软件、3G电信增值业务软件、信息安全应用软件等软件公共平台，支撑软件产业发展，着力打造中国软件名城。

6. 新材料领域

以南京工业大学“南京膜材料产业技术研究院”为依托，打造新材料领域大学科技园和战略新兴产业创新中心。重点在新材料设计及微观结构控制、纳米材料、复合材料、膜技术及其应用等核心技术产业应用方面取得突破，提升新材料产业发展水平。

7. 现代交通领域

以南京航空航天大学“能源与动力学院”为依托，打造现代交通领域大学科技园和战略新兴产业创新中心。开展航空航天、城市轨道交通等领域关键技术研究，构建现代交通产业创新合作平台，支撑现代交通产业的快速成长。

8. 集成电路领域

以东南大学“国家专用集成电路系统（ASIC）工程技术研究中心”、“射频与光电集成电路研究所”为依托，打造集成电路领域大学科技园和战略新兴产业创新中心。研究各种微型芯片设计、集成和制造技术，构建公共技术服务平台，重点支持具有自主知识产权的高端通用芯片、系统级芯片、功率芯片和专用芯片技术的开发及其产业化，支撑集成电路和信息技术产业的规模化发展。

9. 智能电网领域

以东南大学“电气工程学院”为依托，打造智能电网领域大学科技园和战略新兴产业创新中心。以电力系统装备、设备为中心，以灵巧输电、智能电网、变电站自动化建设等关键技术为核心，建设智能电网关键技术与设备研发平台，打造全国最大的电力传输控制、电能质量控制技术与设备以及电网管理自动化研发、设计生产基地。

10. 新能源与节能环保领域

以南京工业大学“国家生化工程技术研究中心”为依托，打造新能源与节能环保领域大学科技园和战略新兴产业创新中心。以实际工业需求和产品为导向，大力开发生物能源、生物材料、大宗化学品和精细化学品等领域的关键技术与产品，探索低碳绿色的高效生物催化模式，使一些关键技术达到国内领先，部分达到或接近国际先进水平。

11. 风电光伏领域

以南京航空航天大学“自动化学院”为依托，打造风电光伏领域大学科技园和战略新兴产业创新中心。重点突破风电控制、接入与监控、光电转化与并网控制技术及产业化，建设国内领先的风电光伏研发、检测、应用研究示范基地。

12. 现代农业领域

以南京农业大学“作物遗传与种质创新国家重点实验室”、南京林业大学“国家林业局林木遗传和基因工程重点开放性实验室”为依托，结合中国南京白马农业谷建设工程，打造现代农业领域大学科技园和战略性新兴产业创新中心。推动在生物育种、农林产品精深加工等方面更核心的技术创新，集聚大批现代农业科技人才，建设全国一流的现代农业科技创新与产业化示范基地。

第六章　科技管理综合服务体系建设

科技管理服务活动是政府、社会（公众）、市场（企业）等多方互动治理的过程。同时，公共职能的范围、形式、内容等方面也在逐渐发生着变化。科技管理服务是管理制度与提供科技产品服务二者的统一，本质上是满足社会与公众科技需求这一公共利益的政府行为。在科技管理服务的框架下提供公共产品与服务属于一种非市场机制的供给，政府作为公共事务管理的主体，在市场中发挥非市场机制的作用，对市场进行积极的干预。

科技管理综合服务体系是国家创新体系的有机组成部分，同时为国家创新活动及其战略管理提供重要的支撑性服务。其主要目标任务是建立高层次与多层次的专家决策咨询系统，为科技资源配置中的市场失灵提供“有限科技管理”；建立一个共享的流畅、快捷、准确、及时的信息传递网络；在有限科技管理服务部门的基础上，建设一支高效迅速的科技管理人力资源队伍；建立起公共科技活动长期、有效、健全的机制，形成与市场中科技活动互动的公共科技平台。如图6–1 所示：

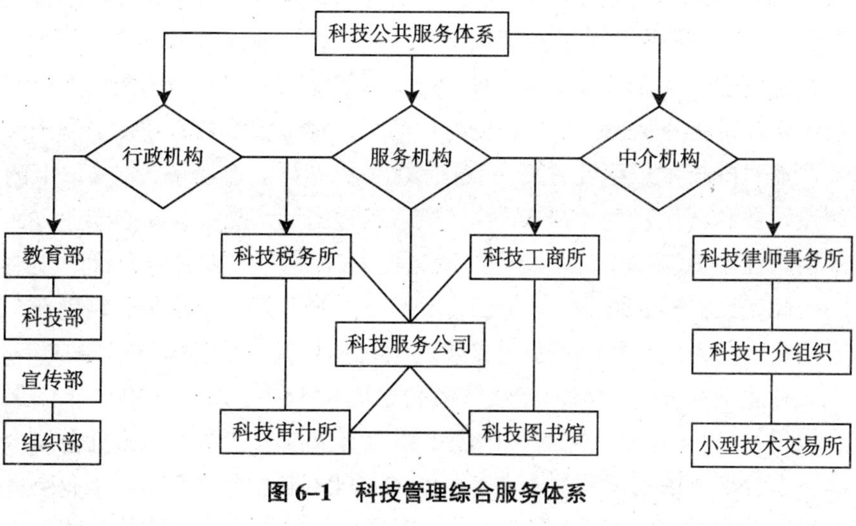

图 6–1　科技管理综合服务体系

尽管我国现有的科技管理体制正在逐步完善和健全，国家相关部门也越来越重视科技管理工作，但是由于中国科技管理起步较晚，管理体制较发达国家尚存在一些差距，再加上科技系统与经济系统各自相对封闭，我国科技管理体制还需要进一步优化。

南京市科技管理体制在全国范围来看，无论是在资金以及人力的投入上都位于前列，那么如何保持全国领先地位，并且向发达国家看齐，南京市依然需要进一步深入优化科技管理体制，加强对科技工作的监管。

第一节 科技管理综合服务体系的问题、改革举措与建设思路

一、科技管理综合服务体系的问题

（一）科学系统与经济系统协调不足

在科技管理体制改革过程中，科技系统和经济系统在推进科学技术进步方面都取得了很大进展，但仍然是在各自相对封闭的系统内部完成的，科技系统与经济系统依然是两个平行的系统，没有广泛的交汇点，科技与经济结合不足的问题并没有从根本上得以解决。具体表现在：

（1）经济方面：产业技术进步主要依靠技术引进，许多重要产业没有形成自主创新能力，一些重要领域甚至依赖于国外技术，产业本身缺乏自主创新，竞争力不足，在竞争中常常陷入被动局面。自主创新能力不足是当前制约产业结构升级和发展方式转变的瓶颈。主要表现为：第一，很多关键核心技术受制于人，一些重要产业对外技术依存度过高。我国100%的光纤制造设备、80%以上的集成电路制造设备和石化装备、70%的数控机床都是国外产品。在新兴产业方面，半导体照明产业中80%以上的大功率、高亮度LED芯片，太阳能光伏产业中90%以上的硅提纯技术等依赖进口。第二，重引进、轻开发，重模仿、轻创新，难以摆脱重复引进的困境。我国对引进技术的消化吸收投入明显偏低。2003年以前，大中型工业企业技术引进与消化吸收经费之比在14：1以上；2004年以来逐步改善，但仍在4：1左右。第三，国内市场为本土技术创新提供的机会偏少。大部分高技术含量市场被国外企业占有，2002~2008年，大中型工业企业引进国外技术的经费是购买国内技术的4.2倍，与我国处于相同发展时期的日韩当年所采

取的支持本土技术创新战略的差距太大。

（2）科学技术方面：科技改革和发展主要在科技系统内部完成，没有完全走出自身的小循环，没有全面进入经济社会发展的大循环之中。我国科技体制是一个自封闭的垂直结构体系，科研单位从事科学技术研究除了追求科学技术本身的发展之外，更多地是考虑如何对上级领导部门负责，而缺少与社会及企业之间的横向联系，使得科技成果在转化成生产力的过程中遇到阻力，主要表现在：第一，企业仍然没有真正成为技术创新的主体。当前，我国虽然已经涌现出一批优秀的创新型企业，但相对于全国几十万家规模以上的企业而言，总体情况不容乐观。只有当企业既是创新投入的主体，也是创新收益的主体，这样企业才能真正成为创新的主体。第二，缺乏集聚创新资源、优化要素配置的良好机制。技术、人才、资金是科技创新的三大资源，市场需求是科技创新的动力，一个地方的创新资源对经济发展的支撑能力强不强，首先要看这个地方有没有高效的集聚创新资源的机制，有没有对市场需求做出迅速反应的机制。当前国家和地方政府应坚持不懈地加大财政投入，以有限的政府资金来调动全社会资金打造集聚机制。

上述两方面因素导致了科技和经济之间“两张皮”问题无法从根本上得到解决。科技与经济相互脱节的关键原因在于管理体制：政府的科技与经济管理职能在组织结构和管理对象上分离，科技管理职能与经济管理职能分别由科技管理机构和经济管理机构行使，科技管理机构的管理对象主要是科研机构，经济管理机构的管理对象主要是企业。在工作上，科技管理机构与经济管理机构彼此间缺少有效的配合与协调。在这种体制下，经济政策与科技政策之间缺乏有机衔接，不利于科技与经济的相互结合和协调发展。

（二）顶层体制设计尚有欠缺

当前我国在科技管理机制上，没有突破传统的计划管理模式，行政色彩浓厚，体制性的障碍仍是制约科技发展的“瓶颈”。如条块分割、各自为政的局面仍然存在；没有建立起适应科研和技术开发规律的研发、评价和监管机制；对如何为科研人员创造良好的工作氛围、培育鼓励创新的环境等探索不够。结果造成科技资源分散、组织动员能力与协调能力不足，甚至影响到科技发展目标和科技发展战略的实施。

科技管理体制改革发展到今天，仍然有许多深层次的问题需要解决，包括与市场经济体制相符的科技管理体制所需要的基本法律框架、政府与市场的关系、科研院所的治理结构、社会力量的发挥、政府在国家科技发展中的职能定位、科技资源的使用和监督等，这些都是影响我国科技发展的重要因素。目前我国科技管理体制存在的问题主要有：第一，仍不符合市场经济体制的要求。在科技资源配置中，市场机制的基础性作用尚未充分发挥。第二，科技创新的宏观决策机制不适应发展的需要。表现为宏观调控能力不足，科技管理体制官僚化，科技和经济在国家层次上的决策机制中存在许多弊端；缺乏高层次的科技决策咨询、评估、监督机构，不能就科技发展和科技体制的总体设计、战略重点提供政策建议与咨询意见。第三，各创新主体适应制度变革的基础薄弱，企业自主创新能力不强，科研院所的运行机制还不适应科研活动多样化的特点。存在科技管理僵化，人才活力难以激发，无法适应科技创新规律的问题。

我国目前科技管理体制存在的问题，在很大程度上是由旧制度的问题和制度变迁导致的。只有逐步探索、研究和解决好这些科技管理中出现的新情况和新问题，走出一条适合我国社会主义市场经济的企业科技管理之路，我国的科技发展才会有一个更健康、更稳定的发展基础。

（三）科技管理部门管理不当

我国的科技工作由于受到长期以来的传统的影响，存在管理模式的思维不够开阔，效率不高，管理的范围过于宽泛、工作过于死板，以及制度陈腐且不善于与时俱进等问题，这些都为科研机构的自主创新造成了很大的障碍。我国长期以来注重细节的管理方式也很难保证科研经费的使用效果。另外，一些科研组织和科技管理部门之间作为一种“委托与代理”的关系，由于存在信息不对称，使得政府对社会组织的情况不可能进行全面的调查和了解，因而工作效果无法达到最好。同时，一些社会科研组织利用这种信息不对称，在提供信息的时候只提供对自己有利的信息，对于上级组织只报喜不报忧，甚至企图通过一些不良方式来争取资金及政策的支持，这些都对科技体制的创新构成了威胁。科技管理部门的精力都是有限的，在开展管理工作时，除了端正工作态度、一丝不苟对待科研工作，还需要量化工作细则，制定规范的科技管理职责说明书。因此科技管理部门的监管工作还存在许多不足之处，正因为此科技管理部门的科技管理活动难免存在较大的盲目性，其最终获得的效果也就不言而喻。目前来看，凸显的问题主要有：

(1) 计划管理缺乏科学性和公正性，管理人员对项目决策参与程度过高。近年来，各地区都出台了相应的《科技计划管理办法》，但《办法》大多都是集科技计划管理部门的项目决策、实施管理、监督、验收等职能于一体，对内部各处（科）室之间相互制约的关系的规范很少。《办法》中还缺乏有关公开征集项目或课题的条款，也没有有关科技项目评估、信用制度等方面的条款，使得计划管理的科学性、公正性受到影响。此外，管理人员对项目及经费的安排拥有较大的决定权，专家的意见只是辅助手段，再加上各种人为因素的影响，使项目管理缺乏科学性和公正性。

（2）地方及部门间协调衔接不够，导致计划重复立项。我国科技资源分散在多个部门，一些项目申报单位为争取更多的资金支持，采取多部门申报方式，加上部门之间、省级与市县之间、市县之间缺乏有效的协调和合作，各类计划界限不清、沟通不足，致使计划重复立项、多头交账。这种状况造成了科技资源的严重浪费，一定程度上影响了重大科技创新活动的有效组织。

（3）缺乏监督控制机制，对计划的跟踪管理、绩效评价还较薄弱。目前地方科技计划在一定程度上还存在“重立项，轻管理”的现象，在科技计划的审批论证、立项确认及实施中，时有前期紧，中、后期松的情况。同时项目立项、实施、产业化情况等都缺乏必要的监督和控制机制，对管理人员和科技人员也均缺乏必要的约束机制，从而导致了项目申报和审批立项的随意性。另外，缺乏计划项目执行的绩效评价体系，特别是更加科学、高效、符合市场经济规律的外部评估体系还没有形成。

（四）科技投入不足①

对于科技创新的投入估计不足，往往造成科技投入低，使用效率不高。目前，国内的研发（R&D）投入水平距离世界先进水平仍有较大差距。

根据2008年全国科技经费投入公报结果显示，2008年江苏省研究与试验发展经费支出达584.57亿元，是1997年的22.3倍，R&D经费支出与国内生产总值之比为1.92%，比1999年的0.45%提高了1.47个百分点，虽然这一增速在国内处于领先状态（见图6–2），但是这个比值较发达国家仍有相当大的距离，绝大多数发达国家的R&D经费强度都在2%以上，以色列甚至超过4%（见图6–3）。2008年全国R&D经费支出4616亿元，R&D与GDP的比值为1.54%。其中江苏省的科技投入经费在全国处于领先地位，2008年，全省科技活动筹集经费达1181.7亿元，科技活动经费支出达1134.3亿元，分别是1995年的14.7倍和15.3倍。在科技活动经费中，研究与试验发展经费是国际通用的衡量科技投入的核心指标。由于南京市在科技投入管理上缺乏有效的整合机制，有时难免造成重复立项与支持不足同在、投入不足与浪费低效并存的问题。

从R&D经费规模上看，我国企业已经成为R&D活动的主体，具备了与市场经济国家相似的比例特征，但是从企业构成来看，我国企业部门R&D活动具有两个重要特征：第一，外资企业R&D经费所占比重较高，高技术产业的R&D经费比重偏低。外资企业在我国企业R&D经费中所占比重逐年提高。第二，我国大中型工业企业R&D经费支出总额中三资企业所占比例从2003年的23.2%增长

① 任海云. 基于公司治理的R&D投入与企业绩效关系研究［D］. 西北大学博士学位论文，2010：90–96.

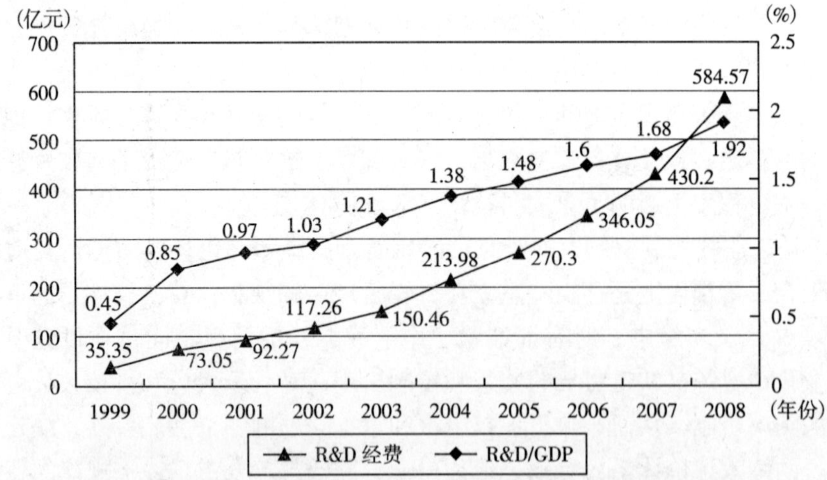

图 6–2　1999~2008 年江苏 R&D 经费及 R&D 占 GDP 比重

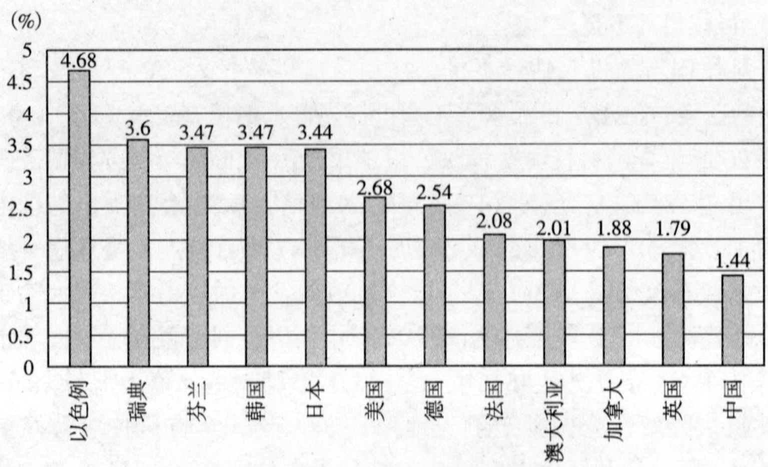

图 6–3　2007 年 R&D 经费强度国际比较

到 2007 年的 29.1%，取得了一定的成果。从 R&D 经费的来源和流向来看，多数国家的 R&D 经费主要来自企业。在我国，企业同样是 R&D 经费的最主要来源，其中企业资金占全国 R&D 经费的 70.4%，政府资金占 24.6%。而在许多国家，由政府提供的资金达到 R&D 经费总额的 1/3 以上，其中俄罗斯和加拿大的政府资金比例甚至高出企业而成为 R&D 经费的第一来源。

相较于发达国家，我国的高技术企业在全部企业 R&D 活动中的地位并不突出。2007 年，在我国大中型工业企业 R&D 经费总额中，高技术企业 R&D 经费只占 25.8%，这一比例远低于主要发达国家及新兴工业化国家（地区）的水平。这些国家（地区）的企业 R&D 经费总额中高技术制造业 R&D 经费所占比重都在

30%以上，其中英国、美国瑞典和法国超过了 40%，韩国高达 53.8%，而最高的中国台湾甚至达到了 72.3%，见图 6-4。

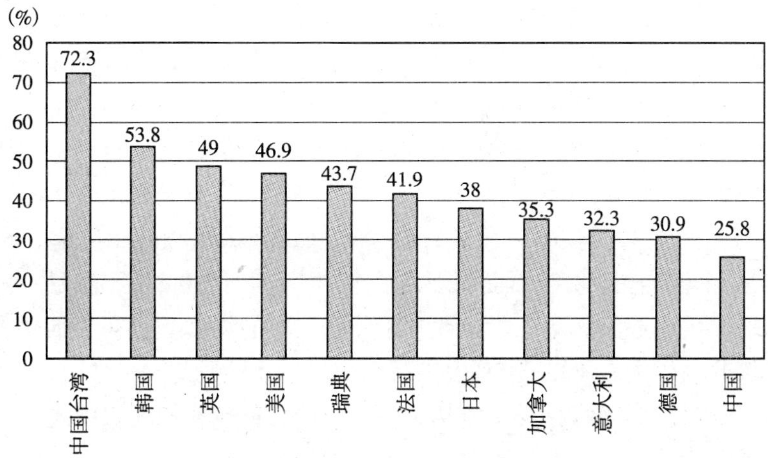

图 6-4 2007 年部分国家（地区）高技术制造业 R&D 经费占全部企业 R&D 经费的比重

综合以上统计数据，我们可以看出，在 R&D 总投入不足的情况下，我国高科技企业的 R&D 经费占比也远低于世界上多数发达国家和其他新兴经济体。这就造成了在高科技研发和创新方面的经费远远落后于世界先进水平的状况。除这个问题之外，在有限的科技资金提供下，我国科学仪器设备的使用率更是远低于世界先进水平。资料表明，一些发达国家的仪器设备利用率高达 170%~200%，而我国拥有的科学仪器设备很多都处于闲置状态，许多仪器设备的利用率不到 25%，有的甚至更低。因此，如何加大对科技产业的投入和如何利用有限的科研经费投入以更有效地推动自主创新工作，是南京科技创新体制改革需要深入思考的问题。

二、科技管理综合服务体系的改革举措

（一）支持南京进行股权激励试点

在南京的高等院校和科研院所以科技成果作价入股的企业、国有及国有控股的院所转制企业、高新技术企业及其他科技创新企业，可以对在科技成果研发和产业化上做出突出贡献的技术人员和企业经营管理人员实行股权奖励、股权出售、股票期权、分红激励等股权激励。

（1）企业用于股权奖励和股权出售的激励总额，不得超过近 3 年税后利润形成的净资产增值额的 35%。其中，激励总额用于股权奖励的部分不得超过 50%。企业以股票期权方式实施激励的，应当在激励方案中明确规定激励对象的行权价

格以及行权的业绩考核目标等事项。

（2）企业以科技成果实施产业化、对外转让、合作转化、作价入股形成的净收益，可以根据不同情况采取收益分成的方式进行分红激励。由本企业自行投资实施科技成果产业化的，自产业化项目开始盈利的年度起，在3~5年内，每年从当年投资项目净收益中提取不低于5%但不高于30%用于激励；向本企业以外的单位或者个人转让科技成果所有权、使用权（含许可使用）的，从转让净收益中，提取不低于20%但不高于50%用于一次性激励；以科技成果作为合作条件与其他单位或者个人共同实施转化的，自合作项目开始盈利的年度起，在3~5年内，每年从当年合作净收益中提取不低于5%但不高于30%用于激励；以科技成果作价入股其他企业的，自入股企业开始分配利润的年度起，在3~5年内，每年从当年投资收益中提取不低于5%但不高于30%用于激励。[①]

（二）积极建立“政府引导+市场运作”的社会科技资源配置模式

公共政策学认为，政策是政府实施宏观管理的主要方式之一。科技政策是现代市场经济下政府科技管理宏观调控的重要手段。对我国而言，一是要增加科技投入，二是要引导企业成为科技投入的主体。通过政府投入、中长期发展规划、信贷、税收、价格等经济手段，建立起社会科技资源投入体系。日本、德国、韩国三国政府都根据经济形势需要，非常注重科研等科技工作对社会和经济的责任，非常重视科技与经济的密切联系。因此，国家和地区中、长期科研规划的制定，应以法规形式制定严密的制度和严格的程序，减少科研项目的随意性、盲目性，使科研计划与经济计划紧密衔接。应该保证重点领域的科技投入，对其他大多数领域采取社会化和市场化的投入机制。在多方吸纳资源的同时还要加强对资源的管理，提高资源的使用效率。应加快国家预算体制的改革，根据不同类型科技活动的具体目标和资金运行规律，建立适应不同需求的国家资金预算管理方法和财政资金投入方式。

（三）构建激励与约束机制

目前，科研单位对科研人才的评估、考核存在简单量化的倾向，这也是导致科研工作脱离国民经济与社会发展需要的重要因素之一。科技管理部门应该在建立合理的薪酬制度基础上，构建完善的激励机制和约束机制，从而实现合理、科学的人才评估，切实推动科研人才的积极性与主动性。激励机制和约束机制是科研管理过程中最基本的制度安排，其目的是双管齐下、奖罚分明，对科研劳动及

① 股权激励具体办法参照财政部、科技部有关《中关村国家自主创新示范区企业股权和分红激励实施办法》（财企〔2010〕8号）文件执行。

成果进行奖励和褒贬，从而调整和控制科研人员的行为，充分发挥其积极性和创造性，提高科研管理水平。值得注意的是，虽然科技部门、科研单位正日益重视激励制度的构建，但是容易忽视个体差异性。按照马斯洛的需求层次论，需求是人类内在的、天生的、下意识存在的，而且是按先后顺序发展的，满足了的需求不再是激励因素。因此如果没有考虑人才的工作特征和需求的差异性，“一刀切”地对所有人采用同样的激励手段，则难以达到预期的效果。构建激励机制与约束机制的具体措施如下：

（1）对高校院所教学科研人员实施分类管理，对从事科技开发和科技成果转化的科技人员在进行考核评价和评定专业技术职称时，主要考核其从事科技成果转化的实绩、承担企业横向科研项目经费的数量以及社会服务的效果等。高校科研院所科技人员承担的企业横向科研项目（课题）所获经费中，直接分配给课题完成人和主要参加人员的比例最高可以达到40%。

（2）鼓励在宁高校、科研院所实行专兼职相结合的用人制度。在宁高校、科研院所的科技人员经所在单位与本人的合同约定，可以保留不少于5年的在编身份，离岗创办企业，在宁转化科技成果，并办理缴薪留职手续。其基本工资由高校、科研院所按原渠道发放，并代缴各类社会保险费，本人在年底时一次性将单位所发工资（含各类社会保险成本）上缴所在单位。在缴薪留职期间，参加年度考核，考核合格的正常晋升提薪。中途或期满后创新创业科技人员可续签身份保留协议或回原岗位工作。

案例：《南京工业大学科技奖励暂行条例》的颁布

南京工业大学为了调动科研积极性和创造性，加速科学研究的进程、加强学科建设和人才培养，提高高校的整体研究水平，制定了《南京工业大学科技奖励暂行条例》并颁布实施。条例对于科技成果实行精神奖励和物质奖励相结合的办法，其中包括：

（1）成果奖：必须是获地（市）级以上（含地、市级）政府或具备向国家申报科技奖资格的部门授予的科技奖励成果；或经国家科技部批准，由国家奖励工作办公室审核登记的社会力量设奖奖项。

（2）论文奖：必须是南京工业大学在校教职工以第一作者身份，且在国内外有关学术刊物上发表并被权威检索工具收录的论文。

（3）著作奖：经正式出版机构出版发行的书籍。

（4）专利奖：必须是经中国专利局或其他国家专利局授予专利权的专利，

且南京工业大学为专利权人。

《南京工业大学科技奖励暂行条例》的颁布，对科研成果有了比较明确的量化考核激励措施，进一步完善了高校激励机制和约束机制，调动了高校内部科研人才的积极性与主动性。

（四）努力促进在宁高校及研究所科技成果的产业化进程

在制度经济学中，一般认为制度是保证交易进行和降低成本的途径，有效的制度安排能达到基于最低成本的最大产出。科技体制是科技活动的组织结构、管理体系和活动制度的总称。科技体制分为科技研究体制和科技管理体制两大部分。科技研究体制涉及到科技单位的内部组织形式与社会联合形式、科技财产权的占有方式以及运行机制三个方面的内容。科技管理体制主要分为政府管理体制和科技单位管理体制两个层次。在科技制度安排上，加强科技中介机构建设，完善国家科技创新体系。按照英国经济学家弗里曼的理论和国家创新系统的框架，政府、科研机构、企业、中介机构是创新体系的四个关键因素，诸要素的协调运作构成国家科技创新的基础研究、开发应用、中介转移三大体系。近年来，许多发达国家为了适应国际经济科技竞争的需要，也大力采取类似的政策措施，建立起技术转移的中介机构，促进科技成果产业化进程。南京市科技管理体制改革可以采取以下方式：

（1）在宁高校、科研院所以技术转让方式将科技成果提供给企业实施，可从技术转让所得的净收入中提取不低于20%最高不超过70%，用于一次性奖励科技成果完成人和为成果转化做出重要贡献的人员；采用股份制形式实施转化的，可以将科技成果形成股权的不低于20%最高不超过70%奖励给科技成果完成人和为成果转化做出重要贡献的人员。高校、科研院所承担企业委托科研项目完成后的节余经费，允许用于为转化科技成果而兴办的科技型企业的注册资本金，成果完成人可最高享有该注册资本金对应股权的80%。

（2）高校、科研院所科技成果，由企业购买或成果单位自行在宁实现产业化的，自项目实施年度起三年内，该成果转化产生的新增增值税地方留成部分按收入归属级次，由同级财政奖励给企业，用于企业技术研发投入。

（3）在省、市两级政府投资的重点工程中，在同等条件下，优先采购在宁高等院校和科研院所与企业产学研合作取得的自主创新产品。省、市有关部门对采用上述自主创新产品的政府投资项目，优先安排环保、交通、能源评估，加快审批，优先安排财政预算，确保资金额度。

三、科技管理综合服务体系的建设思路

科技管理是指通过对管理科学的运用，对人力、物力、财力资源进行优化整合的管理行为。面向公众的科技管理综合服务是政府职能转化过程中面向公众提供的基本科技服务，与科学技术的传播普及密切相关，其以公众的科技需求为基础，旨在提高公众的科学素质。公共科技服务体系建设是在实施建设创新型国家战略和建构和谐社会过程中，推进我国基本公共服务均等化目标实现的战略选择。

所谓科技公共服务是以政府为主导，包括公共部门、科学共同体、企业、社区及个人等多主体参与的，通过对公共科技资源的配置和利用，为满足公众生产生活中的科技需求和相关科技利益诉求而提供公共科技产品与服务，最终实现提高全民科学素质的目标。

科技管理综合服务体系可分为行政机构、服务机构和中介机构三部分。行政机构由国家、省市级行政单位构成，制定相关科技法规政策，并促进科技成果的生产。服务机构由科技税务所、科技工商所等机构组成，为科技型企业提供各项相关服务。中介机构包括科技律师事务所等单位，促进科技成果向经济成果的转变，并保护科技型企业相关的知识产权。

（一）科技管理综合服务体系的定义

科技管理综合服务体系的制度系统是指规范公共科技服务的法规政策和工作体制机制等的总和。我国现有公共科技服务体系的法规政策已初步形成了中央、部委、地方三个层级，包括法律、规章、意见、纲要、规划等专门法规和相关配套政策在内的六种类型的系统化制度格局。公共科技服务体系的建设对提升我国公民科学素质，实现建设创新型国家战略具有重要作用，是新时期坚持以人为本原则、学习和实践科学发展观、建设和谐社会的战略性选择。

（二）科技管理综合服务体系的构成

科技管理综合服务体系作为一个管理系统需要由各种机构来支撑，由三个部分组成：一是行政机构，二是服务机构，三是中介机构。

行政机构主要由国家教育部、科技部、宣传部、组织部、中国科协、江苏省科协等部门构成。决策机构要做好各部门间的事权配置，防止在履行公共科技服务中出现模糊行为以及在责任承担时出现相互推诿的情况。

服务机构是为各个科技单位，例如科技型企业、风险投资公司、中小科技公司等进行咨询服务的机构，提供税务、审计、法律等多方面的服务。另外，政府应当为科技创新提供温床，为孕育出更多高科技成果提供条件。例如，建立专门

的科技图书馆，便于科研人员在研究过程中寻找资料。

中介机构包括科技律师事务所、科技中介组织等为科技成果转化成为商业成果提供中介服务以及为最终执行起到直接或间接促进作用的机构。

新中国成立以来，我国已建立了学科齐全的科学技术体系，但是对于科技管理综合服务体系的建设仍有待完善。现在，全国拥有1700多万名各类专业技术人员，5000多个独立的科学研究与开发机构，近8000个企业技术开发机构，200多个重点实验室，3500多个高技术企业以及52个国家级高新技术优势和潜力的单位。

20世纪80年代以来，我国的科技工作按照“经济建设必须依靠科学技术，科学技术工作必须面向经济建设”的战略方针，围绕促进科技与经济相结合、加速科技经济一体化步伐进行的科技体制改革，取得了令人瞩目的成就。但是，科技管理服务体系的建设仍有待完善，科技与经济脱节的问题没有得到根本解决，组织结构也不尽合理，宏观管理体制尚未理顺，改革中创造的新的运行机制还有待规范化和法律化。另外，科技人才的培养模式过于扁平化，人才流失率偏高，难以吸引外部优秀科技人才。因此，建立适应社会主义市场经济体制和科技自身发展的新型科技体制，仍然是南京市科技工作的首要任务。

南京市对科技工作的探索在全国还是首屈一指，南京市科技广场的建立更是开辟了全国各大城市科技创新管理工作的先河，在下一小节将详细介绍南京市科技广场的经验。

（三）科技管理综合服务体系的建设构想

1. 科技审计师事务所的创建构想

（1）科技审计师事务所的构想。审计师事务所是依法由社会组织成立的从事社会审计工作的组织机构。而构想中的科技审计师事务所，应当是在政府支持下组织成立、依法独立承办审计查证和咨询服务业务的事业单位，专为科技企业、事业单位服务。科技审计师事务所向社会实行有偿服务，自收自支，独立核算，自负盈亏，依法纳税。

（2）成立科技审计师事务所的目的。成立科技审计师事务所的目的在于为科技企事业单位提供专业审计服务，以实现有效的监管和有力的促进。首先，为科技企事业单位提供专门审计工作可以有效制约经济活动中的各种消极因素，有助于各种经济责任的正确履行和社会经济的健康发展；其次，审计工作通过调查、评价、提出建议等手段，又能为政府、企业、投资者提供真实数据，从而来促进经济调控，促进企业提高管理水平，促进科技产业投资，从而为科技产业的健康有序发展做出贡献。

（3）科技审计师事务所业务设计。科技审计师事务所的业务范围应该包括一般审计师事务所的基本业务，并在主要提供的审计服务基础上增加为科技企事业单位提供的咨询和与科技项目相关的特殊业务和服务，具体设计如图 6–5 所示。

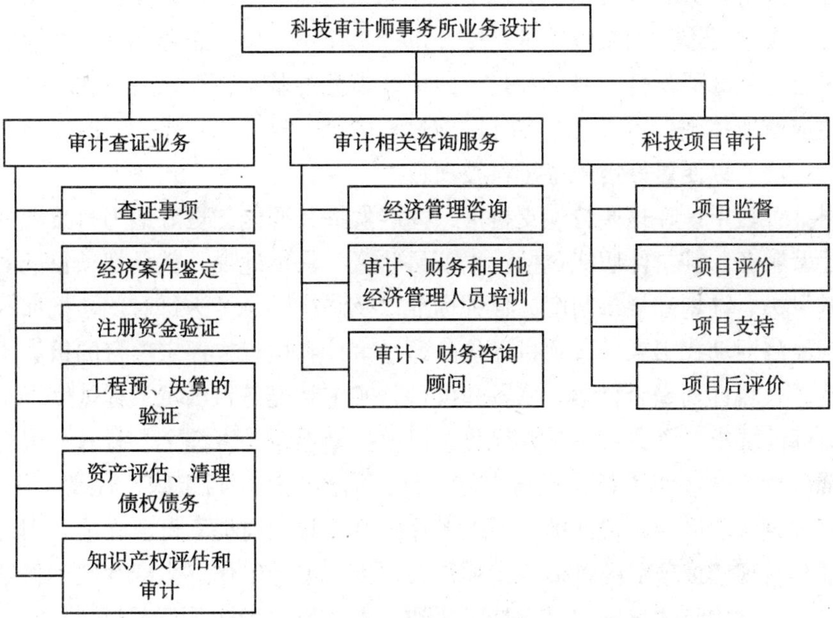

图 6–5　科技审计师事务所业务设计

审计查证业务：审计查证业务是一般审计师事务所最基本的业务。科技审计师事务所在一般业务基础上要体现为科技产业服务的特点，具体业务包括：①财务收支、经济效益、经济责任的查证事项；②经济案件的鉴定事项；③注册资金的验证和年检；④基本建设工程预、决算的验证；⑤资产评估，清理债权债务；⑥知识产权评估和审计。

审计相关咨询服务：科技产业的一大特点就是信息在产业中占主导地位。审计相关信息也是关系到企业成长的因素之一。科技审计师事务所不止应提供审计业务，也要发展咨询、培训服务，以发挥人才集聚和专业业务上的优势，具体服务内容有：①经济管理咨询服务；②审计、财务、会计和其他经济管理人员培训；③审计、财务、会计咨询顾问。

科技项目审计：科技企事业单位的经济活动多以项目的方式实现。一个科技项目的参与者往往是多个单位，因而这些单位共同完成的科技项目，特别是大型科技项目，给审计工作带来了一定的难度。一般的审计方式以企业为单位进行，而科技企事业单位的这种特殊经济活动方式决定了科技项目审计的产生。

科技项目审计应包含以下特性：①独立性。由于涉及多个经济主体，科技项目债权债务复杂，企业人员关系复杂。因此科技项目审计活动必须独立于企业之外，以项目为单位单独审计。②权威性。科技项目中的参与者处于产业链中的不同位置，经济实力和社会影响力也不尽相同，因此在经济活动中很难保持完全的平等。科技项目审计的权威性可以保证审计工作不因单个企业和个人的意志而影响公平公正。③科学性。科学性是一般审计事务的基本特性之一。在科技项目审计中更应有所体现：不仅要在审计实施过程中具有科学的程序，同时要运用各种科学的方法，以便更好地服务于科技项目。

科技项目审计在这些特性支持下，才能发挥其职能，更好地为科技项目的实施和运营服务。其具体职能包括：①项目监督。具体地说，就是把项目的实施情况与其目标、计划和规章制度、各种标准以及法律法令等进行对比，把那些不合法规的经济活动找出来。②项目评价。通过审计和检查，评定项目的重大决策是否正确，项目计划是否科学、完备和可行，实施状况是否满足工程进度、工期和质量目标的要求，资源利用是否优化，以及控制系统是否健全、有效，机构运行是否合理等。③项目支持。通过实施审计，提出改进项目组织、提高工作效率、改善管理方法的途径，帮助项目组织者在合乎法规的前提下更合理地利用现有资源，顺利实现建设项目的目标。④项目后评价。审计工作应当延续到项目结束后一段时间，以确定项目预期目标是否达到，主要效益指标是否实现；同时查找项目成败的原因，总结经验教训，及时有效地反馈信息，以提高未来新项目的管理水平。

（4）发展科技审计师事务所配套制度。①发展企业内部审计制度。我国内部审计制度是在市场机制缺位的条件下产生的，无论从企业本身来看，还是从外部市场来看，内部审计都不是企业改善经营管理的最佳选择，对新兴创业的科技企业更是如此。再加上企业内部审计的成本高、认可率低，我国企业内部审计制度问题重重。若内部审计制度能从定位、人员素质和法律法规等方面有所发展，科技审计师事务所必能发挥更大的作用。②发展科技审计师培养制度。科技审计师培养制度应该建立在现有审计师培养制度之上。科技审计师的上岗资格应当是建立在对执业审计师进行专业培训的基础上。为了使对科技产业的审计工作和服务更高效，建立相应的科技审计师培养制度势在必行。

2. 科技税务所的创建构想

（1）科技税务所的构想。科技税务所是国家税务体系下的税务职能部门，具体实施国家科技税收政策。科技税务所应设立在高科技产业园区内，为园区内外的所有符合享受国家相关税收优惠和减免条件的高科技企业服务。

（2）成立科技税务所的目的。为促进科技创新和技术进步，刺激企业增加科技投入，国务院颁布并实施了一些财政税收政策，其中包括对科技企业的税收优惠和减免政策。然而，由于现行的税收优惠政策主要是一种区域性税收优惠政策，即只针对高科技产业区、经济开发区，从而造成了区内外同性质企业间的不平等竞争。因此，有必要成立科技税务所，以针对科技企业实施税收政策，来解决完全按区域设立税务所带来的弊端。对政府而言，成立科技税务所可以整合科技企业税收政策的实施，加强对科技企业的监督，规范科技企业财务、会计行为，从而减少企业偷税漏税、骗取税收优惠等违法行为；对科技企业而言，成立科技税务所后企业可以化简税务优惠减免的申报程序，同时提高自身的财务、会计管理水平，有助于企业规范化发展，特别是科技中小企业的规范化运作。

（3）科技税务所的职能设计。科技税务所的职能应该在国家税务系统一般职能的基础上发挥自身为科技企业提供针对性服务的特点，重点实施科技税收政策，具体职能设计见图 6–6。

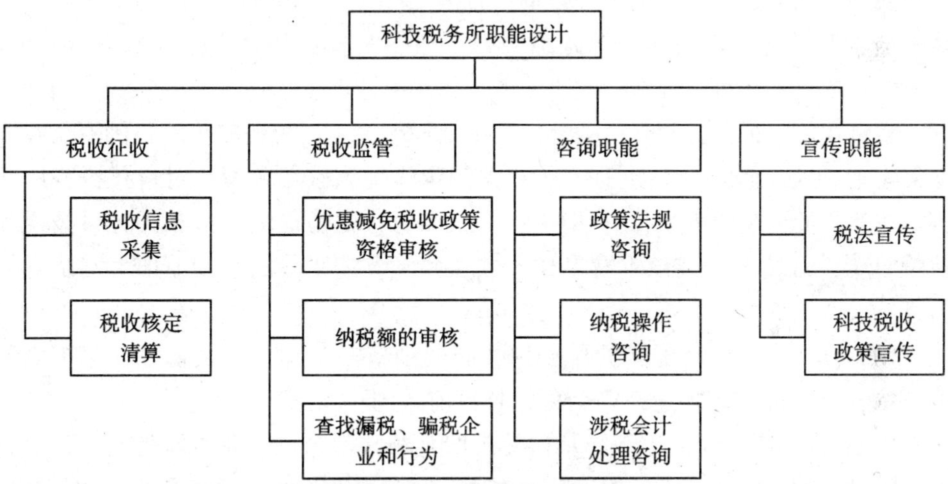

图 6–6 科技税务所职能设计

税收征收职能：税收征收职能是一般税务职能部门的最基本职能，科技税务所的职能设计应在其基础上体现科技税收的特点，具体包括：①税收信息的采集工作。如对企业财务状况、注册资本变更、股权变更和欠税情况等的信息采集。②税收核定和清算工作。为纳税人提供核定业务，将各税种连同优惠和减免政策统一核定结算并征收。

税收监管职能：成立科技税务所有利于加强对科技企业的税务监管，从而规范行业税务行为，营造良好税务环境。包括：①对企业享受优惠减免税收政策的资格进行审核。②对纳税人应纳税额和所申报纳税额的审核。③查找漏税、骗税的企业和行为。

咨询职能：为科技企业提供税务相关的咨询服务，具体包括：税收法律法规和政策规定方面的咨询、税收法律法规和政策运用方面的咨询、纳税操作流程方面的咨询和涉税会计处理的咨询。其一般流程为：①由委托人提出书面或者口头的委托咨询意向后，税务咨询机构派人与委托人初步接触，了解委托人的咨询要求和其他相关情况。②税务咨询机构对委托人的咨询项目进行初步评价，认为所委托的项目具有合作意向的，用电子邮件或电话等方式约见委托人，确定所咨询问题，初步提交项目建议书。③双方达成一致意见后，签订税务咨询协议书。咨询协议书应当载明咨询人、受理人名称，咨询事项，权限，完成期限以及其他应明确的内容，并由相关人员签字盖章。④税务咨询机构委派专人或者成立项目组，对委托方进行仔细考察，对委托事项进行详细了解，对委托咨询项目所需相关资料进行广泛搜集。通过调查研究，根据有关法律法规文件，拟订方案。⑤在征求委托方的意见后，出具税务咨询报告书。⑥完成委托事项，结清费用，移交委托咨询相关的文件资料。⑦跟踪服务，指导实施，并对实施效果进行评价。⑧及时听取反馈信息，并从中改进服务，提出补充建议。

宣传职能：税务宣传是税务部门的重要职能之一。税务宣传的目的不仅在于督促企业依法纳税，同时也是宣传相关的税收优惠减免政策。对科技税务所而言，其宣传重点对象应该是中小企业，主要内容则是税法宣传和相关科技税收政策宣传。宣传手段应该丰富多样，并在传统宣传手段的基础上加大网络宣传力度。

（4）与科技税务所配套的科技税收制度创新。①建立科技企业加速折旧制度。国外已普遍使用加速折旧制度，且目前各国一致的折旧年限都已降到 10 年左右，年折旧率为 11%~12%，从而使折旧金额常常超过企业所增资本额，对企业更新设备和采用新技术发挥了巨大作用。在我国企业所得税法和企业财务制度中，虽然也规定了企业可以申请实行加速折旧，但有较多限制，且非直接针对技术进步方面的设备。从国际上其他国家的成功做法来看，科学研究对高科技设备的需求量很大，更新换代也比一般的设备要快。所以我国应对需要重点发展的高科技领域研究开发或实际应用所需要的固定资产，以及企业用于研究开发的固定资产，实行特殊的折旧制度，简化审批和操作手续，大幅度缩短折旧年限，提高折旧率，进一步减少资金成本，加快设备更新和技术进步。②建立科技税收鼓励制度。科技税收政策的目的原本在于尽量降低科技投资成本，鼓励企业在技术研发和创新上的投资。但目前的科技税收优惠和减免都属于事后优惠，即如果企业科技研究和开发失败，就享受不到相关政策优惠，从而增加了企业在技术研发上的投资风险，这显然和其本意是不相符的。因此需要建立科技税收鼓励制度，即只要企业相关资金经认证确实投入于技术创新，便可享受一定的税收优惠。这样的鼓励制度能有效引导企业加大对技术创新的投入，促进经济的创新发展。

3. 科技律师事务所的创建构想

(1) 科技律师事务所的构想。一般的律师事务所在规定的专业活动范围内，接受中外当事人的委托，提供各种法律服务；负责具体分配和指导所属律师的业务工作；根据需要，经司法部批准，可设立专业性的律师事务所，有条件的律师事务所可按专业分工的原则在内部设置若干业务组。根据司法部规定，可以成立针对高新科技产业的律师事务所，为科技成果的开发、保护、转化，科技产业化，国外先进技术的引进，以及建立和完善高新技术产业的风险投资机制等，提供全过程、多方位的法律服务。

(2) 成立科技律师事务所的目的。南京市科技律师事务所以“主动、诚信、细节、尽责”为宗旨，目的在于为科技企事业单位提供全方位和多层次的律师服务，以实现对其有效的监管和有力的保护。首先，高效有力的律师事务工作能够为科技企事业单位在项目的整体方案策划、可行性论证、融资引资、投资合作、招标投标等领域提供全方位和多层次的法律服务，可以有效制约经济活动中的各种消极因素，有助于各种经济责任的正确履行和社会经济的健康发展；其次，科技律师事务所能够为解决融资平台在偿债方式、框架结构、法人治理和管理体制等问题上提供大量的法律咨询和建设性法律意见，从而确保实施方案的及时制定，促进企业提高管理水平，促进科技产业投资，为科技产业的健康有序发展做出贡献。

(3) 科技律师事务所业务设计。科技律师事务所应该开创为科技企事业单位从其融资到公司设立、公司知识产权及法律事务管理提供整体服务的模式，包括为科技项目融资、招投标、转让、知识产权保护及产业化提供全程法律服务，也包括科技项目转让谈判、科技项目招投标、高新技术（企业）认定、软件产品（企业）认定等多个法律服务项目。

科技律师事务所法律服务领域如图 6-7 所示，包括以下几项：①知识产权法律服务。在科技成果的开发、保护、转化、科技产业化、国外先进技术的引进过程中，注意保护公司的知识产权不外泄、不受到侵犯及利益损伤。②高科技公司法律管理。任何一个公司在运营过程中，都需要一个完整的法律体系框架来支撑，从而保障公司的顺利运营以及公司的利益。高科技公司属于高风险、高回报的一种企业，更需要规范的法律体系来保障公司的战略实施过程。③科技项目法律服务。在科技项目中，为解决项目中如项目投标是否有效、项目是否违法等问

图 6–7　科技律师事务所法律服务领域

题，需要核实、审查该项目中的所有文件、材料，并且能够出具处理上述事件的法律意见书，得到招投标管理监督机构采纳，从而避免了因投标法律效力争议而拖延科技项目进程的不利后果。④金融保险法律服务。为高科技企事业单位择保、投保、续保、事故处理、损失鉴定、理赔提供全方面的专业咨询，使企业在风险降临之前有所防备，在风险降临之后能够沉着冷静地应对风险，并且将损失降低到最小。⑤国际投资贸易法律服务。在高科技企事业单位与国外公司合作时，能够组建一个熟悉涉外法律和相关业务并能以英语进行交流的律师团队，能够起草涉及中外双方合作框架的法律意见，从法律层面上推动项目国际合作的实施。

提供法律服务的方式主要有以下三种：①为高科技企事业单位起草、审查、修改各种法律文件。②为高科技企事业单位提供相关法律咨询。③高科技企事业单位需要时为其出具法律意见书。

（4）发展科技律师事务所配套法律法规。科技律师事务所的成立和它能服务于科技企业的基础是完善的科技相关的法律法规，具体应包括以下几个方面：

1）完善关于保护知识产权的法律法规。由于历史原因，从整体上来看，中国知识产权制度的建设起步较晚。改革开放以来，中国加快了知识产权制度的建设步伐。目前，中国的知识产权法律体系已基本完备，并与国际标准接轨。中国已经发布了《中华人民共和国商标法》、《中华人民共和国专利法》、《中华人民共和国著作权法》，并进行了多次修订。另外《中华人民共和国合同法》中对技术合同做出专章规定。同时，还出台了相关实施细则和条例来保证这些法律的实施。《中华人民共和国专利法》于 1984 年发布，1985 年开始实施，并且于 1992 年进行了第一次修正，2000 年又进行了较大幅度的修正。修正后的《中华人民共和国专利法》自 2001 年 7 月 1 日起施行。中国的专利法保护对象为发明、实用新型和外观设计三种类型的专利，内容涉及：授予专利权的条件，专利的申请，专利申请的审查和批准，专利权的期限、终止和无效，专利实施的强制许可，专利权的保护。为确保《中华人民共和国专利法》的实施，1985 年，中国专利局发布了《中华人民共和国专利法实施细则》，并于 1992 年做了修订。2001 年，国务院发布了共计 122 条的《中华人民共和国专利法实施细则》，同时废止 1992 年中国专利局发布的《中华人民共和国专利法实施细则》。

为了进一步推进对知识产权法律的贯彻实施，国务院建立了知识产权办公会议制度，负责对知识产权工作的宏观管理和协调指导。全国主要省市也已建立了相应的协调指导机构或工作会议制度，严肃查处知识产权违法侵权行为。

现在，尽管国家及政府已经出台相关的专利法律法规对知识产权进行保护，但是一些细则却无法落实。各个地方政府及单位，应该针对具体情况出台相应的政策对本单位的专利技术等进行保护，并且对本单位技术人员的科研道德行为进行约束。对此，南京工业大学出台了《南京工业大学专利管理办法》及《南京工业大学知识产权保护管理规定》，进一步保护和鼓励高校的发明创造，推动发明创造成果的推广应用，使科学技术直接为社会服务。另外，南京工业大学规范了学校所属单位和学校师生员工的对外行为，调动广大师生员工进行发明创造和智力创造的积极性。

2）促进成果转化的法规政策。为了促进科技成果的转化和应用，我国出台了一系列法规和政策，并随社会经济发展、科技体制改革而不断调整相关政策。最具影响的是 1996 年 10 月 1 日起实施的《中华人民共和国促进科技成果转化法》。这是一部与《科学技术进步法》相配套的重要法律，它确定了我国科技成果转化应遵循的原则，规定了促进科技成果转化的保障措施及技术权益的归属和分享。该法规定，在不损害国家和社会公共利益的条件下，科技成果转化活动可以自愿或依照合约进行，并享受利益，承担风险；科技成果转化中的知识产权受法律保护。1999 年，国务院办公厅转发科技部等七部门《关于促进科技成果转化的若干规定》，主要在鼓励高新技术研究开发和成果转化、保障高新技术企业经营自主权、为高新技术成果转化创造环境条件三个方面做出具体规定，以调动科技人员、企业家积极性，大力推动科技成果转化和产业化。

为了促进高新技术成果的商品化、产业化，加速高新技术产业的发展，中国政府于 1991 年发布了《关于批准国家高新技术产业开发区和有关政策规定的通知》，在 1988 年批准成立了北京市新技术产业开发试验区，在各地已经建立的高新技术产业开发区中，又选定了 21 个作为国家高新技术产业开发区；同时批准了国家科委制定的《国家高新技术产业开发区高新技术企业认定条件和办法》、《国家高新技术产业开发区若干政策的暂行规定》，以及国家税务局制定的《国家高新技术产业开发区税收政策的规定》。目前，已经形成了 53 个国家高新技术产业开发区。

在这样良好的基础上，各地方政府应出台相应地方法规和政策，完善科技成果转化的相关制度。

4. 科技财务服务公司的创建构想

（1）科技财务服务公司的构想。科技财务公司以服务科技产业创业为出发点，为科技企业提供相关财务服务，应由政府或高科技园区管委会发起，并在相关部门的参与合作下成立、运营。

（2）科技财务服务公司的目的。成立科技财务公司的目的并不在于获取利润，而在于服务科技企业，创造更好的科技产业环境，具体表现在以下几点：一是简化科技企业财务组织，降低科技企业财务成本。科技企业通过与科技财务服务公司合作，可以将财务事务外包，从而在很大程度上简化科技企业财务组织。同时科技财务服务公司的专业化水平能帮助科技企业降低财务成本，加快财务事务处理效率。二是提升科技企业财务专业水平。目前南京科技产业的一大特点就是科技中小企业占比大，而中小企业的组织结构设定决定了企业不可能有高水平的财务组织和系统。成立专业的科技财务服务公司为科技中小企业提供财务服务能解决这个问题。三是规范科技企业税务行为，促进科技中小企业规范化运营。对税务部门而言，通过财务服务公司办理科技企业税收能提高效率、方便监管；同时，税收事务对科技中小企业而言至关重要。处理得当，则能按政策享受税收优惠和减免；处理不当，则会造成企业损失，甚至可能葬送企业前程。因此，成立科技财务服务公司能在税务部门和纳税人两方面同时起到促进科技税收政策实施的效果，进而帮助科技产业健康发展。

（3）科技财务服务公司业务设计。科技财务服务公司需要建立适应新时期科技产业发展的管理制度及业务规范，建立健全一套严格、完善的服务体系，为科技企业完成纳税申报和涉税事宜提供有效保障。具体业务设计如图 6-8 所示：

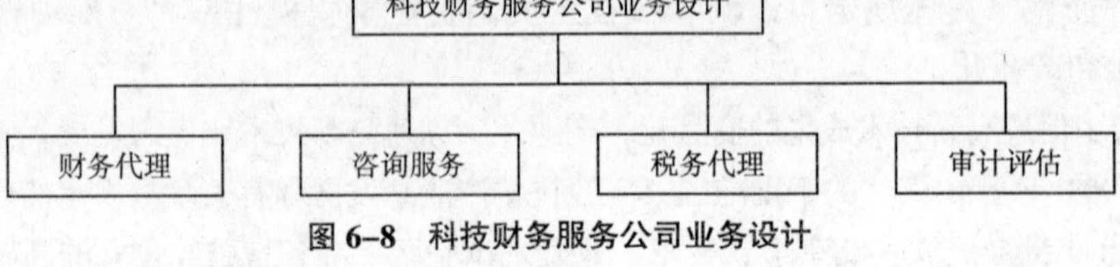

图 6-8　科技财务服务公司业务设计

1）财务代理。财务代理业务是财务服务公司的主营业务，目的在于为科技企业处理财务事务。包括：代理记账、纳税申报、建立健全会计项目、编制及结算会计账目报表、财务管理咨询、公司会计制度建立。

2）税务代理。税收事务是科技中小企业面对的重要而烦琐的财务问题。科技财务服务公司可以为企业提供以下服务业务，以解决科技企业特别是科技中小企业的税务问题：税务登记、变更、注销；纳税筹划，涉税项目申报；代办享受税收政策优惠的资格认定；代办税务优惠，减免申报。

3）审计评估。提供全面的审计查证、资产评估等审计相关服务。

4）咨询服务。开展企业财务相关咨询服务能有效利用科技财务服务公司专业人才聚集的优势，为企业提供丰富的咨询服务。服务内容可以从以下几个方面展开：提供会计咨询；担任税务顾问，提供税务咨询；提供管理咨询。

第二节 科技管理综合服务体系的载体建设

所谓科技管理综合服务体系，是以政府为主导，企业、社区、公共部门、科学共同体及个人等多主体参与的，通过对科技资源的优化配置和利用，为满足公众生产生活中的科技需求和相关科技利益诉求提供的综合管理与服务，以最终实现提高全民科学素质的目标。

南京市市委书记杨卫泽提出“四个第一”，即在“十二五”期间，南京要举全市之力聚焦人才第一资源，教育第一基础，科技第一生产力，创新第一驱动力。为全面聚焦“四个第一”，实施创新驱动战略，落实“人才引领、科技创业，制度先试、园区先行”的关键举措，根据市委、市政府确定的“科技创业特别社区（创新创业人才特别集聚区）建设计划”，各区积极响应，创建南京科技创业特别社区及人才引进与培育体系。

一、南京科技创业“特别社区”建设

2011 年 7 月，南京市委十二届二十二次全会制定和部署了“人才引领、科技创业，制度先试、园区先行”四项重点计划，其中，科技创业“特别社区”建设是重点之一。南京市规划建设占地 30 平方公里的科技创业特别社区。

（一）科技创业“特别社区”

按照科技创业特别社区（创新创业人才特别集聚区）建设计划，规划建设与国际接轨的孵化器、加速器、中试用房和人才公寓等相应配套设施，给予特别体制、特别机制、特殊政策、特殊环境，打造一批创业特区（人才特区）。到 2015 年，特区内建成孵化器、加速器和中试用房 600 万平方米，集聚科技创业企业 10000 家。

按照全市确定的战略性新兴产业规划布局，各特区应根据各自区域资源优

势、产业基础和建设条件，有明确的区域主导产业（原则上主导产业1~2个）规划，并围绕主导产业实施开发建设，交错发展，以“集约化、专业化、信息化、社区化、国际化”为建设和运营标准。

按照全市总体规划布局建设总量控制的要求，各县区、高新区（开发区、科技园）应集中规划，且应符合南京市“土地利用总体规划”和“城市总体规划”的要求。原则上应连片开发建设，有明确的特区四至边界，体现土地集约利用原则，鼓励利用存量进行开发。

（二）科技创业特别社区建设规划

应有明确的开发建设内容，包括科技创业专业孵化器、加速器、中试用房、人才公寓和配套服务设施等载体，并明确各项建设比例和标准。

（1）麒麟生态科技城、四个国家级高新区（开发区、化工园）和仙林、江宁、浦口大学集聚区，以及雨花台、建邺区规划建设的特区，其建筑面积的1/4用于孵化器，1/2用于创业加速器和中试用房，1/4用于人才公寓、总部基地和配套设施。

（2）模范路科技创新街区和鼓楼、玄武、下关、白下、秦淮区建设的特区，其建筑面积的1/4用于孵化器，1/2用于加速器和中试用房，1/4用于人才公寓、总部基地和配套设施。

（3）六合区和高淳、溧水两县建设的特区，其建筑面积的1/3用于孵化器、加速器和中试用房，1/2用于企业产业园，1/3用于人才公寓和配套设施。

同时，科技创业特别社区应有完备的专业技术支撑平台、科技金融服务平台和综合公共服务平台，并有明确的建设时序进度；应组建成立特区开发公司，有明确的开发建设、运营管理机制；应组建成立特区创业服务中心，有明确的创业孵化服务内容和服务规程；还应配套设立“特区建设与发展专项资金”，制定相应的使用管理办法。在市政策措施的基础上，各特区应制定出台鼓励在其特区内创业的系列扶持措施。

（三）科技创业特别社区建设进程

科技创业特别社区是南京市为提高科技人才创业成功率而特别营造的“小环境”。经过两个多月的谋划，各区县、开发区科技创业特区的选址、规划等前期筹备工作已基本完成。截至2011年9月30日，全市已有6个科技创业特区正式挂牌，总面积约15平方公里，以下重点介绍白下区科技创业特区和紫金（六合）科技创业特区。

1. 白下区科技创业特区建设

南京市白下区第十次党代会做出了“建设科技创新创业活跃、古都历史文化彰显、现代都市气息浓郁、国际化新形象初显、群众更具幸福感和归属感的创新型城区”的战略部署。党代会后，白下区着手制定建设创新型城区五年行动纲要，全面启动高层次科技创业人才集聚、科技创新创业载体建设、科技创业企业培育、科技创新创业服务机制建设“四大行动”，加快构建“两个核心科技创新创业基地，四个大学科技园，五个战略性新兴产业创新中心”的科技创新创业载体布局。科技创业特区建设的启动，标志着白下区科技创新创业载体建设全面展开。

（1）规划范围。新规划的特别社区，以白下高新技术产业园为依托，规划范围为：西到双其路，南到纬七路，东到运粮河，北到光华东路沿线，规划面积约2.1平方公里。以此为龙头，同步规划西至苜蓿园大街，北到光华路街道边界，西南至外秦淮河，东南至土城头路，东到运粮河，面积约11.1平方公里的范围，辐射带动并建成以高新技术产业为主体功能的国际化、现代化城市片区，从而放大特别社区的腹地纵深，加速创新要素汇集，提升创新产业承载能级，培植新一轮发展重要增长极，改善白下东部地区现状，提升主城东南门户形象。目前已委托美国顶级专业城市设计公司开展空间规划及重点深度设计。

（2）产业定位。白下区近年来通过推进产学研转化，引进创新创业人才团队，加快科技载体建设，已经成功引进了杰迈视讯、云创存储、捷诺科技等人才团队项目，目前在园企业已达200多家。在此基础上，特别社区确定了以智能交通为主的新一代信息技术主导产业方向，同时围绕主导产业引才引智，配置公共（技术）服务平台，构建产业竞争优势，加速创新资源汇集。

（3）扶持政策。在市、区政策覆盖之外，针对科技创业型人才的引进、科技企业的培育、公共服务机构的扶持等方面，白下区特别社区制定特别政策、实行特别对待。如帮助高层次科技创业人才在区域内高校、科研院所申请专（兼）职教授、研究员；对入选国家“千人计划”、省“双创计划”及市“321计划”的人才，其子女就学根据自愿，可以在白下区范围内自由择校；对高层次科技创业人才和科技创业家创办企业的产品，符合政府采购条件的，政府优先采购，帮助企业推介产品、开拓市场；对尚未入选国家“千人计划”、省“双创计划”及市“321计划”的科技创业人才，根据情况给予适当额度的资金扶持。如对股份制新兴产业研究院，可给予一定数额的股权投资、一定面积的优惠办公用房；对落户的各类学科型公司及其成果转化，给予一定额度的融资担保、房租补贴等。

2. 紫金（六合）科技创业特区

作为六合“江北中关村”的两大“创业特区”之一，紫金（六合）科技创业特别社区将全力打造“国际一流、城市业态”的高端科技人才集聚的特区、制度与政策创新的特区、创业投融资服务的特区、科技企业上市集中的特区。

（1）产业定位。突出“人才引领、科技创业”和“制度先试、园区先行”两大关键，进一步构筑和巩固“四个方面”的特色优势。在人才集聚上，六合科技创新特区坚持招才引智和人才培育“两手抓”，努力造就一批领军型科技创业人才和高层次经营管理人才。在载体建设上，举全区之力高起点规划、高标准建设、高水平管理，重点建设“紫金化工园科技创业特区”和“紫金六合科技创业特区”两大创新主阵地，积极推广“创新在高校、创业在园区”的产学研合作新模式，加快打造国际一流的科技企业孵化器和加速器，为各类人才提供一个实现梦想的创业舞台。

同时，紫金科技创业特区将总投资 40 亿元用来打造南京低碳经济产业园，规划占地 2000 亩，由南京工业大学国家大学科技园联合六家单位共同组建，建成后将成为一个集低碳技术研发、成果孵化、国际技术转移、低碳产业技术和人才团队集聚、低碳技术展示示范于一体的，国际有影响、全国一流的低碳技术与产业的集聚园区。

（2）建设规划。按照 2011 年 9 月制定的规划，特区在一年内将构建生物医药、节能环保两个专业孵化器和一个综合性孵化器，已开建建成 20 万平方米的集会议、餐饮、休闲与人才公寓为一体的综合服务体，其中 7 万平方米的人才公寓将于 2011 年内封顶。为打造“止于至善”的创新创优大环境，特区还计划建立规模达 1 亿元的种子（天使）基金和创业投资基金，为引进的科技创业企业和人才创业提供融资担保和融资服务。到 2015 年，特区将建成孵化器、加速器和中试用房 30 万平方米，人才公寓、生活配套设施和总部经济区 40 万平方米，产业转化区 1500 平方米，集聚科技创业企业 300 家。未来五年，特区还将引进领军型科技创业人才 100 名；培养科技创业家 10 名，集聚国家“千人计划”2 名；共建大学科技园 1 个，建成院士工作站、博士后工作站 2 个，建成工程技术中心 3 个，建成企业技术中心 10 个；引进高端研发机构 2 家，实施科技创业企业上市 3 家，从而实现创新资源和要素的高度集聚。

（3）扶持政策。在政策支持上，六合科技创业特区将深入落实有关聚焦“四个第一”、实施创新驱动战略的“1+8”政策措施，进一步结合区域实际完善实施细则，并根据科技创新项目的投资规模、贡献大小、技术含量等要素，在税收和项目用地等方面，给予投资创业者相应的扶持和优惠，为各类创新资源集聚腾飞打造一个优良跑道。在要素保障上，将重点实施金融生态环境、交通运输能力、服务保障水平“三个提升”，建立健全集股权融资和债券融资、直接融资和间接融资、风险担保和融资担保于一体的科技金融服务链，构建完善水陆空港“四位一体”的大交通格局，认真抓好从引进研发中心、科技成果认证检测到科技成果交易、知识产权保护等的“一条龙”科技服务，真正让六合成为一个活力迸发、魅力四射的创新之城。

与此同时，实施领军型科技创业人才项目，给予100万元创业启动资金，提供不少于100平方米的工作场所和100平方米的人才公寓，三年内免租金；根据项目需要提供150万元创业投资或融资担保。实施重点领军型科技创业人才项目，给予200万元创业启动资金，提供不少于100平方米的工作场所和100平方米的人才公寓，三年内免租金。

二、人才引进与培育体系：“三创”和“双创”载体模式

（一）“三创”载体概念、做法和经验[①]

在“创业创新创优”的新江苏精神、南京市“跨江发展”和“打造五大中心”的城市发展战略的号召下，南京高新技术开发区与南京工业大学积极谋划共建“三创”载体，并于2007年1月9日共同签署了共建“海内外领军人才‘三创’载体”协议，同时在此基础上提出了“创新在工大，创业在高新，创优促发展”的主要理念。协议对领军人才制定了优选相关标准，对领军人才的创新、创业需求提供了系列支持条件，以求更广泛地吸引海内外领军人才的加盟。在现有的以海内外领军人才“三创”载体为核心的基础上，南京高新技术开发区与南京工业大学共同建立了南京工大高新技术研究院，并同时创办了“南京工大高新技术研究院有限公司”来负责运行和管理。“三创”载体指的就是所依附的南京工业大学高新技术研究院，如图6–9所示。

“三创”载体的主要内容为：

（1）实施人才计划，打造人才高地。“十一五”期间，该计划总计招聘符合条件的国内外领军人才30多名，涉及高新区内的主导产业和南京工业大学的传统优势学科相关行业，包括新型材料、生物科技、医疗医药、新型能源、环境保护和信息技术等。

（2）整合人才、政策、资源优势，构建自主创新平台。“载体”将南京工业大学科技创新大楼纳入高新区高新技术孵化器，为领军人才创新计划提供3000

---

① 南京工业大学“海内外领军人才‘三创’载体”建设计划工作组，“海内外领军人才‘三创’载体”建设工作总结，2009。

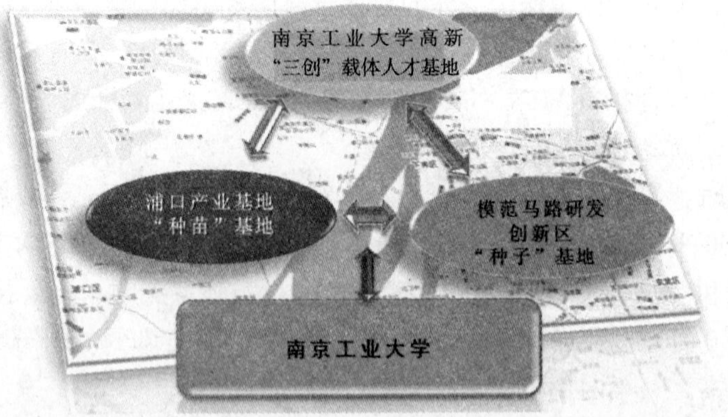

图 6-9　南京工业大学国家大学科技园（含"三创"载体）结构

平方米的办公场所，形成重要载体；另外，南京工业大学自主创新基地也纳入南京高新技术开发区范围，为海内外领军人才创业提供服务。

(3) 开辟绿色通道，实现资源共享。南京高新区遴选一批创业有成、企业具有一定规模的海内外企业家，学校聘其为教授，全面开放学校科技资源，提供相应支持，将企业的研发中心设在学校，提高企业持续创新能力；同时，南工大现有的教师带着成果到高新区创业，高新区提供政策、服务、金融等支持，实现科技成果转化和科技创业。

（二）具体措施

南京工业大学支持四个"一"待遇：提供专职编制、教授（研究员）岗位，根据需要配备研究团队，建立相关研究所；聘期内对每一位领军人才提供免费使用的人才公寓一套，提供不少于 100 平方米的实验室等工作场所，以及 100 万元资助岗位津贴和科研启动的人才专项资金等。

(1) 高新区支持：聘期内领军人才在高新区注册公司的，高新区对每一位领军人才提供不少于 200 万元专项资金用于实验仪器设备等条件建设；创新创业实体分别享受国家创业中心和国家高新区政策。

(2) 金融机构支持：根据项目需求，高新区积极引导科技创投和风投基金对创新企业进行投资；对仍不能满足的部分资金需求，提供相关的担保咨询，引导企业进行担保贷款，并给予一定的便利。

(3) 股权激励及其他服务：鼓励以技术成果入股企业，用不少于注册资本 30%的股份作为股权激励；同时为技术方和资金方提供全面的创业服务支撑。

(4) 依托南京工业大学优势学科，筑造"七大科技产业创新与转化平台"。在往后的 10 年中，努力实现学校创新科技产业的规模扩大，完成"5115"目标；

发展10家以独创科技为核心技术、领先地方经济的领军高校科技企业；扶持有专业特长和规模效益的优势企业，力争五家公司在海内外上市；形成具有南京工业大学产业特色的技术成果体系，实现自主知识产权的“151”工程；构建“七大产学研创新实践基地”，反哺学科建设和人才培养。

（5）破传统模式，育创新人才。“大学培养社会所需要的各类专业型人才，而这些人才将带着怎样的思想和知识烙印步入社会，这与高校的教育培养有着密切的关联。” 如何才能让自己的学生在江苏这个人才高地崭露头角呢？南京工业大学的学生从入学开始，就有机会接触教师的科研项目。这归功于学校每年公布教师的研究项目，并让学生凭自己的兴趣爱好报名参与。另外，学生如有独立项目，可通过项目申请提交学校，在申请通过后，学校将为学生提供相关场地和资金支持，并提供必要指导。当前，学校的科研团队已经覆盖全校各个年级，包括本科生和研究生，其中，一年级学生参与率达到10%，二、三年级则在70%~80%的水平上。对于大学生，特别是理工科学生而言，亲自参与科研项目比单纯在课堂上学习理论知识更有利于提高自我素质，实现更好发展。

南京工业大学-南京高新区海内外领军人才“三创”载体的建设和发展在国内外引起广泛的响应，吸引了大量国内外领先科技人才。“三创”载体的建设在多家主流媒体上有过报道和评论：如中国新闻社、新华社、《南京日报》、《新华日报》等。2007年7月19日，江苏省委办公厅组织专门的调研组到高新区进行视察和调研活动，时任江苏省委书记的中共中央政治局委员、中央组织部部长李源潮同志在报告上批示：“这个路子很好，是斯坦福与硅谷结合创业之路，望给予重点支持和宣传”，此后又提出“抓住机遇，扎实推进，早出成果，三创引领，促开发区再上新台阶”。原江苏省委常委、南京市市委书记朱善璐要求将“三创”领军人才模式在南京全面推广。

（三）实施绩效

南京工业大学和南京高新区领导积极贯彻李源潮同志的批示精神，组织“三创”载体的工作人员，开展了广泛的调研，拜访了科技部、教育部等业务主管部门，考察了北京中关村、深圳深港产学研基地（又称北京大学香港科技大学深圳研修院）、深圳清华大学研究院等成功园区以及无锡、苏州、常州等省内高科技园区，学习借鉴它们的先进管理方法和工作经验。经过近三年的辛勤工作和努力，已经超额完成了“330”工程任务，即第一期的引进30名海内外领军人才计划任务。截止到2009年底，共引进海内外领军人才39名。如今，以个人名字命名的实验室已经有39个，其中，28个实验室的主人已经成功在高新区开办了自己的公司，成为名副其实的“教授董事长”。“三创”即“创新在工大，创业在高新，创优促发展”的理念正在得到有效的实施。

2009 年 11 月温家宝总理视察南京工业大学。他指出，“这所大学很有特色，注重理论联系实际，课程、实验和科研都同现在经济社会发展的需求紧密结合起来，这样培养出来的人才就会被社会所需要，这种办学的方向也是对的。”总理的关注给予学校的不只是激励和动力，更让这种发展模式得以坚定地发展下去，也提供了未来的发展方向。

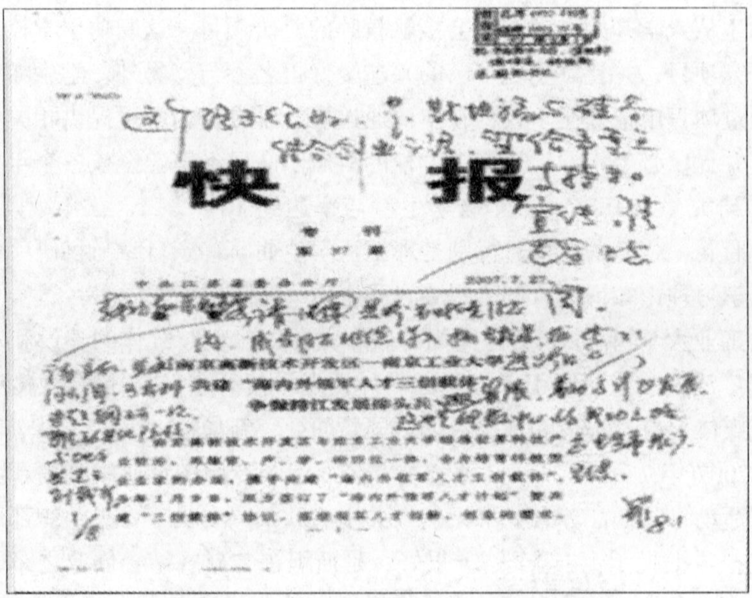
快 报

图 6–10　李源潮同志对“三创”载体的批示

通过“三创”领军人才计划的顺利实施，创新创业和创优目标正在一步步实现，这对南京高新技术开发区争创“国家级新型科技园区”也有显著帮助；同时对南京工业大学争创国内一流大学的发展目标也起到了强大的推动作用。

1. 领军人才层次高、专业结构合理

第一期“三创”领军人才项目计划分三批共引进 39 人。其中，生物医药类 19 人，信息技术类 4 人，先进制造类 6 人，新材料新能源类 10 人。他们获得博士学位的 37 人，硕士学位的 2 人。全部具有国外学习工作经历，分别来自美国、英国、德国、日本、加拿大、荷兰、比利时和新加坡等国，毕业于哈佛、剑桥、普林斯顿大学和东京大学等世界名校，分属生物技术、新材料、电子信息等不同学科。其中，有 15 人毕业于世界排名前 50 名的大学，有 20 人曾在世界 500 强企业任职。其中 7 人入选国家“千人计划”，如表 6–1 所示。

表 6–1 领军人才分析

报名人数	生物医药类 18 人，信息技术类 7 人，先进制造类 7 人，新材料新能源类 16 人
留学国别	具有国外学习工作经历，来自美国（14 人，46.6%）、日本（6 人，20%）、英国（1 人，3.3%）、德国（2 人，6.7%）、加拿大（2 人，6.7%）、新加坡（1 人，3.3%）、荷兰（2 人，6.7%）、比利时（1 人，3.3%）等 8 个国家
毕业学校	共有 15 人（50%）毕业于世界排名前 50 名的大学（据 2008 年 USNews 世界大学排名榜），如美国哈佛大学、麻省理工学院，剑桥大学（2 人），东京大学等
企业背景	共有 20 人（67.7%）曾在世界 500 强企业任职，包括辉瑞、默克、罗氏、朗讯、贝尔实验室、通用电器、思科、IBM、ICO、日立、德州仪器、巴斯夫、杜邦、西门子、陶氏、霍尼维尔、联合利华、罗地亚、斯伦贝谢等
学历学位	37 人具有博士学位（96.7%），仅 2 人是硕士学位
学术成就	1 人为教育部长江学者，1 人为杰出青年获得者，1 人为国务院特殊津贴专家，数十人为国内外多所大学的客座教授或兼职教授
年龄	45 岁以下成功申请者 20 人（44.4%），其中，40 岁以下（1969 年以后出生）8 人，占总数的 26.7%；40~45 岁之间的 14 人，占总数的 46.7%。45 岁以上（1964 年以前出生）8 人，占总数的 26.7%

2. 创新成果卓著，南京工业大学影响力扩大①

南京工业大学为“三创”载体计划项目的实施，付出了很多努力，专门组织了领军人才与学校相关职能部门、对口学院学科负责人和老师的交流活动，让引进的领军人才熟悉学校校情，利用学校现有条件尽快开展创新工作；组织领军人才以南京工业大学为依托单位，申报了包括国家自然科学基金、江苏省高层次创新创业人才计划、南工大学科发展基金等在内的各级各类基金和人才计划。如沈钢纲博士申请到了数千万的国家“核高基”项目，近期又申请了国家自然科学基金项目“基于 UEFI 固件的人脸生物认证”，并与武汉大学的张焕国教授和天津大学的刘正光教授建立了合作关系。葛敏博士已经成立 2 个项目，其中 1 个项目（新抗生素结构改造研究）已经进行了一些前期基础的研究工作，并且就该项目的进一步研究和哈佛大学 Daniel Kahne 教授进行了协商，已经初步达成一致意见。

另外，领军人才还积极申报各类专利共计 27 项。与此同时，他们还积极在各类国际知名期刊上发表论文，例如何涛博士已在国际期刊上发表论文 2 篇；陈礼勤博士已发表论文 1 篇，另有多篇在投，他还被邀请为国际刊物审稿人；葛敏博士已申请 2 项专利，并准备投稿 1 篇。情况见表 6–2。

① 2010 年 8 月 16 日《光明日报》，“联姻”之后——南京工业大学构建产学研一条链纪实。

表 6–2　项目创新成果统计表

项目创新成果	数量	典型事例
国家自然科学基金	2 项	黄和博士“高效脂肪酶调控机制及性能强化的基础研究”为国家自然科学基金重点项目，资助 210 万元；何涛博士“离子分离中空纤维膜材料的制备及其应用基础研究”为国家自然科学基金面上项目，资助 34 万元
科技部中小企业创新基金	2 项	林远博士的公司获 2008 年科技部中小企业创新基金 30 万元；何涛博士申请到科技部中小企业创新基金一项
“973”国家重大基础研究项目	1 项	何涛博士申请到国家重大基础研究项目二级子课题一项
国家“863”项目	3 项	应汉杰博士申请到国家“863”项目一项；何野先生申请到国家“863”项目一项
申请专利数	27 项	葛敏博士申请了两项专利
国际知名期刊发表论文数	16 篇	陈礼勤博士发表论文一篇，投稿两篇，并被邀请为审稿人和未来编委可能候选人
江苏省产学研重大成果转化基金	4 项	林远博士公司申报该基金一项，并与比利时鲁汶大学建立了稳定的合作关系
南京市创新基金	2 项	应汉杰博士申请到南京市创新基金一项
南工大学科发展基金	1 项	赵志刚博士申请到南工大学科发展基金重点项目一项
构建创新实验室	6 个	沈钢纲博士在构建创新实验室的同时还编写了一套教材
培养研究生	50 人	第一批领军人才已带有 1~2 届的硕士研究生；三名领军人才正在招聘博士后

3. 创业项目启动，高新区技术水平提升、产业结构优化

“创新”在工大，“创业”在高新。三年来，已有 28 名领军人才在高新区开始创办了以自主创新知识产权作为核心支撑的创新科技公司，表 6–3 为对其中 8 家企业进行抽样调查的结果，其中包括 1 家新材料类企业、2 家软件类企业和 5 家生物医药类企业。

表 6–3　项目创业成果调查表

序号	企业名称	企业运行情况			技术领先情况	市场竞争力情况	
		2008 年营业收入（万元）	利润率（%）	年度增长（%）		市场份额	市场分布
1	爱斯医药科技（南京）有限公司（葛敏）	273	41	40.50	公司主营医药研发技术外包服务，在药物化学领域技术领先	1%	欧洲、美国
2	南京靖龙医药技术有限公司（陈礼勤）	79.35	63	30	企业所拥有的稳定同位素标记技术具有国际领先水平	目前约占 1%的市场，未来 3 ~5 年将达到 5%	遍及全球 60 多个国家，拥有客户 300 多家

续表

序号	企业名称	企业运行情况			技术领先情况	市场竞争力情况	
		2008 年营业收入（万元）	利润率（%）	年度增长（%）		市场份额	市场分布
3	南京同凯兆业生物技术有限责任公司（应汉杰）	3558	14.80	182	国际先进，国内领先	20%	江苏、上海、吉林、辽宁等
4	南京百敖软件有限公司（沈钢纲）	674.7	10	60	通过自主创新，掌握了 BIOS 的核心技术，打破了国际垄断	3%~5%	北京、上海、深圳、南京
5	江苏英特神斯科技有限公司（何野）	527.66	16.79	0	国内第一家专业从事 MEMS 软件研究开发和硬件设计制造的高科技企业，拥有国际先进水平的 MEMS 微米纳米设计技术	50%	西欧、中东、东南亚、大洋洲等地区
6	南京微通生物技术有限公司（林远）	23	13	10	一种新型的诊断技术，国内领先	5%	全球
7	南京宏德国纳米材料有限公司（沈同德）	15	5	11	国内领先	1%	国内为主
8	江苏天凯生物科技有限公司（黄和）	200	40	20	本公司依托南京工业大学和江苏省工业生物技术创新中心，发酵水平在国内处于领先地位	0.5%	国内各奶粉厂

从表 6-3 看出：

（1）企业运行情况：经调查的 8 家企业，总收入为 5350.71 万元，利润率在 5%~63%，平均利润率为 25%，年增长率为 10%~182%，平均增长率为 44.13%。生物医药类企业（除南京同凯兆业生物技术有限责任公司）年收入为 23 万~273 万元，软件类企业年收入 528 万~675 万元。

（2）企业技术水平：领军人才创业企业技术水平普遍处于国内领先或国际先进水平，公司均通过自主创新，研发新产品占据国内或国外市场。沈钢纲博士创办的南京百敖软件有限公司，通过自主研发和技术创新，掌握了长期由西方国家垄断的 BIOS 核心技术，打破了国际垄断格局；何野发起创立的江苏英特神斯科技有限公司，自主研发并成功开发了具有国际原创性的 MEMS 软件电磁分析模块。

（3）企业市场竞争力情况："三创"领军人才创新创业企业的主要产品中，

50%用于出口，所占的市场份额大多大于3%，最高的甚至达到50%，市场覆盖全球各个经济区。如美国、西欧、东南亚、澳大利亚等重要经济区，总计60多个国家均有客户分布。在国内，北京、上海、苏州、深圳等经济较发达地区也都有客户分布。

（4）调查结果表明，“三创”领先人才创新创业企业的总体运营情况良好，且其中的多数企业仍然处于起步或是上升阶段，企业员工中80%以上拥有大学本科及以上学历，企业的平均利润率高于行业平均值，企业技术水平多数处于国内甚至世界领先水平，拥有广阔的市场前景。综上，可见项目的实施符合国家创新型科技园区的创园要求。

4. 服务南京工业大学学科建设，推进创建一流工业大学

领军人才的参与能帮助南京工业大学的学科及实验室建设任务更好地完成，并能帮助学校组建创新实验室，同时服务于学科建设和科学研究。他们积极主持或参与相关学科博士点或国家级、省级重点学科的建设，参与精品课程或省部级以上重点实验室的建设项目，有的领军人才还在自己的专业领域完成了教材编写，促进了南京工业大学生物、化工、材料等传统优势学科的进一步发展，同时带动了南京工业大学一批薄弱学科的发展；领军人才的引进为南京工业大学培养和汇集了拔尖创新人才，培养了多支有创新创业思想的科研团队，进而也从根本上培养和造就了高水平的师资队伍；除此以外，领军人才还承担南京工业大学的教学与人才培养任务：领军人才在南京工业大学不仅积极承担相关学院本科教学任务，每年给本科生开设学术讲座至少2次，还积极承担研究生教学和人才培养任务，其中第一批领军人才已带有1~2届的硕士研究生，第二批领军人才培养人才的工作也已开始着手，他们已于2009年9月新生到校后成功进行了研究生和导师的双向选择。另外，已有数名领军人才开始博士后招聘工作。

（四）主要经验

通过对国内外同类项目模式（如无锡“530”计划、[①] 苏州“姑苏计划”[②] 等）的调研分析，本书主要从投融资体系、激励机制、政府职能、政策扶持以及服务机制这五大方面进行分析，对比“三创”项目模式，并找到可借鉴的部分。同类项目各模式的优势亮点如图6-11所示。

---

① 2006年4月，无锡市出台《关于引进领军型海外留学归国创业人才计划的实施意见》，简称“530”计划，即5年内引进不少于30名领军型海外留学归国创业人才，重点是环保、新能源、生物三大先导产业，以及服务外包、文化创意等产业的创业领军人才。

② 苏州为加快集聚海内外创新创业领军人才，实施《市政府关于实施姑苏创新创业领军人才计划的意见》（苏府〔2007〕37号）。

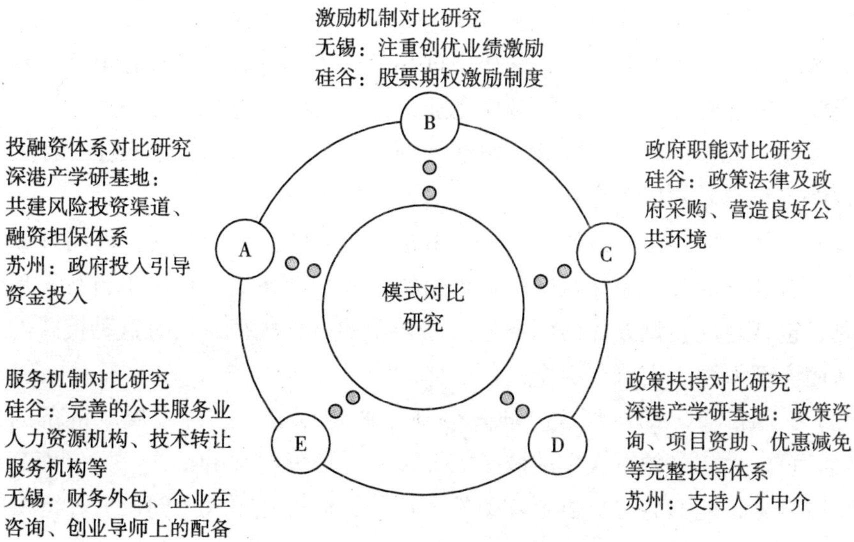

图 6–11 国内外同类项目模式对比研究

资料来源：南京工业大学—南京高新区“三创”载体评估报告。

目前，南京“三创”项目已根据项目特点形成了自己的模式。在投融资体系方面，先期的投资主要是由政府和校方财政拨款，这项政策无疑对高科技企业的初始成长意义重大。而在激励机制方面，项目主要采用股权激励的方式来激发领军人才的创新创业热情，根据规定，领军人才以技术成果入股投资企业的，可按不少于注册资本的30%作价入股。同时，在南京“三创”项目工作中，政府扮演了很强的领导者的角色。“三创”载体管理委员会是“三创”载体建设和领军人才计划实施的最高决策机构，主要职责是：研究“三创”载体的建设发展战略、发展规划等重大事项；听取管理公司工作报告，并进行审议、通过；审核“三创”载体相关规章制度，对重要规章进行监督；对领军人才计划聘选人选进行审定；任命并调整管理委员会人选；其他相关事项研究。在政策扶持方面，“4+1”支持条件是该项目的最大亮点：在领先人才聘期内，南京工业大学为受聘者提供一个专职编制（研究岗位或教授）、配备一套人才公寓、提供不小于 100 平方米的实验室或工作场所、提供一项 100 万元的科研资金或岗位津贴，同时根据科研需要提供相应的科研团队支持。对于在此项目支持下在南京高新区创立符合条件的相关行业企业的，南京高新区为其提供至少 200 万元的专项启动资金，该专项资金可用于购置实验器材及相关设备等。在服务机制方面，“三创”项目在国内同类项目中也处于领先地位。项目与中国建设银行、中国农业银行、中国工商银行等国内近十家银行达成协议，为项目企业提供相关金融服务。并将进一步发展与专业科技金融机构的合作，为项目企业提供全方位金融服务，包括风险投资、科学技术成果评估、产业咨询、法律咨询和会计咨询等其他业务，最终达到整合科技资源，更好地服务“三创”载体企业，优化发展环境的目的。

与无锡“530”计划、苏州“姑苏计划”等创业型人才计划项目相比，“三创”载体比较明显的优势有：

（1）三引并举。即：引智、引资、引企三位一体。调研发现，海内外领军人才普遍具有高校情结，担任教授符合创新型人才马斯诺需求层次中自我实现的心理需要，也符合创新型人才向创业型人才转型的成长规律，通过这种模式的人才引进从而实现引智、引资、引企三位一体。

（2）三创贯通。即：形成“研发创新、孵化创业、创优发展”链条的有机“绿色通道”。大部分领军人才的成果需要进一步研发孵化和二次开发，而高校具有多学科背景，能够为之提供创新条件和环境，使得领军人才创业更有组织性。

（五）典型案例

我们分别从第一、第二及第三批领军人才中选出若干名具有代表性的科技企业家，从创业、创新和引进人才的高端性分别加以叙述。

1. 第一批领军人才典型案例分析（创业精英）

案例一：葛敏博士

葛敏，有机化学博士、教授、硕士研究生导师。1993 年毕业于中国科学技术大学，1993 年于美国普林斯顿大学（Princeton University）化学系攻读博士学位，师从 Daniel Dahne 教授（现为哈佛大学化学与化学生物系教授），1998 年获有机化学博士学位。1998~2001 年在美国哈佛大学（Harvard University）化学与化学生物系任博士后研究员，师从 Elias J. Corey 教授（1990 年诺贝尔化学奖得主）。2001 年加入美国默克公司的新药研发部门，任资深研究员，专业从事各类新药的设计、合成和研发。在国外学习工作期间，葛敏博士曾发表过 2 篇 Science 文章、4 篇美国化学学会期刊（JACS）和多篇其他 SCI 文章，申请了 18 项世界和美国新药研究发明专利。

葛敏博士 2007 年回国创业，为南京市第一批“三创载体海内外领军人才”，现为南京工业大学特聘教授，硕士导师，目前带领 6 个硕士研究生进行创新药物的研究，同时兼任爱斯医药科技（南京）有限公司科研总监。葛敏在博士和博士后研究阶段就从事多项新药研究，包括：发现了万古霉素

(Vancomycin) 的抗菌新机理，设计和完成了万古霉素的第一个半合成并合成了许多具有极高活性的新型化合物；指导研究生完成了 MurG 酶的底物 Lipid I 的第一个全合成；设计并完成了抗肿瘤临床新药 (Calicheamicin) 的新型衍生物的合成及测试；参与合成了第一个固相多糖组合 (Solidphase Carbohydrate Library) 并进行了生物测试及解析。葛敏博士在跨国医药企业默克公司研发部门工作期间，完成了多个新药的研究开发，并成功进入临床试验阶段，包括：在降血糖新药的研发项目中，迅速地优化了先导化合物 (Lead)，发现了两个安全高效的临床化合物；在减肥新药和类风湿关节炎新药的研发项目中，优化和发现了一系列安全高效的化合物并在动物临床中证明了新机理的可行性；负责多个探索性项目（包括止痛、高血压等类）的药物化学方面的工作；领导默克公司的外包研发小组，职责包括设计新化合物及其合成路线，监控工作进展和解决难题。

葛敏博士回国后主要进行类风湿性关节炎和新型抗生素创新药物的研究，并从事医药研发外包服务工作，积极促进了南京和国外医药研发技术的交流与合作。进入“三创”平台后，葛敏博士与人合伙创办的南京爱斯医药科技公司 2009 年的销售收入为 733 万元，税后净利润总额为 236 万元。经过多年的技术积累和不断投入，目前已经完成 3 个产品的中试研究，预计投产后 3 年的销售额将超过 1000 万美元；同时还有 4 个产品已经完成前期研发，市场推广正在进行中，部分样品已经发往客户，预计将在 1~2 年内进行销售，产品成熟后的市场规模将超过 2000 万美元。目前，公司已经与江苏国信创投达成投资合作意向书，拟融资 2000 万元，用于扩大产品的生产。

案例二：陈礼勤博士

陈礼勤早在出国前就已经是安徽省最年轻的省级优秀教师之一，并被破格提拔为安徽大学的讲师，发展可谓一帆风顺。1990 年他远赴加拿大进行留学深造，先后获得了加拿大纽芬兰纪念大学的药物化学博士学位、温莎大学的博士后。在国外期间，从小的制药公司到全球知名的施乐，他都工作过。他在加拿大 PDI 药物研究所主持了当时世界最畅销药奥美拉唑（当时该药仍在专利保护期内，年销售近 40 亿美元）新合成方法的研究，经过一年多的探索，成功研发了不受原专利保护的新的合成路线，并成功地扩大生产，使本公司的产品提前三年进入市场，为公司创造了巨大利益。同时陈礼勤还主持了阿达帕林 (Adapalene)、胺碘酮 (Amiodarone) 等 30 多种畅销药的新合成方法、工艺研究和技术转让活动。他还在加拿大 SFBC Anapharm 研究所领导合成了 500 多个药物分子的代谢产物和稳定同位素（13C，2H，15N）标记的药物分子，其中多种药物已被本公司或客户商业化，或在不同临床应用阶段。

2006 年底，南京靖龙医药技术有限公司在高新区注册成立，作为南京工业大学和南京高新区共建“海内外领军人才‘三创’载体”的首批六位领军人才之一，陈礼勒凭借他在国外长年学习工作积累的研发管理能力和外包订单资源，仅一年多的时间，团队便壮大到 30 多人，销售额也呈直线上升之势。公司一方面致力于面向国外客户的临床药物标准品的测试和合成，已完成几百个标准品的合成，拥有近 20 个国家的 40 多位客户；另一方面也积极开展抗高血压、抗癌、抗过敏和治疗胃溃疡等方面新药的研发和专利申请，目前已获得两个美国专利，还有两个中国专利正在申请当中。2008 年公司营业收入近 80 万元，企业所拥有的稳定同位素标记技术具有国际领先水平，拥有客户 300 多家，遍及全球 60 多个国家和地区。

案例三：沈钢纲博士

获得浙江大学光学仪器系学士学位后，沈钢纲留学美国加州圣迪亚哥州立大学攻读物理系硕士，并在 1993 年获得乔治亚州理工大学物理系博士学位。而后他进入全球知名的 BOIS 开发供应商——美国 Award 软件公司，任加州总部软硬件工程师，其间开发了 Award BIOS 中 PCI-PCI 桥的支持等多项技术，为存储装置支持欧美和日本的客户做出突出贡献。1999 年，沈钢纲加入同为 BIOS 产业巨头的美国 Poenix 公司，任加州总部工程部总监，负责全球 BIOS 核心技术的开发。2004 年 Poenix 把工程中心从美国硅谷转移到亚洲，沈钢纲作为南京分公司主管，带领着技术团队回到了中国这片他阔别已久的土地。

2006 年 10 月，沈钢纲在南京高新区注册成立南京百敖软件有限公司。2007 年 1 月 18 日，百敖软件成功推出具有自主知识产权的新一代 BIOS 产品，并通过了国家信息产业部计算机安全评测中心的认证测试，从而实现了国产 BIOS 系统从无到有的突破，填补了我国 PC 产业链中的最后一项空白。形成了 CPU 有龙芯、操作系统有 Linux、BIOS 有百敖的 PC 产业布局，“中国制造”开始转向“中国创造”。

在国家科技部、信息产业部、江苏省政府的高度重视和支持下，百敖软件凭借自身技术积累和行业经验，参与了国家科技部“863”计划“基于 EFI 的国产 BIOS 的研究与产业化”和信息产业部电子发展基金“新一代安全 BIOS 研发与产业化”、“高安全可管理的安全 BIOS 研发和产业化”等多个国家重大项目。技术团队历经两年多的努力，完成了原型系统的开发，并获得 8 项具有自主知识产权的国产 BIOS 相关的软件著作权，成为 UEFI 联盟的重要成员。

2008 年 1 月，百敖获得 Intel IBV 授权，成为国内唯一、世界四家专业 BIOS 厂商之一的企业，在同年 6 月的大连软交会上，Intel 正式对外发表授权声明，由此奠定了百敖软件在全球 BIOS 领域的重要地位。

百敖软件公司先后获得江苏省高层次创新创业人才引进计划、江苏省省级现代服务业（软件产业）发展专项等政策扶持，通过自主创新，掌握了 BIOS 的核心技术，打破了国际垄断。2008 年，公司实现收入 674.7 万元，客户遍及北京、上海、深圳等地。

2. 第二批领军人才典型案例分析（创新精英）

案例四：应汉杰博士

应汉杰博士现为南京工业大学国家生化工程技术研究中心常务副主任，自开展科研工作以来，其一直致力于糖的磷酸化修饰的关键技术研究及产业化工作，研究内容涉及酶催化、代谢调控、分离纯化等领域，主要研究成果有 1，6–二磷酸果糖及其金属盐、核苷酸及其磷酰化衍生物、脱氧核苷酸及其磷酰化合物等多种生理活性物质的生物合成与分离制备。应汉杰博士现已在核心期刊上发表 60 余篇论文，其中 SCI、EI 收录 22 篇；申请专利 24 项，其中已授权 9 项；有 3 项科研成果通过江苏省科技厅的专家鉴定，并承担多项国家“863”、“973”和科技公共项目；先后获得国家级奖励 5 项，省部级奖励 6 项。

案例五：何野教授

何野教授是国际著名的微电子和软件专家，全球微电子机械系统计算机辅助设计工业的开创者、奠基人，国际上第一套 MEMS 商业化软件的总设计师。现任中国微米纳米技术学会理事，国家科技部微米纳米及先进制造领域技术咨询专家，东南大学、哈尔滨工业大学、天津大学等高校客座教授。

何野教授主要从事微电子学、电子设计自动化、计算机辅助设计领域的研究。1988年，出版了国内第一部半导体器件计算机辅助设计教材，并被翻译成多种文字，获国际同行专家的高度评价。1991年，30岁的何野被东南大学破格提升为教授，是当时国内最年轻的正教授，获霍英东青年教师奖，担任国际集成电路测试委员会委员、IEEE高级会员，并多次被大型国际会议邀请作学术报告。他发表论文100多篇，做了许多开创性的工作。他于1992年到美国麻省理工学院电子学研究实验室担任访问科学家，由于他首先提出电机械耦合运算方法，从而创立了今天全球MEMS计算机辅助设计工业的基础。何野教授担任公司董事长、总裁的IntelliSense公司是一家全球性的MEMS软件开发和硬件加工制造的高科技企业，在30多个国家拥有客户，在17个国家和地区设有分支机构、研发队伍及销售代理商。公司与许多国际一流的大学、科研机构、世界知名企业集团都有比较密切的技术交流与成功的商业合作。公司2006年被评为全球微米纳米技术50强企业，这是唯一由中国人控制的微米纳米技术50强企业。

3. 第三批领军人才典型案例分析（人才引进的高端性）

案例六：周楚新博士

1991年周楚新获麻省理工学院（M.I.T.）材料科学博士（Sc.D.），其后两年在麻省理工学院做博士后，研究领域包括半导体量子点（Semiconductor Quantum Dots）纳米材料、光电传感器材料，并获1项美国专利。博士后出站后两年时间他在美国辐射监测和设备公司（Radiation Monitoring Devices）任首席研究员、经理，其间他从美国卫生部（NIH）、能源部（DOE）和其他部门（DOD）获得22项合作研究基金，其中有8项独立科研基金和2项重点研究基金。1994~1995年他在美国融态金属环保技术公司任首席工程师，研究进程放射性废料，为防止污染和废物提供解决方案，并获1项专利。随后的四年时间里，周楚新博士在英特尔（Intel）公司任首席工程师，开发奔腾MMX、PⅡ、PⅢ的制程工艺，最先将“数据采炼”的原理用于集成电路生产中，将奔腾芯片的缺陷率降低了10倍，并将该技术从在硅谷的小型实验室推广到Intel在亚利桑那州、爱尔兰和以色列的三大工厂，获得2次Intel奖。1999年离开Intel后，他在IBM公司任资深商业顾问和北美市场经理，为财星100家中的32家公司作“数据采炼”的商业市场咨询，并将之发展成“量子智能”，期间

2 次获 IBM 著作奖。2001 年，“9·11”恐怖袭击后，周博士创立量子智能有限公司，并担任有关部门生物反恐项目的首席研究员。量子智能有限公司的客户包括 IBM、SRI、辉瑞、财星 100 家及其他美国政府部门（注：量子智能有限公司只能在美国运作）。[①]

表 6-4　专利及代表性奖项

年份	地点	专利及代表性奖项（仅限于科技成果）
1994	美国	M.I.T.美国专利
1994	美国	M.I.T.美国专利
1998	美国	美国融态金属环保技术公司国际专利
1994，1995	美国	美国辐射监测和设备公司重点研究基金
1996，1998	美国	INTEL 奖
2001，2001	美国	IBM 红皮书奖，科技著作奖
2005，2006	美国	量子智能部级科技奖
2007，2008	美国	加德绿色能源有限公司在美国加州绿色技术公开赛中获奖

案例七：姚力军博士

姚力军于 1996 年获哈尔滨工业大学工学博士学位，1997 年获日本广岛大学工学博士学位，此后进入霍尼韦尔电子材料公司（日本）任职，先后担任事业部研发工程师、研发部经理、技术总监、总执行官、总裁等职务。事业蒸蒸日上之时，姚力军博士选择回国创业。在他的带领下，具有国际先进水平的“超大规模集成电路制造用溅射靶材产业化关键技术”项目得到引进和应用，并落户余姚，成立宁波江丰电子材料有限公司。姚力军博士率领的团队共申请了 9 项专利，其中有 3 项发明专利和 4 项实用新型专利已经获得授权，该项目的实施结束了美、日对靶材关键技术的垄断，填补了国内空白，为我国半导体产业发展提供了大力支撑，并且带动了电子材料、高纯度金属冶炼等相关产业的深度发展。

姚力军博士一直致力于金属复合材料和半导体材料的科研和开发工作。在十余年的科研生涯中，已获得 20 余项国际专利并发表大量学术论文，许多专

① 2005 年，量子智能有限公司受美国有关政府部门支持，开发“计算机辅助菌种选择与发展工程”，并开辟三个研发课题，包括：特殊菌种/基因强化材料应用；菌种/基因筛选在“反生物恐怖”中的应用；计算机辅助菌种选择的生物能源研究。周楚新还创立加德绿色能源有限公司。他的研究成果与企业创新多次获得美国能源部、美国自然科学基金、国会等的奖励。2007 年、2008 年，加德绿色能源有限公司连续 2 年在美国加州绿色技术公开赛中获奖。

利技术填补了行业内的空白。余姚市为表彰其卓越贡献，于2006年8月授予姚力军博士“余姚市有突出贡献专家”称号，此后姚力军博士又先后获得宁波市“4321人才工程”第一层次人选，浙江省“新世纪151人才”等荣誉称号。由姚力军博士主持并负责的多个项目，得到了国家和地方各级政府的关注和资金支持：

（1）“超大规模集成电路制造用铝和钽溅射靶材产业化关键技术研究”项目被国家科技部列为“863”计划引导项目（2005年），获得补助资金100万元，宁波市和余姚市政府也分别配套50万元和600万元。

（2）2008年“超大规模集成电路PVD工艺制造用铝和钽溅射靶材的产业化”项目，被国家信产部列为电子发展基金项目，获得补助资金100万元。

（3）2008年被国家科技部列为“863”新材料重大专项以及02（极大规模集成电路制造装备及成套工艺）重大专项。

（4）2008年公司被授予国家级高新技术企业称号。

由于海内外领军人才“三创”载体管理委员会以及南京工大高新技术研究院有限公司成立时间不长，运作经验暂显不足，目前还存在一些问题，包括：“三创”载体项目的组织机构职能不明确，人员配备不完整，兼职多而专职少，职能扩展不够，项目评价标准体系有待完善，引进人才与学科的结合度还不够，等等。

（六）完善“三创”载体的对策建议

1. 完善“三创”载体项目的管理体制

“海内外领军人才‘三创’载体”管理委员会（以下简称管理委员会）是“三创”载体建设和领军人才计划实施的最高决策机构，南京工业大学高技术研究院、南京科技创业服务中心和中国南京（高新区）留学人员创业园分别受南京工业大学、南京高新区委托作为“三创”载体建设和领军人才计划实施的职能机构，南京工大高新技术研究院有限责任公司（以下简称研究院）是管理委员会的具体办事机构。

具体组织机构如图6-12所示。

加强人员配备工作，应作为完善“三创”载体项目管理体制的重要内容。另外，在运行机制方面，现有机制划分不够明确，完善管理机构设置必须先明确组织机构中各部门的职责：

（1）管理委员会主要职能：研究“三创”载体的建设发展战略、发展规划等重大事项；听取并审议通过管理公司工作报告；审定“三创”载体重要规章制

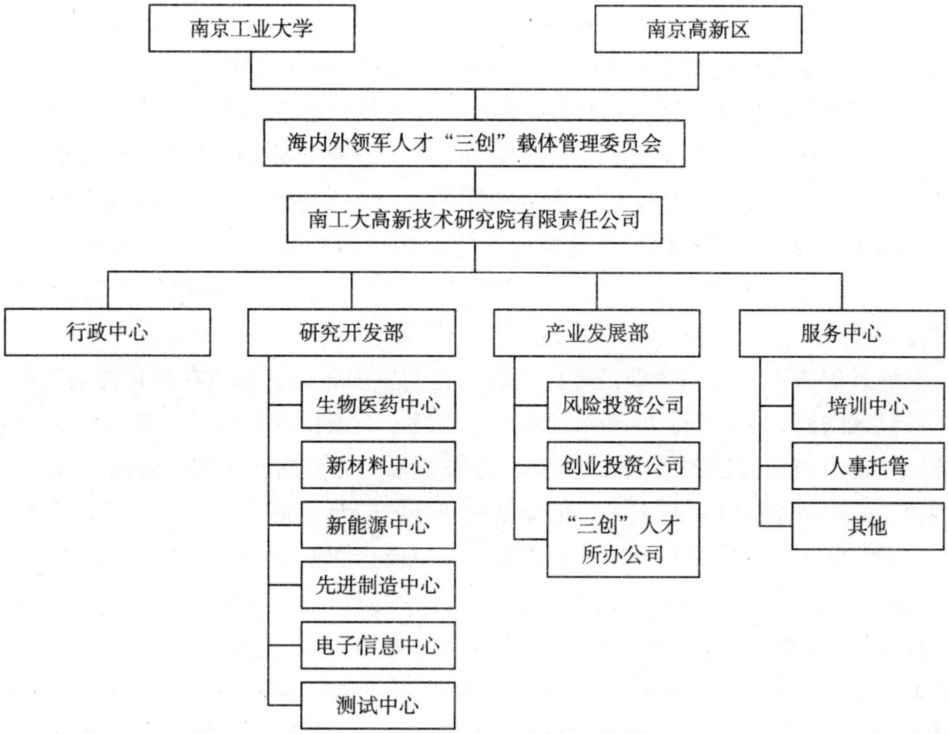

图 6–12　“三创”载体组织机构

度；审定领军人才计划聘任人选；调整管理委员会人选；其他事项。

(2) 行政中心主要职责：人力资源管理、日常会议安排、计划制定、合同管理、宣传事务和财务管理。

(3) 研究开发部主要职责：负责实验中心和测试中心日常管理，主要职责在于对创新工作进行必要支持和日常监管，为领先人才知识创新、技术创新和科技成果转化提供服务。

(4) 产业发展部主要职责：建立风投和创投公司，为处于种子期和发展初期的领军人才项目提供融资需求调查和融资规划。主要职责在于对创业相关工作进行支持和日常监管，特别是在融资服务和创业保障方面保障工作正常进行。

(5) 服务中心主要职责：建立培训中心，开展技术、商务、法律法规、税务等方面的培训，处理领军人才的人事托管方面的事宜。主要负责“三创”项目的配套服务，力求为领军人才解决后顾之忧。

2. 提高“三创”载体服务能力

“三创”载体对在孵企业的服务能力是包括载体的基础服务能力和载体的增值服务能力。

（1）提高“三创”载体的基础服务能力的建议。“三创”项目的基础服务能力是其开展企业孵化的物质基础，它直接反映了项目孵化创新的能力，可以采用两个指标来衡量：孵化器面积和孵化器基础服务组合配套程度。孵化器面积是指可用于与孵化器功能相关的办公、研发、生产、商务、娱乐、生活等孵化器所有有效场所的面积总和，是反映孵化器自身空间大小的基础指标。基础设施配套程度是指孵化器基础服务组合的合理性，它是孵化器场地、办公条件和通信、信息、金融、生产开发等比例关系的配置状况，它反映了孵化基础服务环境的水平和能力。

通过对省内“三创”项目进行调研，我们发现无锡、苏州在孵化器的面积、产业园区的面积以及相应的基础设施配套建设方面值得我们学习。苏州高新区创业园，已有或在建的建筑面积将达 92 万平方米，无锡高新区创业园已有或在建的建筑面积将达 150 万平方米，创新创业和环境配套设施齐全。深港产学研基地和深圳清华大学研究院在基础设施建设方面也值得我们学习，其中深港产学研基地建筑面积 36000 平方米，包括 22000 平方米的孵化器、6000 平方米的公共服务场地和 7200 平方米的教学中心；深圳清华大学研究院占地 1.6 万平方米，建筑面积 3.2 万平方米。南京“三创”载体项目科技孵化器现有面积只有 3000 平方米（南京工业大学科技创新大楼），其基础服务能力远远不能满足孵化企业的需求。根据南京工大研究院的初步规划，建议在以下五个方面来进行孵化器和产业园区的面积拓建，并强化基础设施的配套程度，最终提高“三创”载体的基础服务能力：①知识创新体系：建设“三创”载体领军人才的创新实验室，引进国际国内高端的科研机构等（7000 平方米，其中 3000 平方米用于领军人才创新实验室建设）。②技术创新体系：“三创”载体领军人才的应用型实验室，与企业共建研发中心，引进跨国公司的研发中心等（5000 平方米）。③成果转化体系：包括“三创”载体领军人才创新创业项目的培育，上述知识创新体系可转化的项目及技术创新体系的成果转化项目，引进社会科研院所的成果转化项目，承接国际国内的技术转移项目等（10000 平方米）。④产业集群体系：包括园区内与创新关联的高新技术企业集聚，自身孵化和培育的成长型产业群体，国际国内高端产业的近关联产业集聚等（未来在高新区建产业园，可考虑 200 亩地左右）。⑤现代服务业体系：包括科技、信息、教育培训、物流和资本机构（3000 平方米）。

（2）提高“三创”载体的增值服务能力的建议。基础服务能力多指科技孵化器的“硬件水平”，增值服务能力则多体现科技孵化器的“软件水平”，国内的科技孵化器的服务主要限于提供经营场地、代办工商税务登记和帮助企业享受政府有关优惠政策等方面，在提供战略咨询、技术研发、盈利模式设计、提供创新创业相关法律帮助、财务服务、风投创投融资等方面的服务能力尚显不足。据调查显示，在我国的多数科技企业孵化器中，物业租赁和物业服务、政府资助占总收入的六至八成，投资收入和增值服务收入所占收入比重则较小。而事实上，“软件水平”往往是评价科技孵化器效益和效率的主要依据，增值服务水平更是重中之重。“三创”载体为创新创业企业提供的增值服务包括：中介服务、信息服务、咨询服务、技术服务、融资服务和打造交流平台等，见表 6–5。

表 6–5　“三创”载体的增值服务

增值服务	中介服务	技术与产权交易、宣传推广
	咨询服务	企业诊断、发展战略、市场运营、无形资产评估
	培训服务	财务、税务、法律、保险、知识产权等培训
	信息服务	各种产（行）业、技术、经济和政策等信息
	技术服务	技术检测、立项及技术鉴定、产品与工艺设计
	融资服务	商业银行、风险投资机构、信用担保机构
	打造交流平台	内部交流会、沙龙；参加国内外展会、合作交流

为保证增值服务的具体落实，南京工业大学高新技术研究院作为“三创”载体的执行机构，需要调动各个部门，分别负责实行各自的职责。

根据上文“三创”载体机构设置建议的内容，并结合增值服务各子类的各自特点，拟确定以下三个部门，负责为领军人才创办企业提供孵化增值服务，如图6–13 所示。

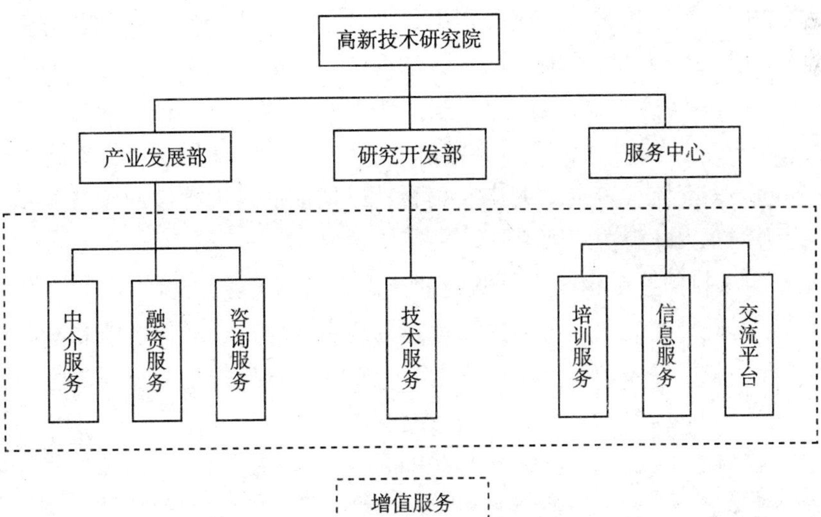

图 6–13　高新技术研究院组织构架

1）产业发展部：产业发展部除为在孵企业提供融资服务外，同时负责在园区内引入中介服务机构和咨询机构，为第三方中介和咨询服务机构建立固定的服务场地，从而为在孵企业提供常设服务。

2）研究开发部：除上文确定的实验中心和测试中心的管理职能外，研究开发部还负责为在孵企业提供产品与工艺设计、技术检测、联系专家进行技术鉴定等服务。

3）服务中心：除为在孵企业提供培训服务和人事托管服务外，服务中心还承担为领军人才企业提供政策信息服务和打造对外技术和成果交流平台的工作。

3. 增强激励，加大对领军人才的引进力度

通过对无锡“530”和苏州“姑苏计划”等项目的考察和学习发现，切实的优惠措施能对领军人才的加盟产生促进作用，因而要留住人才并令其发挥作用需要有完善的激励机制。激励应该从物质层面和精神层面两个层面共同加强，才能达到理想的效果。

物质层面激励机制的加强包括继续坚持实施“4+1”[①] 支持计划，如果个别项目情况特殊，可酌情提高拨款的额度；采用股权激励的方式激发领军人才的创新创业热情，领军人才以技术成果入股投资企业的，可按不少于注册资本的 30%作价入股参与分配；对领军人才施行人才年薪制、协议工资制、项目工资制等多元化的收益分配模式；对做出突出成绩的领军人才，政府可设立专项奖励基金予以重奖。

精神层面激励机制的完善包括建立留学回国人员创业奖、优秀人才贡献奖和高技能人才成就奖等市级人才表彰制度，增强领军人才的自豪感和荣誉感；推荐领军人才申报国家级“科技能手”、“劳动模范”等荣誉称号，并在平面和纸质媒体上大力宣传领军人才的先进事迹，最大程度调动他们创新创业的积极性；领军人才家人和孩子在国内的，要从生活和工作上给予他们多方面的帮助，要多探望、多慰问、多交流，定期举办亲友聚会，以使他们最大程度地支持领军人才的工作，也为领军人才解决后顾之忧。

“三创”项目的关键在于人才队伍的建设，借鉴无锡“530”计划和“姑苏计划”的人才引进规模，建议可以继续重点围绕生物医药、环保节能和电子信息产业，围绕现代服务外包产业，进一步做好领军人才建设规划，加强与国内外高校

① “4”即在聘期内，由南京工业大学为领军人才提供一个专职编制、一套人才公寓、一个不少于 100 平方米的实验室等工作场所，一项 100 万元的岗位津贴或科研启动专项资金，同时根据需要为其配备研究团队；“1”即对领军人才在高新区注册成立公司的，高新区为其提供不少于 200 万元的专项资金，用于购置实验仪器及设备等条件建设。

研发机构和跨国公司的联系，推进新一期领军人才引进工作。

4. 整合高新区现有的风险投资公司，为领军人才创业提供配套金融支持

资金不充足是创业企业，特别是高科技创业企业常遇到的问题。研究院和“三创”项目的日常运营都需要一定的资金。通过调研，拟定的资金来源主要有两个：政府投资和风险投资。

（1）在政府投资方面：江苏省政府和南京市政府都出台了一系列关于高新企业的政策支持和补贴政策，达到相关要求的项目企业可以充分利用。风险投资：参考深圳产学研基地的相关措施，通过与创业投资同业公会单位共同建立风险投资渠道，保障园区企业与风投机构之间的联络顺畅，同时确保孵化种子基金的按时按量投放。建议研究院发起启动高新区创业风险基金，并进行管理。另外通过与各商业银行和担保机构建立合作关系，共同建立融资担保体系，引进社会风险基金和天使投资等，拓宽融资渠道。具体可借鉴无锡“530”计划中对优质项目进行资金担保等措施。因此，启动高新区创业风险基金以及建立融资担保体系这项工作在现有条件下可行性较强，应视为亟待落实的工作。

（2）在风险投资机制方面，建议学习前文提到的硅谷的做法，设计完整可行的整套风险投资机制，包括从项目论证投入首批资金，到跟踪进行增值服务，以及继续评估并增加投入以提高公司的价值。最后计划上市、完成退出机制。通过从资金投入机制到资金退出机制的完整考虑设计，可以确保资金投入落到实处，同时又一定程度上进行了风险规避。

5. 积极争取政策支持，强化政策支持力度

通过调查省内外相关项目的成功做法，可以发现政府的政策扶持程度对孵化器及孵化器内企业的发展具有很强的示范和引导作用。国内的深港产学研基地建立了完善的政府政策扶持体系，为入驻企业提供政策咨询、项目资助、申请政府的科研开发经费、科技贷款、贷款贴息、科技成果推广基金、技术改造基金和中小企业发展基金、优惠减免等服务。省内的苏锡常（苏州、无锡、常州）这方面的工作也很有特色，它们制定了扶持初创型科技企业的财政扶持政策，将企业所上缴税收的地方留成部分给予一定比例的返还。例如，苏州将增值税地方留成部分全额返还，营业税及所得税地方留成部分的30%~50%返还，并从财政预算中安排房租减免费用等。所以希望“三创”载体项目能够加强政策的支持力度，争取在项目规模和项目效益上得到进一步的发展和提升。

6. 深化改革措施——“双创”模式探索

在南京市委、市政府加大科技发展力度，加快结构调整和转型升级的发展思路指导下，为进一步完善“三创”领军人才引进和培育体系，为更好地整合、优

化资源，南京工业大学和鼓楼区政府达成协议，共同启动“创新在工大、创业在鼓楼”的“双创”模式，并共同建立“创业技术海内外领军人才创新、创业载体”。载体的核心定义为：引进海内外领军人才、孵化高新技术企业、培训高级专业人才、提供专业化服务。目前，已引进拥有多个成熟生物医药产业技术的佘金雄教授、张俊虎教授和张跃华教授，同时有多个符合评价标准的产业技术人才在洽谈中。首批引进的3名“双创”人才已全部入选“紫金人才计划”，其中，佘金雄为自主创业类“领军人才”、张俊虎和张跃华为自主创业类“急需紧缺人才”。“双创”计划成为南京市推广的“创新在高校，创业在园区”的人才模式。

（1）该“双创”模式的创新点。①强化领军人才与对应学科的结合度，即对引进的领军人才从考核阶段即与其对应的学科和学院对接，引进后的教授岗位、实验室、启动经费等学校配套支持条件直接由学院给予兑现和落实。这有利于学科建设水平的提高和“双创”人才团队的快速组成，也有利于加快培养一批人才。②凸显引进人才拥有产业技术的成熟度，即对引进人才进行进入考查时，很重要的一方面就是要求其拥有自主知识产权，且其技术成果处于国际先进水平以上，能够填补国内空白，具有市场潜力并可产业化。③搭建产业技术研究院平台，提高人才落地的承接度。南京工业大学在南京市政府的支持和鼓楼区的配合下，正在建设新医药技术和低碳技术的产研院，即南京新医药产业技术研究院和南京低碳经济产业技术研究院，这种平台更有助于引进人才技术成果的转化和产业化，提高其落地成活率。2010年7月4日，“海外医学专家教授创业协会”12人现场考察后，当即集体与南京工业大学签下意向书，创建“南京新医药产业技术研究院”即是明证。

（2）推动“双创”模式深化，走产业化发展之路。以中南大学研究院科技产业成果转化为例，依法组建以统筹管理产业技术研究院、促进科技成果转化和产业化、实现国有经营性资产保值增值为主要任务的中南大学资产经营公司，建立以资本为纽带，产权清晰、权责分明、校企分开、管理规范的现代企业管理体制和运行机制，并建立高校国有经营性资产的监管体制，通过校企的相对独立有效避免企业经营对高校正常秩序产生的不良影响。而要实现相对的独立就必须实现高校资产、人员、地点和企业的分别独立。具体组织设计如图6-14所示。

同时，需要对研究院的科研活动建立长效管理机制，形成与市场中科技活动互动的公共科技平台。

（3）多层次的制度设计。

1）公共管理体系的法律法规体系。科技法律规章的制定，能在一定程度上完善政府公共管理体系，为相关部门的依法行政、为推动科技事业规范发展奠定

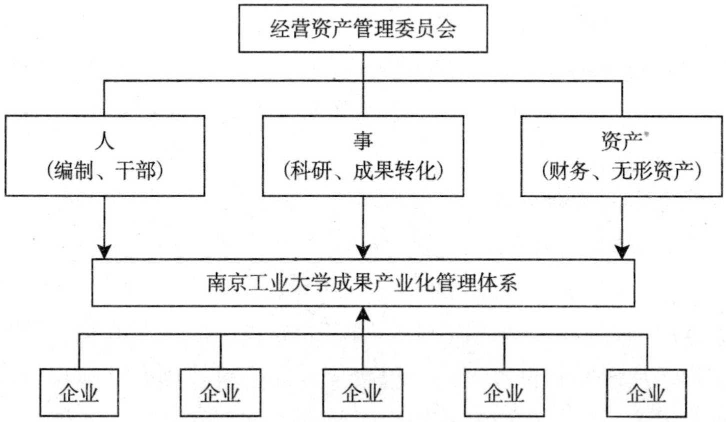

图 6-14　“双创”成果产业化组织构架

坚实的基础。科技资源配置应以市场自身机制为主导，同时需要政府提供一个有效的激励、约束和调控体系。然而在这基础上，科技市场资源配置的失灵仍然存在，政府的公共管理体系就显得相当必要，而法律法规体系是其中的重要内容，可以使政府的科技管理行为规范化、科学化，为公共科技体系提供有力的保障和必要的约束。一是从法律框架上形成一个宏观的科技体制，运用法律法规界定出这个科技体制的性质、运转程序及其范围等。二是知识产权保护的法律法规体系。竞争性市场缺乏对知识生产的激励并不意味着必须被公共生产，恰当的选择是，必须要构造出一些激励的类型，主要有两种激励结构：相关公共支持和知识产权。每一种激励结构在知识的使用和传播上都有着完全不同的含义。相应地，相关的法律法规之间应存在相对的平衡，以保证知识产权体系下的市场生产和共同生产之间的平衡。三是具体作用于企业创新行为的法律法规。比如，对于企业股权激励，通过法律规定要求高新技术企业对科技人员和经营管理人员按贡献大小分发股权，以激励企业的进一步创新行为。其中最重要的环节在于确立公共支持科技活动，尤其是创新活动具体、有效的激励方式。从西方发达国家的具体实践经验看，对创新行为的激励方式有：奖励（可以视为一种“内拉”的激励模式）、获取合同（可以视为一种“外推”的激励模式）、税收激励（也是一种“外推”的激励模式）、特许授权、混合模式等。而要确定哪种激励模式是最有效的，需要在不同的市场环境和技术环境中进行具体分析比较。

2）为推动公共科技发展的特殊政策制定法律法规。保证重大和特殊的科技政策有法可依，才能保证重大和特殊的科技政策顺利推行。确立南京市的科技发展战略，不仅对科技发展本身具有重要意义，而且对整个经济与社会发展有至关重要的影响。科技发展战略从宏观上指导南京市的科技发展，规定了南京市科技政策及科技计划的制定方向。一般而言，具有一个确定科技发展战略的地区，都能够有效地制定和实施科技规划，科技政策连续且稳定，公共管理体系的功能也因此而不断强化。

科技政策是为促进科学技术事业发展而实施的法规、法令、条例、计划或发布的政策文件的总称，是科技活动社会化、制度化的产物，是政府为促进本地区科技发展进行总体规划的一个组成部分。从科技创新相对成功的国际经验来看，科技公共政策的制定及其内容没有一个固定的模式，但一般都包括了科技投入政策、促进企业增加研究开发投入的财税政策、促进科技创新的金融政策、支持自主创新的政府采购政策、引进技术消化吸收和再创新的政策、实施知识产权战略的相关政策、科技人才政策、促进军民结合的政策等。

以上所列出的法律法规、科技战略、科技政策等，都属于正式制度的范畴。除了这些正式制度外，营造科技发展的人文环境和文化氛围也是极为重要的科学普及工作，同时也是南京市公共管理体系建设的一项任务。通过建立并提供向公众开放的实验室、陈列室、科技场馆和其他场所、设施，举办科技讲座和向公众提供科普咨询，可以提高全民的科技素质，建立公众科学教育的平台，营造良好的科技发展人文环境等，从长期来看，这都有利于以上正式制度的实施。

三、政策支撑：南京“科技九条”

（一）政策背景

从世界范围看，新一轮科技产业革命蓄势待发，正孕育突破；从国内看，我国处在一个可以大有作为的重要战略机遇期，城市间的竞争正在从传统领域的首位度竞争向创新领域的首位度竞争转变。从南京来看，第三次重大历史机遇是量身定做的机遇。抓住并用好这次机遇，关键在于发挥好科技、教育、人才、文化资源优势，在实施创新驱动战略上实现新的大突破。而实现突破的根本途径在于提升优势资源的转化效率，其核心就在于科技创业。通过更大力度解放思想、改革攻坚、创新突破，大规模汇聚领军型的创业创新创意人才，全方位营造最适宜的创业服务环境，深层次解放和发展科技、人才、文化生产力。因此，南京科技发展要牢固坚持以推动科技创业为核心，深化科技、教育、人才、文化体制综合改革，推动科技创业创新创意人才大扩容、载体大提升、制度大优化。

为加快推进南京科技体制综合改革试点工作，实现产学研紧密结合，努力探索一条科技教育人才文化资源优势向经济发展优势转化的成功之路，南京市委市政府与江苏省科学技术厅、江苏省教育厅于2012年1月19日联合出台《深化南京国家科技体制综合改革试点城市建设，打造中国人才与创业创新名城的若干政策措施》（宁委发〔2012〕9号）（简称南京“科技九条”）。

（二）政策目标

南京“科技九条”政策的出台将以全面激发南京科技创业创新活力，深度释放创业创新潜能，推动创新驱动战略为目标。南京将坚持“创新驱动、内生增长、绿色发展”的路径，全面聚焦“人才第一资源、教育第一基础、科技第一生产力、创新第一驱动力”，紧紧把握以创新驱动为核心战略、以发展创新型经济和服务型经济为主攻方向的第三次重大历史机遇，紧抓“人才引领、科技创业”和“制度先试、园区先行”两大关键举措，全力打造中国人才与创业创新名城。

（1）激发活力。南京科教人才资源丰富，但是突出的问题是分散，高校、院所、企业各有各的价值目标、考核导向和利益追求，最大力度地整合各类科技创新资源、最大力度地激发各类创新创业主体活力，成为政策上要突破的关键和认识上要突破的重点。

（2）保护创新。鼓励创新就是要充分地体现创新的价值，全方位地保护好创新的成果，让创新者多得利、多受益，帮助更多的“知本家”转化成资本家，转化成股东。

（3）支持创业。推进产学研合作，促进科技成果转化，促进科技与经济、科技与产业的紧密结合，是推进科技创新创业的根本目的。南京的科技成果十分丰富，但是科技成果在南京的就地转化率并不太高。这次出台的政策中重点加大了对科技创业的鼓励和支持。

（4）扶持企业。企业是推进科技创新创业、促进科技成果转化的主体，推进科技创新必须要创造条件帮助企业做大做强，引导企业转型升级，推动企业增强核心竞争力，从而也更好地引导科技创新、助推科技发明和技术攻关，全面提升自主创新能力。

（三）政策内容及解读

为进一步深化南京国家科技体制综合改革试点工作，把南京建设成为长江三角洲科技创新中心和中国人才与创业创新名城，根据《省政府关于支持南京国家科技体制综合改革试点城市建设的若干政策意见》（苏政发〔2010〕142号）精神，本着“敢闯敢试，先行先试”的原则，决定对在宁高校、科研院所和国有事业、企业单位科技人员（包括担任行政领导职务的科技人员）到南京紫金科技创业特别社区或校地共建大学科技园创办科技创业型企业的，对南京高校全日制在校学生到南京市大学生创业基地创业的，试行如下九项政策措施。

（1）允许和鼓励在宁高校、科研院所和国有事业、企业单位科技人员（包括担任行政领导职务的科技人员）离岗创业，3年内保留其原有身份和职称，档案工资正常晋升。

解读：各高校、科研院所和国有企事业单位科技人员（包括担任行政领导职务的科技人员）离岗创业，由本人提出申请，经所在单位同意和备案，3年内保留其原有身份和职称，档案工资正常晋升。3年后经本人申请，所在单位同意，可以延续。各高校、科研院所和国有企事业单位科技人员（包括担任行政领导职务的科技人员）运用科研成果创办与学科紧密相关的学科型科技企业，所在单位可以设立科技创业岗，让科技人员在创办的科技企业中专职从事科技创新和成果转化工作，享受与在编人员同等的待遇。所在单位可以企业经营发展状况为主要指标对其工作绩效进行考核。

（2）允许和鼓励在宁高校、科研院所和国有事业、企业单位职务发明成果的所得收益，按至少60%、最多95%的比例划归参与研发的科技人员（包括担任行政领导职务的科技人员）及其团队拥有。

解读：各高校、科研院所和国有企事业单位鼓励科技人员（包括担任领导职务的科技人员）在完成本单位布置的各项工作的前提下在职创业，在职创业收入归其个人所有，任何部门及单位不得设置障碍、附加条件和随意截留。各高校、科研院所和国有企事业单位职务成果以技术转让方式实施转化，所在单位可以将技术转让所得的净收益按照不低于60%、最高不超过95%的比例，一次性奖励职务成果完成人和为职务成果转化作出重要贡献的人员；以自主创业方式转化的，可以将职务成果形成的股权按照不低于80%、最高不超过95%的比例，一次性奖励给职务成果完成人和为职务成果转化作出重要贡献的人员。

（3）允许科技领军型创业人才创办的企业、知识产权等无形资产按至少50%、最多70%的比例折算为技术股份。高校、科研院所转化职务科技成果以股份或出资比例等股权形式给予科技人员个人奖励，按规定暂不征收个人所得税。申请设立企业注册资本在10万元以下的，其资本注册实行“自主首付”办理注册登记，其余出资两年内缴足。

解读：各高校、科研院所科技人员创办的学科型科技企业成立3年后，所在单位可适时转让或减持所持股权。

以知识产权和其他可以用货币估价并可以依法转让的科技成果作价出资占企业注册资本的比例可放宽到注册资本的70%。各高校、科研院所转化职务科技成果以股份或出资比例等股权形式给予科技人员个人奖励的，可以转化为科技人员对企业的出资，并予以办理相关注册登记手续。货币需求量小、资本构成中无形资产比例较大的科技企业在增资时，不再限制公司注册资本中货币资本和非货币资本的比例。具体由各级工商管理部门受理和落实。

各高校、科研院所转化职务科技成果以股份或出资比例等股权形式给予科技人员个人奖励，经主管税务机关核对确认后，按规定暂不征收个人所得税。获奖人转让股权、出资比例，对其所得按“财产转让所得”应税项目征收个人所得税，财产原值设定为零。具体由南京市地税局受理和落实。

(4) 允许在引进的科技领军型创业人才创办的企业中，将市、区（县）属国有股份 3 年内分红以及按投入时约定的固定回报方式退出的超出部分，用于奖励科技领军型人才和团队。

解读：在引进的科技领军型人才创办的企业中，国有股份自企业盈利年度起 3 年内分红以及按投入时约定的固定回报方式退出的超出部分奖励科技领军型人才和团队的政策，由南京市各级国资监管机构分别受理和落实。

(5) 允许和鼓励以定制的方式，首购首用在南京紫金科技创业特别社区或校地共建大学科技园内设立的科技创业型企业创制的高新技术新产品。建立“首购首用”风险补偿机制，对首购首用单位给予适当的风险资助。

解读：南京市政府建立“首购首用”风险补偿机制。对通过政府采购，或在政府投资的项目中采用定制采购的方式，首购首用在科技创业特别社区或校地共建大学科技园内设立的科技创业型企业创制的符合我市新兴产业发展方向产品的采购人，政府将按产品实际单件价值的 5%~10%予以一次性补贴，风险补偿资金补助的最高额度不超过 200 万元。

(6) 新创业的科技创业型企业所缴纳企业所得税新增部分的地方留成部分，3 年内由财政扶持该企业专项用于加大研发投入。经认定的高新技术产品或通过省级以上鉴定的新产品，从认定之日起，3 年内由财政按所上缴一般预算收入的相应额度扶持该企业专项用于加大研发投入。

解读：经认定的新创业科技型企业，以上一年度企业所得税实际入库数新增部分为基数；经认定的高新技术产品和通过省级以上鉴定的新产品，以上一年度对应的增值税实际入库数为基数，3 年内由市、区县（园区）财政按相应的地方留成部分，扶持企业专项用于加大研发投入。南京市各区县（园区）财政部门统一办理政策兑现，其中需南京市本级承担的部分由市财政局通过专项转移支付下达区县（园区）。

(7) 允许和鼓励在宁高校、科研院所科技人员（包括担任行政领导职务的科技人员）在完成本单位布置的各项工作任务前提下在职创业，其收入归个人所有。

解读：各高校、科研院所和国有企事业单位鼓励科技人员（包括担任领导职务的科技人员）在完成本单位布置的各项工作的前提下在职创业，在职创业收入归其个人所有，任何部门及单位不得设置障碍、附加条件和随意截留。

（8）在高校、科研院所以科技成果作价入股的企业、国有控股的院所转制企业、高新技术企业实施企业股权（股权奖励、股权出售、股票期权）激励以及分红激励试点。设立股权激励专项资金，对符合股权激励条件的团队和个人，经批准，给予股权认购、代持及股权取得阶段所产生的个人所得税代垫等资金支持。

解读：各高校、科研院所应积极开展科技成果入股、科技成果收益分成以及其他激励方式的试点；国有控股的院所转制企业和国有高新技术企业应积极开展科技成果入股、科技成果折股、股权奖励、股权出售、股份期权、分红权、科技成果收益分成以及绩效奖励、增值权奖励等其他激励方式的试点。南京市各级国资监管部门与同级财政部门负责组织实施企业股权激励以及分红激励试点。

（9）鼓励在宁高校允许全日制在校学生休学创业。凡到南京市大学创业基地创业的学生，进入基地创业的时间，可视为其参加学习、实训、实践教育的时间，并按相关规定计入学分。入选中央“千人计划”、省“双创计划”和南京市“321 计划”的人才，以及与南京市人民政府战略合作的市外高校、科研院所的科技人员，进驻南京紫金科技创业特别社区或校地共建大学科技园创办科技创业企业的，可参照执行以上相关政策措施。

解读：各高校全日制在校学生到南京市大学生创业基地、校地共建大学科技园或紫金科技创业特别社区创业的，创业时间可视为其参加学习、实训、实践教育的时间，由各高校结合本校实际制定具体政策。

（四）政策实施情况

南京“科技九条”出台 9 个月内，已有 144 位高校教师走出校门创业；1480 名大学生正在创业园里为创业梦想而打拼；12 所高校已经出台或修改推动成果转化鼓励师生创业的新政策；1050 名“321 计划”高层次创新创业人才成功引进；20 个紫金科创特区、7 家战略性新兴产业创新中心、7 家大学科技园启动；776 家科技企业正在园区孵化。同时 2012 年，南京结构调整、产业转型成效显著，智能电网、新型显示、生物医药、软件和信息服务等新兴产业、现代服务业发展成绩斐然；全社会研发经费支出占地区生产总值的比重提高了 0.3 个百分点，专利授权量达 1.65 万件，是 2007 年的 4.36 倍。

（1）细则出台。为深入贯彻落实市委、市政府会同省科技厅、省教育厅出台的《深化南京国家科技体制综合改革试点城市建设，打造中国人才与创业创新名城的若干政策措施》（即南京“科技九条”），进一步构建完善区域协同创新机制，推动产学研深度合作，加快南京科技教育人才文化资源优势向经济发展优势转化，南京市委、南京市政府与南京大学、东南大学、河海大学、南京航空航天大学、南京理工大学、南京邮电大学、南京工业大学、南京信息工程大学、南京中医药大学等在宁高校经充分酝酿，共同研究制定了南京“科技九条”实施细则，于2012年9月28日正式出台。

《实施细则》中的一大亮点是创立了“科技创业岗”，对科技人员创业后的身份、考评和待遇明确予以保障。其规定，高校院所科技人员运用科研成果创办与学科紧密相关的学科型科技企业，所在单位可以设立科技创业岗，让科技人员在创办的科技企业中专职从事科技创新和成果转化工作，享受与在编人员同等的待遇。所在单位对其工作绩效可以企业经营发展状况为主要指标进行考核。在完成本单位布置的各项工作的前提下在职创业，在职创业收入归其个人所有，任何部门及单位不得设置障碍、附加条件和随意截留。

《实施细则》也对“成果直接转让给企业”和“带着成果自主创业”两种不同科技创业规定了不同的收益分配标准。其中职务成果以技术转让方式实施转化，所在单位可以将技术转让所得的净收益按照不低于60%、最高不超过95%的比例，一次性奖励职务成果完成人和为职务成果转化作出重要贡献的人员；以自主创业方式转化的，则可以将职务成果形成的股权按照不低于80%、最高不超过95%的比例，一次性奖励。各高校院所科技人员创办的学科型科技企业成立3年后，所在单位可适时转让或减持所持股权。

为了便于科技创业企业的工商注册，明晰产权，减少创业成功后的纠纷，《实施细则》规定，以知识产权和其他可以用货币估价并可以依法转让的科技成果作价出资占企业注册资本的比例可放宽到注册资本的70%。各高校、科研院所转化职务科技成果以股份或出资比例等股权形式给予科技人员个人奖励的，可以转化为科技人员对企业的出资，并予以办理相关注册登记手续。货币需求量小、资本构成中无形资产比例较大的科技企业在增资时，不再限制公司注册资本中货币资本和非货币资本的比例。

（2）教授创业。2012年，对南京高校的创业教授们来说，是真正意义上的创业元年。南京农业大学副教授黄明，作为南京“科技九条”出台后南农大教师“光明正大”创业第一人，不仅和学校正式签约，保留教授身份、职称创业，而且学校还帮他拿下南京紫金（白马）科创特区一块33.8亩的土地，让他做肉制品加工、食品添加剂等技术研发和生产。

南京航空航天大学教授、机械工程专家赵淳生院士说，早在2009年他就开始尝试转化自己的科技成果，但那时大学教授没有敢公开创业的，更别说院士，他采取了和一家科技公司合作的方式创业，效果不好。有了南京“科技九条”，他就可以自己组建公司了。

在南京“科技九条”政策的鼓励下，据不完全统计，2012 年南京市共有 144 名本地高校院所的科技人员在南京创业。为了免除这些创业先行者的后顾之忧，南京“科技九条”细则明确规定，各高校、科研院所和国有企事业单位科技人员离岗创业，由本人提出申请，经所在单位同意和备案，3 年内保留其原有身份和职称。3 年后经本人申请，所在单位同意，可以延续。

（3）高校响应。南京 16 所高校院所“量身定做”新政，呼应南京“科技九条”。这些政策无一例外都突出了给创业“松绑”、提高创业者收益等关键条款。

南京“科技九条”中的 4 条源自于南京工业大学的实践，南京“科技九条”出台后，南京工业大学进一步出台了《关于进一步推进科技成果转化，鼓励科技人员创新创业的若干规定》（简称“南京工业大学科技 18 条）”，其中有 6 条“与众不同”，如鼓励包括担任行政领导职务的教师、科研人员创办学科型公司，把科技成果所占股份的 90%奖励给教师，而过去是 70%等。

东南大学出台的《关于进一步推进东南大学科技成果转化的若干实施意见》，规定了教师创业收益分配比例，将学校由原来的 40%降到 30%，院系由 20%降到 10%，个人和团队由 40%提高到 60%。

南京理工大学出台的《鼓励师生依托产学研基地创新创业的暂行规定》，在南京高校中首家提出创业教师在产学研基地的创业经历可作为职称、职务的晋升、聘任依据。

金陵科技学院制定的呼应南京“科技九条”的政策体系，成熟一个出台一个。其中包括落实南京“科技九条”的实施细则以及配套出台的科技创业岗实施办法等，今后将继续出台政策体系中的其他文件。

南京市政府与 50 多所在宁高校达成一致，将在全市高校院所推广南京“科技九条”政策，鼓励高校师生、科研人员加入到“创业大军”中来。通过与在宁高校联手出台相关细则，进一步营造有利的政策环境，进一步落实各项保障和服务措施，多方携手，为深化南京科技体制综合改革试点工作、大力提升科技创新对南京经济社会发展的贡献度做出更大贡献。

（4）产学研合作。南京“科技九条”政策的目的是要打破高校院所“科技成果转化难”的局面，让科教人才为南京所用。而目前南京市普通高校数量占全省的 43%，“211 工程”高校占全省的 80%，省级以上科研机构占全省的 60%，每万人大学生数量全国第一，但高校院所科技成果转化的情况却不乐观。南京“科技九条”深度激活了高校院所科技创业的政策激励，让更多曾束之高阁的论文、专利从纸堆中走了出来。

在南京“科技九条”激励下，2012 年南京校地、院市共建的产学研平台是历年来最多的。各高校院所不仅与各区县共建了一批大学科技园，还共创了一批国家级、省市级研发中心，成为师生创业的首选地，更成为被南京“科技九条”召唤到南京创业的全球各类人才的创业首选地。东南大学在和玄武区共建的国家大学科技园内，创建了省内首家“大学生创新创业中心”；南京航空航天大学与溧水县联建大学生创业园；南京工业大学通过校地共建方式，将南京市大学生创业示范园引入南工大虹桥校园，大学生创业孵化面积从原来的 900 平方米扩大到 2100 平方米。在这些平台的支撑下，2011 年南京市共扶持 1000 多名大学生创业，接近 2010 年全年大学生创业人数。

同时 2012 年在宁主要高校和科研院所共有 3289 项应用技术成果就地转化，比 2011 年多了 500 多项，就地转化率预计可达 45.9%，比 2011 年提高 1.8%；更让人眼前一亮的是，在南京“科技九条”出台 9 个月内，南京高校有 144 位教师、1480 名大学生创业转化自己的技术成果。

四、南京“321”人才计划

（一）计划背景

2011 年 7 月 2 日，南京市委十二届二十二次全会审议通过了《关于聚焦“四个第一”，实施创新驱动战略，打造中国人才与科技创新名城的决定》，努力在狠抓人才第一资源、教育第一基础、科技第一生产力、创新第一驱动力上出实招、见实效，全力打造中国人才与创业创新名城，争创国家自主创新示范区和人才特区，探索走出一条具有南京特色的创新驱动、内生增长、绿色发展之路。

全力打造中国人才与创业创新名城，必须以先行先试精神，倾力落实“人才引领、科技创业”和“制度先试、园区先行”这两大关键举措，全面解放人才、解放科技生产力。大力推动人才引领、科技创业，就是要大力扩充国际接轨的领军型科技创业人才，带动各类拔尖人才、紧缺人才集聚，引领科技创业和战略性新兴产业、现代服务业发展。

面对现实人才的紧缺，南京出台了“南京创业人才 321 计划”（简称“南京 321 人才计划”），即用 5 年时间，大力引进 3000 名领军型科技创业人才，重点培养 200 名科技创业家，加快集聚 100 名国家“千人计划”创业人才。

（二）工作目标

领军型科技创业人才引进计划。大力引进海内外领军型科技创业人才。到 2015 年，引进领军型科技创业人才 3000 名，其中海外留学归国创业人才 1000 名、港澳台及外籍创业人才 1000 名、国内创业人才 1000 名。

科技创业家培养计划。重点培养一批在相关领域开创技术新路径、商业新模式、产业新质态的领军型科技创业人才。到2015年，着力培养科技创业家200名，集聚中央“千人计划”创业人才100名。

（三）领军型科技创业人才扶持政策

1. 企业初创扶持

经评审入选的创业项目，分为重点扶持项目和扶持项目。

（1）入选重点扶持项目的，给予200万元创业启动资金，提供不少于100平方米的工作场所和不少于100平方米的人才公寓，三年内免收租金；根据项目需求，提供不低于300万元的创业投资和不低于300万元的融资担保。

（2）入选扶持项目的，给予100万元创业启动资金，提供不少于100平方米的工作场所和不少于100平方米的人才公寓，三年内免收租金；根据项目需求，提供不低于150万元的创业投资和不低于150万元的融资担保。

（3）技术成果入股投资的，可按不高于注册资本70%作价入股；增资时，技术成果入股投资比例不作限制。申领企业法人营业执照时，企业法人资格和企业经营资格登记可相对分离。

2. 科教特色扶持

（1）高校、科研院所领军型科技人才离岗来（在）宁创业的，三年内保留个人身份和职称，三年后可在南京市作相应安排，或协调回原单位工作。

（2）协调在宁高校、科研院所每年拿出50个教授、研究员岗位，定向提供给有意向且符合条件的入选者。

（3）整合在宁高校、科研院所图书资料、研发平台和公共技术服务平台向入选者开放，相关费用给予补贴。

（4）建立创新创业导师团，由两院院士和知名专家组成创新导师团，由成功企业家和科技创业家组成创业导师团。

3. 金融财税扶持

（1）社会创投机构投资期限超过2年的，按其投资总额的1%给予奖励。投资发生损失的，按实际投资损失的30%给予风险补偿。

（2）给予提供融资担保业务的社会担保机构年累计担保额2.5%的补贴。

（3）开展知识产权质押贷款，依据知识产权的评定，分别给予50万元、100万元、200万元的贷款。

（4）推行科技保险保费补贴制度，给予30%~50%的保费补贴。

（5）企业获利之日起三年内，企业所得税市以下留成部分给予全额奖励。

（6）入选者首次在南京市购买自住商品房的，视同南京户籍市民，不受有关限购政策限制，并按企业注册之日起五年内，个人所得税市以下留成部分给予全额补贴。

（7）符合有关政策规定进境的部分科研设备和合理数量的生活自用物品，免征进口税收，或给予全额补贴。

4. 生活配套服务

为入选者及其配偶、子女办理“南京蓝卡”，给予相关市民待遇及特殊政策，其中：① 港澳台及外籍入选者，直接办理相应期限的居留签注或许可；符合条件的外籍入选者，直接办理《外国人永久居留证》。② 为入选者提供补充医疗保险及免费健康体检和疗养；入选者及配偶、子女在指定医院享受医疗绿色通道服务。③ 适龄子女接受义务教育的，免试免费就近安排公办学校入学；确需跨学区的，由教育主管部门妥善安排，免收相关费用。接受学前教育的，在公办幼儿园就近优先安排。接受高中教育的，减免学杂费。就读国际学校或国际班的，按公办教育生均经费标准给予补贴。④ 凭有效期内的本人国（境）外机动车驾驶证件，可直接申领国内机动车驾驶证。

（四）科技创业家培养措施

（1）项目产业化过程中，流动资金不足的，提供总额不低于1000万元的融资担保，并按当年实际还贷额度和银行贷款基准利率，给予贷款贴息；引入社会创投资金的，市创投资金可按30%~50%匹配入股；进入企业加速器或中试基地的，两年内免收场地租金。

（2）参照执行国家高新技术企业税收优惠政策，企业所得税差额部分由地方财政给予全额补贴。

（3）市级各类产业和科技经费中，对列入本计划的企业实行单独列项和单独评审，给予重点支持。承担省级以上专项的，按上级财政资助额1∶1的比例配套奖励。

（4）新建市级“三站三中心”等的，给予20~100万元资助；新建省级以上“三站三中心”等的，按上级财政资助额1∶1的比例给予配套奖励。

（5）制定自主创新产品目录，实行政府定制或首购首用制度；参加财政性资金采购招投标的，在评审中给予适当加分。

（6）入选者及企业团队核心成员和科技领军人才首次在南京市购买自住商品房的，视同南京户籍市民，不受有关限购政策限制，并按入选或引进之日起五年内，个人所得税市以下留成部分给予全额补贴。

（7）实行一人一档、一企一策，聘请成功企业家和科技创业家担任创业导师，聘请知名咨询机构和科技服务机构提供专业化服务。

（8）组织入选者在境内外进行创业培训，所需培训和交通费用给予全额资助。

（五）实施情况

截至 2013 年初，南京市总共组织了三批“321 人才”申报。第一批申报人数达到 1062 人，第二批达到 2112 人，新近申报的第三批达到 3600 多人。每个批次申报人员均大幅增加，申报总人数达到 6800 多人。

在 2012 年下半年，南京“321 引进计划”中有 517 人入选，其中海归比例超过 75%。此次入选的 455 名领军型科技创业人才中，八成以上为海归，四成以上有创业经验，41~55 岁年龄段的人占入选总人数的六成，206 人来自外地高校和科研院所，创业者人数最多的是生物医药、电子信息、新材料三大领域。62 名科技创业家的创业项目与南京市新兴产业相吻合，其中，具有海外学习工作经历的 22 人，所创办企业 2012 年销售收入绝大多数超过 500 万元，具较好的成长性。加上第一批入选的 379 人、第二批入选的 671 人，目前入选南京“321 引进计划”的总数达到 1567 人。

截至 2012 年底，前两批入选的 986 人中，已有 941 人在南京市创办了企业，落户率达 95.4%，企业注册资金总计约 24 亿元。

五、南京青年大学生创业人才计划

南京市为进一步鼓励和扶持青年大学生在宁自主创业，以创业带动就业，将南京市打造成为全国大学生创业首选城市，真正把科教人才资源优势转化为发展优势，推动南京市经济社会又好又快发展，出台了扶持大学生创业的南京市“大学生创业七策”。

（一）指导思想

围绕创新驱动战略部署和打造中国人才与创业创新名城的总体目标，坚持政府促进、社会支持、市场导向、自主创业的基本原则，发挥政府部门、公共就业服务机构和高等学校的职能作用，调动社会各方面力量，完善创业政策、强化创业意识、提升创业能力、优化创业环境、健全创业服务，鼓励和扶持更多的青年大学生在宁来宁创业。

（二）目标任务

（1）实施万名青年大学生创业计划。到 2015 年末，力争扶持 1 万名青年大学生自主创业，带动就业 5 万人。

（2）建成大学生创业园（基地）20 万平方米。市级大学生创业示范园面积拓展到 1 万平方米以上；栖霞区、江宁区、浦口区在大学城内或附近，各建一个面积 1 万平方米以上的大学生创业孵化基地；每个科技创业特别社区中安排面积不少于 5000 平方米的载体专门用于大学生创业。

（三）扶持政策

（1）资助优秀创业项目。市人社局、南京紫金科技创业投资集团负责评估青年大学生创业项目，每年遴选出 200 个可行性和预期成功率较高的优秀创业项目，每个项目给予 10 万~20 万元的一次性资助。其中，遴选出 20 个科技含量高、潜在经济与社会效益及市场前景好的特别优秀的创业项目，每个给予 50 万元的一次性资助。资助资金 50%由市紫金科技创业投资集团天使基金投资、50%由政府补助。

（2）支持创业载体建设。鼓励以多种方式建设大学生创业园（基地），经验收认定为“南京市大学生创业园（基地）”的，根据建设规模和标准，分别给予 30 万~50 万元的一次性建园奖励补贴，重点创业园（基地）建设，由市、区财政予以重点扶持。

（3）提供创业场地扶持。对在宁初始创业的青年大学生入驻创业园区的项目，可提供最大 30 平方米、最长 3 年期限的免费场地或租金补贴，由大学生创业企业纳税属地区县（开发园区）负责。对无自有住房的在宁初始创业的青年大学生优先安排公租房。

（4）鼓励多渠道融资创业。①在宁初始创业青年大学生的创业项目，经过评估具有可行性的，均可申请创业小额担保贷款和贴息。从事个体经营、合伙创业的，最高可分别申请 10 万元、50 万元的小额担保贷款；微利项目财政给予全额贴息，非微利项目财政贴息 50%。②鼓励青年大学生以创业项目为平台，争取专项资金支持和社会风险投资，按照单个创业项目所争取资金或融资总额的 10%给予无偿配套支持（最高不超过 10 万元），帮助青年创业大学生降低融资风险。③青年大学生自主创办的企业，招用本市户籍失业人员和高校毕业生人数达到员工总数 30%以上，依法签订劳动合同、缴纳社会保险的，可申请最高 200 万元的商业贴息贷款，财政部门按贷款基准利率的 50%给予贴息，最长期限两年。以上三种融资方式不可同时享受财政补贴。

（5）减免相关税费。自主创业青年大学生，在宁申办个体工商户登记的，自其在工商部门首次注册登记之日起 3 年内，免交登记类、管理类和证照类等行政事业性收费；申办注册资本 10 万元以下中小企业的，免收企业设立注册登记费。青年大学生自主创办的商贸和服务型等企业实体（除限制行业外），在新增加的岗位中，当年招用持《就业失业登记证》的人员，与其签订 1 年以上期限劳动合同并依法缴纳社会保险费的，在 3 年内根据实际招用人数按照每人每年 4800 元的优惠定额依次扣减营业税、城市维护建设税、教育费附加和企业所得税。毕业年度内的高校毕业生，从事个体经营（除限制行业外）的，在3年内按每户每年8000元为限额依次扣减其当年实际应缴纳的营业税、城市维护建设税、教育费附加和个人所得税。

（6）鼓励创业带动就业。青年大学生创业并正常经营纳税1年以上和带动2人以上就业的，给予一次性4000元奖励。初创企业3年内吸纳本市户籍失业人员或就业困难人员就业，签订1年以上期限的劳动合同并依法缴纳社会保险费的，给予1500元/人的一次性带动就业奖励。创办企业吸纳就业困难人员就业的，给予最长3年期限的社会保险和岗位补贴（创办劳务派遣企业不在本政策扶持范围，下同）。

（7）加强创业指导和培训。鼓励驻宁高校结合大学生创业园建设成立大学生创业指导站，指导站建设符合市规定要求的，每个给予一次性5万~10万元经费补贴。推行大学生创业导师制，通过“创业导师进校园”、“一对一”创业指导、跟踪服务等多种形式帮助大学生提高创业实践能力。开展青年创业培训实训，经具备创业培训资质且经过公开招标的社会培训机构培训合格的在宁青年大学生，可按规定申报创业培训补贴。对到定点实训基地参加创业实训的南京市户籍大学毕业生，给予最低工资标准60%的生活费补助。

（四）保障措施

（1）加强青年大学生创业工作组织领导。市、区（县）两级成立由政府分管领导任组长、相关责任部门参加的青年大学生创业工作领导小组。创业工作领导小组负责青年大学生创业工作的组织和协调，加强目标责任的管理和跟踪监督检查，确保青年大学生创业计划的顺利实施。在大学生就业工作主管部门设立青年大学生创业工作办公室，按照属地化管理的原则，受理并审核大学生创业享受扶持政策的申请，对符合条件的发放《青年大学生创业证》，青年大学生凭证享受各项创业优惠扶持政策。

（2）加强青年大学生创业扶持工作经费保障。市、区（县）财政要加大对大学生创业扶持工作的资金投入和保障力度，根据确定的目标任务，调整财政就业资金支出结构，合理安排年度创业专项资金，保证各项工作的有序开展和创业扶持政策的落实兑现。

（3）提升青年大学生创业服务水平。举办面向全国青年大学生的创业大赛，引进优秀创业项目在宁落地；面向社会公开征集创业项目，建立大学生创业项目库，为有创业意向的青年大学生提供创业项目选择和查询服务。对参加大赛获奖的创业项目和经评估入库的创业项目，给予补贴奖励并优先向有关创业投资机构推荐。在市、区（县）就业服务机构开设青年大学生创业服务窗口，为在宁来宁创业的青年大学生提供创业政策咨询、人事档案代理、落户和社会保险办理、职称评审等一条龙服务。

（4）营造大学生创业的良好氛围。加强对大学生创业典型的培养和树立，全市每年评选一批创业规模较大、纳税和带动就业突出的青年大学生创业杰出人才，授予“青年大学生创业明星”称号，并给予一次性物质奖励，以激发更多大学生的创业热情。充分发挥青年大学生创业联盟等组织的作用，为创业青年大学生搭建交流沟通的平台。充分运用新闻媒体，广泛宣传在宁自主创业的青年大学生典型，动员社会各界关心和帮助青年大学生自主创业，引导大学生切实转变就业观念，提高自主创业的信心和能力。

（五）典型案例

为切实落实南京科技九条、万名青年大学生创业计划等政策，推进中国人才与创业创新名城建设，基于“创业带动就业、提升就业能力、孵化创业人才、培育创业文化、推进科技创业”之目的，按照“先试先行”的精神，南京工业大学与南京市人力资源和社会保障局、鼓楼区人民政府本着“整合资源、有机融合、创新模式、互动共赢”的原则，共同建设“南京市大学生创业示范园”。

项目一期 2000 余平方米，项目二期 8000 余平方米，项目三期 9000 余平方米。通过改造原国民政府资源委员会旧址等现有建筑群，形成约 2 万平方米的创业载体，建设集大学生初始创业孵化区、成熟企业加速成长区、创业服务中心区兼有创业实训功能于一体的示范型综合园区，着力打造大学生科技创业的“南京模式”。

示范园的发展思路（“1234”）：一个依托、两个坚持、三区联动、四个结合。即一个依托：南京工业大学国家大学科技园的综合服务体系；两个坚持：政府扶持、高校支撑；三区联动：初创区、加速区和成熟区；四个结合：服务南京工业大学学生与其他高校大学生相结合，服务大学生创新与创业相结合，服务大学生实习实践与实训就业相结合，一次规划与分步建设相结合。园区宗旨：服务大学生创业，支持大学生创业，引导大学生创业，打造南京市大学生创业的第一示范平台。

目前项目一期入驻初创大学生科技企业近 60 家，博硕士领衔团队占到 50% 以上。创业团队成员来自澳大利亚墨尔本大学、伦敦 BPP、爱尔兰阿斯隆理工学院、吉林大学、、华中科技大学、西安交通大学、上海交通大学、南京大学、东南大学、南京工业大学等国内外近 40 所高校。现有海外留学人员 12 人、博士 23 人、硕士 58 人、本专科学历 200 余人，实习实训学生 300 余人。各类企业发展态势良好，科技研发类企业、新型科技服务类企业均呈快速成长态势，其中不乏拥有发明专利、软件著作权等知识产权的企业。示范园还有多个企业获得江苏省博士集聚计划、南京“321”人才计划等省市区各种创业项目支持，特别是在连续两批的南京市青年大学生优秀创业项目资助计划中占据了“半壁江山”。截止到2012年12月底，示范园共孵化大学生创业企业近70家，直接提供就业岗位3000多个。

示范园被授予“国家高校学生科技创业实习基地”、首批“江苏省大学生创业示范基地”和至今唯一的“南京市大学生创业示范园”、在宁高校唯一的“南京市创业工作先进集体”等称号。示范园的成立，为区域经济的发展聚集了创业人才、储备了创业项目、带动了多元就业、催化了新的经济增长点。上海东方电视台、江苏电视台、南京电视台、中国教育报、中国青年报、新华日报、南京日报等主流媒体先后报道。国家人社部部长尹蔚民，江苏省省长李学勇、副省长毛伟明，江苏省委常委、南京市委书记杨卫泽、南京市人大常委会主任陈沼泽、南京市市长季建业、南京市市政协主席沈健，内蒙古人社厅厅长萨仁，江苏省人社厅、团省委等领导莅临调研并给予充分肯定。

示范园发展目标（“11115”工程）是：到“十二五”末期，实现园内的在孵大学生创业企业100家、成熟成长企业100家、成功孵化出园企业100家，提供实习实训岗位10000个、就业岗位5000个。

第三节　科技管理综合服务体系的平台建设

南京科技广场服务模式是南京科技管理综合服务体系建设的重点平台之一，包括科技工商所、科技中介组织、知识产权培训基地、科技图书馆等一系列服务于科技型中小企业的模式载体。

一、南京科技广场服务平台模式介绍

南京科技广场由南京市人民政府主办，南京市科学技术局、鼓楼区人民政府、南京工业大学三方共同建设，通过整合科技资源、行政资源和中介服务资源，建设创新创业人才集聚区、科技成果转化示范区、专利技术交易窗口区、科技产业发展高端区，将建成“两大平台五个中心”，实现“十大功能”。江省省科技情报研究所查新中心是原国家科委批准的国家一级科技查新咨询单位，以其查新报告的权威性、客观性、公正性树立了良好的科技咨询服务品牌，如图6-15所示。

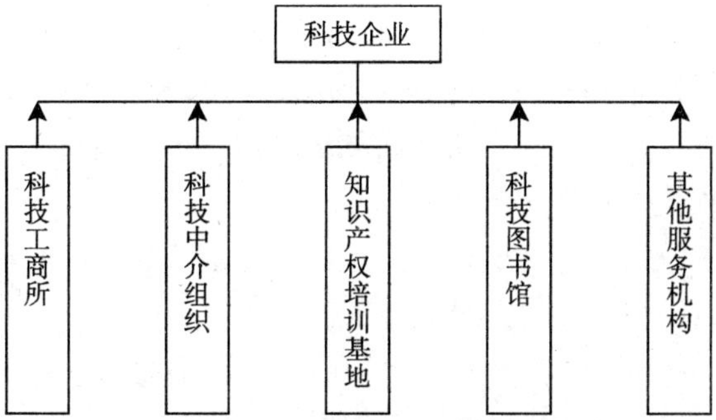

图 6–15　南京科技广场服务构架

二、南京科技广场——科技工商所的运行模式

1. 成立科技工商所的背景和目的

在南京市实施创新驱动战略和战略性新兴产业的发展中担负着重要责任，拥有服务于科技创新的管理优势、政策优势。为推进双方的深入全面合作，充分贯彻落实市委、市政府提出的人才、教育、科技和创新“四个第一”要求，本着“优势互补、资源共享、合作共赢”的原则，南京工业大学与南京市工商行政管理局双方经友好协商，合作共建鼓楼科技工商所，计划“十二五”期间打造成全国示范性科技工商所（平台）。

南京工业大学充分发挥科技创业人才、科技创新企业、科研仪器设备、科技文献资料等资源优势，且在现科技工商所办公用房条件基础上，从新建的科技服务大楼 C、D 座中优先提供办公用房 1000~2000 平方米，为科技工商所创造基本的硬件环境，达到其申报省级、国家级工商所的硬件建设要求。

南京作为全国唯一的科技体制综合改革试点城市，凭借国家创新型城市试点市的契机，把鼓楼科技工商所（全国唯一设在国家级大学科技园区的科技工商所）的建设和改革纳入其“十二五”规划重要战略目标，在人、财、物等方面给予特殊政策，以打造成全国一流的具有较强示范作用的科技工商服务平台。

依托鼓楼科技工商所，集成建立南京市工商局驻园区综合服务工作站。充分依托科技工商所的资源基础，将南京市工商局相关行政管理服务职能有机延伸，设立包括订立合同、商标申报、企业年检、融资促进等服务的“一站式”科技工商综合服务工作站，帮助企业“足不出园”完成上述工作。

南京鼓楼工商分局科技工商所[①]设立在南京工业大学科技园内，位于南京工业大学科技广场三楼，与街区内科技广场的公共服务平台相互衔接，自成体系。南京鼓楼科技工商所属于鼓楼工商分局派出机构，与分局商广合科合署办公。

2. 南京鼓楼科技工商所的特点

南京鼓楼工商分局结合区域经济发展特点，成立的专业化服务型工商所，即南京鼓楼工商分局科技工商所，具有以下特点：

(1) 打造专业化的工商服务平台，更好地促进鼓楼区科技经济的发展。鼓楼区科教资源丰富，科技人才优势明显，同时，鼓楼区经济结构不断优化，产业结构优势明显。因此，成立鼓楼科技工商所适应转变经济发展方式的长远要求，有利于推动全区科技经济的发展。

(2) 采取科所联动的方式，进一步整合基层工商部门行政资源，实现服务职能的深度融合。通过探索建立健全科技工商所的运行机制、业务流程和工作制度，扎实推进基层工商部门适用法律精准化、程序规范化、服务标准化，努力实现服务效能的整体提升。

(3) 推动工作重心下移，把干部推向工作第一线，有利于干部素质的不断提升。南京鼓楼科技工商所采用科所联动合署办公，把科室干部推向了基层一线，对于基层工商所的干部，则要求掌握更多的业务知识和技能，打造“十项全能”复合，这样能更好地为科技企业服务。

3. 南京鼓楼科技工商所的职能

为更好地服务科技企业，南京鼓楼工商分局科技工商所的职能努力体现专业化服务水平，主要有：

(1) 南京市工商行政管理局鼓楼分局在南京工业大学科技园内设立科技工商所，承担专业化的服务职能，负责本区内总部企业、外资企业以及科技企业的名称、登记注册、商标品牌战略、融资服务、知识产权保护、信用建设、信息分析利用等工作。

(2) 建立外资企业登记、名称登记、商标注册、融资事项办理等四条快速通道，提高办事效率。

(3) 放宽登记限制，实行创新的登记措施。尤其是放宽出资方式登记，对以知识产权出资的企业，设立时其知识产权出资可高达注册资本的70%；企业增加

① 2009年12月，南京市首家工商局科技工商所落户鼓楼区南京工业大学国家科技产业园，这是全国首家获得科技企业、外资企业、总部企业登记权限及首家集注册登记和商标广告服务于一身的工商所。科技工商所为鼓楼区3000余户经济主体提供工商服务，其中包括2373户科技型内资企业、793户外资企业以及41户总部企业。

注册资本时，新增注册资本中的知识产权出资可以不受前款的限制。对已设立的科技企业的股东可以以其对该企业的债权出资，从而增加该企业的注册资本。

（4）拓宽登记注册的服务方式，建立网上名称预查、网上登记注册、网上年检的全程化的登记注册申报、核准模式。

（5）积极扶持驰名商标、著名商标。

（6）大力宣传和开展股权出质、股权出资、动产抵押、商标权质押工作，支持企业盘活资产，帮助企业拓宽融资渠道。

（7）加强商业秘密保护，严厉查处侵犯商业秘密的行为，保护科技创新成果。

（8）加大商标专用权的保护力度，保护商标权益人的合法权益。积极查处侵犯科技企业商标专用权的行为，优先保护驰名商标，重点查处侵犯驰名商标专用权的案件。

（9）对在园区内建立的涉及企业科技权益交易的平台，做好合同格式条款的订立指导工作，推荐企业使用合同示范文本。

（10）加大对科技经纪人的培育力度，培育和壮大科技成果转化市场，规范技术经纪市场秩序，促进本区科技成果加快转化为现实生产力。

4. 南京鼓楼科技工商所试运行以来的主要情况

（1）以为科技企业提供服务作为主要职能。2009 年 11 月，南京鼓楼科技工商所开始试运行。按照南京市委“北有中关村、南有模范路”的要求与中关村对接，南京鼓楼科技工商所主要承担服务职能，不承担监管任务。重点是为全区科技企业、外资企业服务。职能主要包括为名称含“科技”字号的企业和外资企业进行登记注册、商标注册和驰（著）名商标申报服务，提供动产抵押、股权出资等融资服务以及商业秘密、知识产权保护等服务。

2011 年以来，南京市逐步拓展和升级科技工商所的服务职能和范围，充分发挥科技工商所为南京两核之一的模范路科技创新园区提供综合专业服务平台的作用，逐步拓展和升级其服务职能和范围，计划通过 2~3 年的改革和建设，赋予其承担南京市科技企业注册登记的职能，服务全市科技创新企业；赋予其承担南京市科技型外资企业注册登记的职能，成为南京市“科技型外资企业”的服务窗口。

（2）坚持以改革创新的精神建立健全科技工商所运行机制。一是加强政策创新，营造良好的政策环境。二是加强制度创新，建立健全科所联动机制。对于重点企业和重点项目，科所联合开辟服务直通车，组团打包服务。通过科所联动，实现了注册工作和商广合工作的有效对接。三是加强管理模式创新，充分发挥合署办公的体制优势。

至2010年5月，南京鼓楼科技工商所成立半年以来，鼓楼科技工商所实施科所联动、合署办公的体制、机制优势已经初步显现，主要体现在以下几个方面：①工作效率得到进一步提高。南京鼓楼科技工商所通过配强配精人员，有效整合职能，实施科所联动，工作效率得到很大的提高。6个月来，南京鼓楼科技工商所共办理注册登记299件，企业年检237件，接受各类企业咨询2300多件，跟踪服务企业90家。虽然办理注册登记、年检等方面的工作量增加了20%，但科技企业注册登记时间从过去的10个工作日缩短到3个工作日，大项目均在当日发营业执照，网上年检预核准均在当天办结。许多不在园区注册登记的企业和非科技企业都慕名前来办理各项业务。②基层干部综合素质得到进一步增强。南京鼓楼科技工商所通过实施AB角制度，工作范围不再局限于各自的岗位，工作人员对于注册登记、企业年检、股权出质、动产抵押、商标注册、广告审查等业务有了更加全面的了解和掌握。

5. 南京鼓楼科技工商所下一步工作思路

南京鼓楼科技工商所按照"全国领先、全省一流"的目标定位，力图打造专业型、精细型、智慧型的基层专业所，进一步健全科技工商所的运行机制，深入探索工商专业化综合职能服务的有效途径及模式方法，具体概括为"三合"，即力量整合、业务融合、人才复合。

（1）强化力量整合，进一步完善科所联动工作机制。积极推行基层工商部门的扁平化管理。在服务发展上，不再一味采取降低门槛的做法，而是通过职能整合、功能创新，为企业提供效率更高、针对性更强的综合性职能服务；在机制创新上，打破各管一块的格局，实施"三联"举措。帮扶企业时跟踪联动，为企业提供组团打包服务，对企业提出的问题共同跟踪解决。建立统一的联系企业制度。

（2）深化业务融合，建立与中心工作、重点工作的对接机制。围绕全区重点项目、重点产业和重点企业，一是发挥信息资源优势，实行超前服务；二是整合服务职能，实行打包服务，提升科技工商所的专业化服务平台效能，对鼓楼区重点产业、项目和企业，将注册登记、融资发展、商标品牌、诚信建设、知识产权保护等职能有效整合，综合运用各项服务职能，促进企业尽快落户和有效运转；三是拉长服务链条，实行个性化服务。

（3）促进人才复合，努力建设一支基层复合型人才队伍。在人才培养上，将着力提高干部注册登记、动产抵押、股权质押、商标注册、广告审查等业务水平，以及在服务企业过程中的外联协调水平和信息化应用水平；在信息化建设上，建立全区科技型企业数据库、成长型科技企业注册商标数据库、驰（著）名商标企业数据库等信息资源库，并通过综合分析，为企业投资和领导决策提供参考。

6. 南京鼓楼科技工商所的经验启示

（1）应具备开拓创新、大胆探索的精神。政府职能部门应具备开拓创新、大胆探索的精神，探索公共职能改革，变利益推动为责任驱动，积极探索、发挥自身的特点和优势，完善公共职能。

（2）推动工作重心下移，贴近公共服务对象。南京鼓楼科技工商所推动工作重心下移，把干部推向工作第一线，贴近公共职能的服务对象，有利于干部素质的不断提升，也有利于加强自身的职能。

（3）改革自身的组织结构，整合本部门行政资源。南京鼓楼科技工商所改革自身的组织结构，整合本部门行政资源，通过职能整合、功能创新，实现服务职能的深度融合。

（4）打造专业化的工商服务平台，更好地服务科技企业。南京鼓楼科技工商所努力打造专业化的工商服务平台，提高服务效率，促进鼓楼区科技经济的发展。

三、南京科技广场——江苏省科技创新协会的运行模式

（一）历史沿革

为促进江苏省“产学研”合作，推进科技成果转化，加强科技创新体制与法规政策研究，引导江苏新兴产业的培育与发展，在江苏省科学技术厅的直接指导和帮助下，2007 年 8 月，由南京工业大学、江苏省高新技术创业服务中心、江苏省高科技投资集团、南京证券公司、开元集团、三胞集团等十数家单位共同发起，并经主管单位江苏省科技厅、登记注册单位江苏省民政厅批准，成立了“江苏省科技创新协会”。协会常设办公机构位于南京工业大学经济管理学院，协会会长由时任江苏省省长助理、中国工程院院士徐南平教授担任，时任江苏省科学技术厅厅长朱克江担任副会长，南京工业大学经济管理学院院长赵顺龙教授担任秘书长，目前协会已发展副会长单位 10 余家、会员单位 250 家，遍及江苏地区各类科技型企业、高校、科研院所、风险投资、银行、担保、证券、科技管理部门、知识产权管理部门等单位和个人。

（二）协会宗旨

以技术创新与转化活动及相关问题为主要服务对象和研究对象，以应用研究、案例研究为重点，尤其注重研究江苏地区的科技创新实践活动，利用江苏各高校及科研机构的学科优势和学术资源，通过机制创新整合校内外研究力量，为促进江苏高校的产学研合作发展，为促进江苏省的科技创新与成果转化探寻科学

理论，培养实用型人才和创新型人才，为企业发展提供技术创新战略和策略咨询等理论及操作性建议支持，为政府有关部门提供决策依据和政策建议。最终把协会建设成推进江苏科技创新与转化活动及相关研究的"思想库"、"信息库"和"人才库"。

（三）协会性质

协会以江苏地区的技术创新与成果转化活动的相关经济与管理理论研究、政策研究为重点，以应用研究为主。在业务上接受江苏省科学技术厅的指导。

（四）搭建技术创新的中介平台

（1）配合政府有关部门或接受政府委托，开展相关调研、统计工作。

（2）开展科技创新体制与科技政策、新兴产业发展动向与能力评价研究。

（3）构建科技创新与成果转化实践活动平台。

（4）组织信息交流会或学术研讨会，发布本省科技发展和创新管理信息。

（5）开展对区域创新能力、企业创新能力及其社会发展贡献的评价。

（6）紧密围绕本省科技创新发展战略，开展相关培训。

（7）向会员提供本省科技创新发展的相关政策、信息和研究报告。

（8）承担法律规定、授权或政府委托的其他职能。

（五）为技术创新提供决策智力支持

协会充分发挥专家学者智库的力量，借助南京工业大学的平台，为江苏省委省政府等部门提供了多项高质量的调研报告，成果卓著：

（1）赵顺龙等完成《江苏省创新型科技园区发展》研究报告，并受到时任江苏省委书记梁保华、时任江苏省省长罗志军的批示。

（2）赵顺龙、陈同扬等完成《2007~2009年江苏省海外领军人才研究报告》，得到时任江苏省省长罗志军省长、时任江苏省科技厅厅长朱克江的批示。

（3）朱克江、赵顺龙等完成《企业自主创新案例》专著（经济管理出版社，2009：12），以大量翔实的案例丰富了江苏企业自主创新的理论与实践。

（4）赵顺龙、王冀宁等完成《江苏省100家中小企业生存状况的调查报告》。

（5）王冀宁等完成《中小企业自主创新中的投资行为偏差及风险研究》（2009年江苏省软科学基金研究报告）。

（6）王冀宁等完成《中小企业融资困难研究》（2009年江苏省社会科学基金报告）。

（7）王冀宁等完成《江苏省自主创新型企业投融资环境国际比较与对策》报告。

（六）构筑技术创新的科技中介体系与运作机制

（1）首届江苏省科技创新高层论坛。

时间：2008 年 12 月 6 日上午 9 时

地点：南京双门楼宾馆钟山厅

主题：企业自主创新与金融服务专题

参会人员：时任江苏省副省长赵克志、省长助理徐南平、省科技厅厅长朱克江等政府官员、企业家代表、专家、金融机构工作人员以及各界人士 300 余人参加，南京工业大学经济管理学院院长赵顺龙教授主持仪式。

（2）2009 年 12 月至 2010 年初，在南京举办了“江苏省金融资本与科技企业融资对接会”系列活动，江苏省科技厅领导、专家学者、银行及风险投资等金融机构的高管、40 家企业代表，共商金融资本与科技企业融资的对接良策，南京工业大学经济管理学院院长赵顺龙教授主持活动。其间，香港裕丰投资集团与南京同凯兆业生物技术有限责任公司等达成投资意向，并将继续在江苏投资科技创新企业。

（3）2009 年 4 月，在常州天目湖举办了首届企业家沙龙，议题是政府、企业家携手抵御金融危机、致力科技创新。时任江苏省省长助理徐南平、江苏省科技厅厅长朱克江等政府官员、企业家代表、专家、金融机构工作人员 50 余人参加，南京工业大学经济管理学院院长赵顺龙教授主持。

（4）2009 年 9 月，在南京乌龙潭公园举办了第二届企业家沙龙，议题是科技与金融如何对接及成立科技创业引导基金，促进江苏创业资本发展。时任江苏省科技厅厅长朱克江等政府官员、企业家代表、专家、金融机构工作人员 40 余人参加，南京工业大学经济管理学院院长赵顺龙教授主持。

（5）2009 年 12 月，在南京乌龙潭公园举办了第三届企业家沙龙，议题是知识产权如何服务企业创新。江苏省知识产权局局长朱宇等领导、专家、企业家参加，南京工业大学经济管理学院院长赵顺龙教授主持。

（6）2008~2009 年，协会领导和专家积极走访企业，建立科研创新基地，为企业抵御金融危机、开展科技创新出谋划策。

（七）未来展望

（1）认真配合政府有关部门或接受政府的委托，开展相关调研、调查统计工作及案例研究，建立信息库；积极开展政策、法规比较研究，向政府建言，协助政府制定促进科技创新与成果转化的政策法规。

（2）针对江苏省情，系统地开展对科技创新体制与科技政策、创新战略选择、区域创新与成果吸纳能力评价、行业创新能力比较、项目评价与管理等的研究，寻找和建立适宜江苏省情的科技创新与成果转化的组织体系，为江苏科技创新与成果转化的实践提供理论指导和政策建议报告。

(3) 构建科技创新与成果转化实践活动的平台和中介，使各类研究成果顺利地与实践结合，迅速产生实际的经济效果，从而对江苏科技创新与成果转化的实践活动产生推动作用。

(4) 为配合对区域、科研单位和企业的科技水平、创新与转化能力等的评价，对江苏省科技创新与成果转化活动开展全面系统的年度调查和跟踪，建设江苏科技创新与产学研合作网，定期编辑出版协会的内部通讯及年度报告。

(5) 定期举办"江苏省科技创新高层论坛"和"企业家沙龙"，打造一座宣传科技政策、展示科技创新成就、沟通多方资源、激发企业创新商机的桥梁。

四、南京科技广场——知识产权培训基地的运行模式

该基地由国家知识产权局、江苏省知识产权局、南京工业大学科技园、南京科技广场共同建设，地点设在南京工业大学经济管理学院。该基地以知识产权培训中心的成立为起点，集专业建设、学科建设和社会服务、政府服务于一体，是知识产权领域产、学、研、政相结合的平台，是目前国内一流的知识产权高级人才培训基地，为经济社会又好又快发展和技术创新提供人才智力服务。

江苏省知识产权人才（南京工业大学）培训基地的成立，标志着江苏省知识产权专业人才的培养将进入一个崭新的历史阶段。培训基地的主要职责是承担全省各类知识产权专业人才的培训任务，紧紧围绕国家和地方经济建设、社会发展、科技进步的需求，发挥南京工业大学的知识产权学科优势和培训管理优势，为从事知识产权相关工作的在职人员提供系统、规范、高水平的专业培训，为建设创新型江苏做贡献。江苏省知识产权人才（南京工业大学）培训基地将在省知识产权局的指导下，逐渐将基地打造成以培训为依托，整合政府政策引导、高校科研成果转化、企业产品创新和知识产权保护、代理机构专业服务于一体的江苏省知识产权培训、发展、应用、服务平台，并不断累积经验、创造条件，积极申报国家级知识产权培训基地。

五、南京科技广场——科技图书馆的运行模式

南京科技广场图书馆即南京工业大学图书馆，是在原南京化工大学图书馆和原南京建筑工程学院图书馆的基础上，于 2002 年合并而成的。现有馆舍面积 4.5 万平方米，在编工作人员 79 人，主要阅览室每周开放时间达 98 小时。馆内设置办公室、信息系统部、信息咨询部、数字图书馆服务部、文献资源建设部、读者

服务部等部门。

南京工业大学图书馆是江苏省高等教育文献保障系统成员馆以及江苏省工程文献中心核心成员馆。图书馆馆藏文献种类广泛，涵盖了社会科学、自然科学的诸门多类。其中化学工程、材料工程、土木工程等学科文献收藏颇丰，形成馆藏特色，并在国内高校有一定影响。目前，图书馆馆藏总量 168 万册，电子图书 165 万册。

在数字化建设方面，南京工业大学图书馆是江苏省高校第一家超星电子图书镜像站点、国内第一批清华学术期刊中国期刊网镜像站点。目前拥有国内外大型光盘和网络数据库 30 多种。这些电子资源的引进，进一步完善了馆藏资源的结构和配置，并实现了校园网上资源的共享，在教学和科研中起到了重要作用。

南京工业大学图书馆网络以千兆接入校园网，并配置高性能的服务器及其他大容量存储设备。该校图书馆自动化建设起步较早，1992 年即采用图书自动化管理系统；1999 年起，采用国内先进的“汇文”图书信息管理系统，并开通了 OPAC 联机公共检索系统，以提供馆藏书目查询服务。

南京工业大学图书馆除了为读者提供文献外借、阅览、复印、检索、馆际互借等传统服务外，还提供了通借通还、专家送书上门等特色服务。通过集约式管理，三校区图书馆已经实现资源共享，无缝链接，形成了一个完整的服务体系。

此外南京工业大学科技图书馆全面对科技企业开放，并提供系列服务，如科技查新、专利申请等。

第四节　科技管理综合服务体系的文化环境培养

一、南京科技创新文化环境的优势

南京市作为国家科技体制综合改革试点城市，在科技创新文化环境上存在自身优势：

（1）科技创新的政策制度优势。自南京成为国家科技体制综合改革试点城市以来，在增强自主创新能力，推进创新型城市建设的工作中取得了一定的成果。而江苏省委省政府和南京市委市政府实施的一系列科技创新管理方法和激励制度在这一过程中起到了显著的推动作用。如江苏省出台的《江苏省科技成果转化专项资金项目管理办法（试行）》、《江苏省科技成果转化专项资金项目管理实施细则

（试行）》、《江苏省科技成果转化专项资金财务管理实施细则（试行）》、《江苏省科技成果转化专项资金创业投资项目实施方案（试行）》和《江苏省科技成果转化专项资金项目验收管理办法》等系列政策；南京市出台的《南京市科学技术奖励办法》、《南京市科学技术奖励办法实施细则》、《南京市科技成果鉴定工作规程》、《南京市技术市场管理办法》和《南京市科技人才创新创业资金管理办法（试行）》等。这一系列的政策制度全面推动了南京科技产业的科技创新，使南京科技研发投入GDP占比远高出全国不足2.0%的平均水平，并向2015年科技研发投入GDP占比5.0%的目标迈进。

（2）科教文化环境的优势。南京的科教水平一直处于全国领先水平。南京有全日制高等院校（不含军事院校）41所，仅次于北京、上海，位列全国第三，在校学生67.79万人，承担国家级、省部级、市级课题12453项，R&D研究人员7515人，研究经费达到243439万元（2007年）。另有独立研究与开发机构106个，承担各类课题3683项，研究经费达到187752万元，R&D成果应用646项（2007年）。

（3）企业科技创新文化的优势。在政策制度的推动下，南京的大中型企业技术开发机构（2008年共175个大中型工业企业技术开发机构）加大了对R&D人员和资金的投入，对加快科技成果的落实做出了巨大贡献，使得高新技术产业产值占规模以上工业总产值的比重达到41.35%（2007年）。

二、南京科技创新文化环境的经验启示

（一）构建合理的科技创新激励机制

科技创新激励机制在南京的科技产业中营造了“尊重知识、尊重人才、开拓创新”的企业文化氛围，为企业指明了发展方向，也为企业在科技研发上加大投入提供了政策保障。

在政府激励方面，实施积极的财税激励政策，加大对技术创新的投资力度。一是制定更加优惠的财税政策。各级财政要建立稳定的科技投入增长机制，集中用于共性、关键性和前沿性技术的研究开发。对企业研发投入允许以较大比例直接抵扣税收；二是在选择财政资助对象时，除了要保持政策平衡和加强考察外，还应该向潜在的技术创新企业或受国家产业政策鼓励的创新型企业倾斜，在保证政府财政资助效率的同时，保持一定程度的多样化。另外，政府的财政资助应当适度地打破所有制界限，对于符合国家产业政策发展方向的民营创新型企业，应采取待遇同等的政策。

在企业内在激励机制方面，则需要做到：一是建立科学的考核评价体系。对

科技人员进行激励的一项重要基础工作是建立科学的评估机制和体系。只有正确地考评人才，才能提供报酬管理、人事调整、招聘和晋升等方面必要的资料与依据。对科技人员的考核要坚持客观公正、民主公开、注重实绩的原则。只有科学、公平的绩效量化考核体系才能真正做到客观、公正地评价每一位科技人员的工作业绩，从而使各项考核奖惩有本可依。二是选择适宜的激励手段。科技人员需要的差异性，决定了激励手段的多样性。具体的激励手段，根据不同的性质可以分为两类，即物质激励和精神激励。对科技人员的激励应该把物质激励和精神激励结合起来。

（二）充分合理运用高等教育资源

创新归根结底要靠具有创新能力的各类人才来实现。南京科技创新的初步成果体现了高等院校聚集、高素质人才聚集的优势。南京拥有众多高校科技园，其中南京工业大学国家大学科技园的成功发展最具代表性。

经过五年多的建设，南京工业大学国家大学科技园已经基本形成“一园三区，跨江发展”的格局。南京工业大学国家大学科技园规划占地 522 亩。其中研发创新区位于学校新模范马路校区，以一期 8 万平方米的科技创新大楼为核心，最终形成 50 万平方米的研发“种子”基地；科技园创业孵化区位于浦口经济开发区，最终形成建设面积 26 万平方米的“种苗”孵化区。科技园创新人才引进模式，与南京高新区共建海内外领军人才“三创”载体，把引智与引资、引企紧密地结合起来。

目前，共有 70 余家科技型企业入驻科技创新大楼，其中 30 余家企业与学校共建研发中心，构建以企业为主体，整合学校优质资源的技术创新体系，例如：全球化工百强企业——赫克力士公司（Hercules、美国）、江苏中丹集团（泰州）、江苏克胜集团（盐城）、江苏利民化工集团（徐州）、无锡宏盛换热器制造有限公司（无锡）、中圣集团、中狮化学和一夫建材等。入驻企业涉及计算机及通信、能源及交通、新材料及材料设备、机电一体化、建筑及环境等领域，孵化项目科技含量高，市场前景好。

南京工业大学国家大学科技园研发创新区地处模范马路科技创新街区，是江苏最大、全国少有的智力密集区。短短的几公里地聚集了南京工业大学、中国药科大学、南京邮电大学、南京工程学院和南自总厂、十四研究所、长江机器集团等一批国内外著名的高校与院所，并有 10 多名两院院士在此生活，具有良好的学术氛围，为高科技研究提供强有力的支撑，是高科技企业研发和创新创业的理想之地。该区地理位置优越，辐射能力强，交通便利，周边的高档酒店及各种休闲服务设施鳞次栉比，是新型商务的黄金地点，具有很强的升值潜力。

南京工业大学国家大学科技园依托国家、省、市科技、教育、经济等部门的资源优势，依托学校雄厚的科技实力，融合各种科技资源，整合各种服务功能，坚持政府引导、高校支撑与社会参与相结合，坚持综合公共服务与专业服务相结合，坚持统一规划与分步实施相结合，本着政府引导、市场运作、资源共享、服务开放的建设原则，不断完善综合服务体系，努力创建全国一流的、面向全社会开放的、特色鲜明的示范型园区。

（三）塑造积极向上的科技创新精神

无论是高等院校、研究与开发机构还是企业，在科技创新的过程中都需要塑造积极向上的创新精神。在外部环境相对良好和健全的南京，塑造这种积极的创新精神就显得更有必要，也更加有效。仍然以南京工业大学的经验为例：

南京工业大学科技创新文化建设以学校科研发展和学科建设为基础和依托，通过建立专业知识产权服务平台、专业投融资服务平台、专业人才培养平台、专业信息交流平台、专业技术服务平台，为相关成果转化提供全方位的孵化服务，促进其发展。

（1）在学校科技产业群中构建以“以人为本、需求导向，博采众长、合作竞争，注重积累、勇于跨越，求是求新、力戒浮躁”为主要内容的科技产业文化建设，大力倡导拼搏进取、自觉奉献的爱国精神，求真务实、勇于创新的科学精神，团结协作、淡泊名利的团队精神，使尊重劳动、尊重知识、尊重人才、尊重创造成为校园文化的主旋律，使创新、创业、创优成为师生员工的重要价值取向，把科技产业文化建设作为人才培养的思想，作为塑造大学精神、彰显办学特色的重要内容。

（2）加强科技成果产权建设。紧密结合国家知识产权战略和学校知识产权战略，建立以知识产权为导向的科技产业发展体系，借助学校、科技产业、政府、行业、社会等主体的力量，形成一个协调、配合、良性发展的科技产业知识产权发展战略体系，加强南京工业大学知识产权的保护，促进科研成果的生产力转化与应用，为学校师生科研成果的保护和经济效用提供服务平台和保护。通过知识产权建设，提高吸收和整合知识产权的能力，通过转让、许可等方式引进国外的先进知识产权，选择比较容易的改进型发明作为二次创新的突破口。对发明的技术积极申请专利，进行专利积累，进而形成自己的专利网。利用各类知识产权信息，包括过期的知识产权资料等进行加工利用。

（3）加强科技产业内部文化管理，引进现代企业文化。文化以人群为载体，人是文化生成的第一要素。高校科技产业文化中的人不仅仅是指学校管理者，更应该包括企业的全体职工以及学校部分师生。科技产业文化也就是指全体行为主体共同遵守、约定俗成而非书面的行为规范，并有各种各样用来宣传、强化这些价值观念的仪式和习俗。首先，在科技产业文化建设过程中注重南京工业大学科技产业团体意识的形成，让全体成员有共同的价值观念，有一致的奋斗目标，才能形成向心力，才能成为一个具有战斗力的整体。其次，要注重个异性。个异性是南京工业大学产业文化的一个重要特征。高校科技产业要具有自己独特的企业文化。南京工业大学科技产业文化建设充分利用这一策略，建设具有自己特色的企业文化。只有具备了自己的特色，才能在企业之林中独树一帜。最后，不能忽视经济性。所谓经济性，是指科技产业文化必须为产业的经济活动服务，要有利于提高企业生产力和经济效益，有利于企业的生存和发展。此外，也是最重要的一点，南京工业大学科技产业文化的建设以学校的学科建设为核心，科技产业存在与发展的根本目的是为学校学科建设和发展提供支撑，是为学校科研能力提升和发展提供经济支持。

第七章 科技金融服务体系建设

第一节 南京科技型中小企业金融服务的现状

为进一步创新科技投入机制，积极探索金融创新促进自主创新的新模式，针对处于不同发展阶段的中小企业，通过体制创新、机制创新、服务创新、产品创新，改革南京现有的金融格局，以政府科技风险基金为基础，引导支持科技创投基金、科技银行、科技担保、科技保险，将资金引导投向科技企业，尤其是科技型中小企业，并建立股权转让市场、知识产权转让市场、促进科技企业股权转让和风险资金的退出市场，建立多层次、多元化的融资体系，建立多方合作、服务中小企业的长效机制，从而形成与科技自主创新相适应的专业科技金融服务体系。科技金融服务体系结构见图 7–1。

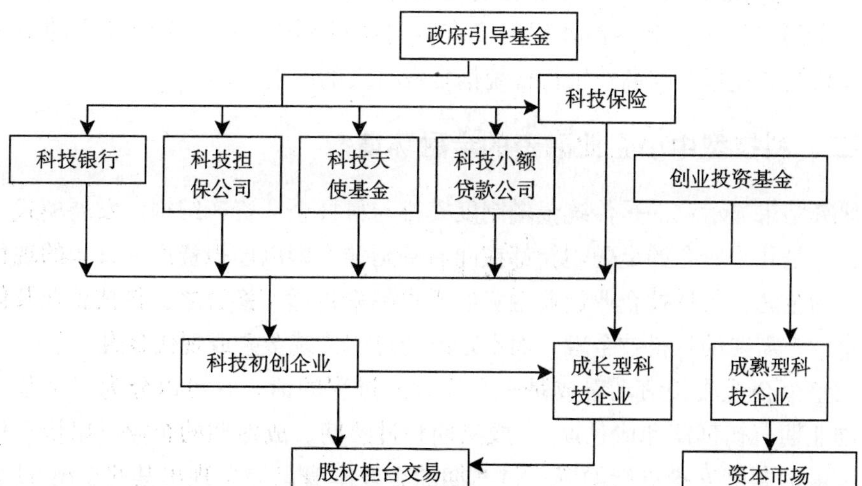

图 7–1 科技金融服务体系结构

一、南京科技型中小企业融资的现状

（一）数量多、融资难

南京民营科技企业现有2500家左右，高新技术企业也至少有1000家，这些企业有技术、有市场，但普遍拿不出传统借款模式的担保物，如土地、产权等，因而即使前景再好，也很难从银行申请到贷款。目前，科技型中小企业融资仍陷于困境，85%的融资来自银行，对银行依赖度大，融资成本高，各项融资费用占到利息支出的40%。还有很多中小科技企业无法从银行获得贷款，只能求助于社会上的“贷款公司”，但这种“地下钱庄”利率往往远高于银行，企业贷款风险很大。

（二）科技银行功能作用不够显著

2010年年初，南京市首批挂牌4家“科技银行”：工商银行江宁胜太路支行、高新技术开发区支行和南京银行江宁支行、鸡鸣寺支行。但这四家科技银行放贷情况并不理想，没有发挥科技银行的作用，未达到预期的效果。

（三）知识产权融资难

关于知识产权融资，南京也曾进行过探索与尝试。早在2007年底，江苏省技术产权交易所和南京银行联手，首次推出了知识产权质押贷款试点金融产品。当时，南京道及天软件系统有限公司以其5项软件产品著作权作为质押，获得了200万元贷款，成为国内首笔无资产抵押、无第三方担保的知识产权质押贷款。但南京知识产权贷款还停留在试点阶段，并没有真正推广开来。

（四）缺乏适合科技型中小企业的金融新产品

南京的科技银行和各商业银行没有专门针对科技型中小企业信贷的金融产品，在机制和流程上与商业银行传统信贷没有大的差别。

二、科技型中小企业融资的金融环境

研究结果显示：一是传统金融制度安排与科技企业资产结构、发展模式并不匹配；二是几乎所有的金融创新都在向后端延伸，即以虚拟资产为背景的现代金融和行为金融，与科技企业创业融资的需求越来越远。换言之，科技企业及创业投资企业，需要的是科技金融，而不是改造过的传统金融或现代金融。

把整个企业成长活动看成是一个连续的过程的话，它可以分为三个基本阶段：创业期（初创期和成长期）、成熟期和过熟期。成熟期的企业可以依靠传统商业金融的制度安排进行融资；过熟期的企业本身已经呈现出某些金融/投资的特征，可以依靠现代金融的制度安排进行融资。但是，唯独处于创业期特别是初创期的企业缺乏自己的金融制度安排。

世界各国的经验均表明：一国经济成长不能仅仅依靠少数大企业，更要倚重数量庞大、机制灵活、创新活跃的中小企业，特别是科技型中小企业。科技型企业不仅能够提供大量的就业岗位和税收，更是技术创新的源头和技术成果转化的直接载体。

三、主要问题分析

（一）科技型中小企业信贷缺乏政府有力的支持

国家和南京市政府一直很重视科技型中小企业的融资难问题，鼓励各商业银行要增加对科技型中小企业的扶持力度，但在现实的操作中则是困难重重，效果不佳。一个很重要的原因是政府的资金和政策支持力度不够。

（二）科技型中小企业信贷缺乏相关配套政策

南京市各银行包括科技银行缺乏针对科技型中小企业信贷的信贷审批制度、风险容忍政策、风险评估体系、业务协同政策，以及专项拨备政策等。

（三）科技型中小企业无形资产价值难以取得信贷确认

对科技型中小企业的无形资产包括知识产权等未来价值难以得到认可和确认，没有相关的价值评估体系和交易平台。

（四）银行金融产品和金融机制的创新不够

南京各银行包括科技银行针对科技型中小企业信贷的金融产品和金融机制创新不够。

（五）没有形成支持科技型中小企业信贷的金融体系和金融链

解决科技型中小企业融资难问题，应整合银行、担保、风投、政府等各方面的力量，但南京没有形成支持科技型中小企业信贷的综合金融体系和金融链。[①]

① 潘志颖. 如何打造服务南京技术创新的科技公共管理体系［J］. 江苏科技信息，2011（4）：4-6.

第二节　国内外科技金融服务体系的经验借鉴

一、美国硅谷银行的模式与经验

（一）硅谷银行概况①

科技银行模式，最早发源于美国硅谷银行。1983 年，由几家银行机构出资、当时注册资本仅 500 万元的硅谷银行成立了。但直到 1993 年 John Dean 董事长上任前，硅谷银行所提供的金融服务和面向的客户群体与其他商业银行没有太大区别。

针对激烈的市场竞争，硅谷银行调整了思路，突破了传统的经营模式，采取了一系列发展措施，赢得了发展的先机。硅谷银行从一些传统业务，也就是非关键业务中撤出，集中人力、物力，拓展新的金融服务和产品，定位于那些新创立的、被传统银行认为风险太大而不愿提供服务的、但发展速度较快的中小企业上，做真正“为硅谷服务的银行”。

硅谷银行提出了一个响亮而又著名的口号，即“技术创新的中心在哪里，我们就在哪里”。如今，该银行的分行已经遍布美国各地。1993 年以来，硅谷银行的平均资产回报率是 17.5%左右，而同期美国银行业的平均资产回报率是 12.5%左右，调整经营战略后的硅谷银行已经成为全美新兴科技公司市场中最有地位的商业银行之一。目前，全世界超过 11000 家受到风险投资（VC）支持的公司和创新科技公司已经成为硅谷银行的客户。

（二）硅谷银行的经营模式与创新

首先，在客户选择上，硅谷银行会通过各种可能的途径做最全面、详尽的调查，包括对公司管理层的尽职调查，并与已经投资的风险投资公司做细致交流，询问这些公司的财务法律顾问关于公司历史、业绩等方面的情况。硅谷银行还会每月查看借款的使用情况。

其次，硅谷银行规定，其所服务的客户对象必须是有风险投资支持的公司。在提供金融服务和产品给这些创新企业时，硅谷银行还会同时与客户公司签订协议，将客户公司的技术、专利等作为抵押担保。该协议明确规定，如果企业不能

① 张铮，高建. 硅谷银行创业投资的运行机制［J］.中国创业投资与高科技，2004（4）：75-77.

偿还贷款，其技术、专利等就将归银行所有；若企业经营濒临破产，在技术、专利出售之后，所得的款项也应首先归还硅谷银行的贷款，其次才偿还风险投资公司。

硅谷银行突破传统股权式投资和债权式投资的限制，创新了投资模式。

采用股权投资时，硅谷银行与创业企业签订协议，收取股权或认股权以便在退出中获利。例如，硅谷银行对一家生物技术公司 Neurogenetics Corporation 进行创业投资，采取了股权投资方式，并与 Advent International 创业投资公司密切合作，加强对公司的监管，提供咨询和银行服务，为公司寻找更多的投资者。

对于债权投资，硅谷银行主要表现在从客户的基金中提取部分资金。尽管创业投资的大部分资金来源于债券及股票的销售，但硅谷银行会从客户的基金中提取部分资金作为创业投资的资本，以减少募集资金的数量以及募集所需要的花费。而后银行将资金以借贷的形式投入创业企业。由于硅谷银行服务的对象是处于初创期的创新型企业，它们大多急需资金的支持，因而对于贷款利率并不十分敏感，硅谷银行在贷款利率上普遍比其他商业银行高出 1~1.5 个百分点；而企业从创业投资公司获得的资金有 30%以活期方式存入该银行，利息相当低廉。利用存贷款利息的较大差别，硅谷银行获得了高于一般银行的收益率。[①]

值得一提的是，硅谷银行在投资中往往混合使用两种方法：将资金借入创业企业，收取高于市场一般借贷的利息，同时与创业企业达成协议，获得其部分股权或认股权。使用这种方法的目的在于提高收益，同时降低风险。通过这些投资方式的合理运用，到 2003 年 6 月 30 日为止，硅谷银行拥有 1770 份涉及 1316 家企业的认股权，投资于 239 项创业投资基金，使得 10 年平均资本投资回报率为 14.8%，特别是 1999 年和 2000 年分别为 21.9%和 33.3%，2000 年股票期权的收入更达到了 1 亿美元。但受到美国经济增长缓慢的影响，2001 年资本投资回报率有所降低，为 17.8%。通过比较整个非上市权益市场的投资回报，可以说硅谷银行是比较成功的。

硅谷银行最重要的策略之一便是与创业投资机构建立紧密的合作关系。硅谷银行同时为创业投资机构所投资的企业和创业投资机构提供直接的银行服务，通常它会将网点设在创业投资机构附近。硅谷银行建立了创业投资咨询顾问委员会，同时还是 200 多家创业投资基金的股东或合伙人，以此建立更坚实的合作基础。以上的各种努力使得硅谷银行与创业投资共同编织了一个关系网络，在其中

① 硅谷银行选择信息与电子技术行业的 Quintessent 通信公司作为自己的客户和创业投资对象时，就采用了债权式投资，以较高的贷款利率贷给公司作为风险的代价，并通过咨询辅助其进行发展，同时作为对其投资的一种监管。

可以共享信息，开展更深层的合作。

另外，硅谷银行模糊了直接投资和间接投资的界限。“间接”投资是指硅谷银行将资金投入创业投资公司，由创业投资公司进行投资，同时由创业投资公司回报给银行，期间创业企业不会与银行有投资方面的接触。“直接”投资是指硅谷银行将资金直接投入创业企业，途中不经过创业投资企业；在产生回报时，由创业企业直接交给银行。[①]

硅谷银行的风险控制与退出方式有以下几种：

(1) 组合投资。①投资于不同行业的项目（信息与电子技术行业、软件与网络服务行业、生命科学行业以及新型技术行业）投资组合。②对不同风险程度（不同风险程度的创业投资以及传统银行借贷）的项目投资组合。③对不同阶段的项目（导入期、发展期）投资组合。④对不同地域空间（14 个州 27 家分行和跨国投资）的项目投资组合。

(2) 风险隔离。所谓风险隔离就是硅谷银行将创业投资与一般业务分割开来。硅谷银行的创业投资资金主要来源于股市募集，少部分来源于基金项目，并不从一般业务之中提取资金，而一般业务也不会从创投基金中挪用，从而避免了相应的风险影响。硅谷银行还设立了 Silicon Valley Bancshares，L.P.和 SVB Strategic Investors Fund，L.P.两家公司管理创业投资基金，进一步保证创投的正常运行。

(3) 联合投资。硅谷银行的投资前提是有创业投资支持的公司，并寻找更多的创业投资公司来合作，这无疑是一种联合投资的表现。

(4) 专业投资。硅谷银行主要投资于高科技和生物制药行业，在投入资金后，使创业企业成为自己的客户，提供服务和专家咨询。这些方法的合理运用为硅谷银行资金回笼以及获利提供了保证。近 100 年来，美国 97.5%的银行倒闭都是由于贷款的损失。而在过去 20 年的贷款中，硅谷银行每年的损失率不到 1%。到 2003 年 6 月 30 日为止，硅谷银行在 2003 年的前 6 个月中仍旧获得期权收益 301 万美元，使得银行在 2003 年上半年的 10 年平均资本投资回报率也为 14.8%，与美国创业投资平均水平持平。作为一个商业化经营的创业银行，能够取得这样的成绩，从一定程度上说明硅谷银行的风险控制措施的实施是比较好的。

硅谷银行还在退出方式上有所创新。硅谷银行主要采用公开上市的方法进行创业投资的退出。其获得股权后，在创业公司上市后将其抛售，获得利润，而后进行其他投资。对于没有上市的创业企业，硅谷银行还采用收购的方式进行退

① 乐隐. 硅谷银行模式渐行渐远 [J]. 中国科技财富，2009 (2)：86-88.

出。收购的方式主要有两种：一是兼并，又称一般收购；二是其他创业投资介入，也称第二期收购。创业投资已经衍生出众多的新品种，逐渐由传统创业投资向新兴创业投资过渡。

（三）硅谷银行的经验启示

总结硅谷银行的成功经验，首先，联手风险投资机构，共同构建科技型企业金融服务网络平台，资源共享；其次，建立专业知识团队，掌握高科技行业的商业模式和产业周期，有效规避了风险。

硅谷银行成功的关键在于和风投机构的合作。它的客户中有 1000 个左右风险投资公司，另外的 10000 个客户是创新的中小企业，重要的是利用风险投资的中小企业。[①]

二、杭州科技银行的模式与经验

目前，我国银行的制度安排与科技型企业的创新特点不相匹配，融资难成为制约科技型中小企业发展的瓶颈。全国工商联建议，政府需要进一步解放思想，改革我国现有的金融格局，建立多层次、多元化的融资体系，探索一条与科技创新活动相适应的融资模式。在有条件的高新技术产业园区建立区域性的科技银行，并可在北京中关村科技园、上海张江高新技术园区和深圳高新区先行试点。2009 年以来，一个新型金融机构在全国迅速风靡——科技银行。[②] 2009 年 1 月 10 日，建行成都高新支行和成都银行高新支行“破格”变身为首批“科技银行”；紧接着，北京中关村和上海浦东迅速跟进复制，北京组建了北京中关村科技创业金融服务集团有限公司，上海也组建了上海浦东科技金融服务有限公司；随后，浙江杭州和湖北武汉也先后成立科技银行，这些专门为高科技中小型企业提供贷款的银行，将大大缓解有专利、有技术、有市场、无抵押物的高科技企业的融资困难。而杭州科技银行进行了本土化创新，建立起了“银行+担保+额外风险收益补偿机制”的商业可持续业务发展模式，开创了国内先河。[③]

（一）杭州科技银行成立

成立科技银行，是杭州市构建新型科技金融体系、服务科技型中小企业的金

① 奚飞. 美国硅谷银行模式对我国中小科技企业的融资启示［J］. 商业经济，2010，341（1）：73-74.

② 科技银行是专为高科技企业提供融资服务的银行，其贷款的主要对象是科研机构和科技型中小企业等，为技术引进、技术研发、新产品实验推广等与科技创新有关的业务提供服务，而不得用于普通房地产开发和固定资产投资。

③ 来萍，徐洁，赵暖. 杭州成立科技银行，破解中小企业融资难［EB/OL］. http：//paper.chinahightech.com/html/2009-09/14/content_13189.html.

融创新实践。杭州市科技银行是杭州银行下辖的一级支行，专门从事科技型中小企业金融服务。它的筹建工作由杭州市政府牵头，多方参与，市、区两级财政为其注资；杭州银行在原高新支行的基础上成立单独的科技银行；杭州市科技局出资设立高科技担保公司，为其提供担保、再担保业务；人行杭州中心支行、市金融办、省银监局为其创造政策便利，简化报批手续；杭州高新区政府则为科技银行提供场地支持。

杭州科技银行摒弃传统的做法和经验，坚持以科技型中小企业、高新技术企业、创投企业（包括创投项目）和大学生（留学生）创业企业为服务对象的市场定位。

（二）杭州科技银行的运行模式

杭州银行科技支行按照美国硅谷银行的模式设立，结合杭州本地科技型中小企业发展现状，探索一种适应于浙江科技中小企业发展的新型金融服务模式。针对市场上一些科技型中小企业的资金需求，在杭州市政府的统一协调下，杭州银行科技支行在传统信贷业务上作了很多创新实践：新成立的科技银行采用“银行+担保+额外风险收益补偿机制”的运作模式，即杭州科技银行对科技型中小企业提供基准利率贷款，担保机构对科技型中小企业实行优惠的担保措施，政府给予杭州科技银行相关政策支持，给予风险补偿和激励，以便科技银行不断开发适应科技型中小企业的融资产品。

除了放贷，更多的价值还体现在和风投紧密结合，间接实现贷、投结合。符合条件的企业可在15个工作日内以贷款方式率先获得70%的政策性创新基金，只要企业一年期限内归还本金，并承担1%的担保费率和银行基准贷款利率即可。

杭州科技银行运营主要有以下几个特点：

1. 专家联合贷审机制

杭州科技银行在杭州市科技局等的支持下，建立了专家联合贷审机制，开创了风险池模式等多种形式的金融服务手段，搭建了银政、银投、银保、银园“四位一体”的合作平台，全方位、近距离地服务科技型企业，尤其是初创型科技企业。银行、担保、投资、政府等力量，在为中小企业做创新融资服务的路上走到了一起。申请科技银行贷款的企业，主要都是科技型中小企业。在此基础上，银行开展贷款业务时还注重无形资产的升值空间，重视企业未来发展的成长性空间，最终形成了“四方联审”的格局，即由科技局组织产业政策审查，技术专家审查其技术的先进性程度，创投机构审查投资风险大小，银行人员审核信贷额度。

2. 单独的信贷审批制度

杭州市科技银行拥有单独的信贷审批制度、单独的风险容忍政策、单独的业务协同政策，以及单独的专项拨备政策等，建立了科技企业的独特风险评估体系，单独制定风险容忍度政策。支行拥有单笔3000万~6000万元贷款的审批权限。传统银行的不良贷款率为1%，而科技银行提高到3%，并且能够与其他银行联合贷款，对经过认定的杭州市级以上的科技型企业一律提供基准利率贷款。

杭州科技银行还将提高对中小企业不良贷款的“容忍度”，现在这个指数在0.5以下，今后可能超过1——但从其他国家和地区的经验看，实际不良贷款率一般不到1%。

3. 科技企业的价值发现机制

除业务发展模式外，杭州市科技银行建立了“科技企业的价值发现机制”，这也是这家“科技银行”区别于其他金融机构的最重要的特征。“科技银行”积极探索知识产权交易、投资机构投资价值认定等发现企业无形资产未来价值的方式方法，并充分发挥地方科技计划专家库的优势，组建一个由行业专家、担保公司、风投公司专家组成的“科技银行专家咨询委员会”，参与重大信贷项目和业务的信贷评审，突破银行在科技专业方面的局限。杭州银行的这一做法，值得其他地区、其他银行借鉴。

对于科技型中小企业的知识产权信贷，杭州科技银行提出了解决方法：一方面，银行改变以技术专家为主、商业价值淡化的评审制度，而集结投资专家、银行、技术专家、金融中介公司、担保公司等共同评审产权的技术、风险和效益；另一方面，银行在向拥有知识产权的企业放贷之前，与下家企业（拍卖公司或申贷企业的竞争对手）达成合作意向，并以与下家企业达成的价格意向为参考来发放贷款。

申贷企业一旦无法偿贷，下家企业即可接手相关知识产权。期间若产生风险，银行和下家企业各承担50%。这一机制可使银行顺利变现，也增加了申贷企业的违约成本。

现在知识产权用于抵质押需要经过国家专利局，走完流程要15个工作日左右。杭州科技银行正在争取将整个过程压缩到3~5个工作日。杭州知识产权交易将可通过杭州产权交易平台完成。

对于有形资产少、无形资产又得不到价值认可和认定的科技型中小企业，用评价成熟企业的办法评估科技型企业，无疑会走到传统信贷的老路上去。因此，建立“科技企业的价值发现机制”也是杭州科技银行区别于其他金融机构的一大亮点。

4. 科技银行的服务对象

为了使科技银行将科技型中小企业作为服务对象，杭州市科技局还出台了《杭州市科技型中小企业认定工作实施意见（试行）》（以下简称《意见》），为科技银行明确客户范围提供了比较准确的依据。

根据《意见》，科技型中小企业应是从事一种或多种高新技术及其产品的研究、开发、生产和经营业务，并且产品属于《国家重点支持的高新技术领域》的技术创新企业或商业模式创新企业。同时，技术创新企业的高新技术产品销售收入和技术性收入总和应占到企业全年总收入的50%以上。

《意见》对企业的员工学历也有要求，企业中大专以上学历的科技人员要占到职工总数的20%以上，直接从事研究开发的科技人员要占职工总数的10%以上，并且企业当年研究与技术开发的经费投入要达到本企业年收入的3%以上。

杭州科技银行主要为成立时间不超过5年、注册资金在500万元以下的高科技中小型企业提供300万元以下额度的融资服务。

5. 政府对科技银行的支持

2009年6月底，杭州市财政局和杭州市人民政府金融工作领导小组办公室共同出台了《关于鼓励和支持杭州科技银行建设的通知》（以下简称《通知》），对科技银行和向科技银行申请贷款的科技型中小企业提供担保的担保公司在政策上给予了极大的优惠。《通知》要求市、区政府都要对科技银行进行科技型中小企业金融业务给予大力的支持。科技银行对经认定的科技型中小企业按照基准利率发放贷款，政府将以基准贷款利率为基础，对科技银行按照一定比例给予适当的财政补助。同时，为了鼓励科技银行开展有利于科技型中小企业的贷款业务，减轻银行的运营成本压力，政府还将对科技银行进行业务费补助，并且补助力度很强。

除了将科技扶持资金、创投资金及每年2亿元的创业引导资金存入科技银行，杭州市政府还根据银行对科技型中小企业的日均贷款额给予大于普通商业银行的财政补助，补助总额为省级返还的银行机构税收增量的20%；同时，市、区两级财政还向企业提供40%的贷款利息补贴，并给予为企业提供担保的担保公司一定的担保费补贴。因此，科技银行不仅可以最低利率向企业放贷，而且一旦产生风险，银行将承担净损失的20%。

正常的担保费用大约是贷款的2%，现在要给中小型科技企业担保，费用只能收取1%，不过，政府会对担保公司提供1%~2%的风险补偿。

在这个创新的运行模式中，政府将大部分风险包揽，从而为科技型中小企业、科技支行、担保公司提供了有力的支持，在风险传递中扮演了最后一棒接力者的角色。

6. 推出创新的金融产品

“基金宝”，是杭州科技银行具有代表性的一个业务品种。“基金宝”是杭州银行科技支行与杭州高科技担保有限公司共同开发的一款新金融产品。该业务能够帮助企业在15个工作日内，不需要任何实物抵押，就以贷款方式率先获得占创新基金70%的资金。还款时，企业除了归还本金，只需承担额外1%的担保费率和银行基准贷款利率。同时，贷款期限不能超过1年。

这项针对国家创新基金立项企业的“基金宝”业务，将逐渐升级成“政策性拨款预担保”。企业如获得发改委、科技局、市经委等相关部门发放的政策性拨款时，都能前往位于市创投服务中心的杭州银行科技支行，申请“政策性拨款预担保”，提前使用拨款资金。

除了“基金宝”，杭州银行科技支行还有很多适合科技中小企业融资需求的创新业务，如订单贷款业务、应收账款质押业务等。

根据科技支行已经投放的信贷客户资金需求来看，它们主要是将资金用于技术研发以及订单所需的流动资金。对于前者，科技支行主要匹配基金宝业务，后者则匹配订单贷款业务和应收账款质押业务。

（三）杭州科技银行对科技企业的信贷情况

杭州科技银行自2009年7月8日起成立一年后，累计发放贷款105697万元，其中累计发放科技型企业贷款99885万元，占90%以上。在165家信贷企业中，科技型初创企业多达154家。通过为初创期科技型企业服务，杭州科技银行有力地促进了产业转型升级，被企业亲切地誉为杭州的“硅谷银行”。

2010年7月，浙大人工环境工程技术有限公司用其所拥有的16项专利技术作为质押物，成功获得了杭州银行科技支行提供的1500万元贷款，这1500万元贷款中，1000万元为信用贷款，500万元为知识产权质押贷款。

杭州集美新材料有限公司和英飞特电子（杭州）有限公司通过了“专家评审团”的综合打分，顺利地从银行获得了总计3000万元人民币的贷款。

（四）杭州科技银行的经验启示

1. 建立科技企业的价值发现机制

科技型中小企业有技术、有市场，但有形资产少，无形资产又得不到传统商业银行的价值认可和认定，杭州科技银行通过开展对科技型中小企业的知识产权信贷，建立“科技企业的价值发现机制”，这是杭州科技银行区别于其他金融机构的一大亮点，也是值得借鉴之处。

2. 建立科技企业的独特风险评估体系

杭州市科技银行建立了科技企业的独特风险评估体系，拥有单独的信贷审批制度、单独的风险容忍政策、单独的业务协同政策，以及单独的专项拨备政策等。

3. 科技银行要创新机制，推出适合科技型中小企业的金融产品

杭州科技银行创新了科技型企业的担保方式，并开发了支持科技中小企业信贷的金融产品，并给予科技中小企业信贷优惠。

4. 政府给予杭州科技银行相关政策支持，给予风险补偿和激励

为使科技银行不断开发适应科技型中小企业的融资产品，政府在这个创新的运行模式中，将大部分风险包揽，并减轻银行的运营成本压力。

5. 搭建银政、银投、银保、银园“四位一体”的合作平台

与担保机构、风险投资机构、资产评估公司，形成科技金融体系链。

第三节　南京科技金融服务体系的发展思路

一、构建南京科技银行的思路

（一）科技银行的定位和制度安排

科技银行应是一个兼顾科技和金融特点的专业化银行，需要创造新的商业模式和制度安排，有效地弥补现有银行体系及功能上的不足。

1. 设立科技银行的出发点

在目前的银行体系中，缺乏与科技创业融资结构相匹配的银行。主要包括：从政策银行体系看没有针对创业、创新和高新技术产业开发的业务；从全国性商业银行体系看没有专门针对科技型中小企业、高新技术园区和国家重大科技专项提供金融服务的银行；从区域商业银行体系看科技创业活动没有纳入到它们的业务范畴之内。

2. 科技银行的性质

科技银行的性质应该是政策性银行。应该承担的任务包括三部分：一是国家规定的以实现科技目标为主的业务；二是科技中小企业初创和发展资金；三是由银行自身根据市场情况自定的以盈利和安全为主的业务。

3. 科技银行服务对象

（1）有风险投资支持的创业期的科技型中小企业。

（2）成长期与扩张期的科技型中小企业。

（3）发展成熟的科技型企业。

处于成长和扩张期的科技企业应是科技银行的主要服务对象，在制度设计上，要使科技银行与这些科技企业共同完成。

4. 科技银行的股东

（1）中央政府和地方及国家高新技术园区政府，主要是保障科技银行的经营方向。政府应只索取较低的固定比例收益，在风险方面则与民间资金共同承担，从而可以激励科技银行从事一般银行不愿承担的风险较高的业务。

（2）民营企业和市场化的机构投资者是科技银行的投资主体。吸引民间资金进入可放大政府资金的使用效能，既通过吸引更多的社会资金共同分散科技创新过程的风险，也能使更多的社会资本分享科技创新的财富成果。

5. 科技银行以官助民办为原则

科技银行是独立运营的金融机构，实行市场化运作、专业化管理；政府是科技银行的推动者和监督者，对科技银行给予税收、财政补贴以及发债担保等政策扶持，而不直接干预银行经营。

6. 科技银行的资金筹集

科技银行成立之初可暂不开展社会公众存款，但可以吸收机构存款，并可以向商业银行发行金融债券。

（二）创新科技银行的经营模式

科技银行的经营准则是在风险可控制的条件下追求高收益、高回报，因此要求科技银行要在经营理念上有所突破，在业务模式上有较大创新，并成立对现有金融体制改革的探索性试点。

1. 加大政府的支持力度

政府应加大对科技型中小企业融资的支持力度，特别在风险补偿、激励投资积极性等方面，还需要政策的进一步扶持。

政府对投入科技信用社及科技银行的资金，在收益方面只索取较低的固定比例的收益，在风险方面则与民间资金共同承担。这种模式使政府分担了一部分风险，可以激励科技银行从事一般银行不愿承担的风险较高的业务，也使中小企业的融资成本真正地降低。

政府还应给予一定的税收政策扶持，对科技信贷、科技信贷担保、科技企业结合科技项目给予税收优惠。

南京市政府成立南京科技银行可以借鉴外地的成功经验，通过制定风险补偿、财政补助以及业务费补助等配套的优惠政策，进一步提高银行对科技企业贷款的风险容忍度，并有空间加大风险覆盖和核销。在这个创新的运行模式中，政府将大部分风险包揽，从而为科技型中小企业、科技信用社、担保公司提供了有力的支持，在风险传递中扮演了最后一棒接力者的角色。

2. 完善科技型中小企业信贷的相关配套政策

南京科技银行应针对科技型中小企业信贷的特点，制定相应的信贷审批制度、风险容忍政策、风险评估体系、业务协同政策以及专项拨备政策等，应有别于传统的信贷政策，帮助科技企业提高业务审批时效，并对科技型中小企业以及支持科技类企业、与其合作较好的担保公司给予优惠。

对南京科技银行应放宽贷款利率范围，创新利率收益方式。一是贷款利率范围应更加适当放宽，并在规定范围内，赋予信用社贷款自主定价的权利；二是创新利率收益模式，针对成长性科技企业的特点，不设固定利率，而是将银行收益与企业发展挂钩，实现信用社、担保公司与企业的共同成长。

3. 建立无形资产价值评审机制和交易机制

南京科技银行应积极探索知识产权交易、投资机构投资价值认定等发现企业无形资产未来价值的方式方法，并充分发挥南京地区科教资源丰富的优势，成立科技计划专家库，组建一个由行业专家、担保公司、风投公司专家组成的“专家咨询委员会”，参与重大信贷项目和业务的信贷评审，突破银行在科技专业方面的局限。应该集结投资专家、银行、技术专家、金融中介公司、担保公司等共同评审产权的技术、风险和效益；同时，银行在向拥有知识产权的企业放贷之前，与下家企业（拍卖公司或申贷企业的竞争对手）达成合作意向，并以与下家企业达成的价格意向为参考来发放贷款。申贷企业一旦无法偿贷，下家企业即可接手相关知识产权。风险由南京科技银行和下家企业共同承担。

南京市应尽快完善知识产权交易平台，南京科技银行应加强专业人才的培养和信息库建设，建立有效的风险识别、评估系统和内部监督机制，及时足额提取风险拨备金。

4. 加快银行金融产品和金融机制的创新

南京科技银行应根据科技中小企业融资需求，创新设计金融产品和业务流程，如订单贷款业务、应收账款质押业务等。应该创新科技型企业信贷的担保方式，从抵押、担保、信用评估等几个方面进行创新，扩大抵押品范围，允许企业以技术专利等知识产权作为抵押担保，甚至可以探讨担保由有限责任扩展到企业家个人的无限责任。另外应简化信贷业务流程，并给予科技中小企业信贷优惠。

5. 形成支持科技型中小企业信贷的金融体系和金融链

南京科技银行应探索建立“商业可持续发展的盈利模式”，探索与创投机构、担保机构合作的间接“贷投结合”盈利模式，通过联合担保公司、创投公司等金融服务机构，逐步引入 VC、PE 等机构参与，为科技型中小企业提供创新型金融服务。南京市应当探索建立以政府财税政策和科技专项基金为引导，以银行（信用社）为主体，引入担保机构、风险投资机构、资产评估公司，整合各种资源构建支持科技企业发展的平台，从而形成科技型中小企业信贷的金融体系和金融链。

6. 提供多种形式的融资服务，拥有多样化的投融资工具

科技银行要区别于传统商业银行只做债务融资，而应以企业融资需求为中心，针对企业不同发展阶段的资金需求特点，为其提供股权与债权相结合的多种融资服务。一是科技银行对已进入稳定发展阶段的企业，可以发放一般性贷款，取得固定贷款利息收益；二是对于创业期和成长性企业，通过贷款与股权投资相匹配，使科技银行能够从企业的高成长中获得较高的股权收益，弥补成长期企业带来的高风险；三是探索债转股的融资模式，使银行对企业的金融服务更加灵活。

7. 放宽贷款利率范围，创新利率收益方式

科技银行要有与高风险匹配的高收益方式，并且使这种收益变成稳定而可控的。因此，一是贷款利率范围应更加适当放宽，并在规定范围内，赋予银行贷款自主定价的权利；二是创新利率收益模式，针对成长性科技企业的特点，不设固定利率，而是将银行收益与企业发展挂钩，实现银行与企业的共同成长。

8. 创新担保模式

科技银行可以结合科技型企业的特点，从抵押、担保、信用评估等几个方面进行创新，扩大抵押品范围，允许企业以技术专利等知识产权作为抵押担保，甚至可以探讨担保由有限责任扩展到企业家个人的无限责任。

9. 与创业投资机构建立紧密的合作关系

科技银行可以与创业投资机构建立紧密的合作关系，利用它们早期挖掘有发展潜力企业和识别控制风险的专业能力，开展多层次的合作，可以参照美国硅谷银行采取的“投贷联盟”模式。

10. 科技银行的风险控制

风险控制是银行能够持续发展的第一要务。一是制定适合科技银行的经营准则和内控制度，建立适合科技企业的评估方法、风险评价标准和管理规范

等；二是采取组合业务，分散风险；三是联合专业投资机构共同投资，与专业担保公司捆绑贷款，共同控制风险；四是开展对科技企业的结算、咨询等业务，从企业业务流程和资金链上实时监控风险；五是建立科技银行对企业投资的退出机制。

二、南京科技广场科技信用社的创建构想

南京进行国家科技体制综合改革试点城市建设，可以借鉴外地科技型中小企业信贷的成功经验，大胆创新，探索在科技园区建立科技信用社，并做好加大政府的支持力度、完善科技型中小企业信贷的相关配套政策、建立无形资产价值评审机制和交易机制、加快银行金融产品和金融机制的创新、形成支持科技型中小企业信贷的金融体系和金融链等多方面工作，促进科技型中小企业融资，支持科技型中小企业发展。

南京市科技信用社应针对科技型中小企业信贷的特点，制定相应的信贷审批制度、风险容忍政策、风险评估体系、业务协同政策以及专项拨款政策等，应有别于传统的信贷政策，帮助科技企业提高业务审批时效，对科技型中小企业以及对支持科技类企业、与其合作较好的担保公司给予优惠。

中国农业银行南京新模范马路分行在中小企业信贷方面进行了积极大胆的创新设想，即借鉴诺贝尔奖获得者孟加拉国银行家穆罕默德·尤努斯（Muhammad Yunus）创办的“格莱珉银行”模式，并在此基础上，结合我国及其当地的实际情况，将目光投向了南京科技广场的众多中小科技企业。

1. 理念创新

设想中的科技信用社将以“四专”（即：机构专营化、人员专职化、流程专业化、产品专属化）建设为突破口，与南京科技广场积极打造服务于中小企业的专业科技信贷信用社，推进全行业务发展模式和盈利模式转型。

2. 由担保公司对贷款提供部分担保

设想中的科技信用社计划与担保公司进行合作，由担保公司担保部分信贷额度，比率暂拟定为1/3。由于在中小企业信贷业务中联合了担保公司，不仅可以解决部分企业或农户缺少担保物的问题，还可以有效降低银行信贷风险。

3. 整合各种资源，实施“牵手助贷工程”，创建“中小企业融资信用联盟体”

设想中的科技信用社将积极整合各类社会资源，计划与南京市中小企业局实施“牵手助贷工程”。此外，南京科技信用社还应积极计划通过推进与政府、街道、社区、市场、商城、行业协会以及中介机构的信用共建，创建“中小企业融资信用联盟体”，共同对专向行业中小企业客户提供融资服务，将“孤军”奋战

演变成“集团军”协同作战，实行各项业务捆绑联动发展，降低营销成本和信贷风险，提高授信业务综合回报。

4. 建立多层次立体式金融服务格局，破解中小企业融资难题

设想中的科技信用社将设立由客户经理岗、风险经理岗、授信审查岗、综合管理岗等专职人员组成的决策风险委员会，负责营销推进、产品研发、贷款审批、风险管控、中后台支持保障、业务统计等相关工作，专注于为中小企业提供贷款服务，形成多层次、立体式的中小企业金融服务格局。

5. 信用合作、风险共担，走集群式营销服务于集约式经营之路

根据南京市的城市功能形态变革及分行业务经营发展的内在需求，设想中的科技信用社计划以信用联盟体建设为主体，予以批量式开发运作，将具有相同、相似或相关联特质的诚信客户群体，以互信互助为基础，以一定信用合作与风险共担机制为纽带，走集群式营销服务与集约式经营之路，通过“货币信用”拉动“社会信用”，逐步培育守信用客户群体。一是充分利用社会资源发展中小企业金融，加大与工商局、中小企业局等政府单位的联系，从源头上发掘客户；二是加强与会计师（税务师）事务所、担保、仓储监管等中介服务机构的合作，在合作中发掘客户；三是延伸对大中型客户的营销，积极追溯为其配套生产的上游企业及下游经销商，在客户中发掘客户。

6. 实行差别化定价

设想中的科技信用社计划对“中小企业评级模型”进行部分调整和完善。在对中小企业客户实际经营状况、财务数据信息等进行综合分析的基础上，增大企业信用记录和税费缴纳等非财务评分权重，按照“三个原则”积极寻求收入和成本之间的平衡点。一是遵循有效覆盖风险和成本原则，测算中小企业贷款保本利率；二是遵循风险收益匹配的原则，合理确定利率浮动范围；三是遵循市场竞争原则，灵活确定贷款利率，力争实现中小企业信贷的“一户一价”、“一笔一价”、“一期一价”。

三、科技贴息担保贷款公司的创建构想

（一）科技贴息担保贷款的产生背景

科技型企业，一般都是以科技人员创业为主，以科研和成果转化为特征，总体表现为有形资产比率低、投资风险大、融资能力薄弱等。虽然我国银行有能力为科技企业提供一定数量的科技开发贷款，但是现实中，银行对科技型创新企业的贷款通常存在惜贷现象。首先，银行出于经营的安全性原则，不愿对中小高科技企业发放科技贷款。其次，中小型高科技企业本身资产总量不大，可作抵押的

有形资产更少，再加上科技成果产业化本身具有很大的风险性，有60%以上的中小高科技企业信用等级在3B或3B级以下，因而商业银行出于其规避风险的原则，尽量减少科技贷款。

担保作为信用链条上的一个环节，是社会经济发展的必然产物。随着经济社会的发展，担保业逐渐体现出其涉及领域广泛化、业务品种多元化的特点。中国的担保业经过十几年的发展，其触角已经延伸到经济和社会生活的方方面面，在国民经济体系中发挥着重要的作用。为进一步推动科技市场的发展，设立科技贴息担保贷款，可以提高担保机构为科技创新企业担保的积极性，缓解科技创新企业融资难的矛盾。借鉴南京市政府设立农民专业合作社贷款贴息和担保扶持的政策，及政府专门部门共同负责专项资金的申报、审核、下达和资金使用监督检查的做法，本书提出科技贴息担保贷款模式构想。

（二）科技贴息担保贷款的创建模式

1. 银行科技贷款与信贷担保机构、风险投资公司纵向结合

根据信贷担保机构及风险投资公司与科技开发项目承担企业在各项科技计划项目中投入的风险资金总额，银行按照一定比例给予风险投资公司科技开发贷款(见图7-2)。这种方式的好处是：就银行而言，一方面，由于信贷担保及风险投资公司大多实力较中小型高科技企业雄厚，且其获得贷款后必然对资金进行合理投资组合，分散其风险，从而使科技贷款的风险性下降；另一方面，银行将科技开发贷款给风险投资及信贷担保公司，避免由银行直接对科技开发项目进行评估、检查。贷款发放期间，银行只需定期对风险投资公司的还款能力加以监督检查，而避免了直接对多个中小型高科技企业的项目检查，从而降低了贷款成本，提高了收益。就风险投资公司及信贷担保机构而言，只要项目的预期收益率高于银行科技开发贷款利率，银行科技开发贷款与风险投资的这一纵向结合就会刺激风险投资公司更多地投资于科技计划项目。

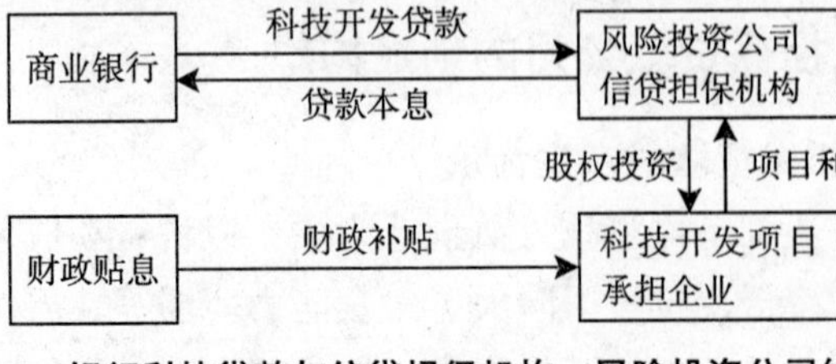

图7-2　银行科技贷款与信贷担保机构、风险投资公司纵向结合

2. 银行科技贷款与信贷担保机构、风险投资公司的横向结合

这是指科技开发贷款与风险投资公司按照一定的资金比例配套支持高风险的科技开发项目（见图 7–3）。这一方式的好处是：对风险投资公司而言，贷款与风险投资配套支持科技开发项目，将使科技开发企业的财务杠杆增大。当项目预期收益率高于银行科技贷款利率时，财务杠杆增大显然将使风险投资公司投资项目的每股收益率提高，从而激发风险投资公司的投资热情。从商业银行角度来看，这种横向结合降低了其贷款的风险性，因为企业负债率由于风险投资公司的投资而下降。对银行而言，每 1 元贷款有更大量的资产作为支撑，因而贷款风险变小。此外，商业银行还可依赖风险投资公司的技术力量进行高科技项目评估，降低贷款审查成本。

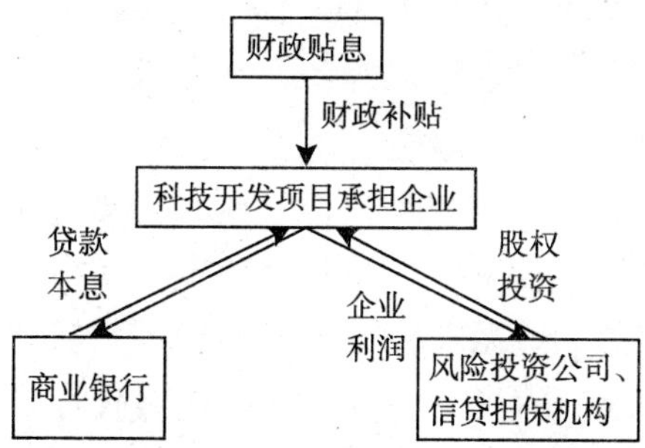

图 7–3 银行科技贷款与信贷担保机构、风险投资公司横向结合

（三）科技贴息担保贷款创建的政策措施

科技贴息担保贷款具体政策措施：首先应确定申报专项资金扶持的担保机构以及为科技创新企业服务的科技信用社的申报资格。其次确定补贴标准和扶持政策。例如，申请补贴的担保机构对科技企业的担保业务年综合收费率不得高于同期银行贷款基准利率的 20%，从而确立补贴标准。科技信用社向规定内相关金融机构贷款，以一年为限根据银行结息单给予例如 80%的贴息。健全申请和资金拨付程序，同时加大监督力度，切实做好科技贴息担保贷款。具体如下：

1. 修改科技贷款利率政策

商业银行不愿将科技贷款发放给高科技企业，最根本的原因是风险收益不配比。商业银行以不高于其他中长期贷款的利率向企业发放科技贷款，却要承担更大的风险，显然作为自主经营、自负盈亏的经济主体，银行是不会做出这种选择的。因而，修改科技贷款利率政策是刺激商业银行发放科技贷款的一个重要手段。可以试行“基准利率加风险补偿效益”的方法，即在项目贷款时，实行国家规定的基准利率，在项目竣工、成果产业化并取得收益时，再获得风险补偿效

益。这样一方面可提高银行发放科技贷款的期望收益率，使收益与风险相对应；另一方面，这些风险补偿也可作为今后项目投入的风险准备金。

2. 设立高科技企业融资担保基金

前文已经提到，中小型高科技企业融资难，很大原因在于其资产总量不大，且无形资产比重较大，缺乏银行贷款所需的抵押资产，信用等级较低。通过设立高科技企业融资担保基金，为企业向银行申请科技贷款提供担保，一方面，可解决中小企业融资难问题；另一方面，对商业银行而言，也使其贷款的风险性降低，真正做到风险与收益相配比。这方面南京市可以借鉴北京市的做法。北京市政府批准的“高科技产业发展融资担保基金”已正式启动，担保资金主要来源于政府拨款资助、社会捐赠和定向募集。首期启动资金为5000万元，由政府投入，今后金额将达2亿元，主要为企业在高新技术成果转化和产业化阶段向银行申请科技贷款提供担保。

3. 针对担保风险进行管理

为推动科技贴息担保贷款的发展，使更多的政策扶持对象享受到优惠政策，决策机构提出要“探索取消借款人的反担保要求”。然而这一良好的意愿，在政策的实际操作中却难以如人所愿。从科技贴息担保贷款这几年实际运行的情况来看，如果没有了对借款人的反担保约束，贷款的回收就会成为“空中楼阁’，陈年烂账。所以，对现行的借款人，除信用社区推荐的免除反担保以外，其余借款人必须提供反担保。这是对于贷款者的唯一硬约束条件，假若没有这一约束控制，担保机构或商业银行就根本没有办法约束贷款者，就无法避免骗贷、逾期不还等道德风险的产生。只是在实际操作过程中，担保机构可根据贷款者的实际承担能力确定反担保的额度，如全额反担保、部分反担保等。

4. 开办科技保险业务

科技成果转化、产业化具有高风险性是不容否认的事实，对商业银行而言，要引导其发放科技贷款只有两个途径：提高收益、降低风险。因此，尽量将科技成果转化风险分散，降低银行承担的风险是一条出路。近年来已有一批外国保险公司先后进驻我国，引导这些公司开办科技开发保险业务，让保险公司分担部分开发风险，可以降低银行的风险性，实现科技开发贷款风险、收益相配比。

5. 建立小额担保贷款的有效奖补机制

南京市财政按照各区科技担保贷款年度新增额的一定比例，从担保贷款贴息资金中安排一定的奖补资金，主要用于对担保贷款工作业绩突出的经办金融机构、担保机构、信用社区等单位的经费补助。具体奖补政策和担保基金的风险补偿政策由财政部根据小额担保贷款年度发放回收情况、担保基金的担保绩效等另行制定。

四、科技理财服务体系的创建构想

科技型中小企业的现状是缺乏足够完整的财务信息且普遍缺乏财务分析能力，同时一些科技型中小企业业主也不太不习惯与制度化的银行打交道。此时，为科技型中小企业提供财务咨询、融资安排、资产管理等方面的理财服务，具有十分广阔的发展前景。以信息和智力为主要内容的理财服务，具有为金融经营和企业经营双重服务的显著特征，对金融业及整个经济的发展也具有不可低估的促进作用。

商业银行能够提供的金融服务不应该局限于资金服务，凡是有利于增加科技型中小企业现金流量、加速科技型中小企业资金周转、提高科技型中小企业管理水平和市场竞争能力、增强科技型中小企业潜在盈利能力的服务都应该被纳入金融服务范围。银行之所以不愿为科技型中小企业提供贷款，归根结底就是因为科技型中小企业的财务状况不佳、市场竞争能力不强、偿债能力缺乏保障。鉴于以上原因，商业银行需要有针对性地提供一些能够壮大科技型中小企业经济实力、增强科技型中小企业竞争能力的服务，这些服务包括提供促成企业间交易的担保服务，提高其资金使用效率的账户集中管理服务，留住其人才的养老金管理服务，提高其管理水平的信息、咨询服务等，引导并培育部分基础较好、有发展前景的科技型中小企业，使它们迅速成为合格的银行借款人，令银行放心的高质量客户。中国民生银行对科技型中小企业客户进行财务管理培训就是一个良好的开端，这一方面有利于帮助科技型中小企业建立规范的财务管理制度，提高他们的现金流量管理的能力，另一方面有利于科技型中小企业了解银行金融服务的具体要求，推动他们创造条件来成为民生银行的客户，从而实现银企的“双赢”。

由此可见，银行应充分发挥其机构网络信息灵、人员素质高的优势，为科技型中小企业的改革和发展提供优质的信息咨询服务；灵活运用各种金融工具提供结算、汇兑、转账等金融服务；在充分调查、分析、论证的基础上建立科技型中小企业信息库，为推出有针对性的金融服务提供依据。

五、天使投资俱乐部的创建构想

（一）背景

中小企业融资难，而对于科技型中小企业的创办者来说，他们的融资更是难上加难。由于科技型中小企业在创办初期，尽管拥有技术方面的优势，但不像传统产业一样拥有自己的厂房、设备，没有固定资产做抵押，故申请贷款受阻，融资难度加大。要解决科技型中小企业的融资难题，必须积极探索新的道路和模式。作为南京科技金融服务体系建设的重要一环，天使俱乐部的建设可以为科技型中小企业的融资拓宽渠道，找到新的方向。同时，借助南京企业技术创新的科技公共服务体系建设的力量，南京科技创新对天使投资做了有益的探索，争取成为科技型中小企业的“天使”。

（二）天使投资的意义

科技型中小企业的发展要经历四个阶段：创意阶段（即种子期）、初创阶段、扩张阶段、成熟阶段，由于各个阶段各有不同的特征，因此各阶段的融资需求和方式也不相同，天使投资的介入主要是在企业的种子期和初创期。创意阶段往往是技术的酝酿和发明阶段，这一阶段的创意尚不成熟，失败的概率高，且需要的资金比较少，一般由创意人自行解决，但也有一些独到新颖的创意会受到天使投资者的青睐，从而给予资助。因此这一阶段的风险投资主要为种子资本和天使投资。初创阶段是经过创意准备形成商业计划，所投资的风险企业正式开始创业的阶段，企业所需要的资金大大提高，但投资回报的收益也显著提高，吸引各类风险者纷纷介入，因此这一阶段的投资主要为天使投资、创业投资和引导基金。由此可见，天使投资在科技型中小企业最初两个阶段的融资过程中起到了关键性的作用，成立天使投资俱乐部，为天使投资的推进提供发展平台，将成为科技型中小企业融资的新希望。

（三）天使投资俱乐部在国内外的发展

1. 美国天使投资的发展

随着美国高新科技企业的快速崛起，越来越多的人投身到“天使”行列。而为了减少投资风险，同时也是为了产生更大的投资效应，天使投资人往往形成一定的团体组织，通过组建投资俱乐部的形式，为美国的天使投资产业增添新的力量。

根据成员之间的联系程度，天使投资俱乐部可以分为两种形式：松散型和紧密型。松散型投资俱乐部成员每个月开一次会，彼此交换新发现的投资项目、投资过程中的相关法律工作等。紧密型投资俱乐部的成员将自己的资金集合为一个整体，他们共同研究并通过一个财务长对外统一投资。

2. 中国天使投资的发展

目前，中国天使投资正在经历一个从初创期走向扩张期的阶段。2006 年 10 月，天津首先创立“天津滨海创业天使投资基金”。随后，越来越多的地方成立了天使投资基金、天使投资协会、天使投资俱乐部、天使投资网站，以及专门从事天使投资的公司。北京中关村天使投资联盟创立后，又创立了上海天使投资俱乐部、深圳天使投资人俱乐部、福建八闽天使投资人俱乐部、华南天使投资人俱乐部、青岛天使投资俱乐部等等。

（四）天使投资俱乐部的主要内容

1. 涵义

南京天使投资人俱乐部是南京市“天使投资百千万工程”的重要组成部分，借助江苏省科技创新协会的民间组织机构，建立“紫金天使投资俱乐部”，为地区中小科技型企业的融资注入新的力量。

2. 宗旨

致力于推进南京企业技术创新的科技公共服务体系建设，服务中小科技型企业的融资事业。具体来说，天使投资俱乐部将促进南京天使投资事业的发展，通过加强天使投资人之间的交流与合作，培育成熟的投资人，为天使投资人与初创项目搭建对接的桥梁；同时拓宽科技型中小企业融资渠道，加快科技型中小企业的健康发展。

3. 定位与制度安排

南京天使投资俱乐部是自发组织的非营利性社会组织，以政府的强力支持为依托。它对于解决中小科技型企业融资问题，构建“官产学研经融”平台，活跃南京市科技金融氛围有重要意义。

俱乐部采用会员注册制，吸纳资深天使投资人、业内投资分析专家、科技创业精英、全市各级政府管理人员、金融家、企业家以及科技人才。

（五）天使投资俱乐部的职能

总的来说，俱乐部构筑起了天使投资人切磋交流投资经验、天使投资人与科技型企业沟通的多方位平台。一方面，为科技型中小企业融资项目提供专业的评估、筛选，进行投资建议与策划，拓宽了中小企业在种子期和初创阶段的融资渠道，也帮助民营企业家发现了新项目，使他们接触到更多全新的融资理念、更多的市场和管理经验；另一方面，为天使投资人发现有潜力的项目，进行投资后的培育、监管直至退出提供服务。

1. 为天使投资人服务

首先是为科技型中小企业的项目方和天使投资人提供对接平台，包括组织项目、路演、投资人、项目方信息发布等各类交流活动。其次是依托南京科技广场和科技园等资源优势，为投资人提供包括投资顾问与管理、法律、财务、市场、战略等诸多方面的咨询服务；定期组织国内外天使投资人交流，促进对南京地区优质项目的天使投资；向俱乐部成员提供优质项目信息，组织俱乐部成员联合进行天使投资。

2. 为中小科技企业融资服务

针对初创型科技企业普遍缺乏管理经验和行业资源的特点，俱乐部为拥有优质项目的科技型中小企业提供创业辅导，并进行专业培训；条件成熟时，组织设立天使投资基金，按照既定程序展开对优质项目的投资。

3. 为政府部门服务

组织开展天使投资理论研究和交流，改善南京科技投资环境，帮助政府相关部门进行政策调研、行业统计和培训等工作。

（六）天使俱乐部的运作

1. 模式

天使投资俱乐部实行会员制的运作模式，吸纳全市各级政府管理人员、金融家、天使投资人、企业家以及科技人才，汇集科技创意设想，搭建天使投资者之间、天使投资者与创业者之间的交流平台，帮助天使投资者提高投资效率，发现和培养优秀科技创新企业。俱乐部内设主席团、评审委员会、会员服务部、综合发展部以及秘书处，致力于为天使投资人和科技创业企业服务。

2. 主要工作

首先，在俱乐部内部成立专业的风险投资专家顾问团队，知名的风险投资机构投资经理、创业计划大赛评审团、著名的天使投资人都将成为俱乐部顾问，为项目评审展开交流；其次，要对申请加入俱乐部的会员进行把关，投资人在加入天使俱乐部前必须证明自己的资金实力与能力水平。作为一个天使投资人，显然至少应该是具有一定经验与抗风险能力以及拥有相当资金的人。此外，俱乐部应聘请优秀的管理人，因为职业的经理人能大大提高投资的成功率，可将投资者利益与管理者利益结合起来。在建立健全内部成员和组织体系之后，俱乐部要开展以下工作：

（1）创建南京天使俱乐部网站，负责招募会员、发布俱乐部活动信息。

（2）组织项目路演等各类交流活动，向俱乐部成员提供优质项目信息和投资计划信息，为项目方和天使投资人提供对接平台。

（3）定期组织国内外天使投资人交流，举办创业投资沙龙、研讨会，开展天使投资理论研究和交流，培养成熟投资人，促进对南京地区优质项目的天使投资。

（4）为优质项目提供创业辅导，包括创业成功所必须的技术、市场和管理资源等。

（5）接受政府相关部门委托进行行业规划、调研、统计和培训等工作。

（6）条件成熟时，组织设立天使投资基金，与南京市政府合作，共同创立

"天使投资创业引导基金"，按照政府出资、本俱乐部核心会员出资、知名企业出资的模式共同组建，主要用于新技术、新经济等领域初创科技企业的前期投资。

六、科技风险投资和创业投资的创建构想

创业投资（Venture Capital），也称风险投资，是指通过向没有公开上市的新创企业进行股权投资，并为其提供管理和经营服务，期望在企业发展到相对成熟的阶段后，通过股权转让获取高额中长期收益的投资行为。

风险投资产生于20世纪50年代的美国，70年代在发达国家迅速兴起，一些新兴国家也群起仿效。由于建立了完善的风险投资体系，美国高科技产业迅速崛起，成为带动经济强劲增长的"火车头"。风险投资是高科技发展的孵化器，是经济增长的发动机，世界上很多创业投资比较发达的国家，在创业投资的发展初期都给予其大力扶持。我国许多地方政府已把风险投资产业作为振兴当地经济、发展高新技术产业的重要举措。

基于创业投资对促进高科技产业发展的巨大作用，南京市政府应当针对本市在资金、人才、技术等方面的优势，审时度势，开拓创新，把发展科技风险投资和创业投资作为建立科技金融服务体系中的重要部分，并借鉴国内外的相关历史经验，注重以下几个方面：

1. 发挥政府的主导作用

政府应当在发展创业投资中发挥主导作用。南京市可争取将政府的部分资金投入创业投资公司或基金。这样，可调动政府在组织投资项目及提供信息和服务方面的优势，增强投资者的信心。在风险极高的高科技企业的研发阶段（种子阶段），由政府直接出资进行重点支持，既可弥补这一阶段民间资本不愿投资的资金缺口，又可与国家科研项目相衔接，保证较高的成功率，而且还会增强民间资本投资的信心。但也要控制出资比例，因为比例过高会带来一些负面影响，使创业投资资金失去其应有的风险意识和活力。此外，也可通过对创业投资企业提供财政支持，如财政补贴和财政担保。财政补贴对创业投资具有鼓励和导向作用，财政担保可用少量的资金带动大量的民间资本投向高科技风险企业。由于目前我国的创业投资产业尚处于培育阶段，还无法为创投企业提供强有力的资金支持，银行贷款仍是科技型企业发展的主要资金来源。因而，通过政府提供信用担保来为银行转移一部分贷款风险，既能缓解当前创投企业缺乏资金的困难，又能为商业银行的资金找到出路。

2. 吸引海外资金，拓宽资金渠道

重视吸收国外资本参与，发展创业投资的国际合作。建立多种资本相互融合

的模式，即“政府+民间资本+海外资本”，这是一种以政府为基础加上民间与海外资本的“1+2”模式。这种模式不仅增强了资本实力，而且有利于资源的优势互补。政府应拓宽风险资本的渠道，鼓励大型企业、企业集团建立创业投资公司，同时鼓励民间创办创业投资共同基金。为此，应营造良好的投资环境，一方面，必须采取有力的措施尽快依国际惯例健全资本市场，并通过有力的监管手段创造良好的市场秩序。另一方面，还要制定有利于创业投资发展的相关政策。如允许高科技企业向外国投资者出售、企业的配股融资政策向外国投资者适当倾斜、制定吸引海外华人和留学生回国创业的优惠政策等，以鼓励他们积极取得国际创投资金支持，回国开办高科技企业。

3. 制定税收优惠政策

由于创业投资者的利润高低和承担风险的大小很大程度上取决于资本收益税，所以创业投资受政府税率和税赋的影响很大。目前，我国有关部门和各级政府制定的税收政策对创业投资活动的支持力度还不够。因此，应努力增强创业投资企业对国外创业投资基金的吸引力，鼓励外国创业投资者在我国设立机构进行创业投资，并给予创业投资机构和创业投资者充分的税收优惠待遇。因此，当前政府应加大税收政策对创业投资的扶持力度，调整高新技术企业发展的税收优惠政策，实行相应的减免税优惠。首先，为鼓励民间创业投资机构的建立，可考虑对创业投资机构的所得制定一个较长的免征期，然后按低档税率征收。其次，对风险企业应给予特殊的税收优惠政策。创业投资企业的高收益、高风险特征决定了应给予其有别于一般企业的特殊税收优惠政策。一方面，在对其资本所得采取免税政策的同时，进一步使其所得税的免税年限延长至3~5年；另一方面，对企业投入科研经费，年增长幅度超过一定幅度的，可考虑按实际发生额的一定比例抵扣所得税，并对企业自用的高科技设备实行加速折旧。最后，应对创业投资者给予个人所得税优惠待遇。如应允许创业投资者的个人所得税采用年度抵扣制度。提高创业投资者的免税率，并减少税率级次，扩大各档次级差，使其在获利年度也能享受到税收优惠政策。

4. 提供法律保障

南京市应尽快制定和完善创业投资的相关法规，保障创业投资者的利益，建立规范公平的市场环境。创业投资的对象很多是高科技企业，也是知识密集型产业，因而保护知识产权对创业投资企业和高科技企业至关重要。我国现行有关知识产权的立法尚不完备，执法力度还不够，今后应加强立法，加大执法力度，切实保障投资者和创业者的收益。

七、小型科技股权柜台交易所的创建构想

一个典型的风险投资过程最后的目的就是为了退出，以获得收益，通常成功的退出方式有 IPO 及出售两种。IPO 因为可以使公司获得比在私人权益市场更高的股票价格，而且在首次上市之后，未来的融资计划会更容易实现、费用更少，同时上市也使得公司高级管理人员的股票期权计划得以实现，因此 IPO 被认为是最有回报的退出路线，但实际上对处于发展阶段的中小公司来说，IPO 市场的门槛是苛刻的，这些公司通常不具备在主板市场融资的条件。因此，许多国家开办了二板市场，门槛相对于主板市场要低许多，这使得许多中小企业获得在公开市场融资的机会。我国目前的风险投资面临的突出问题是缺乏合理的退出机制，因此资本市场有必要进一步多元化，建立二板市场及 OTC 市场等。

OTC，也称“柜台市场”、“场外市场”，是证交所（即场内交易市场或集中交易市场）的重要补充。其交易的是未能在证券交易所上市的证券，包括不符合证券交易所上市标准的股票、符合证券交易所上市标准但不愿在交易所上市的股票、债券等。OTC 可以解决成千上万家“非上市公众公司”的股权融资，促进中国创新型企业、高科技企业、高风险企业、民营企业、中小企业的发展。同时，从主板到创业板，再到场外市场，就拥有了一个完整的股票市场体系，满足了大大小小各类企业对直接融资的多种多样的需求和流通交易的客观要求。

目前，全世界比较有影响的 OTC 市场包括美国的纳斯达克（NASDAQ）、场外证券交易行情公告榜（OTCBB）、粉红单（Pink Sheets）；英国替代投资市场（AIM）；法国店头市场（CMF）、巴黎新兴市场（New Market）；韩国店头市场等。美国有庞大的 OTC 市场，在这些市场交易的证券数量约占全美证券交易量的 3/4。

作为资本市场体系的重要组成部分，OTC 市场可以为所在国经济发展筹集大量资金，同时也为风险投资提供退出通道，在促进风险投资发展的同时，带动高科技的发展和产业结构的升级。此外，OTC 市场的发展也使上市公司的退出机制趋于完善，促进了证券市场的健康发展。

南京市要建立科技金融服务体系，引进风险投资和创业投资，就必须为其建立一套完整的风险投资退出机制，因此可以考虑在南京科技广场建立一个小型科技股权交易所，借鉴国外经验，结合国内实际，可以从以下几个方面着手：

1. 建立做市商制度

做市商制度是指在 OTC 上市的任何一家公司，都要有几家相互竞争的券商来主持该公司的股票在市场上的交易。一方面，做市商以自己的资金和主持的股票来报价，投资者只要认为价格有利，就可以肯定地从做市商手上买入或向其卖

出股票，这与传统交易所的“价格匹配”交易机制不同，既节省了交易时间，保持市场的连续性，又减少了交易风险，提高了市场透明度。另一方面，做市商对于保持市场的稳定性也起了很大的作用。当市场在既定的价格下供小于求时，做市商须卖出股票或提高卖出价来减少需求；当市场在既定的价格下供大于求时，做市商则通过买入股票或降低买入价来减少供给。柜台交易的做市商实际上就是其柜台交易所的会员及有执照的交易者，做市商必须达到一定的财务标准，不间断地主持买卖两方面的市场，并在最佳价格时按限额规定执行指令，在其注册的一种或多种股票上不断进行连续的双向报价。实际上做市商制度也是美国NASDAQ股票市场成功运作的经验。我国未来的OTC市场也可以采用这种制度，使得投资者和上市公司获得比在传统证交所交易的更多的好处，如促进竞争、提高上市股票的流通性、发现股票价格。

2. 上市模式

由于OTC市场是为新兴小企业设立的，所以其上市门槛应该低于主板市场，但为了确保投资者的利益及交易的正常进行，尤其是对我国这样的法制不是很健全的国家，必须建立更严格的监管机制。可以仿照其他国家OTC的做法，上市公司任命具有证监会所发执照的会员作为发起人，发起人作为发行管理人及承销商，负责评估、兜售或认购股票。上市条件可以是股本总额不少于人民币2500万元，有两年的活跃业务记录，公众持股量应达总股本的20%以上。但是，在信息披露尤其在财务状况发布方面则应更严格，以保护广大投资者的权益。

3. 交易机制

利用现有的地方性柜台交易市场资源，通过卫星网络将地方性柜台交易市场联网，设立全国性的自动报价系统，提供市场即时信息和报价人信息。

第四节　南京科技金融服务的生态链培育

金融生态是借鉴英国生态学家A.G.Tansley的生态系统（Eco-system）提出的。由于金融体系具有内在逻辑安排、发展规律等群体生态学特征，其逐渐在经济活动中形成具有鲜明结构特征和功能特征的“秩序结构”，这种“秩序结构”便称为金融生态。金融生态的提出不仅是概念上的创新，而且是研究金融发展和经济增长在方法论上的创新。

金融生态是金融以及影响金融生存与发展的各种因素所构成的一个有机系

统，它既包括宏观层面上具有全局性、整体性的制度建设，如金融法律法规、司法执法体系、金融会计准则、社会信用体系等，又包括微观层面上的企业治理结构、个人和企业诚信意识、银企关系、中介服务体系等。因此，建设和改善金融生态，就是要加强和改善金融生态系统内各部分之间的相互联系、相互支持和相互协同，实现经济社会协调发展的共赢局面。

金融生态链也可称为资金链，因为在金融生态系统中，资金的不断流动，推动着经济的不断发展。能量在系统中的表现形式为物质，资金在系统中的表现形式为信用（信用形式是各种有形和无形的票据）。根据生态系统中关于食物链的定义，资金供应者的资金和有价证券通过金融主体一系列的投资和融资行为在金融运行过程中不断传递，各种金融主体按照投资和融资的关系而排列的链状顺序称为资金链（金融生态链）。金融主体在资金链上所处的位置就说明了其在此资金链上的营养级（见图 7–4）。

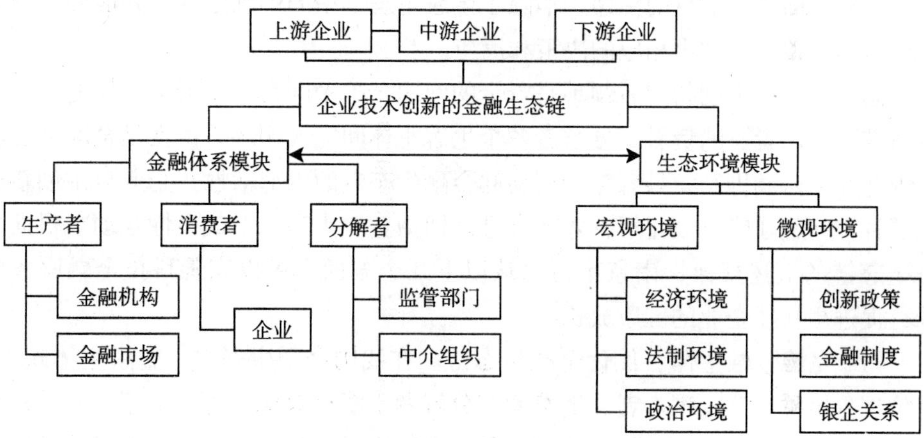

图 7–4　支撑企业技术创新的金融生态链

创建科技金融服务体系，其核心就是要解决科技型中小企业的融资问题，使其能够又好又快地发展。虽然目前企业、银行、政府等方面纷纷就此做出了努力，并在一定程度上缓解了某些地区和行业科技金融企业的融资难问题，但整体上来说，并没有从根本上解决这一难题，在某些地方和行业，融资难问题甚至更加突出了。中小企业融资难是一个非常复杂的问题，涉及到博弈的各个利益主体，同时也是一项系统工程，需要参与各方齐心协力，同舟共济才有可能破解。实践证明，以往的那种修修补补，头痛医头、脚痛医脚的方法不能解决问题，最重要的办法是要用创新的方法、观点、思维，改变现有运行体制，用系统和整体的观念来破解这一历史难题。因此可以在南京创建和发展虚拟的科技金融生态链，通过完善金融生态系统，治理金融生态环境来促进科技型企业的发展。

金融生态链有以下四个方面的基本规律：

（1）“金融深化”的扩大作用（Biological Magnification）：金融深化的链条越长，金融价值就越高，金融产品就越丰富，金融市场就越发达，融通资金的能力也会越强。

（2）金融生态链营养级：金融生态链往往不是简单的直线（链式），而是由许多简单的金融生态链构成的错综复杂的金融生态网。金融生态中形成如此复杂的金融生态链，是经济发展的结果，金融生态链（网）越复杂则越倾向于稳定。

（3）金融生态链中主体营养级的模糊化：由于金融主体的混业经营，其在金融生态链中可能会出现在不同营养级上。这恰恰能够增加金融生态链的复杂度与适应度。

（4）金融生态链的信息联系：金融生态链中的主体的状态发生变化就会产生某种信息，而这种信息的传递，消除了金融生态链中的不确定性，并能使金融生态链中的其他主体做出相应的决策和反应。

制约南京自主创新的瓶颈不是资金的问题，关键问题在于资金怎样通过金融生态链在生产者、消费者、分解者各个生态主体间完成循环，也就是金融生态链的内部互动协调机制。只有充分调动起金融生态链的内部活性，企业自主创新面临的种种问题才能有效化解，才能合理地回馈金融生态，形成良性互动。根据金融生态链的上述规律，南京市可以从以下几个方面入手以完善科技金融服务体系，促进高科技企业的健康成长。

（1）完善金融主体，优化金融生态链。在我国金融生态中，金融主体缺失、越位现象屡见不鲜。生产者、消费者、分解者不能有效地进行资金流动。其根本原因在于金融生态链不是处于稳态，各个金融生态子系统发展极不平衡。所以我们要完善金融生态链中的金融主体，使金融生态链在复杂化的过程中有条不紊地为自主创新提供融资条件。

（2）加强市场信息流通，减少强制因素。我国现在的市场经济脱胎于计划经济体制，因而计划经济的强制性作风也遗留了下来。信息传播对于金融市场的过分干预，导致金融生态链中信息传递的失真。在金融生态系统中，中介评估机构的缺失导致在判断自主创新这一经济行为是否能够带来经济效益时失去了基准。而同时国家强制性政策导致资金在金融生态链中的流动趋于低效率。为了实现市场信息的有效流通，必须以引导为主，以市场信息为准，保证信息在金融生态链中的畅通。

（3）完善社会信用机制。金融深化的链条越长，金融价值就越高，金融产品就越丰富，金融市场就越发达，融通资金的能力也会越强，而信用是连接这一链条的黏合剂。在金融生态链中，信用是资金的表现形式与资金流动的“依托”。金融生态链在循环过程中，中介机构提供对企业自主创新的基础数据只是判断该项目是否可行的一个方面，而另一个方面就是该企业的信用。所以，一方面，要积极推进征信系统建设，对个人和企业的诚信情况作最真实、最客观的记载。同时还要努力提高征信机构的透明度，确保信用数据的采集、处理、保管要按照统一、明确的业务程序进行，实现诚信体系的科学性、公正性、有效性。另一方面，要探索区域资信评级市场的有效途径，积极创造条件开展借款企业外部评级试点工作。此外，还应积极推动信用环境整治工作，依法打击逃废债。

（4）加强金融改革和金融创新。为了在金融生态链的运行过程中有效地解决科技型企业在自主创新生命周期演变中的资金需求和风险控制问题，只能依靠更多的金融产品、更高的金融价值、更强的金融资产流通。因此，加强金融改革和金融创新迫在眉睫。

第八章　服务于南京技术创新的科技公共服务体系建设举措

一、政府高度关注技术创新的公共服务体系建设，大力提升南京技术创新的“软实力”，培育引导、扶持、激励、理解科技创新的社会氛围

（一）强化领导职能，把科技创新、科技成果转化和扶持战略性新兴产业发展上升为“一把手”工程，纳入业绩考核，加大技术创新的推进力度

南京是一个历史文化积淀深厚、科教实力出众的城市，但是，南京的技术创新成果转化与南京的科教实力并不匹配，南京技术创新的“软实力”一直没有能够完全释放出来，与其他一些城市“求贤若渴、引智抢才”的执著相比还有一定的距离，而且如何引导激励创新、扶持关怀创新，尤其是理解创新失败还没有形成一种社会氛围。因此，需要各级政府“一把手”领导亲力亲为，率先垂范，直接领导技术创新工作，把“引智抢才”、推进技术创新公共服务体系建设纳入重要的业绩考核，从而加大对技术创新的推动力度。

（二）举全市之力，集全市资源，形成南京技术创新的“集聚力、支持力、配套力和影响力”，形成“政产学研”良性互动的格局

南京的科教优势如何真正内化为南京市的科教实力，是一个重要的课题，需要省市政府、省市有关职能部门、高校和科研院所结成操作层面上的战略联盟，通过形成共识、政府主导、全面发动、体制创新、政策引导、配套服务，真正形成南京科技创新的“集聚力、支持力、配套力和影响力”，最终充分释放南京的科教优势，形成“政产学研”良性互动的格局。

（三）扶持、引导、强化南京市本土企业吸纳科技成果的观念和能力，政府制定专项政策、专项资金，建立各种形式的奖励制度，将南京市科技进步奖的奖励级别提升为省部级层次

南京的许多技术创新成果出现了“墙内开花墙外香”的格局，像中兴、华为最初很多研发工作是从南京开始的，但最终却没有形成南京的现实生产力，这和

南京的企业结构、工业基础等多种因素有关，但最重要的是南京缺乏经济文化的背景。因此，迫切需要的是形成整体的社会氛围，做到创新有平台、合作有企业、配套有服务、后勤有保障、创业有政策、风险有承担、想干有支持、科研有经费、成绩有奖励、体制机制可创新、做强可上市、困难有政府、产品有市场。

二、完善技术创新支撑体系，构筑“技术创新链”+“战略性新兴产业技术研究院”+“多样化产学研合作平台”+“双创人才载体”四大模式

（一）在科技创新的组织体系上有所突破，在各个产业、行业或方向上形成“基础研究—科研开发—技术转化—市场推广”全过程的技术创新链

探索各个节点的配套措施及创新各个节点的合作机制。建议政府成立独立的“产学研合作局”，全面组织协调产学研合作事宜，指导和推动产学研合作，并给予“产学研合作局”充分的人财物权限，不流于形式。

（二）尽快实施战略性新兴产业技术研究院建设，使之成为南京技术创新的源泉和平台

根据国家、江苏省及南京市“十二五”规划，应由政府财政拿出相应经费组建若干战略性新兴产业技术研究院，抢占战略性新兴产业发展的前沿高地；探索政产学研合作的新模式，集聚南京高校、科研院所、大型企业的科教资源，有效地促进科技成果在南京的转化。

（三）集思广益、海纳百川，打造多样化产学研合作平台

南京在产学研合作发展过程中出现过各种不同的模式，推动了科研成果产业化的进程，在新的形势下更需要集思广益、海纳百川，鼓励产学研合作平台的创新建设。鼓励成立如“学科性公司”、“工程研究中心”、“校企共建研发基地”、“大学科技园”等新兴模式，推广典型平台的经验。特别是要重视“大学科技园”的建设，给予其应有的地位，发挥其应有的作用。

（四）以“海内外领军人才载体”模式建设为抓手，建立人才高地

南京工业大学与南京高新技术开发区以“创新在工大，创业在高新，创优促发展”的理念共建“海内外领军人才‘三创’载体”。“十一五”期间，“三创”载体联合招聘海内外领军人才 39 名，围绕高新区的主导产业，在南京工业大学的优势学科所涉及的相关领域（生物医药、新材料、新能源、先进制造、环保及信息技术等），取得了显著的经济社会效益。同时 2010 年南京工业大学与鼓楼区政府合作打造“海内外产业科技领军人才的‘双创’载体”，已经引进了 3 名海外留学顶尖医药人才。实践证明，这种载体模式完全符合人才的培育规律，是产

学研合作的新模式，是一种招智引企引资的新思路，是高科技产品形成的捷径，更是吸引人才的最佳平台和方法。

三、完善科技管理综合服务体系，构筑“一站式服务”创新园区，打造从技术创新的创意、研发、小试、中试直至产业化的服务链

推广南京科技广场运作模式，建设汇集工商、税务、法律、审计、财务、信息情报、知识产权、协会中介等职能的“一站式服务”创新园区。

在科技园区引入工商、税务、法律、审计、财务、信息情报、知识产权、协会中介等职能的“一站式服务”，可以简化技术创新企业的办事流程，提供更便捷的服务，同时为企业创新提供智力资源，让技术创新企业从创意、研发、小试、中试直至产业化都能够分享到全方位的服务。为此，政府应该给予一定的配套政策支持。

四、完善科技金融服务体系，打造银行信贷、科技信用合作社、保险担保、风险投资、创业投资、资本市场等扶持技术创新的金融生态链

（一）探索建立科技信用合作社

科技信用合作社不同于以往的科技银行，科技银行在体制上隶属于商业银行，实际是商业银行在园区设立的分支行，信贷政策和运行模式均受到其所在上级行的约束，对缺乏抵押品的初创型科技中小企业的扶持力度有限。而科技信用合作社可以采取股份合作形式，由所在科技园区的科技企业集资入股，服务对象为所在园区的科技企业，允许以比较宽松的信贷政策和灵活的利率政策开展各类金融活动。科技信用合作社的股本金可以规模较小，并由政府采取一定形式的贴息担保。

科技信用合作社的运行模式：①多渠道、多层次筹集资金，政府、科技企业、各类金融机构、个人均可入股；②采取股份公司或有限责任公司模式进行市场化运作，政府可以给予适当的贴息担保；③允许采取灵活的利率政策，对于不同规模、不同信贷需求的科技企业采取市场化利率；④对于无抵押品的中小科技企业，可以用其专利证书或其他知识产权证书进行贷款；⑤还可以采取社会关系抵押贷款等创新形式；⑥在风险控制的前提下，可以允许向所在园区科技企业开展存款业务；⑦允许开展股权投资等投资银行业务，以及其他有利于科技创新的金融服务。可以先行在科技园区及所在地的银行金融机构进行试点。

（二）完善科技企业信贷评估机制，探索建立科技小额贷款公司

通过完善科技型中小企业信贷评估机制，建立无形资产价值评审机制和交易机制，创建中小企业融资信用联盟体系等来降低成本和风险，走集群式营销服务与节约式经营之路。科技小额贷款公司可为高科技中小企业提供科技贴息担保贷款，知识产权、商誉、品牌等无形资产抵押贷款，从而缓解了科技创新企业融资难的问题。建议尝试在科技园区设立科技小额贷款公司试点。为降低科技小额贷款公司的呆坏账风险，可进行一些创新举措：①从银行资本金中拿出一部分，建立一个防火墙；呆账拨备允许高一点；在财务会计、核销上给予更多的支持；需要银监会支持，放开政策。②对于没有稳健现金流的科技型中小企业，可以允许第二还款来源做质押，如原材料进货等。③向高成长的科技型中小企业提供科技金融的担保和知识产权的质押贷款。

第九章　未来展望

由于时间限制以及我国目前对科技公共服务平台的构建与运行的探索尚处于初级阶段等问题，本书关于科技公共服务平台的构建及运作管理模式的研究是建设性的，尚有一些薄弱环节需要进一步研究：

一、理论及实证研究层面还需拓展

由于本书的研究对象较新颖，目前为止科技公共服务体系理论还没有形成体系，因而对该领域理论的拓展还需加强。同时，本书主要围绕科技公共服务体系的构建模式、制度安排等方面展开研究，缺乏对于科技公共服务体系内部的权益分配问题的研究，所以在以后的研究中从实证角度出发，对其内部不同权益主体的利益演化、信任机制等进行探究，将更具有意义。

二、研究主体有待细化

本书主要从宏观层面对服务于南京市技术创新的科技公共服务体系建设进行研究，然而可能过于笼统。在以后的研究中，可以考虑以行业类型将科技公共服务体系建设主体进行细分，据此得出的结论可能更具有针对性，可操作性也将提高。

三、数据收集与处理

研究过程中有大量的数据需要收集和处理。部分数据采用企业调查问卷的形式获得，因而数据的准确性有所欠缺；另有部分数据主要通过对文献及相关报告整理得到，因而可能存在一定误差。

展望未来应该坚持创新观念、勇于实践，举全市之力，殚全市之智，培育南京科技金融和谐的生态产业链；汲取先进国家和地区之精华，吸取其失败之教训，努力探索、孜孜追求，寻求适宜南京技术创新体系的科技公共服务体系，为江苏经济结构的合理调整和产业结构的成功转型做出贡献。通过前文的研究，本书认为在当前形势下，南京政府还需要在以下四个方面加大工作力度。

（一）建立良好的政策和法律法规环境

良好的法律法规环境和公平有序的市场秩序是保证科技中介机构发展的基础条件。建立科技管理综合服务体系，更需要政府和相关部门政策或法规的引导协助。应该加紧研究制定促进和规范科技公共服务机构发展的政策法规，使其公共管理有法可依，明确其法律地位、权利义务、组织制度和发展模式，从而进一步理顺各参与方的关系，完善行业管理和机构制度设计，形成法律定位清晰、市场竞争平等的良好发展环境。

（二）政府重在宏观管理、提倡企业市场化运作

任何国家的科技公共服务体系都包括公共和民营两部分。政府应重在进行宏观政策管理，而科技企业的市场化运作应由社会承担。结合南京地方实际情况，应在政府及有关部门的指导下，对民营科技中介机构放宽限制、鼓励发展、扩大规模，制定鼓励民间非营利科技中介机构发展的政策法规，明确管理办法、成立条件，并出台税收、资金等方面的优惠政策，从而加快其发展进程；对于事业型科技服务机构，应该深化改革，除了保留少数由政府资助的面向中小企业提供公共服务的非营利机构外，绝大多数科技服务机构要以民间投资为主。

除了某些特殊的领域，一般不宜采用强硬、单调甚至粗暴的手段来干预技术创新这种技术、经济行为，而应通过制定适合经济增长方式转变的财政政策、货币政策、产业政策、区域政策等宏观性政策来引导民营甚至公共部分，并交由市场来调节，从而使得技术创新健康稳定发展。

（三）提升南京科技公共服务平台的专业化程度

南京地方政府要挑起建立区域技术创新公共服务平台的重任，为中介机构开展中介服务创造硬件支撑系统。这样的专业化区域机构不但有助于集成优势资源，而且有利于打破各公共机构之间在资源占有方面的条块分割。这一区域机构下，科技中介服务的不同环节需要不同的中介机构，不同的技术领域需要有不同专业背景的中介机构来提供服务，因而某一个科技中介机构面面俱到地提供服务是不现实的，科技中介机构应该结合自身特点，“术业有专攻”，形成适合自身特点的专业化服务能力。

（四）集中力量，健全科技公共服务体系信息平台

整合政府部门、科研院所、大学和信息研究分析机构的设备资源和信息资源，将大量的、分散的仪器设备和信息归类形成科研仪器设施共享及专业服务网，形成若干科技数据库、资源数据库、专利数据库、技术标准库、政策法律库、技术文献库等，建立区域性科技创新服务网络，从而促进设备与信息的流动和共享。建成的公共研究开发服务平台应向科技中介机构全面开放，向社会部分开放，方便公众免费获取公开信息。

应该逐步建立起集信息集散功能、技术评估功能、技术咨询功能、市场预测功能、决策支持功能、项目孵化功能、投资融资功能、客户服务功能于一体的全方位功能模式，以推动科技公共服务中介行业的规范化发展。应该为技术创新企业提供完善的信息网络平台系统，对中小技术创新型企业实施技术支持功能、政策咨询功能、金融服务功能。

其中，技术支持平台主要是建立技术中介与技术源以及技术使用等有关部门的信息网络，提供基础的技术信息，并根据各有的信息，协助技术创新型企业对拟采纳的技术进行先进性、科学性、风险性等多方面的技术咨询评价与交流。

政策咨询平台提供政策、优惠办法、经济、市场、企业或管理等方面的咨询，希望通过此平台，中小技术创新型企业能够了解国家以及地方政府的政策优惠，以及市场需求、竞争状况或企业运营管理有关方面的情况，来积极应对市场需要。

金融服务平台的创建在于为中小技术创新企业提供金融支持，解决中小创新企业融资难的问题。对某些发展潜力与市场前景良好的技术创新进行初期的投资，可以不断增强市场的竞争性和盈利性。除了融资，还应对经过考察的企业提供担保或者合作等多方面的服务。

附录一　名词释义

1. 技术创新：一种以知识创新为基础，以制度创新为背景，以新技术、新产品以及新经营模式等为对象的发明与创造活动，通过技术集聚、人才集聚、金融集聚和公共服务集聚等资源集聚，实现产业结构的优化调整以及产品结构的升级换代，最终提升一国或地区的产业竞争能力。

2. 技术创新型企业：指拥有自己独创的知识产权、专有技术和发明创造的产品或服务，并能够把这些产品或服务转化为现实生产力，从而极大地推动科技进步，引领社会发展，创造巨大经济社会效益的企业，其特点表现为技术密集和资本密集。

3. 科技公共服务体系：国家或地区的一种创新支持系统，其中涵盖了技术创新支撑体系、公共管理服务体系和科技金融服务体系，涉及到政府、大学、科研院所、金融机构、科技中介机构等相关成员，他们彼此之间相互依存、相互支持、协同作战，为提升该国或该地区的科技创新效率履行各自应尽的职能。

4. 技术创新资助基金：其设立宗旨一是考虑到一些技术创新项目具有社会效应，却由于无法得到商业性资金支持，还没有体现商业前景，所以需要财政资金支持；二是从支持对象看，政府直接对具有技术创新优势的创业企业作为支持对象；三是政府技术创新资助基金的支持方式主要是无偿拨款；四是从设立、管理和监管主体看，各个行业主管部门都可分别设立直接支持技术创新的资助基金。

5. 创业投资引导基金：2005 年 11 月，由国家发改委、科技部、财政部等十部委联合颁发的《创业投资企业管理暂行办法》第二十二条中指出：国家与地方政府可以设立创业投资引导基金，通过参股和提供融资担保等方式扶持创业投资企业的设立与发展。

6. 原始性技术创新：即在没有参照标准和参照对象的情况下，技术原创单位完全依靠单位内部的努力和探索，产生核心技术或核心概念的突破，并在此基础上完成创新的后续环节，实现技术的商品化和市场开拓，向市场推出全新的产品或率先使用全新工艺的一项技术创新行为。

7. 引进、模仿技术创新：对应于原始性创新，指在有参照源的情况下，通过模仿技术首创者的实质性技术，引进、破译首创者的核心技术，吸收、改进并在此基础上更深入地开发、完善，从而获得更具竞争力的核心技术，就是在参照源已有创新成果的基础上实现的再创新。

8. 技术集成创新：是不同单项技术的要素、结构、功能等通过它们之间非线性相互作用后被整合而生成的不同于原单项技术的新技术。集成创新所需要的各项技术来源可能都不具备原创性，但在各项技术的组合模式或整合方法上具备原创性，并通过集成实现了技术方面的新突破和新发展。

9. 技术推动模式：是指由于创新主体拥有新的技术发明或发现，并利用这种发明或发现开展技术创新活动的模式。

10. 需求推动模式：需求推动模式中认为社会需求和生产需求推动了技术创新活动的开展，即由于市场存在客观的和潜在的需求，创新主体才着手进行研究开发，通过创新活动的开展最终来满足市场的需求。

11. 虚拟 R&D 中心模式：是指企业寻找与自己技术发展及市场定位一致的大专院校、科研院所重点实验室成立技术研发中心，进行阶段性的合作。虚拟 R&D 中心模式促进创新的关键在于通过使科技成果产业化、产品化而获得对创新的推动力。

12. 集群创新模式：集群是指为了获取新的和互补的技术，加快学习过程，降低交易成本，克服（或创造）市场中的进入壁垒，取得协同经济效益，分散创新带来的风险，从互补资产和经济利益中获得收益，由关联性很强的企业（包括专业供应商）、知识生产机构（大学、研究机构、工程公司）、中介机构和顾客等构成的一个直接附加值生产链，从而形成相互联系的网络。集群创新模式，是利用集群的优势来进行技术创新的一种模式。

13. 兼并收购：是指拥有足够实力的大型企业，可能在某些方面处于该行业的领先地位，但在其他方面比较弱，于是可以通过对处于该领域技术领先地位的企业进行收购兼并，使其成为母公司下属的一个控股子公司，从而在该领域处于领先地位。

14. 产业技术创新战略联盟：从组织形态上看，产业技术创新战略联盟是以企业生存发展的内在需求为基础，充分运用市场机制，以影响产业或企业长远发展的共性技术创新需求和重要标准等为纽带，通过各种技术创新要素的优化组合，所建立的一种长期、稳定、制度化的产学研利益共同体。

15. 公共管理体系：不仅包括科技战略、科技政策、科技计划、创造与组织科技环境条件及科技资源、提供公共产品及公共服务等基本内容，还包括社会公众对公共部门进行科技活动的效率及其效果进行评估，并对政府科技政策进行评价。

16. 企业孵化器：指一种为新产品和小企业诞生与成长提供帮助的产学研合作的组织模式。

17. 科技中介：指为科技创新主体提供社会化、专业化服务以支撑和促进创新活动的机构。它面向社会开展技术扩散、成果转化、科技评估、创新资源配置、创新决策和管理咨询等专业化服务，对政策、各类创新主体与市场之间的知识流动和技术转移发挥着关键性的促进作用，能够有效降低创新成本、化解创新风险、加快科技成果转化、提高整体创新功效。

18. 三螺旋理论：由美国社会学家亨利·埃茨科威兹和罗伊特·雷德斯多夫教授在20世纪90年代提出，即政府、企业与大学是知识经济社会内部创新制度环境的三大要素，它们根据市场要求而联结起来，形成了三种力量交叉影响的三螺旋关系，这就是所谓的三螺旋理论。三螺旋理论的核心在于，随着知识经济的出现，在区域内的科研院所与大学成为主要知识资产，具有了更高的价值。在成熟的创新区域内，科研院所与大学通过其组织结构最下层的研究中心、科研小组以及个人等建立起与市场经济活动良好的接口，在区域内发挥了强大的技术创新辐射作用。

19. 创新理论：是美籍奥地利经济学家熊彼特首先提出的、用以解释资本主义经济发展和周期的理论。熊彼特把创新定义为建立一种新的生产函数，即企业家实行对生产要素的新结合。它包括：①引入一种新产品；②采用一种新的生产方法；③开辟新市场；④获得原料或半成品的新供给来源；⑤建立新的企业组织形式。随着科技进步、社会发展，人们对创新的认识也是在不断演进的。

20. 国家创新系统理论：是指一个国家各有关部门和机构间相互作用而形成的推动创新网络，是由经济和科技的组织机构组成的创新网络。创新是一个从新思想的产生到产品设计、试制、生产、营销和市场化的一系列活动，也是知识的创造、转换和应用的过程，其实质是新技术的产生和商业应用。它既包括技术创新，也包括管理创新、组织创新和服务创新。但它不是一个简单的线性过程，而是企业内部的研究开发部门、生产部门和营销部门，以及企业与企业外的研究开发机构、高校及其他企业互相作用的结果。

21. 技术转让模式：是指产学研合作各方以买卖交易的方式对专利、技术秘密、许可权等无形资产进行所有权或使用权转让的一种经济法律行为。

22. 委托研发模式：是指委托方将其研发任务委托给受托方代为研发。通常是由研发实力不足的企业提出需求、提供资金，委托高校、科研院所负责对新技术、新工艺、新产品等进行研发。

23. 联合研究（公共）模式：是指产学研各方以科研课题为载体，以课题组为依托，集中相关人力、财力、物力共同努力对某一课题或产品进行研究开发的行为。

24. 学科性公司模式：是指科研院所或者高校通过自办企业的方式，实现科技成果的转化和产业化生产。

25. 共建科研基地模式：是指企业与高校、科研机构分别投入一定比例的资金、人力或仪器设备建立联合研发中心、联合实验室或工程技术中心等科研基地。

26. 产学研战略联盟模式：是指产学研合作各方订立长期、稳定、互惠、共生的合作协议，以产业技术进步为目标，联合致力于技术创新、产业化开发活动的一种组织形式。它是产学研合作的一种高级形态，也是今后产学研合作深化发展的一种趋势。

27. 组建研发实体模式：是指产学研各方通过出资或技术入股的形式组建具有独立法人地位的实体机构，进行研究开发或技术经营，是产学研合作的另一种高级模式。

28. “三创”载体：是指南京工大高新技术研究院。在“创业创新创优”的新江苏精神、南京市“跨江发展”和“打造五大中心”的城市发展战略的号召下，南京高新技术开发区与南京工业大学积极谋划共建“三创”载体，并于2007年1月9日共同签署了共建“海内外领军人才‘三创’载体”协议，同时在此基础上提出了“创新在工大，创业在高新，创优促发展”的主要理念。

29. “双创”模式：在南京市委、市政府加大科学发展力度，加快结构调整和转型升级的发展思路指导下，为进一步完善“三创”领军人才引进和培育体系，为更好地整合、优化资源，南京工业大学和鼓楼区政府达成协议，共同启动内涵为“创新在工大、创业在鼓楼”的“双创”模式，并共同建立“产业技术海内外领军人才创新、创业载体”。

30. 工程研究中心：作为“产学研”合作的一种模式，工程研究中心在许多高校得到实施。一方面学校以市场需求为出发点创建企业性质的研发中心进行研发创新，另一方面随着研发中心技术的成熟以及市场供求关系的稳定，建立与企业良好的合作关系将为研发中心的科学研究经费问题带来突破，同时缩短了高校研发技术转为产品的周期。

31. 校企共建研发中心：主要是通过学校的专业性质与对口企业的结合建立研发中心。对于学校，可以利用校企资产经营有限公司的平台作用，为学科发展提供更多的前沿动态、市场信息、产业结构和产品结构优化建议，提供学科成果可转化的平台，最终实现校科研成果批量转化、成为现实的产品投向市场。对于企业而言，可以借助高校独特的人才资源和前沿的研发技能，降低研发的风险及成本。

32. 大学科技园：是以具有较强科研实力的大学为依托，将大学的综合智力资源优势与其他社会资源优势相结合，为高等学校科技成果转化、高新技术企业孵化、创新创业人才培养、产学研结合提供支撑的平台和服务机构。

33. 产业技术研究院：是依法成立的、进行产业技术研究的专门机构。其基本职能在于开发或改进产业技术，并向企业进行技术转移。产研院的其他主要任务一般包括：根据产业需求，对共性技术、产业关键技术和前瞻技术进行研究和开发，以求加速产业技术水平提升，增强产业竞争力；运用多种渠道向产业界推广研究成果；服务中小企业技术升级，落实政府中小企业政策；培养产业内专业技术人才。

34. 科技管理综合服务体系：是国家创新体系的有机组成部分，同时为国家创新活动及其战略管理提供重要的支撑性服务。其主要目标任务是建立高层次与多层次的专家决策咨询系统，为科技资源配置中的市场失灵提供“有限科技管理”；建立一个共享的、流畅快捷而准确及时的信息传递网络；在有效科技管理服务部门的基础上，建设一支高效迅速的科技管理人力资源队伍；建立起公共科技活动的健全而长期有效的机制，形成与市场中科技活动互动的公共科技平台。

35. 科技金融：主要是指科技产业与金融产业的融合。由于高科技企业通常是高风险的产业，同时融资需求比较大，因此，科技产业与金融产业的融合更多的是科技企业寻求融资的过程。

36. 科技银行：是专为高科技企业提供融资服务的银行，其贷款的主要对象是科研机构和科技型中小企业等。科技银行为技术引进、技术研发、新产品实验推广等与科技创新有关的业务提供服务，而不得用于普通房地产开发和固定资产投资。

附录二　赴深圳、广州、福州三地调研报告

2009 年 9 月 21~24 日，课题组赴广东、福建部分城市调研新型产学研合作应用于科研机构的建设情况。先后访问了深圳清华大学研究院、中科院深圳先进技术研究院、广州中科院工业技术研究院、福建海西工业技术研究院等应用技术研发与服务机构。通过考察、交流，了解到两省各级政府在科技投入、应用市场机制建设新型科研机构、推动产业发展等方面取得了较为显著的成效，其中许多做法、经验值得我们学习和借鉴。现将考察调研情况报告如下：

一、调研单位简介

（一）深圳清华大学研究院

深圳清华大学研究院是深圳市政府和清华大学于 1996 年 12 月共建的、以企业化方式运行的正局级事业单位，实行理事会领导下的院长负责制。研究院定位于充当“科技创新孵化器”，先后投资 2 亿元，组建了两个华南地区实力最强的研究开发基地：新材料与生物医药研究所、信息与光机电研究所，下属 10 个实验室。各实验室平均每年申报专利 40 项，60%以上是发明专利，承担了国家“863”、“973”、省部级产学研等重大科研项目，累计完成国家、省、市重点科技项目 80 多项，并完成 300 多项与企业开展的合作项目。研究院的发明专利申请总量、授权量一直名列广东省科研院所前五名。研究院促进了包括地面移动数字电视、微纳工程技术、创新膜生物反应器、牙齿隐形矫正技术等在内的 150 多项重大成果的产业化，技术创新产出价值达 100 多亿元。

研究院共孵化企业 310 家，目前在孵 212 家，其中拓帮电子于 2007 年 4 月 6 日上市，凌讯科技、力合数字电视、力合传感等一批创业企业也将在海内外上市。研究院目前拥有江苏数字信息产业园、清华珠海科技园、清华信息港、深圳清华实验学校、南海数字媒体产业园、珠海华冠工业园等多个高新科技产业孵化基地及教育基地。

经过 10 年不懈的努力，深圳清华大学研究院已拥有 50 余万平方米建筑，可

控资产近50亿元，成为全国市校成功合作的典范。

（二）中科院深圳先进技术研究院

中国科学院深圳先进技术研究院（以下简称先进院）成立于2006年2月，是由中国科学院、深圳市政府协商共建的具有独立法人资格的非营利性国家科研机构。其由先进集成技术研究所、生物医学与健康工程研究所、先进计算与数字工程研究所、开放技术平台、工程中心、行政管理部门等部分组成，同时设立学术委员会、工业委员会。先进院隶属于中国科学院，实行理事会领导下的院长负责制。

先进院的使命和愿景是建设一流的工业研究院，提升粤港地区及我国先进制造业和现代服务业的自主创新能力，推动我国自主知识产权新工业的建立，并成为国际一流的工业研究院。

先进院的目标是“一个引领、两个接轨、三个一流、四个能力”：

一个引领——在国家创新体系和区域源头创新活动中起骨干和引领作用，包括核心技术、产业共性技术、人才教育、企业孵化等多方面的示范作用，成为新型国家研究机构的典范。

两个接轨——与国际学术水平接轨、与珠三角的产业接轨，这是实现“一个引领”的前提条件，“顶天才能立地”。

三个一流——“人才一流、科研一流、管理一流”，这是实现“两个接轨”的基础。

四个能力——发挥学科交叉特色、形成集成创新优势、建立经济预测机制、培养市场拓展能力。

（三）广州中科院工业技术研究院

广州中国科学院工业技术研究院（简称广州工研院）成立于2005年10月18日，是由广州市人民政府与中国科学院共建的具有独立法人资格、行政上直接隶属于广州市人民政府的非营利性应用研究机构，是广州市政府创新发展模式的一个新试点单位。工研院实行理事会领导下的院长负责制。

广州工研院的任务是：以市场为导向，以工业产业技术领域中应用性、关键性、系统性的共性和核心技术的研发，以及相应的教育和技术服务为中心任务，创造知识产权与知识资产，并加强知识资产的应用和转移；通过知识资产创造能力和机制的构建，促使和支撑生产要素中高级专业要素创造能力的形成和不断加强，使之成为工业产业的核心生产要素，支撑和打造一批具有国际竞争力的企业和品牌。

广州工研院以自主知识产权战略为先导，以关键技术公共和系统集成为核心，以产学研一体化资源整合为依托，以现代科研院所管理体制和运行机制为保证，以高效人才机制为支撑，以科研成果转化能力建设为关键，从事工业产业的应用集成技术、高新技术产业的核心技术及社会公共事业的关键技术的集成和自主创新的应用性研发；着力研发具有自主知识产权的核心、关键、共性技术及新产品、新制造流程。其研究定位于创新链的中下游，以应用技术研发为主，瞄准市场需要的产品和技术集成，注重系统技术，注重原创，健步走出一条“知识产权—知识资本—知识财富”的路子。

（四）福建海西工业技术研究院

海西工业技术研究院由福建省科技厅负责筹建，“筹建办”于2006年8月正式成立，海西工研院目前尚在筹建阶段。海西工研院是按照整合优化配置福建省科技优势资源，以充分发挥多学科、跨部门、跨行业联合的综合优势，搭建工业技术研发和服务平台的工作目标来筹建的。工研院实行总部下设若干骨干机构和分院的模式，其中总部为非营利性、独立的全额拨款事业法人，各骨干机构和分院为法人实体。工研院实行理事会领导下的院长负责制，由行政管理（理事会、院总部、专家委员会等）、技术研发（各类研发骨干机构）、技术服务（各类服务骨干机构）和技术产业化（各类产业化基地或企业实体）等四大体系组成。

海西工研院建设将根据“小机构、大平台”的目标要求，本着“求实创新、集成开放”的原则，科学论证，精心组织，按两个阶段（创建和提升）稳步推进，力争把工研院建设成为在国内和世界占有一席之地的科研机构，并努力实现由区域性机构向国家级机构提升的重大跨越。海西工研院希望最终建设成海峡西岸工业技术研发协作的重要平台，以整合科技资源、集成创新技术、促进技术转化、引领产业发展、加强闽台技术合作、培养创新人才、服务政府管理，从而提升企业自主创新能力和产业整体竞争力。

二、主要经验、做法及问题

（一）当地政府高度重视，投入力度大

当地各级政府在各研究院的建设与运行过程中都非常重视，投入力度大。深圳清华大学研究院由深圳市人民政府同清华大学共建，深圳市政府高度重视，时任深圳市市长的李子彬亲自签署合作创建协议，并由副市长郭荣俊担任理事会理事长。清华研究院建设迄今共投入8000万元，其中深圳市政府投入6000万元，并允许暂缓缴纳土地费用，充分保障了研究院顺利度过启动、积累阶段。

中科院深圳先进技术研究院在筹建中也得到了深圳市政府的高度重视和大力投入。政府对其人才引进、设备购置等费用给予近一半资助，并且每年补贴先进院 20%的项目研发成本，使先进院的科技成果能够以低价向产业界快速转移，促进产业技术水平的提升。

广州中科院工业技术研究院是广州市政府创新发展模式的新试点单位，由广州市政府全资建立。市长张广宁任建设与运行领导小组组长，市政府副秘书长赵南先担任理事会理事长。政府先后投入土地、房屋、资金等近 3 亿元，另外在创建前三年共给予 1.5 亿元研究启动经费，这与广州市政府的高度重视和雄厚财力是分不开的。

福建省政府在海西工业技术研究院的筹建过程中也十分重视和关心，由省科技厅党组书记庄荣文兼任海西工研院筹建办主任，多次组织考察团赴德国、荷兰、比利时、中国台湾及大陆其他省市调研，学习借鉴国内外应用技术研究机构的建设与运作经验，积极探索适合福建实际的组织模式。日前已投入 2000 多万元用于海西工研院的筹建，后期综合大楼建设及研发经费投入也已得到落实。

（二）各研究院都是独立法人资格的事业单位

本次调研的四个研究院都是由当地政府牵头或参与建设，都是具有独立法人资格的事业单位。其中深圳清华大学研究院（正局级）拥有 20 个编制，中科院深圳先进技术研究院（厅级）拥有 500 个编制，广州中科院工业技术研究院（正局级）拥有 20 个编制，海西工业技术研究院因暂未搭建总部管理架构而未定。中科院深圳先进技术研究院直属于中科院，其主要管理及研发人员一般均具有中科院事业编制，对于吸引和留住人才具有一定优势。其他诸院虽有少量事业编制，但均未完全使用，只对核心管理人员提供编制，研发人员以聘用制为主。

各院的建设和运作经验表明，事业单位的属性具有重要性和必要性。首先，作为应用技术研发和服务的公共平台，必须要有政府事业属性才能使之真正体现公共性、开放性和公益性，同时事业属性也让政府投入有了依据和理由；其次，目前的政府科研项目申报机制仍对高校、科研院所等事业单位具有一定偏向性，事业单位相对较容易获得项目资助；此外，在产学研合作过程中，企业也普遍看重研究机构的政府背景和事业属性，更愿意与此类单位展开合作，以利于建立稳定、有效的合作关系。这里举个典型的例子，广州中科院工业技术研究院在设立之初以“广州工业技术研究院有限公司”挂牌，性质为企业。但在运行一年之后就发现在经营理念、定位、寻求资助与合作中出现诸多问题与不便，也难以体现其公益性，因此随后即改制成为事业单位。

还需值得一提的是，经过几年来的发展积累，事业拨款对这些单位来说已经无关轻重，因为研究院的运转进入正轨后，从技术研发、技术转移、企业孵化等活动中获得的资金回报已能够满足其经费需求。

（三）组织形式与定位多样化，重视与当地实际相结合

由于各地科教、产业实际的差异，各研究院在组织形式及功能定位上也有所不同，但普遍重视与当地实际相结合，为促进区域科技、产业发展服务。深圳市与香港毗邻，经济发达，但科教资源相对贫乏，因此，深圳积极与外地知名高校、中科院等寻求合作，建立了一批研究生院、大学科技园、研究院等，深圳清华大学研究院与中科院深圳先进技术研究院都是这些合作成果中的代表。

深圳清华大学研究院定位于充当“科技创新孵化器”，拥有两个研发基地、四个高新科技产业孵化基地，并成立创投公司，重点致力于科研成果的转化、高科技创业企业的孵化，较接近于大学科技园模式。

与此不同，先进技术研究院则是中科院下属国家科研机构，属于新型科研机构，以技术研发为核心任务，定位于提升粤港地区先进制造业和现代服务业的自主创新能力，弥补粤港地区工业技术创新能力的不足，并与香港地区大学、研究机构展开合作，加强深港两地科研交流与联系。

广州中科院工业技术研究院借鉴了台湾工研院模式和德国弗朗霍夫应用研究协会模式，是较为典型的工业技术研究院。其定位较为全面，既是工业技术与高新技术产业的核心支撑平台，也是国家级技术转移机构，注重“研发、转移、产业化”的全过程。

海西工业技术研究院的组织形式较以上几个机构差异较为显著，其实行“总院+骨干机构（分院）”的模式，面向纺织、“两水”（水产、水果）等福建省主要优势产业，依托已有科研资源，在全省范围内建立若干技术研发和服务骨干机构、分院等法人实体单位，使之成为海峡西岸工业技术研发协作和产业化平台；并且突出“海西”概念，期望成为加强闽台技术交流合作的平台。

（四）重视人才的引进、培养与管理

各研究院都十分重视人才尤其是高科技领军人才的引进工作，并积极探索留住人才、培养人才和激励人才的一系列机制、措施。对于人才的重要性，中科院深圳先进技术研究院樊建平院长深有体会地感慨：“在研究院的所有重要因素中，人才的重要程度占 70%，设备和其他因素只占 30%，而且越是高级人才越是易于管理。”为此，先进院每年专门赴美国一流大学引进高层次人才，赋予高级人才更多的自主性，以利于科研活动顺利、高效地进行。先进院还通过全球招聘，确保博士人员一半以上有海外学习与工作经历，并与海外高校紧密合作，探索双聘教授、AF 教授机制，实现人才国际化，逐步建立“AF 教授+百人计划+青年团队”的科研梯队。深圳清华大学研究院秉承“事业留人”的理念，设立专项资金用于引进人才的津贴及实验设备购置，建立特聘岗位制度，对优秀人才采用特殊待遇，以高薪吸引优秀管理与科技骨干。另外，规定科研人员个人的技术入股比例最高可达30%~50%，同时提倡科研人员出资入股。广州中科院工业技术研究院和海西工业技术研究院也都把大力引进人才作为工作重点，但由于都处在筹建期，具体人才引进和管理机制尚未形成。

（五）面临的普遍性问题和困惑

在筹建和实际运行过程中，各研究院都遇到了各种各样的问题和困惑，总结归纳这些问题，基本上都具有普遍性：

（1）研究院设立期望过高，难以准确合理定位。所有研究院在设立之初都被寄予过高的期望，希望能完全复制台湾工研院的成功，解决一系列产学研合作、产业发展等难题，因而导致研究院在定位上宽泛模糊，不具有较强的可行性、针对性和独特性，难以实现其目标。

（2）高层次人才缺乏，人才机制不健全。不管是处于筹建期还是已经运行多年，各研究院普遍缺乏高层次人才，尤其是既懂技术又懂管理的高级复合型人才。目前，人才的引进、培养和激励机制尚不健全，而部分单位资金不足等状况也加大了人才引进的难度。

（3）对政府依赖性强，缺乏长期稳定的政府投入机制。各研究院的筹建及运行都十分依赖于政府的大力支持和财政投入，因此，政府的重视程度和财政实力对研究院的建设发展起着至关重要的作用。而由于相关立法和条例的缺失，且受政府换届等影响大，政府投入缺乏长期性、稳定性。

（4）难以对资源有效整合。虽然一些省市具有较为丰富的科研资源，但如何将这些资源有效地整合，提高利用效率却是困扰各方的难题。福建高新技术创业服务中心刘海舟书记的“两个教授之间都难以协调”成了形容这一难题的最生动概括。

（5）科技体制落后，行业协会不健全。我国长期以来的科技管理体制存在诸多弊端，以论文为主要参考标准的职称评级体系阻碍了应用性研发创新及生产实践创新活动的开展，也阻碍了科技人员的流动，导致了科研导向的片面性。同时，行业协会不健全，不能承担促进行业整体发展的重任、把握行业发展的方向，使产学研合作缺乏有效的组织，增加了应用研究机构融入行业的难度。

三、对组建南京产业技术研究院的启示

（一）建设南京产业技术研究院是科技体制改革和提升企业自主创新能力的重要举措

从深圳、广州、福建等省市的经验与实践看，建立应用性技术研发机构已成为

我国现阶段科技、产业发展的内在需求之一。南京作为科技部科技体制综合改革试点城市，更应该在科技体制创新中勇于开拓，有所作为。因此，建设南京产业技术研究院作为市委市政府做出的一项重要决策，对于整合并优化配置南京市科技资源，充分发挥产学研合作的优势，加强相关产业共性、关键性、前瞻性技术的研发，搭建产业科技支撑平台、产学研合作平台与组织机构，促进技术研发及转化，提升企业自主创新能力，为产业结构调整提供动力，具有十分重要的意义。

（二）政府要重视科技投入，并保持投入的长期性和稳定性

主要发达国家及国内各省市都十分重视科技投入，通过对公共性科研机构投入大量物力财力，确保了这些研究机构顺利度过筹建积累期并进入运作正轨。南京产研院的核心任务是为产业提供核心技术支撑平台和产学研合作平台，具有公益性，因此，政府必须大力投入，而不能指望企业来体现公益性、公开性。科技投入具有投入大见效慢的特点，不能一蹴而就，因此，在确定产研院的建设目标后，还应确立长效的投入机制，以保证政府投入的持续性和稳定性。

（三）南京产业技术研究院应定性为事业单位

科研机构改制之路还很漫长，各调研单位的经验给了我们很多启示。在目前的科技体制背景下，企业性质的应用性公共研究机构已被证明尚不可行，企业化是趋势但必须循序渐进，当前事业单位属性依然是各研究院设立和运行的必要条件。南京产研院作为应用技术研发和服务公共平台，需要以政府事业属性来体现其公共性、开放性和公益性，同时事业属性也能使产研院在政府课题项目申报、产学研合作、人才引进中具有一定的优势，从而保障产研院的快速发展、成熟。

（四）应结合南京实际，准确恰当地给产研院定位

应用技术研究机构的定位决定着机构在很长一段时期内的组织体系和运行目标，定位准确与否也决定着机构的运作效率和发展前景。南京科技资源丰富，科研领域广泛、实力雄厚，并且已有多个国家级大学科技园、高新技术产业园等，在基础科研及技术转移、孵化等服务领域已有较好基础，然而产业核心技术支撑缺乏的问题仍然突出。因此，南京产研院的定位必须植根于南京现状和发展规划，面向本市重点和优势产业，根据产业界的需求，致力于共性技术、关键技术和前瞻性技术的引进吸收和研发创新。产研院的定位应该是产业科技核心支撑平台，而不是孵化器。此外，应遵循研究方向不重叠、功能定位不重叠的设院原则，把产研院建成真正符合产业需求的创新型应用研究机构。

（五）产研院的组织模式要创新，机制体制要创新

台湾工研院、德国弗朗霍夫协会等机构的成功都是深深植根于其特有的社会、经济、文化背景中的。正如弗朗霍夫协会主席瓦耐克在其中国代表处的网站上所说的“我们明白，德国的例子仅仅是个例子，不能被其他不同制度、不同历史、文化的地区简单照搬，每一个地区必须找到自己的方法。”南京的自身特点鲜明，即科教资源丰富，因此，南京产研院的建设应该充分依托和利用高校、科研院所的资源，实行“总院+分院”的组织模式，重点探索资源有效整合的机制以及产学研合作的内在动力机制，以“投资省、效率高”为目标建立与南京水土相服的应用技术研究机构；应该利用科技体制改革试点的契机，大胆突破传统的管理体制、运行机制，使公益性和市场性在“总、分院”模式下得到兼容；应该创新职称、奖励评价制度，释放科研人员的创新能量；应该实行“产学研合作科研股份制”的运作模式，从项目立项之初即引入产学研合作，切实提高科技成果转化效率。

（六）重视人才，加大人才引进力度，建立完善的人才机制

人才决定着研究院的成功与否，重视人才的引进和管理已成为各地、各研究院的一致观点和首要重任。中科院深圳先进技术研究院拥有大量国际知名学者和海归，但依然坚持人才战略，将“人才一流”视为实现先进院与国际学术水平接轨、与珠三角产业接轨的最重要基础。南京产研院定位于产业科技支撑平台，必须以较强的自主研发创新能力为基础，而产业科技领军人才是实现这一基础的前提，产研院应成为南京有关部门、单位引进海外学术领军人才的主要方向和落脚点。因此，必须加大资金投入力度，完善人才管理、激励机制，在科研自主、实验设备、研究经费等方面给予充分的保障，以高薪和事业吸引高级人才，进而为产研院的自主创新注入源源不断的动力。

（七）边建设边完善，循序渐进，在实践中创新

国外的应用研究机构发展较为成熟，而国内绝大部分应用研究机构均还处于筹建期或起步阶段，都还在学习借鉴国内外先进理念、成功经验，尚未形成较为成熟的具有推广性的组织模式。理论来源于实践，国内外成功经验和模式是不能简单照搬复制的，许多问题只有在实践过程中才会被发现，并积累经验找到解决途径。因此，南京产研院建设的相关理论和方案也应该在试点建设过程中逐渐完善，循序渐进，在实践中创新，努力探索适合南京的组织模式。南京应该抓住科技体制改革试点的重要机遇，在创新实践中提出有效解决各地普遍性问题的举措建议，为我国科技体制改革献计献策。

参考文献

[1] Henry Etzkowitz, Chunyan Zhou. Regional Innovation Initiator: The Entrepreneurial University in Various Triple Helix Models [C]. Theme Paper for 6th Triple Helix Conference, Singapore, 2007.

[2] Leydesdorff, L.& Scharnhorst, A.Measuring the Knowledge Base: A Program of Innovation Studies [R]. Working Report for "ForderInitiative Science Policy Studies" of the German Bundesministerium Fur Bildung und Forschung, 2003.

[3] Ikujiro Nonaka, Ryoko Toyama, Noboru Konno. SECI, Ba and Leadership: An Unified Model of Dynamic Knowledge Creation [J]. Long Range Planning, 2000, 33: 5-34.

[4] Langberg, Kamma. Managing in the Triple Helixfrom a University Perspective Case: Department of Dairy and Food Science [C]. Theme Paper for 4th Triple Helix Conference, Copenhagen, 2002.

[5] Henry Etzkowitz. Incubation of Incubators: Innovation as A Triple Helix of University-Industry-Government Networks [J]. Science and Public Policy, 2002 (4): 279-286.

[6] Pires Arturda Rosa. Can a Strategic Project for a University Be Strategic to Regional Development [J]. Seience and Public Poliey, 1997, 24 (1): 15-20.

[7] Henry Etzkowitz, Loet Leydesdorff. The Dynamics of Innovation: From National Systems and "Mode2" to a Triple Helix of University-Industry-Government Relations [J]. Research Policy, 2000 (29): 109-123.

[8] Henry Etzkowitz, Loet Leydesdorff. The Triple Helix as a Model for Innovation Studies [J]. Science and Public Policy, 1998, 25 (3): 195-203.

[9] Henry Etzkowitz, Loet Leydesdorff. The Triple Helix of University-Industry-Government Relations: a Laboratory for Knowledge-based Economic Development [J]. EASST Review, 1995, 14 (1): 14-19.

[10] Chung Jen Chen. The Effects of Environment and Partner Characteristics on

the Choice of Lliance Forms [J]. International Jounal of Project Management, 2003, 21: 231-242.

[11] Bonaccorsi, A.& Picealnga, A. A Theoretical Framework for the Evaluation of University-Industry Relationships [J]. R&D Management, 1994, 24 (3): 71-79.

[12] Kazuyuki Motohashi. University-Industry Collaborations in Japan: The Role of New Technology-based Fimrs in Transforming the National Innovation System [J]. Research Poliey, 2005 (34): 583-594.

[13] Lee D H. A Technology Transfer Model for Industry -University-Government Partnerships [C]. IEEE International Engineering Management Conference, 1990: 352-358.

[14] Rothwell R, Walter Zegveld. Industrial Innovation and Public Policy: Preparing for the 1980s and the 1990s [M]. Conn: Greenwood Press, 1981: 43-45.

[15] Shohet S, Prevezer M. UK Biotechnology: Institutional Linkages, Technology Transfer and the Role of Intermediaries [J]. R&D Management, 1996, 26 (3): 283-298.

[16] Borys B, Jemison D.Hybrid Arrangements as Strategic Alliances: Theoretical Issues and Organizational Combinations [J]. Academy of Management Review, 1989, 14: 77-85.

[17] Eliezer G.Industry-University Technology Cooperation: a Theory of Inter-Organizational Relationships [J]. Technology Analysis and Strategic Management, 1995, 7 (2): 217-229.

[18] Tornatzky LG, Bauman JS. Outlaws or Heroes? Issues of Faculty, Organizational Culture, and University-Industry Technology Transfer [J]. Research Triangle Park, Nc: Southern Technology Council, 1997, 14 (5): 118-124.

[19] Yong S.Lee. Technology Transfer and Research University: a Search for the Boundaries of University-Industry Collaboration [J]. Research Policy, 1996, 25 (6): 843-863.

[20] Geisler E.Industry-University Technology Cooperation: a Theory of Inter-Organizational Relationships [J]. Technology Analysis and Strategic Management, 1995, 7 (2): 217-229.

[21] Davenport S, Davies J, Grimes C.Collaborative Research Programmes: Building Trust from Difference [J]. Technovation, 1999, 19: 31-40.

[22] Santoro M D.Success Breeds Success: the Linkage Between Relationship

Intensity and Tangible Outcomes in Industry–University Collaborative Ventures [J]. The Journal of High Technology Management Research, 2000, 11 (2): 255–273.

[23] Van de Ven A, Walker G. The Dynamics of Inter–Organizational Cooperation [J]. Administrative Science Quarterly, 1984, 29: 598–621.

[24] Heide J.Shadow of the Future: Effects of Anticipated Interaction and Frequency of Contact on Buyer –seller Cooperation [J]. Academy of Management Journal, 1992, 35: 265–291.

[25] Simonin B L. Ambiguity and the Process of Knowledge Transfer in Strategic Alliances [J]. Strategic Management Journal, 1999, 20: 595–623.

[26] Santoro M D, Chakrabarti A K. Firm Size and Technology Centrality in Industry–Unversity Interactions [J]. Research Policy, 2002, 31: 1163–1180.

[27] Gray D O, Lindblad M, Rudolph J.Industry–University Research Centers: a Multivariate Analysis of Member Retention [J]. Journal of Technology Transfer, 2001, 26: 247–254.

[28] Bonaccorsi A, Piccaluga A. A Theoretical Framework for the Evaluation of University–Industry Relationships [J]. R&D Management, 1994, 24 (3): 229–247.

[29] Atlan, Taylor. Bring Together Industry and University Engineering Schools in Getting More Out for R&D and Technology [J]. Research Report, 1987, 9: 104–117.

[30] Bolton, Robert. A broader View of University–Industry Relationships [J]. SRA Journal. Winter 1994/Spring, 1995 (26): 45–48.

[31] Lois, Peters and Fusfeld H. University–Industry Research Relationship's National Science Foundation USA [J]. Research Policy, 1982 (3): 67–71.

[32] OECD Secretariat. Trends in University–Industry Research Partnerships[J]. STI Review, 1998 (23): 39–65.

[33] Gibbons, M.et al: The New Production of Knowledge: the Dynamics of Science and Research in Contemporary Societies [M]. London: sage, 1994.

[34] Mansfield, E.and Jeong–Yeon Lee. The Modern University: Contributor to Industrial Innovation and Recipient of Industrial R&D Support [J]. Research Policy, 1996, 25: 154–159.

[35] F.Bidault, W.A.Fischer. Technology Transaction: Net Works Over Markets [J]. R&D Management, 1994 (4): 49–56.

[36] Lynn, L.H.Reddy, N.M.Aram, J.D. Linking Technology and Institutions:

the Innovation Community Framework [J]. Research Policy, 1996, 25: 91-106.

[37] Geisler, E.and Rubsenstein, A. University-Industry Relations: A Review of Major Copperation Research and Development in Albert Link&Gregory Tassey (eds) [J]. Kluwa Academic Publishers, 1989, 12: 136-142.

[38] 教育部科学技术司. 中国高校科技成果产业化实践与探索综述 [J]. 中国高校技术市场, 2000 (2): 25-28.

[39] 陈劲. 新形势下产学研战略联盟创新与发展研究 [M]. 北京: 中国人民大学出版社, 2009.

[40] 叶玲, 钱正松, 胡雯. 浅析新形势下高校产学研结合的新模式 [J]. 中华医学科研管理杂志, 1999 (2): 97-99.

[41] 徐辉. 高等教育发展的新阶段——论大学和工业的关系 [M]. 杭州: 杭州大学出版社, 1990.

[42] 郭晓川. 企业网络合作化技术创新及其模式比较 [J]. 科学管理研究, 1998 (5): 13-17.

[43] 罗焰, 黎明. 地方院校产学研合作模式及运行机制研究 [M]. 成都: 四川出版集团, 2009.

[44] 姜照华, 李桂霞. 产学研联合: 科技向生产力的直接转化 [J]. 科学学研究, 1994 (1): 68-73.

[45] 穆荣平, 赵兰香. 产学研合作中若干问题思考 [J]. 科技管理研究, 1998 (2): 31-34.

[46] 张米尔, 武春友. 产学研合作创新的交易费用 [J]. 科学学研究, 2001 (1): 89-92.

[47] 申学武. 高校产学研联合模式中存在问题及最优化模式构想 [J]. 科技进步与对策, 2001 (12): 110-111.

[48] 郭晓川. 合作技术创新——大学与企业合作的理论与实证 [M]. 北京: 经济管理出版社, 2001.

[49] 谢开勇等. 论高校产学研及其运行机制 [J]. 科学学研究, 2002(4): 423-427.

[50] 朱桂龙, 彭有福. 产学研合作创新网络组织模式及其运作机制研究 [J]. 软科学, 2003 (4): 49-52.

[51] 王英俊, 丁堃. "官产学研"型虚拟研发组织的结构模式及管理对策 [J]. 科学学与科学技术管理, 2004 (4): 40-43.

[52] 樊泽恒. 产学研合作的组织学考察 [J]. 中国科技论坛, 2004 (5):

112–115.

［53］王娟茹. 高校产学研合作教育及其运行机制研究［J］. 科技与管理，2005（4）：148–150.

［54］王晰巍. 知识供应链组织模式构建机理［J］. 清华大学学报（自然科学版），2006，46（S1）：949–955.

［55］庄越. 探索产学研合作创新的新模式［J］. 科技与产业，2006（6）：16–19.

［56］孙全福，王伟光，陈宝明. 产学研合作创新：模式、机制与政策研究［M］. 北京：中国农业科学技术出版社，2008.

［57］傅家骥. 技术创新学［M］. 北京：清华大学出版社，1998.

［58］王英俊，丁堃. "官产学研"型虚拟研发组织产生的动因分析［J］. 科技管理研究，2005（2）：155–158.

［59］张俊，李忠云. 论我国高校产学研结合运行机制的分类与评价［J］. 中国科技信息，2005（19）：5.

［60］王雪原等. 产学研联盟运行机制分析［J］. 中国高校科技与产业化，2006（3）：71–73.

［61］李廉水. 论产学研合作创新的利益分配机制［J］. 科技产业化，1997（2）：59–61.

［62］稽忆虹等. 产学研合作的利益分配方式分析［J］. 研究与发展管理，1999（1）：36–38.

［63］李朝阳. 产学研合作创新中的关键问题及其解决途径［J］. 学术界，2005（3）：20–27.

［64］王文华等. 产学研联合体利益分配机制研究［J］. 现代经济，2008（9）：4–6.

［65］刘翠. 产学研合作签订合同时利益分配矛盾及对策研究［J］. 科技管理研究，2008（9）：157–158.

［66］杨翔. 我国产学研合作发展及问题研究［J］. 经济师，2003（3）：17–18.

［67］王飞绒等. 政府在产学研联合中的影响分析——基于浙江省产学研调查情况［J］. 中国科技论坛，2003（5）：65–69.

［68］朱强，王维，罗慧. 浅议政产学研合作中"政"的功能［J］. 天府新论，2009（2）：21–24.

［69］韩喜梅. 城市政府在产学研合作中的职能研究［D］. 大连理工大学硕士学位论文，2008.

[70] 苏敬勤. 产学研合作创新交易成本及内外部化条件 [J]. 科研管理，1999，20（5）：68–72.

[71] 王毅，吴贵生. 产学研合作中粘滞知识的成因与转移机制研究 [J]. 科研管理，2001（6）：114–121.

[72] 胡恩华，郭秀丽. 我国产学研合作创新中存在的问题及对策研究 [J]. 科学管理研究，2002，20（1）：69–71.

[73] 白庆华等.产学研合作法律与政策瓶颈问题分析 [J]. 科学学研究，2007，25（1）：62–68.

[74] 黄泽霞. 重点大学产学研合作绩效评价研究 [J]. 中共四川省委省级机关党校学报，2008（1）：39–41.

[75] 张万宽. 高新技术领域的产学研技术联盟绩效研究 [J]. 科技进步与对策，2008（6）：12–16.

[76] 王成军. 官产学三重螺旋创新系统模型研究 [J]. 科学学研究，2006，24（2）：315–320.

[77] 亨利·埃茨科维兹. 三重螺旋 [M]. 周春彦译. 北京：东方出版社，2005.

[78] 王成军. 官产学三重螺旋研究：知识与选择 [M]. 北京：社会科学文献出版社，2005.

[79] 曹艳华. 基于三重螺旋理论的科技成果转化组织模式研究 [D]. 北京交通大学硕士学位论文，2007.

[80] 约瑟夫·熊彼特. 经济发展理论 [M]. 北京：商务印书馆，1990.

[81] 贺东风. 运用系统理论搞好企业的技术创新工作 [J]. 航天制造技术，2000，8（4）：1–3.

[82] 经济合作与发展组织. 以知识为基础的经济 [M]. 杨宏进等译. 北京：机械工业出版社，1984.

[83] 徐涛. MBO 博弈——合作、竞争与执行 [D]. 中国海洋大学硕士学位论文，2003：17–19.

[84] 李纪珍. 研究开发合作的原因与组织 [J]. 科研管理，2000（1）：109–112.

[85] 冯之浚. 国家创新系统的理论与政策 [M]. 北京：经济科学出版社，1999：47–63.

[86] 赵香兰. 产学研合作与制度创新 [J]. 科研管理，1996，17（6）：34–36.

[87] 綦开军. 产学研合作交易费用理论研究 [J]. 商业时代，2005（20）：

17-18.

[88] [美] 戴尔·尼夫等. 知识对经济的影响力 [M]. 邸乐辉译. 北京：新华出版社，1999：93-111.

[89] 祖廷勋. 美国的产学研合作发展模式及经验借鉴 [M]. 兰州：甘肃人民出版社，2007.

[90] 朱斌. 当代美国科技 [M]. 北京：社会科学文献出版社，2001.

[91] 马洪，王永生. 技术进步及其组织——日本的经验与中国的实践 [M]. 北京：中国发展出版社，1999：101.

[92] 邸祖林. 新经济开发区与科技企业孵化器 [M]. 北京：科学出版社，1991.

[93] 刘力. 产学研合作的历史比较与现状研究 [D]. 杭州：浙江大学博士学位论文，2001.

[94] 张志英等. 国外产学研透视模式 [J]. 管理科学文摘，2008 (Z1)：319.

[95] 匡兴华等. 生产工程研究中心 (ERC) 的研究报告 [J]. 中外高教研究，1992，7 (1).

[96] 陈远超. 英国 Warwick 大学的成功之道 [J]. 高等教育研究，2000 (6)：105-110.

[97] 洪成文. 企业家精神与沃里克大学的兴起 [J]. 比较教育研究，2001 (2)：54-56.

[98] 俞云平. 英国促进高校科研成果转化的措施与启示 [J]. 决策探索，1996 (4)：40-41.

[99] 樊立宏，周晓旭. 德国非营利科研机构模式及其对中国的启示 [J]. 中国科技论坛，2008 (11)：134-139.

[100] 安维复. 弗朗霍夫模式：一种可以借鉴的知识创新机制 [J]. 自然辩证法研究，2000，12 (16)：39-45.

[101] 刘强. 德国弗朗霍夫协会企业化运作模式 [J]. 德国研究，2002，1 (17)：62-65.

[102] 朱绍中. 培养应用型人才的摇篮——德国高等专业学院综述和借鉴 [J]. 外国教育资料，2000 (3)：55-60.

[103] 张利华. 对日本产学研合作的科研体制考察 [J]. 科技政策与发展战略，2000 (6)：13-16.

[104] 驻日使馆教育处. 日本大学的产学研合作 [J]. 教育参考资料，2000 (3)：20-23.

[105] 驻日使馆教育处.东京大学尖端技术科技孵化公司简介［J］. 教育参考资料，2001（3）：33-36.

[106] 许颖. 海鑫科金——自主研发生物识别系统，助力刑侦信息化［EB/OL］. http：//www.gei.com.cn/control/show?metaId =3fab8658ccb22010841bca84c3392284&id=a75ba029cdaadb38f2836d2caf8ea501，2007-08-11.

[107] 郭斌. 知识经济下产学合作的模式、机制与绩效评价［M］. 北京：科学出版社，2007.

[108] 南京九思高科技有限公司网站，http：//www.jiusi.com/about/about.html.

[109] 张永安，张盟. 产学研结合的创新模式探析［J］. 科技与管理，2007（2）：96-99.

[110] 周春彦. 大学—产业—政府三重螺旋创新模式［J］. 自然辩证法研究，2006，22（4）：75-78.

[111] 方卫华. 创新研究的三重螺旋模型：概念、结构和公共政策含义［J］. 自然辩证法研究，2003（11）：69-70.

[112] 李世超，苏竣. 大学变革的趋势——从研究型大学到创业型大学［J］. 科学学研究，2006，24（4）：552-558.

[113] 尹大为. 三螺旋接口组织分析与知识创新研究［D］. 大连理工大学硕士学位论文，2008.

[114] 吴寿仁，李湛，王荣.世界企业孵化器发展的沿革、现状与趋势研究［J］. 外国经济与管理，2002，24（12）：24-30.

[115] 王成军.三重螺旋：官产学伙伴关系研究［M］. 杭州：浙江大学出版社，2005.

[116] 高校领导赴美国宾夕法尼亚大学培训考察团.美国研究型大学的科研与成果转化［J］. 国家教育行政学院学报，2005（3）：85-87.

[117] 徐顽强，刘毅.中国高科技园区创新平台建设［M］. 北京：人民出版社，2007.

[118] 李应博. 科技创新资源配置——机制、模式与路径选择［M］. 北京：经济科学出版社，2009.

[119] 高树仁. 基于三螺旋模式的大学知识创新理论研究［D］. 大连理工大学硕士学位论文，2008.

[120] 杨希文. 加拿大高等教育产学研探微［J］. 西北大学学报（哲学社会科学版），1999（11）：154-157.

[121] 王雪原，王宏起. 基于产学研联盟的科技创新资源优化配置方式［J］.

中国科技论坛，2007（11）：3-7.

［122］Dorothy Leonard-Barton. 知识与创新［M］. 孟庆国，侯世昌译校. 北京：新华出版社，2000.

［123］付瑶瑶. 从斯坦福大学看美国研究型大学中独立科研机构的发展［J］. 清华大学教育研究，2005（2）：36-39.

［124］王缉慈等. 创新的空间［M］. 北京：北京大学出版社，2001.

［125］路小昆. 科技创新资源的资本化与区域创新能力［J］. 科技创业月刊，2007（5）：18-19.

［126］马强，郑志雯. 浅论高校重点实验室的实体化［J］. 科技管理研究，2006（6）：116-118.

［127］南京工业大学高技术研究院. 南京工业大学—南京高新区海内外领军人才“三创”载体项目评估报告［R］. 2009-10.

［128］台湾工业技术研究院网站，http：//www.itri.org.tw/chi/.

［129］中科院深圳先进技术研究院网站，http：//www.siat.cn/.

［130］广州工业技术研究院网站，http：//www.gziit.com/.